OPTIMIZACIÓN DEL DERECHO DE DAÑOS

UNA REVISIÓN DEL SISTEMA DE RESPONSABILIDAD CIVIL

OPTIMIZACIÓN DEL DERECHO DE DAÑOS

UNA REVISIÓN DEL SISTEMA DE RESPONSABILIDAD CIVIL

Juan Panisello Martínez

COLEX 2024

Calle Costa Rica, número 5, 3.º B (local comercial)
A Coruña, 15004, A Coruña (Galicia)
info@colex.es
www.colex.es

I.S.B.N.: 978-84-1194-715-2
Depósito legal: C 1629-2024

A mis padres,
Juan —in memoriam— y Nuria,
por su amor y generosidad.

SUMARIO

ABREVIATURAS

PRÓLOGO

INTRODUCCIÓN

CAPÍTULO PRIMERO
EL ANÁLISIS ECONÓMICO DEL DERECHO

CAPÍTULO SEGUNDO
EL ANÁLISIS ECONÓMICO DEL DERECHO DE DAÑOS

CAPÍTULO TERCERO
VISIÓN CRÍTICA DE LOS CARACTERES ESTRUCTURALES DEL SISTEMA DE RESPONSABILIDAD CIVIL

CAPÍTULO CUARTO
ÁMBITOS PARADIGMÁTICOS DE PATOLOGÍAS E INEFICIENCIAS DEL DERECHO DE DAÑOS ESPAÑOL

CAPÍTULO QUINTO
HACIA LA OPTIMIZACIÓN DEL DERECHO DE DAÑOS

CONCLUSIONES

BIBLIOGRAFÍA

ABREVIATURAS

AE	Análisis Económico
AED	Análisis Económico del Derecho
art. (arts.)	artículo(s)
ATS (AATS)	Auto(s) del Tribunal Supremo
CC	Código Civil
CE	Constitución Española
CGPJ	Consejo General del Poder Judicial
Coord.	Coordinador
CP	Código Penal
Dir.	Director
LCS	Ley de Contrato de Seguro
LEC	Ley de Enjuiciamiento Civil
LECrim	Ley de Enjuiciamiento Criminal
LGDCU	Ley General para la Defensa de los Consumidores y Usuarios
LOPJ	Ley Orgánica del Poder Judicial
LORPM	Ley Orgánica de la Responsabilidad Penal de los Menores
LPACAP	Ley del Procedimiento Administrativo Común de las Administraciones Públicas
LRJSP	Ley de Régimen Jurídico del Sector Público
LRCSCVM	Ley sobre Responsabilidad Civil y Seguro en la Circulación de Vehículos a Motor
p. (pp.)	página(s)
p. ej.	por ejemplo
párr.	párrafo
PETL	Principles of European Tort Law
RDLeg	Real Decreto Legislativo
SAP (SSAP)	Sentencia(s) Audiencia Provincial

ss.	siguientes
STC	Sentencia del Tribunal Constitucional
STSJ (SSTSJ)	Sentencia(s) Tribunal Superior de Justicia
STJUE	Sentencia Tribunal de Justicia de la Unión Europea
STS (SSTS)	Sentencia(s) Tribunal Supremo
TS	Tribunal Supremo
vid.	ver

PRÓLOGO

Estudiar el Derecho de daños desde una perspectiva económica puede para muchos resultar un modo de trabajar escandaloso porque el jurista tiende a diseñar las reglas y a adoptar decisiones jurídicas sobre parámetros diferentes a los que utilizan los economistas en su sector científico.

Pero desde hace ya varias décadas no han dejado de abrirse caminos de análisis en los que se aúnan perspectivas económicas y puntos de vista jurídicos, con el propósito de evidenciar las consecuencias económicas que muchas decisiones normativas provocan y que ponen de manifiesto la frecuente ineficiencia de determinadas soluciones.

No es extraño que esta manera de «trabajar en Derecho» comenzara en gran medida en el Derecho estadounidense y que fuera el Derecho Administrativo —más bien el Derecho del Sector Público— el sector del ordenamiento que fuera objeto de ese examen de eficiencia por parte de los estudiosos de la ciencia económica. Más tarde la consideración económica de las reglas jurídicas y de los sistemas jurídicos fijó su atención en la responsabilidad civil y ello se pudo deber —entre otros factores— al interés de las compañías de seguros sobre el particular.

Lo cierto es que de forma paulatina se ha ido introduciendo una manera de diseccionar las reglas de Derecho con una visión diferente, como el autor pone de manifiesto en las primeras líneas de su obra: «es posible observar desde hace algunos años que por los juristas pertenecientes a la tradición y cultura jurídica del *Civil Law* utilizan una serie de herramientas de interpretación y argumentación que provienen de una metodología de estudio de las normas jurídicas conocida como Análisis Económico del Derecho *(Economic Analysis of Law)*. Este método de estudio del Derecho no viene a reemplazar la tradicional dogmática jurídica, sino más bien a complementarla, aportando un nuevo punto de vista. Además de las cuestiones legales en torno a cuestiones morales o éticas abarca también el análisis de las conductas humanas ante el fenómeno jurídico para que el contenido de la norma jurídica cumpla su finalidad, con la particularidad de que las normas son analizadas con un conjunto de herramientas metodológicas que no son propias de la ciencia jurídica, sino más bien de la ciencia económica».

Y esa metodología es la que Juan Panisello Martínez utiliza en su trabajo aplicándola al mundo de la responsabilidad civil, examinando las conductas humanas frente a los fenómenos jurídicos y los incentivos económicos que influyen en la toma de decisiones, ese enfoque busca entender cómo las leyes y las políticas pueden afectar al comportamiento de las partes involucradas en una disputa, así como los resultados económicos que de derivan de dichas interacciones.

He tenido el honor de dirigir la tesis doctoral que está en el origen de esta obra cuyo autor me ha enseñado a percatarme de zonas oscuras de este sector del Derecho que es el Derecho de daños y que sólo con herramientas y linternas diferentes a las tradicionales emergen a la luz. El autor juega con ventaja porque su trabajo de abogado le coloca en una posición muy ventajosa para evidenciar problemas prácticos de responsabilidad civil que vienen provocados por una mala decisión legislativa y que en ocasiones los demás sólo podemos intuir... En este trabajo, la selección de los problemas, el análisis económico de las consecuencias de determinadas líneas jurisprudenciales o de concretas soluciones normativas en materia de responsabilidad civil o el enfoque del modo en que la existencia de un seguro interfiere en las consecuencias finales (entre otras cuestiones) se deben al propio autor. Mi tarea se ha limitado a ir facilitándole el camino.

Teresa Hualde Manso

Catedrática de Derecho Civil

Institute for Advanced Research in Business and Economics (INARBE)

Universidad Pública de Navarra

INTRODUCCIÓN

A. Estado de la cuestión

La evolución experimentada en materia de responsabilidad civil desde la *Lex Aquilia* hasta nuestros días ha ido de la mano con la transformación experimentada por las modernas sociedades y ha comportado que el Derecho de daños se constituya en uno de los sectores que presenta un mayor dinamismo en su evolución y en su aplicación práctica.

Las exigencias que la sociedad actual formula al Derecho son muy distintas a las de principios del siglo XX. El avance de las nuevas tecnologías y de la inteligencia artificial, la sociedad de la información, la globalización, el constante movimiento de personas e intercambio de mercados de distintos países influyen de manera decisiva en el Derecho privado, por lo que probablemente uno de los mayores desafíos que tiene la sociedad actual es contar con normas jurídicas que adaptándose a los nuevos tiempos y garantizando el respeto al Estado de Derecho, resulten eficientes y ofrezcan seguridad jurídica tanto a los ciudadanos como a los poderes públicos.

Para poder ofrecer respuestas efectivas a los nuevos retos de la sociedad actual se hace preciso plantear si la investigación jurídica debe continuar limitándose a valorar el Derecho desde una perspectiva abstracta en la que predomine la reflexión doctrinal y dogmática jurídica, que parece conducirnos a sistemas cerrados incapaces de dar respuestas efectivas a los nuevos retos que se plantean en el siglo XXI. Igualmente, para poder afrontar los nuevos retos que nos plantea el actual diseño y estructura de nuestra sociedad, tal vez no debamos conformarnos sólo con asumir una concepción positivista del Derecho —la normativa— que nos conduce a incesantes reformas legislativas con el fin de elaborar nuevas normas jurídicas que se adapten a la realidad social del momento, y al poco tiempo proceder a su derogación por haberse quedado desfasadas de nuevo de la realidad social, método que comporta desconcierto y falta de seguridad jurídica.

Para que el Derecho pueda afrontar de una manera más exitosa y eficiente los nuevos retos de la sociedad actual pueden sernos de utilidad metodologías que nos ayuden a predecir la conducta humana, siempre que partamos de la premisa de concebir el Derecho como un sistema de regulación de la conducta humana racional que persigue orientarla a partir de la utilización de incentivos[1]. En la actual coyuntura aparece como una urgente necesidad que el razonamiento jurídico no se aleje de la realidad contrastada para que el Derecho sea más eficiente y la sociedad en su conjunto pueda alcanzar sus cotas máximas de bienestar. La metodología a emplear nos ha de posibilitar el pronóstico de las conductas humanas y la instauración de incentivos de determinadas conductas, minimizando así los costes sociales de los daños, y facilitando la conexión entre la realidad social y el Derecho.

Conceptos como «buena y mala fe», «daño injusto», «diligencia de un buen padre de familia», «diligencia de un hombre razonable» o «daño que no se tiene el deber jurídico de soportar», *son de una asombrosa imprecisión*[2] y difícilmente pueden ofrecernos pautas claras, precisas y sólidas sobre cuestiones complejas, que son justo las cualidades deseables de una teoría explicativa del Derecho[3]. Las teorías tradicionales no ofrecen explicaciones sólidas de cómo el Derecho se aplica y repercute en la realidad, tampoco consideran que el Derecho de daños sea un instrumento para la consecución de fines extrajurídicos, como la eficiencia o el bienestar social. Se limitan a la afirmación y defensa de los derechos individuales, considerando que la idea teórica que mejor explica el Derecho de daños es la de la justicia correctiva, según la cual los individuos que han causado un daño injusto a otros tienen el deber jurídico de repararlo.

El desequilibrio entre el mundo dogmático y abstracto de las teorías del Derecho con el mundo de las decisiones y de lo practicado, pone en evidencia algunos problemas o ineficiencias en algunos aspectos de la responsabilidad civil en materia de Derecho de daños, que precisan de nuevos enfoques para poder ofrecer soluciones más eficientes en entornos cada vez más dinámicos, industriales y tecnológicos.

Lo afirmado hasta aquí constituye simplemente un genérico planteamiento que doctrinalmente se mantiene desde distintos ámbitos jurídicos. Pero a ello hay que añadir que en el ámbito de la responsabilidad civil se producen disfunciones específicas que merecen un específico análisis. Constituye hasta ahora un principio nuclear de ese ámbito que, producido un daño, nace la obligación de dejar a la víctima o al perjudicado en una situación lo más parecida a como se encontraba antes de sufrir el daño. Ahora bien, no es menos cierto que en función de los costes de prevención para evitar los daños, así como de los daños producidos podríamos cuestionarnos si la obligación de reparar el daño debe imponerse al causante de los mismos en su totalidad, o si ante la falta de diligencia de la víctima el responsable del daño producido no deberá responder en su totalidad de los daños producidos.

---

1 Bullard González, 2002, pp. 20 a 21.

2 Doménech Pascual, 2019, p. 7.

3 *Ibidem*, 2019, p. 32.

Los problemas que dificultan el objetivo del Derecho de daños de resarcir a las víctimas o perjudicados son en nuestro ordenamiento de muy variada índole: en ocasiones a un mismo presupuesto fáctico le pueden ser aplicados diferentes regímenes jurídicos, unos mismos hechos están sujetos a reglas materiales distintas, los litigios que suscitan pueden ser resueltos por jurisdicciones también diferentes que apliquen reglas procesales igualmente diferentes, hay diferentes criterios en cuanto a la compatibilidad de las indemnizaciones, existe una duplicidad normativa de la responsabilidad civil según los hechos deriven o no de un delito, existen muchos criterios de causalidad que introducen una inseguridad sobre el que finalmente se aplicará...

Todo ello hace que el resarcimiento de las víctimas o perjudicados en la práctica no sea tarea fácil, resultando que hoy el Derecho de daños es un campo abonado de discusiones, de litigios y controversias, y que la eficiencia y la seguridad jurídica no encuentren fácil acomodo.

Si los operadores jurídicos fuésemos capaces de enlazar principios económicos con problemas legales específicos, la Economía podría resultar una herramienta valiosa para analizar un amplio abanico de cuestiones legales. Esta ciencia es algo más que el estudio de fenómenos macroeconómicos alejados de las preocupaciones diarias del sistema legal. La Economía es la ciencia de la selección de recursos escasos en relación con las necesidades humanas, por lo que las personas procuramos la maximización racional de nuestros intereses propios, es decir, las utilidades en todas las áreas de nuestra vida, ya sean jurídicas o económicas.

Las personas tratan de maximizar la utilidad de sus elecciones y por eso en lo económico si el precio sube la demanda baja por lo que, siguiendo la misma lógica en lo jurídico, lo razonable es que un aumento en la severidad del castigo o de la probabilidad de imposición elevará el precio del delito y por lo tanto reducirá su incidencia. El delincuente se sentirá estimulado para realizar otra actividad en lugar del delito. Si una teoría científica, como lo es la teoría económica, es capaz de explicar la realidad y tiene una capacidad de predicción y de apoyar intervenciones eficaces, resulta sensato considerar que es algo más que simples modelos matemáticos.

La aplicación del análisis económico al sistema legal, a áreas del Derecho que no regulan las relaciones económicas, puede ser útil y relevante para una mejor asignación de los derechos de propiedad y de la responsabilidad en términos económicos, en definitiva, para promover la asignación eficiente de los recursos. Una asignación más eficiente de responsabilidades por los daños producidos, para poder asignar beneficios y cargas entre los diferentes individuos que se hayan visto implicados en un hecho que haya producido unos daños, comportaría una mejor delimitación de la responsabilidad, por lo que la parte que pudo evitar el riesgo del daño debería ser la responsable, y si ambas partes pudieron evitarlo la responsabilidad debería ser compartida.

El Análisis Económico del Derecho (en adelante, AED) considera a los individuos seres racionales en lo económico y esa racionalidad que los guía hace que el daño deba ser visto como un coste que alguien debe asumir. Pero para la atribución de costes (de responsabilidad) a través de reglas jurídicas es preciso tener en cuenta que cuando el coste que significa el daño no es soportado por el causante, se produce una «externalización del daño», es decir, el daño es trasferido a otro patrimonio (piénsese en los daños medioambientales donde los costes de contaminación, al ser difusos y no reclamados por las víctimas, no entran dentro del cálculo de los costes de producción). Cuando el daño es indemnizado el coste se internaliza, es decir, es asumido por quien lo causa.

El AED pretende ofrecer un método para determinar cuáles deberían ser los criterios jurídicos para alcanzar una solución lo más parecida posible, si no la misma, a la que las partes hubieran alcanzado tras una negociación previa, en la que se hubiesen ponderado los costes y beneficios de cada parte, así como lo que cada parte hubiera solicitado de la otra para llevar a cabo la actividad que, en definitiva, se realizó unilateralmente, imponiendo costes no aceptados a la víctima.

Esta perspectiva nos permite vislumbrar que se debería ir más allá de la simple aplicación por los tribunales de las normas *ex post*, o sea, en consideración sólo al caso concreto, y fijarnos en como la Economía resuelve los problemas de acuerdo con un criterio *ex ante*, es decir, pensando cómo podían haber solucionado las partes el daño causado antes de su producción.

En definitiva, la metodología del AED se revela como una herramienta de utilidad para optimizar el Derecho de daños, ayudando a que se formulen propuestas dirigidas a minimizar la ineficacia del Derecho de daños tal y como hoy está concebido y diseñado, evitando así la excesiva litigiosidad y conflictividad, los problemas procesales relativos a la jurisdicción competente, los problemas sustantivos como los relativos a la disparidad de criterios en torno a la responsabilidad civil... El planteamiento de un Derecho de daños «nuevo» que intente remediar los fallos desde una explicación de los comportamientos humanos reales de los costes y de los incentivos es un reto ineludible.

El actual sistema jurídico de responsabilidad civil funciona de tal forma que acudimos a él para decidir si la víctima ha de cargar con el daño que ha sufrido o si este daño puede ser imputado a su causante. Y uno de los instrumentos para determinar en qué condiciones debe responder el causante de un daño es la regla del daño puramente económico. Es una creación del *Common Law* en el que ese concepto desempeña un papel decisivo para definir los límites del deber de cuidado.

La noción unitaria de daño puramente económico se refiere a un conjunto excesivamente variado y heterogéneo de situaciones y su utilización como patrón de referencia impide la adopción de las soluciones eficientes adecuadas para cada uno de los diferentes casos agrupados en esa única categoría. Analizando la estructura económica del problema que está presente en cada tipo de caso, el objetivo es ofrecer la posibilidad de repensar la regla sobre los daños puramente económicos y su eficiencia.

Otra cuestión o elemento nuclear del Derecho de daños es el del estándar de persona razonable. Este concepto fundamenta el Derecho de daños sobre un dato estrictamente objetivo pero ideal o construido intelectualmente: requiere a la persona que se comporte de una manera prudente según lo haría un hombre medio de la comunidad o, lo que es lo mismo, la manera prudente en que las personas se conducen según un parámetro medio.

Sin embargo, en la actualidad se cuenta con una ingente cantidad de información sobre el modo en que las personas concretas y determinadas se conducen en la realidad. La acumulación de información permite obtener predicciones de comportamiento futuro o sesgos de comportamiento en las personas concretas. Este fenómeno está generando una tendencia hacia la personalización del Derecho de daños y del estándar de prudencia. Esta personalización se intuye y visualiza como la tendencia de cada sujeto a crear y generar riesgos y en la habilidad personal que tiene para reducirlos.

Las cuestiones que entendemos deben ser objeto de investigación y que se abordan en el presente trabajo se analizan desde el siguiente enfoque: a) posibilidad de que mediante un sistema de incentivos adecuados el potencial causante de daños asuma una toma de decisiones diferente en orden a los cuidados y precaución que ha de poner en su propia conducta y en su actividad potencialmente dañosa; b) considerar idéntica cuestión respecto a las potenciales víctimas; c) adecuación de atribuir al causante potencial todos los costes, equivalentes a las pérdidas en términos sociales generadas por su actividad para alcanzar el nivel deseable de actividad y cuidado; d) planteamiento de un Derecho de daños construido sobre un paradigma distinto al de persona razonable y de la sustitución eventual del estándar de persona razonable por el de razonabilidad del comportamiento de cada persona.

En los Códigos europeos del siglo XIX las escasas normas dedicadas al Derecho de daños tenían como finalidad inmediata compensar los daños sufridos por las personas y causados, fundamentalmente, por negligencia. Es a partir de la década de los 60 del siglo XX en EE. UU. cuando se empiezan a evidenciar trabajos importantes relativos al análisis económico de las normas y donde abogados y economistas se preocuparon por analizar las justificaciones y consecuencias de las «Leyes Antitrust». No obstante, las manifestaciones trascendentales del concepto actual del AED o como algunos autores llaman «Nuevo Derecho y Economía» se iniciaron con el artículo «*The problem of Social Cost*» —«El problema del costo social»— del economista británico y premio nobel de Economía Ronald Coase, y el trabajo publicado en 1961 del Juez norteamericano Guido Calabresi denominado «*Some Thoughts on Risk Distribution and the Law of Torts*» —«Algunas reflexiones sobre la distribución del riesgo y el Derecho de daños»—.

Otro destacado representante del AED contemporáneo, por su trascendental influencia no solo como académico desde la escuela de Chicago, sino también como Juez desde los Tribunales, es el economista y abogado norteamericano Richard A. POSNER. Quizá sea el partícipe indispensable en el desarrollo y difusión de esta línea de pensamiento, pues realizó la ardua tarea de sistematizar en una sola obra los planteamientos más relevantes del AED, obra que publica en 1973 con el nombre de «*Economic Analysis of Law*» —«El Análisis Económico del Derecho»—. POSNER propuso una apreciación económica del Derecho que involucra desde la justicia en sentido genérico hasta el Análisis Económico del Derecho constitucional justificado por el sistema de libre mercado.

En la cultura jurídica moderna, podemos considerar que a partir de Richard POSNER el AED se convierte en una doctrina institucionalizada, y que su trascendencia no sólo tuvo significación en el campo académico y teórico sino también en el práctico, pues logró demostrar su aplicación en las decisiones judiciales pronunciadas por los altos tribunales norteamericanos.

En España la recepción del AED y su desarrollo han tenido una desigual implantación dependiendo del ámbito jurídico al que nos refiramos. No puede dejarse de señalar ahora a los autores que de una u otra manera han trabajado en materia de Derecho de daños desde esta perspectiva del AED como son —sin afán exhaustivo—: Alfaro Águila-Real, Díez-Picazo y Ponce de León, Doménech Pascual, Gómez Ligüerre, Gómez Pomar, Mercado Pacheco, Salvador Coderch, o Yzquierdo Tolsada.

En el Derecho español de daños los incentivos que se proporcionan a las partes de un conflicto —causante y víctima— no favorecen el logro de una transacción. La pluralidad de Derechos aplicables y de jurisdicciones competentes y la variabilidad de las indemnizaciones concedidas en casos similares dificulta que las partes puedan valorar la ganancia o la pérdida esperada y los riesgos asociados a un litigio. Desaparece el marco de referencia de la transacción y se ignora cuánto ganaré o perderé si rechazo ahora la oferta que ha formulado la contraparte. La tendencia es, por tanto, a sobrevalorar las posibilidades del pleito en detrimento del acuerdo privado. El Derecho de daños español es, sobre todo, un Derecho judicial construido por las decisiones de los jueces y tribunales. Y aun con todo, se echa en falta un grado de definición jurisprudencial que permita al justiciable prever razonablemente las consecuencias jurídicas de sus actos y que facilite el acceso al procedimiento más efectivo, esto es, aquel que proporcione más tutela, más disuasión de daños futuros, que suponga menos conflictividad potencial y que requiera menos costes de gestión.

El estado actual de la cuestión no favorece la minimización de los costes de los accidentes en Derecho de daños. En los accidentes se provocan costes privados, pero también costes sociales; los primeros son los sufridos estrictamente por las víctimas directas, los segundos los que sufre la sociedad en su conjunto, como puede ser la polución de una fábrica que afecta a vecinos y medio ambiente. Para reducir los costes de los accidentes tal vez fuera preciso establecer una regla según la cual los causantes potenciales de daños habrán de asumir los costes sociales de los accidentes que les sean imputables, en función de las precauciones y cautelas que hubieran adoptado con carácter previo las personas.

B. Esquema y método

El Derecho de daños no debe ser un sector jurídico guiado por elucubraciones jurídicas, sino un ámbito conectado con el mundo real, capaz de ver qué se gana o qué se pierde con una conducta y de ver cómo se puede obtener una mejor reasignación de recursos para obtener una maximización del bienestar social. No se trata sólo de resolver un caso en justicia sino determinar cuál es el problema real que se plantea producido un daño, en todas sus vertientes para luego verificar si la solución propuesta por el Derecho de daños realmente funciona en la realidad misma.

En ese sentido, los capítulos primero y segundo acometen respectivamente por un lado la contemplación del movimiento intelectual del AED como corriente metodológica enfocada a analizar las conductas humanas ante el fenómeno jurídico y, por otro, el modo en el que el Análisis Económico del Derecho de daños se basa en la premisa fundamental de que los individuos y las empresas toman decisiones racionales en función de los incentivos económicos que enfrentan.

En el contexto del estudio del Derecho, el AED ha surgido como una disciplina que combina los principios económicos con el estudio del sistema legal. Este enfoque busca comprender cómo las leyes y las políticas legales afectan el comportamiento de los individuos y las organizaciones, así como los resultados económicos y sociales que se derivan de estas interacciones. Además, la perspectiva de la norma como estímulo de conductas y el modo en que las políticas legales influyen en las decisiones de los individuos nos permite abordar cómo el AED de daños se basa en la premisa fundamental de que los individuos y las empresas toman decisiones racionales en función de los incentivos económicos que enfrentan. Al aplicar este enfoque al Derecho de daños, lo que se pretende es comprender cómo las reglas legales y las políticas de responsabilidad civil pueden afectar el comportamiento de las partes involucradas en una disputa, así como los resultados económicos que se derivan de dichas interacciones.

Con el enfoque complementario del AED resulta posible analizar la responsabilidad civil desde una perspectiva económica, centrándose en la eficiencia económica y la prevención de daños. Examinando cómo los principios económicos pueden aplicarse para evaluar y mejorar las reglas y políticas legales en el ámbito de la responsabilidad civil se puede abordar la transición de un enfoque centrado en exclusiva en la compensación hacia un enfoque más amplio que tiene en cuenta los aspectos preventivos y la eficiencia económica.

Y esa visión necesita explicar los conceptos estructurales esenciales del Análisis Económico del Derecho de daños: la interpretación económica de la negligencia y la eficiencia basada en la «Economía del bienestar», las externalidades, los costes de transacción, etc... Ocupa un papel esencial en este punto la concepción que del seguro de responsabilidad mantienen los estudiosos del AED de daños y su relación con la incertidumbre y la aversión al riesgo de las personas, considerando los problemas de incentivos y las asimetrías de información, como la selección adversa y el riesgo moral.

La puesta en práctica de todos estos conceptos y visiones económicos no resulta tarea fácil. La dogmática jurídica provista de teorías jurídicas conformadas por una serie de conceptos abstractos, que encuentran y confirman su consistencia sólo consigo mismos, no es capaz de comprender la naturaleza instrumental de tales conceptos, no siendo capaz de resolver los problemas que se plantean en el día a día en una sociedad que evoluciona de manera cada vez más rápida.

Sólo a través de una visión crítica de los ámbitos paradigmáticos de patologías e ineficiencias del Derecho de daños en España y de la aplicación de los nuevos esquemas económicos analizados previamente, considero que se puede ofrecer una clara línea de avance. En efecto, en campos muy concretos de la responsabilidad civil en nuestro país se observa cómo el AED podría ofrecer una valiosa herramienta de eficiencia: en la responsabilidad de la Administración por actos de su personal y autoridades, en la responsabilidad de los empresarios, en la de padres, tutores y curadores, en el increíble nudo de criterios de atribución de competencia jurisdiccional (la civil, la penal, la laboral, cada una de ellas con aplicación de criterios y reglas de responsabilidad diversas) o en los desajustes en el funcionamiento práctico del seguro de responsabilidad civil.

Todo lo anterior permite llevar a cabo un enfoque y una clarificación de los objetivos para implementar la optimización del Derecho de daños. Se pretende la presentación de una teoría jurídica funcional de la responsabilidad por daños que establezca principios y criterios claros de atribución de responsabilidad, valorando la repercusión social de los daños y considerando su impacto en la asignación de recursos, en la ruptura del orden social y en la reasignación de pérdidas.

La importancia de la adopción de medidas de precaución por parte de los potenciales causantes de daños y la explicación de cómo estas medidas pueden influir en la atribución de responsabilidad aparece entonces como el resultado lógico de la aplicación del AED a la responsabilidad civil. En especial, y respecto a la relación entre la culpabilidad y la causalidad en una hipótesis óptima de responsabilidad, se plantea la posibilidad de utilizar un enfoque probabilístico para la imputación de la causalidad en casos de responsabilidad por daños, examinando el nivel de probabilidad requerido para establecer una relación causal entre la conducta del causante y el daño sufrido por la víctima.

Dos ulteriores cuestiones que pueden extraerse son, por un lado, una propuesta funcional para la atribución de responsabilidad en casos de daños causados por el hecho de otro, y, por otro, la relación entre el seguro y la prevención de daños, explorando las formas en que el seguro puede influir en la atribución de responsabilidad y en cómo el seguro puede incentivar a los potenciales causantes de daños a adoptar medidas preventivas.

La última parte del estudio aborda el tema de la peregrinación jurisdiccional en el ámbito del Derecho de daños, examinando la importancia de establecer un nivel óptimo de especialización en los tribunales y juzgados encargados de resolver casos de responsabilidad por daños, los criterios que deben considerarse para determinar el nivel adecuado de especialización y los beneficios que esto puede generar en términos de eficiencia y calidad de las decisiones judiciales.

CAPÍTULO PRIMERO

EL ANÁLISIS ECONÓMICO DEL DERECHO

I. Introducción

Uno de los retos que toda sociedad debería acometer es el de disponer de normas jurídicas claras y comprensibles, que ofrezcan seguridad jurídica y garanticen el respeto al Estado de Derecho. Para colmar el citado reto es posible observar desde hace algunos años que por los juristas pertenecientes a la tradición y cultura jurídica del *Civil Law* utilizan una serie de herramientas de interpretación y argumentación que provienen de una metodología de estudio de las normas jurídicas conocida como Análisis Económico del Derecho *(Economic Analysis of Law)*. Este método de estudio del Derecho no viene a reemplazar la tradicional dogmática jurídica, sino más bien a complementarla, aportando un nuevo punto de vista. Además de las cuestiones legales en torno a cuestiones morales o éticas abarca también el análisis de las conductas humanas ante el fenómeno jurídico para que el contenido de la norma jurídica cumpla su finalidad, con la particularidad de que las normas son analizadas con un conjunto de herramientas metodológicas que no son propias de la ciencia jurídica, sino más bien de la ciencia económica.

En ese marco y con esa finalidad ha de acometerse la contemplación del movimiento del AED, que constituye un movimiento intelectual internacional encaminado a indagar nuevas teorías e interpretaciones de las normas jurídicas, con el fin de que se ajusten al contexto social y a la conducta humana, ofrezcan mayor seguridad jurídica y cumplan los objetivos para los cuales fueron creadas[1].

---

1 El AED es una metodología de análisis que persigue aplicar los métodos de la ciencia económica a las instituciones jurídicas, posibilitando comprender las acciones humanas. *Vid*. BULLARD GONZÁLEZ, 2012, p. 1.

II. El Análisis Económico del Derecho: descripción básica, fundamentos y técnicas

1. Las dos imágenes del AED

El movimiento del AED ha de ser observado desde dos vertientes: como movimiento intelectual y como movimiento metodológico.

1.1. Como movimiento intelectual

Como movimiento intelectual, el AED surgió aproximadamente en los años sesenta del siglo XX en la Universidad de Chicago[2], con una presencia importante en las principales universidades estadounidenses, así como en Canadá e Israel[3]. En su génesis su pretensión era la de aplicar los métodos de la ciencia económica a las instituciones jurídicas[4]. Su recepción en Europa se produjo a finales de los años setenta y comienzos de los ochenta, momento en el que el AED adquiere su plena madurez, tanto entendido como un método que como disciplina autónoma[5], si bien la influencia del AED en determinados países, y en España en particular, ha sido por lo general más moderada.

---

2 El desarrollo del AED está vinculado a la Universidad de Chicago y en particular a la Facultad de Derecho. COASE (2002, p. 12) se incorporó a la Facultad de Derecho de la Universidad de Chicago en 1964, y con posterioridad se convirtió en el responsable del Programa de AED, en donde ya despuntaba la superioridad del AED, al menos en el área de antimonopolio.
Podemos afirmar que el AED, o nuevo AED, nace en la década de los 60 en los Estados Unidos, a partir de los trabajos de Ronald Coase, Guido Calabresi, Gary Becker y Richard Posner. Allá por la década de los años 50 en los EE. UU., profesores de las Facultades de Derecho y Economía de la Universidad de Chicago, descubrieron el gran poder explicativo que tenía el análisis microeconómico sobre diversos aspectos de la vida humana. Desde un punto de vista metodológico se trataba de aplicar a un amplio abanico de las actividades humanas el supuesto de comportamiento racional maximizador, de ese modo era posible establecer proposiciones con validez empírica sobre la forma como reaccionarían los individuos frente a determinados cambios en su entorno, elaborando a partir de estos antecedentes propuestas de reforma legal, basadas en el criterio de eficiencia económica. *Vid*. ABEL PIRIS, 2012, p. 124.

3 Entre otras, Stanford, Columbia, George Mason, Miami o Emoy.

4 La reflexión de los economistas sobre el mundo del Derecho no es algo nuevo. En los orígenes de la Economía política, el análisis de las normas e instituciones que regulaban el funcionamiento de los mercados ocupaban un lugar fundamental en las preocupaciones de quienes se dedican a su estudio. *Vid*. CABRILLO RODRÍGUEZ y ALBERT LÓPEZ-IBOR, 2011, p. 202.

5 En este sentido MERCADO PACHECO, 1994, pp. 25, 27 y ss.; 32, 74 y ss.; 167 y ss.

Aun así, puede constatarse una creciente importancia de esta manera de aproximarse al fenómeno jurídico entre nuestros juristas[6].

Los inicios de este movimiento intelectual podemos situarlos en los trabajos de F. Knight, H. Schultz, H. Simons y M. Friedman[7]. A estos autores iniciales hemos de añadir los nombres de G.S. Becker, J.M. Buchanan y, en especial, por ser los más representativos de este movimiento intelectual, los de R.H. Coase, G. Calabresi y R. Posner[8]. Si bien los autores comparten determinados fundamentos y métodos, el AED no constituye una escuela unitaria, sino un movimiento intelectual dentro del cual existen variadas líneas de trabajo y métodos de análisis[9].

La línea conservadora está residenciada en la denominada Escuela de Chicago, liderada por R. Posner[10]. Metodológicamente, asume un enfoque positivo en el AED con el objetivo de dotar al estudio del Derecho de un rigor lógico y empírico que sitúe a la ciencia del Derecho como una más entre las ciencias sociales.

La línea liberal-reformista o Escuela de Yale, encabezada por G. Calabresi[11], se caracteriza por abanderar un rechazo frontal a la consideración de la eficiencia económica como único criterio normativo para la decisión jurídica, y defender que son necesarios otros valores que integren un concepto más amplio de justicia.

Finalmente, la línea neoinstitucionalista, tiende a configurarse como una tercera vía, donde destaca, entre otros[12], W.S. Samuels[13]. Para esta tendencia los grupos sociales y no los individuos son los verdaderos protagonistas de la vida económica[14].

6 El análisis económico enriquece notablemente la argumentación del jurista en pro o en contra de una regla o de la interpretación de una regla y hace la discusión mucho más rigurosa. *Vid*. Alfaro Águila-Real, 2007, p. 6 y ss.

7 Coase, 2002, pp. 7 y ss.

8 Posner, 2002, p. 39; Coase, 2002, pp. 12 a 15.

9 Montoro Ballesteros, 1999, p. 427.

10 Junto a Posner podemos destacar a Landes, Schwartz, Kitch, Eaesterbrook, que conforman la corriente más homogénea dentro del AED. En este sentido, Mercado Pacheco, 1994, p. 59.

11 Podemos incluir, entre otros, Polinsky, B. Ackerman, Kprhnhauser, Cooter, Coleman, que a pesar de no formar una unidad de «escuela» como existe en Chicago comparten una distinta visión del papel que el AED puede jugar en la teoría jurídica; *vid.* sobre esta cuestión, Mercado Pacheco, 1994, pp. 33 y 58.

12 Como pueden ser A. Allan Schmid, Warren J. Samuels, Nicholas Mercuro, Ian Macneil y Olivier E. Willianson. En este sentido, Mercado Pacheco, 1994, p. 62.

13 Mercado Pacheco, 1994, pp. 33, 58 y ss.; 60 y ss. 62 y ss.

14 Rodríguez Cachón, 2020, p. 59.

Es general y compartida la atribución del nacimiento del AED a la elaboración del teorema de Coase al que luego nos referiremos, formulado por este autor en 1960[15], aunque este teorema está avalado con las publicaciones previas de Gary Becker, en especial con su tesis doctoral defendida en 1955 donde ya planteaba la necesidad de elaborar un estudio económico de parcelas del comportamiento humano, que no se habían considerado propiamente mercantiles y que habían quedado al margen del estudio económico[16].

El planteamiento de Becker resultó ser novedoso en la medida en que se trataba de un estudio que pretendía la sustitución de la justicia por la eficiencia. Esta genérica idea evoca una hegemonía de los criterios económicos sobre los propiamente jurídicos, pero con el tiempo tan radical planteamiento se fue abandonando hasta presentarse el AED como una teoría interdisciplinar[17].

Puede decirse que, en general y con independencia de las corrientes concretas del movimiento en cuestión, el AED toma el Derecho como objeto de estudio desde el punto de vista económico. Esto implica, en primer lugar, que la interpretación y evaluación de una norma se realizan desde los presupuestos de la teoría económica; en segundo lugar, significa que la racionalidad de la que se dota a las normas y al sistema jurídico en su conjunto es una racionalidad de tipo económico, lo que produce una reformulación del Derecho acorde con ese modelo de racionalidad[18].

La extensión de los modelos y conceptos de la Economía y de los criterios económicos a todos los ámbitos de la conducta humana se fue uniendo progresivamente al análisis de los procesos de toma de decisiones y de las instituciones jurídicas y políticas como variables a tener en consideración en todo análisis económico[19].

---

15 Como indican Pindyck y Rubinfeld (2009, p. 777), el Teorema de Coase es el principio según el cual cuando las partes pueden negociar sin coste alguno y en beneficio mutuo, el resultado es eficiente, independientemente de cómo se especifiquen los derechos de propiedad. Y como señalan Schäfer y Ott (1991, p. 85), el Teorema de Coase es la base para analizar, con apoyo económico, las consecuencias de disposiciones jurídicas alternativas y para justificar las propuestas de modificación de normas jurídicas.

16 Gary Becker fue un economista estadounidense y desarrolló principalmente su labor en la Universidad de Chicago. Su tesis doctoral tenía por título «La economía de la discriminación racial», defendida en 1955. Desarrolló sus investigaciones sobre problemas sociales reales, los mercados de trabajo, el empleo y el estudio de las minorías. Sus trabajos se caracterizaron por la integración de los criterios de racionalidad y maximización de la utilidad. Le fue concedido el Premio Nobel de Economía en 1992.

17 Rodríguez Cachón, 2020, p. 56; Mercado Pacheco, 1994, pp. 25 y 276.

18 Mercado Pacheco, 1994, p. 34.

19 *Ibidem*, p. 127.

1.2. Como corriente metodológica

Que el Derecho y la Economía son realidades relacionadas no es una afirmación negada por nadie[20]. El Derecho tiene como desafío regular la conducta humana, y esto implica conocer la realidad del comportamiento humano. La Economía, por su parte, es una ciencia cuyo objeto es la atribución de recursos y ello comporta también el estudio del comportamiento humano. Ambas ciencias comparten el objeto de su estudio por lo que se refiere a las conductas humanas, pero éstas son estudiadas desde perspectivas diferentes. Precisamente el AED tiende a un mayor entendimiento de los comportamientos humanos a través del enfoque económico y el razonamiento económico aplicándolos al ámbito de Derecho, para que éste no resulte alejado de la realidad y siga al servicio de la convivencia humana[21].

El AED considera que el Derecho (al igual que otras ciencias sociales) posee una naturaleza y una estructura similares al objeto propio de la ciencia económica y por eso es susceptible de ser estudiado desde el punto de vista de la teoría económica[22]. La pretensión del AED es elevar el estudio del Derecho a la condición de ciencia racional y positiva, mediante el análisis y la investigación del Derecho de acuerdo con los principios, categorías y métodos específicos del pensamiento económico[23]. En este sentido, se defiende que la aplicación de la teoría microeconómica al análisis de las principales instituciones del sistema jurídico en su conjunto permitiría predecir y explicar las conductas humanas en relación con las normas jurídicas[24].

La corriente metodológica del AED trata de liberar el conocimiento jurídico del inveterado proceso metodológico y conceptual de la ciencia jurídica tradicional —incapaz de adaptar las instituciones y los métodos del pensamiento jurídico a la nueva realidad social—, para convertirla en auténtica ciencia, caracterizada por su rigor, racionalidad y objetividad[25]. A partir del análisis

20 Lo explica Posner (2002, p. 38) al exponer el modo de pensar y de investigar de la ciencia jurídica y de la Economía.

21 No podemos basarnos sólo en el conocimiento legal para solucionar los problemas jurídicos, el Derecho requiere de otras disciplinas para entender mejor los distintos fenómenos que se presentan en la sociedad y así poder regularlos. *Vid.* Cabieses Crovetto, 2012, pp. 12 a 21.

22 Pastor Prieto, 1989, p. 33; Paz-Ares Rodríguez, 1981, pp. 605 a 607.

23 Ha sido casi una constante de la historia del pensamiento jurídico la duda, cuando no la negación, de la «cientificidad» de la jurisprudencia (conocimiento jurídico), y el consiguiente complejo de inferioridad de los juristas frente a los cultivadores de las llamadas ciencias positivas (Matemáticas, Física, Química, Medicina, Ingeniería...). De ahí que, a partir sobre todo de mediados del siglo XIX, se replantee de forma persistente la idea de aplicar al estudio del Derecho los métodos de las ciencias positivas, con el fin de elevar dichos estudios a la condición de «verdadera ciencia». Montoro Ballesteros, 1999, p. 425.

24 Mercado Pacheco, 1994, pp. 174 y ss.

25 Montoro Ballesteros, 1999, p. 426.

metódico y global de la estructura y del funcionamiento del Derecho con arreglo al principio de eficiencia económica, el objetivo esencial de esta «nueva» ciencia jurídica consistiría en predecir, o al menos presumir, las conductas futuras de los seres humanos —conocer el impacto de una norma, de una decisión judicial o de una regla contractual en el comportamiento del sujeto—. Este conocimiento permitiría actuar a base de incentivos tratando de minimizar el empleo de recursos (costes) aumentando su eficiencia (beneficios)[26].

Los defensores de este método científico consideran que de esta manera la ciencia económica pone a disposición del jurista su acervo teórico dotándole de unos instrumentos aptos que le permitan enfrentarse a las cuestiones sociales a las que hace frente la ciencia jurídica. A través del AED el jurista descubriría que detrás de todo problema jurídico hay un problema de elección, de decisión de recursos escasos, una decisión que sólo puede ser tomada tras el análisis de los costes y los beneficios de la situación. De este modo, se considera que la solución de todo problema jurídico es racionalizada y objetivada cuando se reconduce a una operación de cálculo de tales costes y beneficios[27].

El establecimiento de las normas jurídicas como objeto de estudio desde el punto de vista económico, comporta que la interpretación y evaluación de las mismas se realiza desde la racionalidad económica. Se dota a las normas y al sistema jurídico en su conjunto de una racionalidad de tipo económico, produciéndose una reformulación del Derecho acorde con ese modelo de racionalidad[28].

Al analizar el AED y sus métodos de trabajo, MERCADO PACHECO consideró que existen dos grandes líneas dentro de la metodología del AED. Las tesis positivas o descriptivas del AED analizan el comportamiento de las personas en condiciones de escasez, fijándose en cómo las personas asignan sus limitados recursos con el fin de posibilitar pronósticos válidos acerca de determinados fenómenos[29].

26 Lo que se consigue a través del AED, indica BULLARD GONZÁLEZ (2006, p. 41), es predecir conductas de seres humanos. Se parte del principio que los seres humanos actúan en base a incentivos, y que en consecuencia buscan los que les favorece y evitan lo que les perjudica.
Se piensa así, indica MERCADO PACHECO (1994, p. 274), que la «ciencia económica pone a disposición del jurista su arsenal teórico para dotarle de los instrumentos aptos para enfrentarse a los problemas prácticos del Derecho. Prácticos y técnicos, porque el jurista descubre a través del AED que detrás de todo problema jurídico hay un problema de elección, de decisión de recursos escasos, una decisión que sólo puede ser tomada tras el análisis de los costes y beneficios de la situación».
En sentido análogo PAZ-ARES RODRÍGUEZ, 1981, pp. 627, 628 y 696; SCHÄFER y OTT, 1991, p. 21; TORRES LÓPEZ, 1987, p. 90.

27 MERCADO PACHECO, 1994, pp. 269, 270 y ss. 273 y ss. 276 y ss.

28 Se trata de una elaboración «racional del Derecho» (de nuevas instituciones y sistemas normativos) de acuerdo con el principio de «eficiencia económica», si bien G. Calabresi y los seguidores de la escuela reformista pondrán de relieve que la «eficiencia económica» no es el único valor social y que, en determinados supuestos, deberá ceder ante las exigencias de otros valores. *Vid.* MONTORO BALLESTEROS, 1999, p. 433.

29 MERCADO PACHECO, 1994, pp. 45 y ss. y 47 y ss.

Estas tesis se ocuparían entre otras tareas de: a) explicar los conceptos y categorías de significación económica contenidos en el Derecho (p. ej. responsabilidad objetiva por los daños que los consumidores hayan sufrido, el justiprecio en las expropiaciones, el impacto de las normas tributarias); b) verificar el grado de «eficiencia económica» del funcionamiento efectivo de un sistema jurídico o lo que es lo mismo la relación costes-beneficios; y c) evaluar cuantitativamente, y en su caso predecir, los costes y efectos económicos del funcionamiento de un sistema o conjunto normativo[30].

Frente a esta dirección descriptiva, las tesis normativas o preceptivas tratan de formular reflexiones sobre cómo deberían emplear las personas sus recursos para maximizar la satisfacción de ciertos fines. No se ocupan tanto de analizar y explicar cómo es y cómo funciona el Derecho, sino de diseñar cómo debería ser y funcionar. Los objetivos de estas tesis son los de aconsejar acerca de los medios más adecuados y eficientes para alcanzar los fines propuestos por el legislador, y estudiar y diseñar las reformas necesarias en el sistema jurídico con el fin de potenciar el grado de eficiencia de las instituciones. Su tendencia es la de la «elaboración racional del Derecho» —de nuevas instituciones y sistemas normativos— de acuerdo con el principio de «eficiencia económica»[31], si bien Calabresi y los seguidores de la escuela «liberal-reformista» pondrán de relieve que la «eficiencia económica» no es el único valor social y que, en determinados supuestos, deberá ceder ante las exigencias de otros valores[32/33].

2. Premisas intelectuales de partida

2.1. En general

El análisis y el estudio de las cuestiones jurídicas como cuestiones económicas precisan tener como fundamento unas concretas premisas intelectuales.

La primera de ellas es la afirmación de que la norma jurídica es un condicionante de la conducta humana. El objeto del AED es entender los sistemas

30 Paz-Ares Rodríguez, 1981, pp. 610, 624 y ss.; Mercado Pacheco, 1994, pp. 47 y ss.; Pastor Prieto, 1998, pp. 275 y ss. y 279 y ss.

31 Paz-Ares Rodríguez, 1981, pp. 611 y ss., 620 a 625, 694 y ss.; Schäfer y Ott, 1991, pp. 219 y ss.; Durán Lalaguna, 1992, pp. 137 y ss.; Mercado Pacheco, 1994, pp. 35 y ss. y 61; Pastor Prieto, 1989, p. 30; Pastor Prieto, 1998, pp. 276, 279, 287 y ss.

32 Mercado Pacheco, 1994, pp. 54 y ss. y 61.

33 Existen otras variantes metodológicas del AED que no son sino variantes de las dos anteriores. Así, la predictiva considera que las personas son agentes racionales que buscan maximizar sus beneficios, resultando posible predecir cómo se comportarán a partir de los incentivos y desincentivos que generan las normas jurídicas. Otra variante podemos encontrarla en la tesis evolucionista, que nos indica que el Derecho tiende a adoptar normas eficientes, *vid*. Abel Piris, 2012, p. 125.

normativos analizando las consecuencias que éstos producen en un mundo en el que individuos racionales ajustan su actuar a las reglas que los rigen. En función de los incentivos (del otorgamiento de premios) o desincentivos (imposición de sanción) para quienes actúen de una determinada manera, las normas jurídicas constituyen estímulos a las personas para actuar en uno u otro sentido, y ello tiene un impacto en el bienestar global y en la distribución de dicho bienestar[34].

Las normas jurídicas influyen así sobre la conducta humana de manera parecida y predecible a cómo lo hacen los precios. Si, por ejemplo, se endurece la sanción legalmente prevista para quienes cometan determinadas infracciones, es previsible, *ceteris paribus*, que disminuya el número de éstas. Si se reduce la cuantía del impuesto que grava el consumo de un determinado producto, permaneciendo todo lo demás igual, cabe esperar que aumente dicho consumo.

No puede dejarse de señalar que esta premisa desecha un elemento o factor: ante unas mismas normas jurídicas reguladoras de las conductas, no todas las personas necesariamente tendrán la misma conducta, pues los grupos humanos no son necesariamente homogéneos. Algunas personas continuarán comportándose de manera similar a como lo hacían, pero otras variarán sus modelos de conducta, reduciendo o aumentando el nivel de precaución o de la actividad realizada, cambiando una previa elección.

La segunda premisa intelectual del AED es la defensa de la posibilidad de predecir la conducta humana a través de la tesis de la elección racional. Se considera que las decisiones de las personas no son erráticas, sino que siguen una determinada lógica —la de la elección racional—, libre de errores lógicos, coherente son sus preferencias —que son estables y consistentes—; y se considera además que esas decisiones racionales se adoptan en función de los costes-beneficios que comportaría cada una de sus conductas, decantándose por la que maximice su utilidad esperada[35].

La influencia del Derecho sobre la conducta humana es en alguna medida explicable y predecible, y para poder entender los sistemas normativos analizando las consecuencias que éstos producen en un mundo en el que individuos racionales ajustan su actuar a las reglas que los rigen, el AED se apoya en ese paradigma teórico de la elección racional. Para quienes asumen el AED, la Economía es una forma de entender el comportamiento humano que parte del supuesto de que las personas persiguen determinados objetivos, tratando de seleccionar el modo que consideran más adecuado. Así, una elección racional será la manera que las personas consideran más adecuada para alcanzar sus objetivos y maximizar sus intereses en función del conjunto

34 Pastor Prieto, 1989, p. 34 y ss.

35 Para más detalle en torno a las concepciones de la teoría de la elección racional, *vid*. Korobkin y Ulen, 2000, pp. 1060 y ss.

de restricciones y opciones a su alcance. Si desconocemos cuáles son los objetivos que las personas persiguen difícilmente podrá realizarse una predicción sobre el comportamiento humano, en función del marco institucional y de incentivos en el que las personas se mueven[36].

El tercero de los presupuestos filosóficos del AED es el principio de la escasez y la selección de fines. Las decisiones jurídicamente relevantes se adoptan en condiciones de escasez. Admitamos que el legislador debe atender a varios fines, como pueden ser p. ej. la protección de la salud y la protección del medio ambiente. Entonces podría establecer normas que promuevan que las conductas de las personas se decanten hacia la protección de la salud o del medio ambiente, pero difícilmente podrá configurar el ordenamiento jurídico para que se cumplan por igual ambos fines. Si lo que se pretende es conseguir un cierto nivel de protección de la salud o del medio ambiente, por ejemplo, no habrá más remedio que restringir la libertad de ciertas personas. Si el legislador pretende garantizar ciertas esferas de libertad, habrá de permitir cierto grado de inseguridad. No resulta posible atender todos los fines al mismo tiempo[37].

2.2. La toma de decisiones y el *homo económicus*

Si la ciencia económica tiene por objeto el estudio de la conducta humana en el momento de realizar una elección consistente en la distribución de recursos, en orden a producir una serie de bienes y servicios destinados a satisfacer de la manera más eficiente un conjunto de necesidades ilimitadas, el siguiente paso es poner de manifiesto que las decisiones que se adoptan dentro de una comunidad o grupo social pueden involucrar a toda la Economía (elecciones macro) o ser meramente individuales (elecciones micro). De estas dos grandes ramas de la Economía (la Macroeconomía y la Microeconomía) a nuestros efectos nos interesa fundamentalmente la segunda[38].

La Macroeconomía considera a la Economía como un todo, partiendo de una perspectiva general que examina variables económicas globales como la inflación, el desempleo y el crecimiento económico, por lo que la toma de decisiones macroeconómicas se basa en políticas a gran escala. La Microeconomía, en cambio, estudia la toma de decisiones de los individuos, de los hogares y de las empresas, esto es, de unidades económicas pequeñas, que vendrían a ser cada una de las partes específicas que conforman la economía global.

36 En este sentido, Friedman, 1986, 1990, disponible en línea.

37 El legislador tiene la posibilidad de dictar normas que muevan a las personas a comportarse de una manera u otra, satisfaciendo en mayor o menor medida cada uno de los diferentes fines. Pero sus posibilidades de influir así en los individuos y lograr sus objetivos son inexorablemente limitadas, escasas. Resulta sencillamente imposible configurar la legislación de tal modo que todos los objetivos sean cumplidos simultáneamente en grado absoluto. *Vid*. Doménech Pascual, 2014, p. 103.

38 Mankiw, 2002, p. 19.

La Microeconomía se encarga de realizar una suerte de análisis que tiene en cuenta en especial el comportamiento de los agentes —personas, empresas y administraciones públicas—. Y en ese análisis no se considera al agente tal y como es en la realidad cotidiana, sino que se sirve de un parámetro o modelo, al que se lo conoce comúnmente como «hombre económico». Semejante paradigma obedece a la teoría de la elección racional y se concibe como un verdadero sujeto maximizador que toma sus decisiones procurando obtener la mayor utilidad posible, dependiendo siempre del criterio que en cada caso concreto sea tenido en cuenta para la ordenación de las diversas alternativas de elección[39].

Lo acabado de indicar responde a un mecanismo de simplificación sobre el cual se asienta la ciencia económica en general para obtener sus resultados y sus predicciones. Se considera que no importa tanto el campo específico de la realidad social en el que se encuentre el agente económico en cuestión, porque lo cierto es que, en tanto en cuanto se lo conciba como un verdadero «hombre económico», ordenará sus posibilidades de actuación en función de cuál sea en cada caso el criterio a tener en cuenta para realizar la toma de decisión y terminará eligiendo aquella que considere mejor[40]. Así, cuando las normas jurídicas supongan variaciones del entorno, los individuos variarán su comportamiento, obedeciendo o desobedeciendo las normas, en función de lo que requiera la maximización de su bienestar[41].

39 La microeconomía, indican Pindyck y Rubinfeld (2009, p. 3), explica cómo y por qué estas unidades toman decisiones económicas. Por ejemplo, explica cómo deciden sus compras los consumidores y cómo influyen en sus decisiones las variaciones de los precios y de las rentas. También explica cómo deciden las empresas el número de trabajadores que contratan y cómo deciden los trabajadores dónde y cuánto trabajar. Otra cuestión importante que interesa a la microeconomía es el modo en que se interrelacionan las unidades económicas y forman unidades mayores, es decir, mercados e industrias. La microeconomía nos ayuda a comprender, por ejemplo, por qué la industria automovilística se desarrolló de la forma en que lo hizo y cómo se interrelacionan los productores y los consumidores en el mercado de automóviles. Explica cómo se determinan los precios de los automóviles, cuánto invierten las compañías automovilísticas en nuevas fábricas y cuántos automóviles se producen anualmente. Estudiando la conducta y la interrelación de las empresas y los consumidores, la microeconomía revela cómo funcionan y evolucionan las industrias y los mercados, por qué se diferencian unos de otros y cómo les afecta la política de los gobiernos y la situación económica general.

40 Mankiw, 2002, pp. 348, 285 y ss.

41 Creo que sería un error —indica González Amuchástegui (1994, p. 932)— reducir el hombre jurídico al hombre económico , pero esa salvedad no debe ser óbice para reconocer que, en ocasiones, las personas en relación con el Derecho se comportan como agentes racionales maximizadores de su bienestar; lo cual va a querer decir que el comportamiento jurídicamente relevante de los individuos en ocasiones vendrá determinado no tanto por razones morales, como por razones prudenciales; asimismo, implicará que los individuos responden a incentivos, es decir, que si su entorno cambia de tal modo que pueden mejorar su nivel de bienestar modificando sus pautas de conducta, éstos lo harán.

Por consiguiente, lo que caracteriza el análisis económico es el hecho de que utiliza un modelo de simplificación que sustituye a todos los agentes económicos (y a quienes los representan cuando se trata de personas jurídicas en cuanto seres humanos), con sus defectos, emociones, sesgos, etc., por un modelo artificial llamado *homo economicus* cuyo comportamiento puede calificarse de racional por la simple y sencilla razón de que se ajusta al modelo de la elección racional, cualquiera que sea el estado mental de quien elige[42].

2.3. La elección racional y el criterio de utilidad

Como acabamos de señalar la Economía como disciplina científica asumió en un determinado momento como supuesto básico un cierto modelo de agente económico racional que es usualmente conocido como «hombre económico», cuyo comportamiento se caracteriza porque sus actuaciones son racionales —esto es, pensadas, razonadas y elaboradas—. Busca aprovechar las oportunidades existentes, maximizar su función de utilidad y optimizar preferencias, siendo la eficiencia la norma de su actuación, actuando en condiciones de libertad al tener conocimiento e información del ámbito y objeto de sus elecciones y sus actuaciones[43].

Con arreglo a este modelo económico tradicional el agente se decidirá por una actuación u otra valiéndose al efecto de una ecuación por medio de la cual se evaluarán cuáles son los beneficios y los costes de cada una de las elecciones que tiene a su disposición, y en función del resultado optará por una u otra actuación. Elegir siempre implica dejar alguna alternativa de lado, y ello, lógicamente, tiene un cierto coste, apareciendo así los denominados «costes de oportunidad»[44].

Debe advertirse que no se trata de cualquier racionalidad, sino que específicamente correspondería hablar de una «racionalidad instrumental» que es aquélla que se utiliza como herramienta para lograr un cierto propósito y

42 En este sentido, POSNER, 2002, p. 39.

43 BOTERO y ZARAMA (2010, pp. 216 y 218), señalan que a partir de los siglos XVII y XVIII, especialmente con el «Iluminismo», la reflexión filosófica buscó aclarar, por vía de la razón, los fundamentos del conocimiento, los fenómenos y realidades de la naturaleza, las costumbres y leyes de la convivencia humana, y hasta los dogmas de la religión, sustituyendo el silogismo, de corte aristotélico y escolástico, como esquema de pensamiento para indagar las realidades del ser y del mundo, por la duda metódica y la observación inductiva, que fueron las que abrieron paso definitivo al «racionalismo», piedra angular del pensamiento científico moderno. Desde entonces, todas las ciencias, incluida la Economía, han ido construyendo unos cuerpos de teoría de estructura y contenidos básicamente racionalistas, de modo tal que sus sujetos de estudio no pueden ser concebidos sino como «agentes racionales», tanto en su naturaleza como en sus comportamientos.

44 SCHÄFER y OTT, 1991, pp. 75 y ss.; MANKIW, 2002, p. 107.

que en este caso no puede ser otro que el de emprender una acción o tomar una decisión. Se trataría de utilizar la razón para seleccionar una de las diferentes posibilidades de actuación con las que cuenta el agente económico. Esta racionalidad tendría, al menos, dos presupuestos: el primero tiene que ver con que los decisores instrumentalmente racionales resultan ser siempre decisores maximizadores de un interés personal; el segundo, por su parte, es que aun cuando el agente realice antes de actuar una pluralidad de valoraciones en torno de las posibles elecciones con las que cuenta, todas ellas se podrán reducir siempre al criterio de la utilidad[45].

Frente a los diferentes cursos de acción con los que cuentan las personas, siempre acaban optando por uno y la tarea de la ciencia económica debería ser la de explicar con mayor o menor precisión las razones que han llevado a una determinada elección, de modo tal que la teoría explicativa pueda ser utilizada para predecir el comportamiento humano ante circunstancias análogas[46]. Y, precisamente, en Economía se utiliza con ese fin el criterio de utilidad, de acuerdo con el cual siempre se buscarán los beneficios y se evitarán las pérdidas o costes cualquiera que sea el criterio que se tenga en cuenta para considerar una decisión u otra como ganancia o pérdida y para realizar, en consecuencia, la correspondiente gradación de preferencias[47].

De alguna manera todo se basa en la utilidad porque se supone que las personas tienen una función de utilidad o satisfacción sobre la base de la cual buscarán siempre maximizar el resultado obtenido cada vez que toman una decisión. Los manuales de Microeconomía, por ejemplo, explican que el sujeto calcula por separado el resultado que obtendría de los distintos cursos de acción posibles y, entre ellos, finalmente elige aquel que le proporciona

---

45 Calvo Soler, 2003, p. 20.

46 Ejemplifica Tetaz (2014, p. 52) que cuando un niño mete los dedos en un enchufe y recibe una descarga, la asociación es directa. Pero cuando lo que hace tiene distintas consecuencias en cada oportunidad, como ocurre —por ejemplo— si molesta al perro pellizcándolo, se necesitan más experiencias para conocer la influencia de los propios actos en el mundo que nos rodea. En sentido más estricto aún, para hablar de probabilidad a *posteriori* se necesita considerar una frecuencia de sucesos aleatorios que permita identificar en cuáles de esos episodios ocurre la realización de un valor determinado de la variable de interés y en cuáles, no. El típico ejemplo es el de los juegos de azar como la ruleta, los dados o las cartas. En el caso de la ruleta, por ejemplo, puede observarse que en un gran número de tiros la tendencia del color negro y del color rojo a aparecer es prácticamente la misma, y de ahí se deduce que ambos colores tienen similar probabilidad de ocurrencia. Una vez que el fenómeno ha sucedido repetidas veces y que se pueden comprobar las frecuencias de cada resultado, podrá establecerse la noción de probabilidad a *priori*, que implica que en caso de no cambiar las condiciones del juego ambos colores deberían seguir saliendo en las proporciones esperadas.

47 Eslava Arcila, 2002, pp. 16 y ss.

mayor utilidad[48]. La premisa central de la teoría económica reside en que las personas eligen por optimización —es decir, que de entre todos los bienes y servicios que una familia podría comprar, esta escoge necesariamente el mejor que se pueda permitir—; y además se asume que los dogmas a partir de las cuales el «hombre económico» lleva a cabo sus elecciones son imparciales —esto es, que elige basándose en lo que los economistas denominan «expectativas racionales»[49]—.

El uso de modelos basados en la optimización podemos encontrarlo en la teoría de la formación del capital humano, en la que se asume que las personas escogen el tipo de educación a recibir y cuánto tiempo y dinero invertir en la adquisición de estas habilidades, prediciendo correctamente cuánto dinero ganarán y cuánto disfrutarán por ello en sus futuras carreras[50]. Otro ejemplo podemos encontrarlo en la teoría de las empresas, en la que se estipula que cada una de las empresas que ejercen su actividad dentro de una determinada economía actuarán siempre con vistas a maximizar sus beneficios o el valor de la empresa, explicando a la vez que debe hacer cada empresa para alcanzar ese objetivo[51]. Para ilustrar esta idea podemos suponer una incineradora de residuos ubicada en una zona de viviendas que produce emisiones de humos contaminantes y que cuenta con licencia para ejercer su actividad empresarial. Esta incineradora se trasladaría a otra ubicación si la totalidad de los perjudicados valoraran sus daños por un importe superior al coste de traslado de la incineradora. La incineradora igualmente se trasladaría si no cuenta con licencia para ejercer su actividad al no tener derecho a contaminar. Si la incineradora tuviera el derecho a contaminar, pero fuera responsable de los daños ocasionados, se cuestionaría si la incineradora de residuos es productiva o no en esa ubicación. Caso de ser productiva no se trasladaría[52].

En suma, para quienes se adscriben al análisis económico, lo que distingue a la Economía como disciplina de otras disciplinas dentro de las ciencias sociales no es tanto su temática, sino más bien su enfoque o método de análisis propio, que es especialmente poderoso porque es capaz de integrar una escala muy extensa de comportamientos humanos[53].

---

48 Para un estudio con más detalle de la maximización de la utilidad, *vid.* PINDYCK y RUBINFELD, 2009, pp. 167 y ss.

49 Richard THALER (2017, p. 30) en su libro *Portarse mal. El comportamiento irracional en la vida económica*, ha demostrado que las decisiones no necesariamente obedecen a criterios racionales, sino que entran en juego variables psicológicas que las desvían de un racional comportamiento del hombre racional.

50 BECKER, 1962, pp. 9 y ss.

51 PINDYCK y RUBINFELD, 2009, pp. 305 y ss.; THALER, 2017, p. 59.

52 SCHÄFER y OTT, 1991, p. 87.

53 BECKER, 1980, pp. 11 y ss.

3. Tipos de Análisis Económico del Derecho

El tipo de análisis que lleva a cabo el movimiento de AED que analizamos se lleva a cabo bajo varios enfoques o según dimensiones diferentes.

3.1. Análisis positivo y análisis normativo

Para comprender mejor la interrelación entre el Derecho y la Economía hay que partir del hecho de que el AED tiene aspectos positivos y aspectos normativos. El aspecto positivo se enfoca en el comportamiento de las personas en condiciones de escasez, observando el impacto que sobre los agentes económicos tienen las normas a la hora de decidir cómo asignan sus recursos limitados. Se limita a efectuar una explicación de las reglas y los resultados legales tal como están impuestos sin que se cuestionen o se pretenda modificarlos para su mejora. Por el contrario, desde el plano normativo el AED trata de formular juicios sobre lo que sería oportuno, cuál es el modo pertinente de actuación a la hora de proceder a la distribución de los recursos escasos para conseguir efectivamente maximizar la satisfacción, y así determinar en términos de bienestar social las ventajas que concurrirían en caso de que se adoptaran ciertas decisiones legislativas[54].

Con el análisis económico-positivo se analiza la manera en que influyen determinadas circunstancias en el contenido y forma de ciertas decisiones jurídicas. Cabría analizar, por ejemplo, la razón por la que ciertas regulaciones legislativas adoptan determinados contenidos y no otros[55], o cómo influyen los sistemas retributivos de los jueces o su ideología sobre el sentido de sus decisiones[56].

En este análisis económico-positivo de los efectos se examinan también cuáles son o pueden ser las consecuencias reales de las normas jurídicas —ya sean de origen constitucional, legal, administrativo, procesal, privado, etc.—, y predecir las conductas humanas ante una norma jurídica, así como predecir los posibles costes y beneficios que se derivan de la conducta humana para la consecución de los fines previstos en la norma. Así, un análisis económico-positivo sobre responsabilidad extracontractual podría predecir los efectos del régimen de responsabilidad objetiva, frente a uno de responsabilidad subjetiva. Igualmente puede resultar de utilidad para considerar el

54 La microeconomía se ocupa tanto de cuestiones *positivas* como de cuestiones *normativas*. Las cuestiones positivas se refieren a la explicación y la predicción (describe las relaciones de causa y efecto) y las cuestiones normativas a lo que *debería* ser. *Vid*. Pindyck y Rubinfeld, 2009, p. 7.

55 Las tareas centrales de la teoría de la regulación económica son explicar quién recibirá los beneficios o las cargas de la regulación, qué forma tomará la regulación y los efectos de la regulación sobre la asignación de recursos. *Vid*. Stigler, 1971, pp. 3 y ss.

56 Doménech Pascual, 2008b, p. 17 y ss.; Garoupa, Gili y Gómez Pomar, 2012, pp. 795 y ss.

impacto que las diferentes reglas de imposición de costas procesales —vencimiento, temeridad, inexistencia de condena en costas, etc.— puedan tener o hayan tenido sobre la conducta procesal y extraprocesal de los justiciables; en particular las decisiones que esos justiciables han de adoptar en relación con el nivel de cuidado y la frecuencia con los que realizan las actividades que pueden desembocar en un pleito, el surgimiento de un litigio, los recursos destinados a tratar de ganarlo, su terminación mediante allanamiento, desistimiento o transacción[57].

El enfoque normativo del AED va más allá y establece recomendaciones de carácter político basadas en las consecuencias económicas que derivan de la aplicación de un determinado curso de acción política. El concepto central que se maneja en este tipo de enfoque es el de eficiencia y, en particular, el de eficiencia en la distribución. En definitiva, se ocupa de estudiar qué es lo que los agentes jurídicos como los legisladores, los tribunales, la Administración, las partes contratantes, etc., a la vista de las consecuencias esperadas de sus diversas alternativas de actuación, deberían hacer, qué decisiones deberían adoptar, qué normas deberían eventualmente establecer, a fin de maximizar la satisfacción de ciertas preferencias. Un ejemplo de esto puede ser el análisis normativo de la responsabilidad extracontractual en el que se examine en qué supuestos es preferible establecer una regla de responsabilidad objetiva o por culpa, a la vista de cómo puede influir en la conducta de los afectados, así como en los costes y beneficios sociales que comporta cada una de las reglas de responsabilidad[58].

Ambas perspectivas (positivista y normativa) no son excluyentes y se suelen presentar de forma sucesiva, pues los juicios de valor y recomendaciones del análisis normativo deben asentarse sobre los pilares y argumentaciones firmes del análisis positivo[59].

3.2. Análisis teórico y análisis práctico

La corriente metodológica del AED brotó y se ha desarrollado esencialmente en el ámbito académico como un sistema teórico dirigido a entender, explicar y eventualmente criticar el orden jurídico. Esta circunstancia no es obstáculo para que los conocimientos y los instrumentos analíticos elaborados al amparo de esta corriente metodológica puedan ser utilizados con una finalidad práctica, y no meramente teórica, para interpretar y aplicar el ordenamiento jurídico con la finalidad de resolver problemas reales. Así, en un

57 Shavell, 1982, p. 55 y ss.; Katz y Sanchirico, 2010, p. 4 y ss.

58 En este sentido, Schäfer y Müller-Langer, 2008, disponible en línea.

59 Apropósito del análisis positivo frente al análisis normativo, Pindyck y Rubinfeld (2009, pp. 7 y 8) indican que las cuestiones positivas se refieren a la explicación y la predicción y las cuestiones normativas a lo que «debería» ser.

hipotético procedimiento de elaboración de normas jurídicas sobre responsabilidad extracontractual, incluso podría considerarse «obligado» efectuar un análisis de los costes y beneficios que puede comportar el establecimiento de una regla de responsabilidad objetiva, frente a uno de responsabilidad subjetiva[60]. Si bien en España no es habitual que los jueces consideren y esgriman argumentos procedentes del AED para motivar sus decisiones, sí es normal o habitual en otros países[61].

4. Herramientas de trabajo del AED

El Derecho puede ser analizado sin excesivas dificultades con herramientas teóricas y deductivas o con herramientas metodológicas proporcionadas por la Economía, cuyo manejo no acostumbra a enseñarse en las Facultades de Derecho —al menos en las europeas—, para una mejor comprensión de los efectos que las normas tienen sobre el comportamiento[62].

4.1. Modelos matemáticos. Crítica

En los orígenes del AED no se consideró necesaria la formalización de modelos teóricos expresados en el lenguaje de las matemáticas[63]. Pero con el paso del tiempo, cuando esas primeras contribuciones comenzaron a ser revisadas y cuestionadas, se consideró necesario especificar con mayor rigor las condiciones de validez de las teorías y las premisas a partir de las cuales se deducían o no ciertos resultados, recurriéndose para ello al lenguaje matemático[64].

Las matemáticas posibilitan la representación de teorías con claridad, exactitud y generalidad. Permiten identificar y definir con precisión los elementos principales de un problema jurídico típico, las relaciones existentes entre las diferentes variables y explorar las consecuencias de una teoría. Una vez se ha formulado con exactitud un modelo teórico, con las matemáticas pueden extraerse las consecuencias lógicas referidas a un hecho cierto que está por suceder —es decir, de predicciones— pudiendo luego ser contrasta-

60 Revuelta Pérez, 2014, p. 86; Marcos Fernández, 2009, p. 356; Ponce Solé, 2009, p. 221 y ss.

61 Un ejemplo bastante representativo es el de los jueces Richard Posner y Frank Easterbrook, dos profesores universitarios que dieron los primeros pasos en el AED se han convertido en dos referentes de la jurisprudencia estadounidense, a pesar de no desplegar sus funciones en la Corte Suprema de los Estados Unidos. *Vid.* Gulati y Sanchez, 2002, p. 1143 y ss.

62 Eslava Arcila, 2002, p. 29.

63 Así en los trabajos de Coase, Calabresi y Posner.

64 Ginsburg y Miles, 2011, p. 1816.

das con la realidad. La teoría quedará corroborada, o cuando menos fortalecida, si las predicciones que se derivan lógicamente de la misma se ajustan exactamente a los datos empíricos existentes y, resultará debilitada, en caso contrario[65].

Si los modelos matemáticos permiten deducir consecuencias exactas a partir de unas determinadas premisas, la matematización de los procesos de adopción de decisiones constituye una garantía de que las decisiones son consecuencia de las premisas de las que se parte. Cuando las premisas están impregnadas de subjetividad, están basadas sobre datos inciertos o, simplemente no se corresponden con la realidad, las decisiones resultantes adolecerán de idénticos defectos[66].

Ahora bien, no pueden ocultarse las críticas a la utilización de modelos matemáticos en determinados ámbitos. Así, las objeciones usualmente dirigidas contra la utilización de modelos matemáticos en las ciencias sociales en general y en el análisis jurídico en particular, son su excesiva simplificación y el hecho de que parte de premisas escasamente realistas. No obstante, hay que indicar que cualquier teoría, matematizada o no, implica una simplificación de la realidad, una abstracción y que poco importará que las premisas del modelo económico formalizado matemáticamente sean poco realistas si las predicciones se ven confirmadas luego por los hechos[67]. Téngase en cuenta además que la ciencia es una tarea colectiva que avanza gradualmente, paso a paso, por ensayo y error, mediante conjeturas y refutaciones[68]. Un modelo simple puede constituir en este lento e interminable proceso un punto no de llegada, pero sí de partida, o un importante avance que después habrá de ser criticado y confrontado con los datos empíricos disponibles, revisado, modificado, desarrollado y, en su caso, sustituido sucesivamente por otros que expliquen cada vez mejor la realidad[69].

Una de las críticas a la excesiva sofisticación matemática del AED es que puede provocar su distanciamiento respecto de la realidad y de la práctica jurídica. Quienes tienen formación para elaborar modelos teóricos formalizados matemáticamente carecen en muchas ocasiones de un conocimiento suficientemente preciso del sistema jurídico que pretenden teorizar. Otra crí-

---

65 Debreu, 1986, p. 1259; Hartmann y Sprenger, 2011, pp. 594 y ss.

66 La utilidad de la matematización estriba en su coherencia, precisión, transparencia y disminución del riesgo de arbitrariedad. *Vid.* Doménech Pascual, 2009b, p. 178.

67 Friedman, 1953, pp. 14 y 15.

68 En este sentido, es notable el libro de Karl R. Popper, 1991, *Conjeturas y refutaciones. El desarrollo del conocimiento científico*, por su aguda visión de la forma en que crece el conocimiento científico, disponible en línea.

69 El uso de modelos matemáticos —indican Tirado y Bedoya (2018, p. 18)— dota a los estudios de la posibilidad de explorar las consecuencias de una teoría y testear las teorías formuladas,

tica común es que la utilización de ese modelo matemático puede dificultar o impedir la comunicación con los juristas teóricos y con los profesionales —abogados, magistrados, funcionarios, legisladores, etc.— a los que corresponde crear o aplicar el Derecho y cuentan con una visión realista de los conflictos sociales y jurídicos[70].

La utilidad de los modelos matemáticos resulta evidente en los supuestos en los que la autoridad sanitaria se plantee por ejemplo imponer o no la obligatoriedad de vacunar a un determinado sector de la población. Las vacunas previenen enfermedades y salvan vidas, pero también comportan riesgos como puede ser la muerte de algunas personas. Con carácter previo a la toma de una decisión al respecto, la autoridad deberá efectuar una ponderación: deberá estimar, cuando menos, el número de vidas salvadas y muertes que la vacunación obligatoria puede provocar, así como las probabilidades de que se produzcan ambos resultados. Y, como señala DOMÉNECH, aquí cabe obtener datos empíricos lo más precisos y rigurosos posibles. Se pueden elaborar, y de hecho se elaboran, estudios científicos que proporcionan información relativamente fiable y muy exacta acerca de aquellos números y probabilidades, información a la que no se puede renunciar habida cuenta de la importancia de los intereses en juego. Pequeñas diferencias en décimas porcentuales pueden ser determinantes. La vacunación obligatoria puede ser aceptable si la probabilidad de que se salve una vida y el riesgo que se ocasione una muerte supere o no exceda, respectivamente, de los porcentajes de probabilidad previamente fijados[71].

Cuando los juristas analizan los costes y beneficios de las posibles alternativas de una decisión no consideran obligado ni posible el cálculo matemático. No se intenta cuantificar el grado de realización de los principios jurídicos asociado a cada decisión, por considerar que no resulta posible cuantificar el grado de realización de los principios jurídicos, argumentándose que se trata de realidades inconmensurables, cuando puede resultar conveniente representar mediante conceptos métricos el grado de realización social de ciertos principios jurídicos o, lo que es lo mismo, el grado de utilidad social que pueden reportar las decisiones jurídicas[72].

70 SCHWARTZ, 2011, pp. 1531 y ss. Para paliar los riesgos y críticas apuntadas resulta preciso una mayor colaboración y comunicación entre juristas y economistas. Así se facilitaría la elaboración conjunta de trabajos de investigación (GINSBURG y MILES, 2011, pp. 1810; 1789 y ss.), así como la comunicación para poder aplicar en la actividad investigadora, docente o práctica los instrumentos del AED (GLADWELL, 2000, pp. 30 y ss.). En el libro de este autor *The Tipping Point* explica y describe los cambios sociológicos «misteriosos» que marcan la vida cotidiana, indicando que «Las ideas, los productos, los mensajes y los comportamientos se propagan como lo hacen los virus».

71 DOMÉNECH PASCUAL, 2009b, p. 179.

72 Las matemáticas hacen posible *testar las teorías* formuladas. Las consecuencias exactas que cabe esperar a partir de un modelo teórico pueden ser luego contrastadas con la realidad. La utilización de conceptos métricos permite hacer mediciones precisas a estos

Frente a las simplistas asunciones iniciales de los primeros modelos analíticos del moderno Derecho de daños, desde alrededor de los años setenta del s. XX se está consolidando la idea que el Derecho de daños puede contribuir, con otras ramas del Derecho, a reducir y minimizar los costes sociales de los accidentes. Aunque los sectores doctrinales más tradicionales se aferran a la idea de que la función principal del Derecho de daños es compensatoria, nadie hasta ahora ha sido capaz de negar de manera razonada que la compensación perfecta supone prevención óptima. Un sistema de reglas de responsabilidad civil que consiguiera que todos los casos de accidentes por los cuales alguien ha de responder se transigieran o litigaran con el resultado de que la víctima obtuviera una compensación integral de los daños, prevendría óptimamente la ocurrencia potencial de tales daños: el potencial agente no causará un daño evaluado en 100 si tiene la certeza de que, de hacerlo, será condenado a pagar a su víctima la citada cantidad, y si *ex ante* puedo evitar el accidente invirtiendo 75 en precauciones (75<100), y los beneficios que obtiene en su actividad son los mismos en ambos casos[73]. Y, como fácilmente se entenderá, los juristas, cuya formación es humanista, difícilmente se servirán de modelos teóricos expresados en el lenguaje de las matemáticas.

Sobre ello se tratará en el siguiente capítulo.

4.2. Métodos empíricos

En sentido amplio, por método empírico podemos entender cualquier modo de obtención de datos o información acerca del mundo real mediante la experiencia, a través de la percepción sensorial de los hechos. En este sentido, los métodos empíricos de investigación del Derecho comprenderían cualquier procedimiento a través del cual podemos adquirir conocimientos basados en la experiencia acerca de las reacciones que el Derecho provoca en las conductas y en el bienestar de las personas[74]. En un sentido más limitado, a veces se habla de investigación empírica del Derecho sólo cuando la información obtenida mediante la experiencia se cuantifica o se analiza mediante técnicas estadísticas o cuantitativas[75].

efectos. La teoría quedará corroborada, o cuando menos fortalecida, si las predicciones —afirmaciones referidas a un hecho incierto que está por suceder— o retrodicciones —afirmaciones referidas a un suceso pasado— que se derivan lógicamente de la misma se ajustan exactamente a los datos empíricos existentes; y falsada o debilitada en caso contrario. *Vid*. Doménech Pascual, 2014, p. 109.

73 Salvador Coderch, 2021, p. 32.

74 Epstein y King, 2002, pp. 2 y 3; Schneider y Teitelbaum, 2006, p. 61.

75 Landes, 2003, p. 176.

Existen básicamente dos tipos de métodos empíricos: la observación y la experimentación[76]. La observación consiste en examinar y analizar la realidad sin alterarla; la experimentación, en provocar deliberada y controladamente un cambio en esa realidad, al objeto de observar e interpretar su resultado con una finalidad cognoscitiva[77]. Ambos tienen sus ventajas e inconvenientes.

La ventaja del método empírico basado en la experimentación es que si existe una identidad de condiciones entre el grupo experimental —aquel en el que se realiza el cambio— y el grupo de control —aquel en el que no se realiza—, podemos deducir que las diferencias resultantes han sido causadas por el cambio realizado. El inconveniente es que puede resultar complicado y costoso realizar experimentos con auténticas regulaciones jurídicas[78]. Aunque podamos experimentar con reglas jurídicas simuladas, el problema será que las artificiales condiciones del experimento pueden no llegar a reflejar de manera adecuada las circunstancias del mundo real y ello minaría la validez de los resultados del experimento[79].

El método empírico basado en la observación, a su vez, puede ser longitudinal y transversal. La observación longitudinal analiza y compara resultados a lo largo del tiempo, como puede ser indagando acerca de cuáles han sido los efectos de una reforma legislativa, contrastando la situación anterior y posterior a su entrada en vigor, etc. La observación transversal analiza y compara hechos realizados más o menos simultáneamente, si bien en distintos ámbitos espaciales, como puede ser contrastando cuál ha sido el impacto de una determinada regulación, comparando la realidad de algunos países que la establecieron con la de otros donde estaba vigente otra norma durante el mismo periodo de tiempo[80].

Tanto en la observación longitudinal como en la transversal la ventaja es que se estudia el mundo real. El inconveniente es que éste resulta muy com-

76 Rodríguez Jiménez y Pérez Jacinto, 2017, pp. 4 y ss.

77 Bunge, 1985, pp. 717 y ss.

78 Sin perjuicio del inconveniente de realizar experimentos con auténticas regulaciones jurídicas, Ranchordás (2013, pp. 415 y ss.) sostiene que la legislación experimental debería formar parte de la caja de herramientas diaria de los legisladores y ofrece una visión general de las diferentes ventajas de este instrumento legislativo.

79 El experimento resulta útil sólo si proporciona informaciones fiables acerca de la eficacia de una regulación jurídica presente, normalmente de alcance limitado, que permitan predecir con alguna garantía de acierto los efectos de una regulación jurídica futura, normalmente de alcance general y vigencia indefinida. Es decir, se trata de evidenciar una relación de causalidad —entre la norma experimental y la realidad— que luego pueda ser razonablemente generalizada —a la relación entre la norma definitiva y la realidad—. Como suele decirse —indica Doménech Pascual (2004, p. 173)—, el experimento debe ser válido interna y externamente. El problema es que la irreductible complejidad de la vida humana dificulta notablemente la consecución de este objetivo.

80 Rodríguez Jiménez y Pérez Jacinto, 2017, pp. 14 y 15.

plejo: en muchas ocasiones no hay total seguridad de que los hechos observados hayan sido causados por una circunstancia u otra. Así, lo que parece un cambio en la conducta de las personas debido a la promulgación de una nueva norma jurídica puede obedecer en realidad a otro factor concurrente que no se ha tenido en cuenta.

Resultaría de gran utilidad que todos estos métodos pudieran ser aplicados al análisis del Derecho para elaborar, contrastar, confirmar, depurar, cambiar y retirar hipótesis teóricas, así como para efectuar predicciones y proponer la adopción de normas jurídicas. De hecho, desde inicios del siglo XXI en algunos países existe una tendencia al aumento de trabajos empíricos dedicados de manera exclusiva y específica al análisis empírico de múltiples y variadas cuestiones legales[81].

La ventaja de los métodos empíricos radica en la posibilidad de obtener información de los efectos que las decisiones jurídicas —leyes, reglamentos, actos administrativos, sentencias, contratos, etc.— producen sobre la conducta humana y el bienestar de los individuos, así como sobre la influencia que la realidad social puede ejercer en las decisiones jurídicas. El conocimiento de los efectos e influencias de las decisiones jurídicas posibilita una mejor comprensión del funcionamiento real del sistema jurídico. Esta información podrá ser más o menos imperfecta, limitada o fragmentaria, pero no por ello deja de ser valiosa, sobre todo si somos conscientes de su precariedad y de la necesidad de revisarla críticamente y mejorarla. Indudablemente, cuanto más rigurosos sean los métodos empíricos empleados para obtenerla, más fiable y valiosa será la misma[82].

Para desarrollar de manera adecuada las responsabilidades en todo tipo de labores jurídicas se precisa información acerca de las consecuencias esperables de las normas jurídicas o acerca del impacto que sobre las normas jurídicas pueden tener determinadas circunstancias. Cuando el legislador pretende establecer los incentivos adecuados para que los individuos se abstengan de realizar ciertas conductas consideradas perjudiciales para la comunidad y lleven a cabo otras socialmente valiosas, precisará saber si una determinada norma jurídica ha producido o puede producir, en el terreno

81 Son innumerables los trabajos en esa dirección; *vid.* entre otros, Heise, 2002, pp. 819 y ss.; Warren, 2002, p. 1 y ss.; Ulen, 2004, pp. 403 y ss.; Chambliss, 2008, pp. 17 y ss.; Nourse y Shaffer, 2009, pp. 61 y ss.; Suchman y Mertz, 2010, pp. 555 y ss.; Heise, 2011, pp. 1739 y ss.; Eisenberg, 2011, pp. 1713 y ss.; Zeiler, 2016, pp. 78 y ss.; Fischman y Barbash-Riley, 2018, pp. 767 y ss.

82 Los métodos empíricos permiten obtener información acerca de los efectos que las decisiones jurídicas —leyes, reglamentos, actos administrativos, sentencias, contratos, etc.— producen *realmente* sobre la conducta y el bienestar de los individuos, así como sobre la influencia que la realidad social puede ejercer en aquellas decisiones. El conocimiento de esos efectos y de dicha influencia tiene, evidentemente, una importancia crucial para comprender mejor el funcionamiento real del sistema jurídico. *Vid.* Doménech Pascual, 2014, p. 116.

de los hechos, los resultados deseados. Parece preferible asentar la política legislativa en evidencias empíricas rigurosas y sistemáticamente obtenidas antes que en intuiciones o ficciones[83].

Un problema muy parecido al que se ocasiona en los modelos matemáticos es que con la aplicación de métodos empíricos al análisis del Derecho se agranda la brecha comunicativa con los juristas prácticos, o incluso de los «intermediarios» que conocen, manejan y difunden las ideas procedentes del AED[84]. Para paliar esta brecha comunicativa se hace preciso establecer mecanismos de colaboración interdisciplinar.

III. El AED y la conducta

1. Norma y predicción

El Derecho en cuanto disciplina científica no debería ocuparse sólo del estudio de las normas que forman parte del ordenamiento jurídico positivo y que ambicionan a regular la conducta humana, sino que debería ocuparse también de estudiar el comportamiento de aquellas personas cuyas acciones se pretende regular, porque sólo así será posible predecirlas y, a partir de ello, lograr la elaboración de normas jurídicas que resulten lo más eficaces posibles.

Las normas jurídicas son reglas que señalan las conductas a las que las personas deben ajustar su acción, estableciendo cuáles han de ser los actos que se consideran debidos y cuáles indebidos[85]. Las normas podrán considerarse eficaces cuando en la realidad cotidiana las personas se comportan tal y como se previó por el legislador en el momento de elaborar la norma. Para definir el concepto de eficacia han de tomarse en cuenta las relaciones entre la conducta humana efectiva y la norma jurídica: el acatamiento de una norma consiste en la realización de una conducta igual a la conducta exigida

---

83 Súmar Albújar (2012, pp. 28 y ss.) analiza las medidas que imponen una limitación al consumo de alcohol o de la comida basura, en base a la necesidad de corregir conductas sociales que serían reprobables. Sin embargo, en el momento de dictar estas medidas, muy pocas veces se hace un análisis costebeneficio de las normas dictadas que permita medir el impacto económico de estas disposiciones. El autor analiza las mencionadas medidas, buscando demostrar que muchas veces hay costes ocultos que el legislador no es capaz de prever y acaban siendo asumidos por la sociedad. Por ello, propone la aplicación del test de proporcionalidad para comprobar la idoneidad, necesidad y proporcionalidad de la disposición que va a ser adoptada. Sólo de este modo se podrá medir su impacto antes de ser aprobada.

84 En tal sentido, Heise, 2011, p. 1751.

85 González Amuchástegui, 1994, p. 934.

por la norma. Así podemos entender que, simplemente, una norma jurídica es eficaz cuando la conducta se ajusta a lo establecido en la misma[86].

Explica GONZÁLEZ AMUCHÁSTEGUI que en el ámbito de la dogmática del Derecho continental o *Civil Law* no se analiza con detalle la eficacia de las normas jurídicas ni tampoco se concibe un método para poder evaluar su eficiencia. Simplemente se confía en el funcionamiento de la coacción. La dogmática tradicional no es capaz de explicar y comprender el complejo fenómeno jurídico porque, en la medida en que el dogmático se ocupa sólo del Derecho positivo, sus esfuerzos no van a pasar de ser más que un estudio interno del sistema jurídico vigente en un Estado. Los problemas más relevantes que se han planteado los juristas dogmáticos, como apunta este autor, consisten en analizar si en el interior de los sistemas jurídicos existen normas incompatibles o ambiguas, lagunas o conceptos jurídicos indeterminados; en definitiva, su actividad descansa en un determinado concepto de racionalidad, la denominada racionalidad jurídico-formal. Se entiende así la crítica que suele hacerse a los juristas dogmáticos, caracterizándolos como seres poco sensibles al análisis de los problemas jurídicos desde el punto de vista de su justicia o injusticia, de las consecuencias sociales de las normas o de sus costes y de su eficiencia[87].

Cualquier análisis del sistema jurídico que se pretenda científico deberá, por una parte, explicar la función de las normas y de las instituciones jurídicas y, por otra, predecir las consecuencias derivadas de su existencia. Frente a esta tarea, el investigador jurídico se encuentra prácticamente con las manos vacías cuando el instrumental de que dispone sólo son los métodos, planteamientos y criterios de decisión del tradicional análisis jurídico-formal. Y ha de decirse que no sólo interesa el enfoque económico, sino que también resulta de importancia para el Derecho la noción de sociología jurídica, en la medida en que ésta se interesa por el fenómeno jurídico como un hecho social que se produce en el seno de la comunidad, tratando de establecer los orígenes del Derecho en el plano causal y observando empíricamente cómo funciona el Derecho en la realidad, condicionando o determinando la conducta de los hombres[88].

---

86 El AED puede llegar a convertirse, indica MERCADO PACHECO (2013, p. 101), en «una de las herramientas imprescindibles para evaluar la calidad de una norma jurídica no sólo en términos *técnico-normativos* (rigor lingüístico, claridad expositiva y sistemática, y coherencia con el resto del ordenamiento jurídico), sino formando parte de un análisis más amplio sobre su *calidad material* que provea de un material empírico riguroso que permita motivar la necesidad, adecuación y proporcionalidad de la norma, especialmente en lo referido a su racionalidad pragmática o instrumental, esto es, realizando un juicio sobre la *eficacia y eficiencia de la norma* a la hora de la consecución de sus objetivos».

87 GONZÁLEZ AMUCHÁSTEGUI, 1994, pp. 930 y 931.

88 ATIENZA RODRÍGUEZ, 1989, p. 400; GONZÁLEZ AMUCHÁSTEGUI, 1994, p. 933.

A la pregunta ¿qué es el Derecho? no es suficiente con responder que se trata de un sistema de la razón, de un sistema que se deduce a partir de principios de ética o de axiomas universalmente aceptados, o cosa parecida. Si lo que nos importa son las consecuencias materiales de las conductas humanas, esos axiomas o deducciones pasarán a un segundo plano, pues lo que interesará conocer es lo que pasará si no se cumple con lo establecido en la norma, es decir, qué es lo que resolverán probablemente los tribunales para, con base a ello, ordenar la conducta y decidir si se realiza un determinado acto. De ahí que para las personas el Derecho sean las profecías acerca de lo que los tribunales dirán en la resolución de la litis[89].

Como disciplina científica la ciencia jurídica no debería limitarse en exclusiva al análisis del sistema jurídico vigente, sino dedicarse también al estudio del comportamiento actual y real de las personas cuya conducta se quiere regular a través del dictado de las normas jurídicas, porque sólo a partir del estudio del comportamiento actual será posible predecir las conductas futuras y, a partir de ese conocimiento, lograr que las conductas sean más eficaces. La eficacia, en definitiva, dependerá de la mayor o menor predicción del legislador. Para saber qué puede pasar en el futuro, debe adquirirse el entendimiento de cómo se comporta el ser humano hoy, y cuanto mayor sea la capacidad para entender el comportamiento humano, se estará en mejores condiciones de prever qué sucederá[90].

2. La conducta de los «sujetos normativos»

Siendo las normas jurídicas heterónomas, es decir, dictadas por los poderes legislativos de los Estados dirigidas a regular e influenciar el comportamiento de las personas, varios autores diferencian entre «autoridad normativa» y «sujeto normativo»[91].

La conducta de los sujetos normativos se verá influenciada por la norma jurídica en contraste con la posición del encargado de elaborar la norma. El AED se construye sobre la base de trasladar el presupuesto o modelo de agente económico racional, es decir el «hombre económico» propio de la Microeconomía, a la ciencia jurídica, entendiendo que el sujeto normativo, justamente, se constituye en cuanto ser humano racional y maximizador. El

89 Holmes, 1975, pp. 20 y 21; Rodríguez Cachón, 2020, p. 57.

90 Los economistas acostumbran a decir que la Economía es la más exacta de las ciencias sociales. Se usan muchos datos estadísticos y fórmulas que permiten explicar lo que pasó, con bastante certeza, y prever lo que pasará, con más convicción que realismo. «Porque justamente la Economía es una ciencia social, por lo cual depende del comportamiento del hombre y eso implica cierto grado de imprevisibilidad. Si queremos saber qué puede pasar en el futuro tenemos que entender cómo se comporta el ser humano hoy», (Tetaz, 2014, p. 8).

91 Von Wright, 1970, pp. 93 y ss.; Nino, 2003, p. 77.

«sujeto normativo» es considerado un agente racional equivalente al hombre económico de la Microeconomía trasladando el hombre económico del mundo económico al jurídico.

Como se ha señalado en líneas anteriores lo que posibilita el AED no es otra cosa que brindar un conocimiento científico para explicar tanto la conducta como las decisiones de los sujetos normativos y poder predecirlas para, a partir de ahí, obtener la sanción de normas jurídicas que sean más eficaces. Teniendo en cuenta que la eficacia de una norma jurídica concierne a la correlación que debe existir entre el «deber ser» contenido en la norma y el «ser» (la conducta posteriormente desplegada por los sujetos hacia los cuales se dirige), una norma jurídica será eficaz si la disposición por ella impuesta es acatada por los obligados[92].

Desde el momento en que se concibe la tarea del legislador y la creación de una norma jurídica como una labor de ponderación o de proyección de la conducta del sujeto normativo, se favorece la incorporación del enfoque económico al mundo del Derecho, porque a partir de entonces también el Derecho, al igual que la Economía, se centrará en la conducta de las personas. Los «sujetos normativos» serán considerados racionales al igual que los agentes económicos, en el sentido de que tomarán sus decisiones valiéndose de una cierta «racionalidad instrumental»: analizando las consecuencias que pueden seguirse de la realización de una acción u otra, seleccionando una como preferente entre las posibles y llevando adelante aquella acción que sea conveniente para la consecuencia esperada[93].

Todo este planteamiento exige partir de una premisa y es la de que los individuos actúan para conseguir de la mejor manera posible sus intereses. Si esto es así, habrá que concluir que se puede predecir el comportamiento o reacción de los individuos frente al ordenamiento jurídico. En este sentido, hay que indicar que el AED se inscribe en la corriente filosófica del utilitarismo, que en el siglo XIX abarcaba prácticamente toda la filosofía política y moral angloamericana, de la mano, en especial, del filósofo inglés Jeremy Bentham, quien basó su ética alrededor de una fórmula consistente en que la idea de una acción es buena o correcta cuando maximiza el placer y minimiza el dolor[94].

Precisamente el AED tomó el paradigma del utilitarismo afirmando que el Derecho puede asignar beneficios y cargas entre los individuos, teniendo

---

92 GONZÁLEZ AMUCHÁSTEGUI, 1994, p. 933; ATIENZA RODRÍGUEZ, 1989, p. 391.

93 CALVO SOLER, 2003, p. 18.

94 SCHÄFER y OTT, 1991, pp. 48 a 50. Con posterioridad fue suavizado o, si se prefiere, generalizado al conjunto de la sociedad por otro pensador británico, John Stuart Mill, quien utilizó el mismo cálculo utilitario, aunque lo modificó sosteniendo que se maximiza la felicidad de una sociedad calculando el mayor bien para el mayor número de personas (GONZÁLEZ AMUCHÁSTEGUI, 1994, p. 943).

como objetivo el bienestar general[95]. Lo que la norma jurídica vendría a hacer es condicionar el juicio del agente decisor que se vale de una cierta racionalidad instrumental del sujeto normativo, presentándole nuevas acciones alternativas entre las que puede elegir[96], o bien aportando nuevos criterios en virtud de los cuales alguna de las que ya existían pasan a ocupar el primer lugar en la escala respectiva, esto es, que a partir de entonces una de aquéllas va a mostrarse como más conveniente, mejor o más útil en el caso concreto[97].

3. El análisis de las conductas

Cuando surgió el AED en los años sesenta del siglo pasado, una de sus principales características era la definición clara de su método: no se trataba de intentar buscar nuevas respuestas a los problemas tradicionalmente planteados por la teoría económica (como la asignación de recursos o las formas de mercado), sino de explicar cuestiones que durante muchos años habían quedado al margen del análisis, como son la eficiencia de las instituciones y de las normas jurídicas. Puede afirmarse entonces, de un modo muy general, que en esencia el AED no implica más que una modalidad de análisis propia de una disciplina —la Economía—, proyectada sobre materiales u objetos propios de otra —el Derecho[98]—.

La novedad del AED radica en el método del que se vale. Mientras la dogmática jurídica tradicional por lo normal procede identificando conceptos

---

95 Aunque tampoco puede descartarse que el objetivo sea algún otro diferente al que se indica en el texto y que incluso se ubique en las antípodas del bienestar general. En este sentido resulta interesante la propuesta formulada por García Villegas (2014), que a lo largo de su obra *La eficacia simbólica del Derecho* nos señala que el poder del Derecho no se limita a su capacidad para imponer determinados comportamientos. Ese poder también está en su fuerza para evocar símbolos que se consideran importantes para la vida en sociedad, como la justicia, el orden, la igualdad o la seguridad, entre muchos otros. El Derecho no sólo funciona como instrumento destinado a lograr objetivos mediante sanciones e incentivos sino también como mensaje destinado a lograr ciertos fines a través de imágenes y símbolos. Más aún, con frecuencia la ineficacia instrumental del Derecho es una consecuencia de que sus normas sólo buscan eficacia simbólica. Visto así, el Derecho no es el punto final de la lucha política que se libra en el congreso o en el gobierno, donde se producen normas, sino más bien el punto de inicio de una lucha política, no solo dentro del Estado sino también en la sociedad, por definir el sentido de los textos jurídicos. Desde esta perspectiva las normas jurídicas son espadas de doble filo: tanto herramientas para apaciguar a la población, de tal manera que las cosas sigan como estaban, como banderas que invitan a luchar por las reivindicaciones sociales que allí se plasman. Más que reglas de obligatorio e inmediato cumplimiento, las normas jurídicas son recursos simbólicos que sirven para hacer cosas y emprender luchas.

96 Calvo Soler, 2003, pp. 18 y ss.

97 Posner, 2008, pp. 9 y ss.

98 Acciarri, 2015, pp. 4 y ss.

fundamentales y explorando su definición, en cambio la Economía no se ocupa de definiciones sino de las causas y de los efectos[99].

La Economía ofrece a la ciencia jurídica una teoría científica que le sirve para pronosticar los efectos de las sanciones legales sobre el comportamiento de los sujetos normativos. Así, la ciencia del Derecho dispone de un método de análisis de la conducta que le sirve para estudiar y predecir el puntual comportamiento humano que por lo general el legislador busca influenciar y direccionarlo a través de la norma jurídica. Este método de análisis resulta ser un método científico que no se basa solamente en la intuición o en el sentido común, a diferencia de lo que ocurre con la dogmática jurídica. El AED traslada al campo de la ciencia jurídica la racionalidad del agente económico en cuanto «hombre económico», atribuyéndosela también al «sujeto normativo» en cuanto agente decisor. De este modo la Economía ofrece al Derecho una teoría del comportamiento que rebasa la intuición y que servirá tanto a legisladores como a abogados y jueces —y a los operadores jurídicos en general— para pronosticar cómo responderán los individuos ante los cambios de las leyes[100].

Posiblemente la potencia de la dogmática jurídica y el nivel académico de la «ciencia del Derecho» en Europa continental entiendan que este planteamiento resulta forzado, pero lo cierto es que no hay otra manera de avanzar en la metodología jurídica que a partir de un verdadero cambio de paradigma en lo que tiene que ver con el enfoque que, hasta no hace mucho tiempo, se venía desarrollando en absoluta soledad en el marco del Derecho. La meta consistirá en acoger un método que sea verdaderamente científico y que sirva para estudiar y predecir eficazmente la conducta de los sujetos normativos[101].

Resulta preciso que los conocimientos relativos a fenómenos sociales prevalezcan sobre la simple intuición para erigirse en objeto de las ciencias sociales, en especial cuando se enlazan al estudio del razonamiento y de la conducta humana que, con el pasar de los años y con los avances científicos, ha dejado de ser considerada un misterio cuyo funcionamiento no era posible explicar de ninguna manera[102]. En el caso puntual del Derecho, la

---

99 Cooter y Ulen, 2002, p. 8.

100 *Ibidem*, 2002, p. 14

101 En este sentido Bourdieu (2001, p. 70) sostuvo que «la ciencia social debe romper con las preconstrucciones del sentido común, esto es, con la "realidad" tal como ella misma se presenta, de cara a construir sus propios objetos, incluso al riesgo de que parezca violentarse a esa realidad, de ajustar los "datos" a las necesidades de la construcción científica, o, más simplemente, de enfrentarse a una especie de vacío empírico, como cuando la información necesaria es incompleta o imposible de comparar, o, peor aún, cuando ésta no existe y no puede ser producida».

102 Como apunta Torré (2003, pp. 47 y 48), el conocimiento o saber vulgar es el propio de una persona sin preparación especial y derivado de la experiencia misma de la vida, «se trata siempre de conocimientos revelados, principalmente por los sentidos (con una mínima dosis de raciocinio, existente en todo conocimiento humano), que presentan a su

aceptación a ciegas de esta premisa llevó a que los juristas y legisladores dieran la espalda al estudio de la conducta humana que habría de ser regulada por las normas que elaboraban, olvidando la dimensión sociológica de estas, dimensión que se ha dejado relegada a la mera intuición, al conocimiento vulgar, abrazando exclusivamente la dogmática jurídica en cuanto verdadera y única ciencia del Derecho[103].

4. El Derecho como estímulo de conductas

El AED introdujo un cambio en el modo de entender la naturaleza, la función y el criterio de legitimación del Derecho. El Derecho ha pasado a entenderse como un sistema de incentivos y desincentivos al servicio de la satisfacción del mayor número de intereses o necesidades con el menor coste económico[104]. El ordenamiento se configura entonces como un instrumento técnico de control social. Esta nueva concepción provoca una serie de consecuencias de orden teórico y práctico:

a) La imperatividad que se predica de las normas jurídicas se ve desplazada a favor de un sistema de estímulos y de trabas diseñado para alentar o disuadir determinado tipo de conductas o comportamientos. Este cambio de enfoque en la consideración del Derecho supone prescindir del estudio del factor causante o generador del Derecho y del tema de la naturaleza de sus normas, para centrar el foco en la búsqueda de la eficiencia, en las relaciones existentes entre las normas jurídicas, los comportamientos humanos y sus resultados. Todo ello no constituye ya un tema filosófico sino socioeconómico[105].

---

vez una gradación, porque "lo que ahora denominamos saber vulgar, por lo menos para el hombre de ciudad, está impregnado de nociones científicas y seudocientíficas que han ido pasando insensiblemente al uso de todos, organizándose espontáneamente en lo que se suele llamar verdades de sentido común". Por eso cabe decir que el saber vulgar, en lo que haya sido influido por nociones científicas, "opera sobre simples asociaciones, precipitadas generalizaciones nacidas de ejemplos o casos insuficientes, y de semejanzas y diferencias superficiales, y que el razonamiento por analogía ocupa en él, el lugar que en la ciencia tiene la inducción científica". En consecuencia, este conocimiento es siempre superficial, porque se desconocen las verdaderas causas que explican cabalmente los hechos y, por lo tanto, en ciertos casos, las leyes que los rigen».

103 Bullard González (2006, p. 49), apunta que el AED «no es otra cosa que el sentido común entrenado y sistematizado», que, aunque quizás puede parecer que dice cosas obvias, es innegable que «contribuye a poder ver el Derecho desde otra perspectiva, una más realista» y orientada hacia la efectividad de la norma.

104 Señala Montoro Ballesteros (1999, p. 434) que el AED se constituye como un sistema de reglas técnicas al servicio de la eficiencia económica (satisfacción del mayor número de intereses o necesidades con el menor coste) y que el Derecho se configura como un instrumento técnico de control social (como una «tecnología» o «ingeniería social»).

105 Mercado Pacheco, 1994, pp. 39 y ss., 250, 256 y ss.

b) Al configurarse el Derecho como un sistema de reglas técnicas basadas en incentivos y desincentivos al servicio de la eficiencia económica, aparece desprovisto de toda función pedagógica y de toda significación ética. Ello implica en el fondo una transformación en la naturaleza y significación de las categorías fundamentales del pensamiento jurídico, tales como las de deber u obligación jurídica, acto ilícito, sanción jurídica, etc.[106].

En efecto, desde el punto de vista de la «racionalidad económica», el deber de obedecer a la norma jurídica y la obligación de cumplir los contratos pierden su significación ético-jurídica para quedar reducidos a la condición de una mera estrategia o cálculo económico, según la cual la desobediencia a la norma jurídica y el incumplimiento de los contratos podría ser lo «más racional» cuando ello suponga una maximización del bienestar del sujeto. Es decir, cuando el pago de la sanción o la indemnización del daño producido por el incumplimiento de la obligación sean, desde el punto de vista económico, más ventajosos que la observancia de la norma jurídica o el cumplimiento del contrato[107].

c) El AED también afecta a la nueva concepción sobre la responsabilidad civil extracontractual que ahora se enfoca fundamentalmente en analizar los efectos de las reglas de responsabilidad por la causación de un daño. En el nuevo enfoque de las normas de responsabilidad interesa fundamentalmente determinar cómo afectan las reglas jurídicas a la conducta del potencial agente generador de un daño, así como de las posibles víctimas de un accidente. Asimismo, esta nueva visión de la responsabilidad civil contempla la cuantificación de la reparación del daño a partir del comportamiento del agente del daño y de los afectados. Este tipo de análisis se fundamenta en la premisa de que la responsabilidad debe cumplir con el objetivo de internalizar los costes del daño, bajo el supuesto de la racionalidad económica, a fin de cumplir con las funciones disuasiva, preventiva y resarcitoria que caracterizan a este régimen[108].

---

106 *Ibidem*, pp. 255 y ss.

107 En este sentido Montoro Ballesteros (1999, p. 436) señala que «convertido el Derecho en una tecnología al servicio de la Economía el criterio de legitimación del mismo —al margen de vagas y retóricas invocaciones a la justicia y a la equidad— se desplaza del plano ético al plano económico, cuyo criterio supremo de racionalidad y validez se cifra en la *eficiencia económica* o *maximización de la riqueza*».

108 En relación con las funciones del Derecho de daños, *vid*. Álvarez Olalla, 2021, pp. 47 y ss.
En cuanto a las reglas de responsabilidad indica Maqueo Ramírez, 2020 (pp. 109 y 110) que se han de considerar «no solo como medios propios de la justicia para alcanzar una función resarcitoria, sino también como herramientas que generan incentivos o desincentivos para que los potenciales agentes generadores de un daño, y en su caso las posibles víctimas, internalicen el costo social de los accidentes, a fin de que adopten medidas de precaución óptimas».

Un ejemplo ilustrativo (al que luego nos referiremos de nuevo) de la reducción del problema jurídico a un problema económico según la metodología del AED se encuentra en la tesis del juez HAND, para quien el hipotético agente de un daño será culpable de negligencia si el coste de los daños causados por el accidente multiplicados por la probabilidad de que el accidente ocurra excede del coste de las precauciones que dicho agente podría haber adoptado para impedir la producción del accidente[109].

Puede colegirse fácilmente que desde la perspectiva del AED cambia la función que tradicionalmente se asigna a la responsabilidad civil. Ahora la función primordial de la responsabilidad civil no es tanto la compensación o reparación del daño producido como la prevención de los daños futuros[110].

d) Si el Derecho se concibe como una regla técnica de incentivos y desincentivos, su criterio de legitimación se desplaza del plano ético al plano económico, cuyo criterio supremo de racionalidad y validez se cifra en la «eficiencia económica» o «maximización de la riqueza».

El principio de eficiencia económica —máxima eficacia con el mínimo coste— implica reducir todo problema jurídico a términos de racionalidad económica, es decir, a un problema económico de cálculo y ponderación de costes y beneficios[111] en el curso del cual los valores y las exigencias éticas pueden ceder y sacrificarse con frecuencia a los intereses económicos. Este planteamiento no resulta extraño si se piensa en el papel determinante que en ello juega la formación y mentalidad de signo fundamentalmente económico —más económico que ético y jurídico— de quienes se han aplicado a este tipo de estudios.

e) La función del Derecho se dirige ahora preferentemente a estimular los comportamientos sociales relativos a la distribución de recursos que maximicen el valor total de la riqueza, asignando más eficientemente los recursos[112]. Y la vía que utiliza el Derecho para estimular conductas y hacer posible la más eficiente distribución de recursos económicos es la puesta a disposición de la persona de un conjunto de instituciones jurídicas: la propiedad —en la medida en que asigna y distribuye recursos—, el contrato —instrumento clave de la libertad de mercado que permite el libre intercambio de recursos—, y, en el supuesto de accidentes, la responsabilidad civil extracon-

109 SCHÄFER y OTT, 1991, p. 110; MERCADO PACHECO, 1994, p. 270; COLEMAN, 1988, p. 1233.

110 MERCADO PACHECO, 1994, pp. 226 y ss.

111 DURÁN LALAGUNA, 1992, pp. 83, 138 y ss., 143 y ss., 145 y ss., 147 y ss., 190, 195, 205 y 207; MERCADO PACHECO, 1994, pp. 36, 38, 57, 223, 267 y ss.

112 PAZ-ARES RODRÍGUEZ, 1981, pp. 626 y ss., 630 a 639, 696; SCHÄFER y OTT, 1991, pp. 24 y ss.

tractual —ámbito en el que entran en juego principios que, sustituyendo las operaciones de mercado imputan la responsabilidad a las solución económica más eficiente[113]—.

Junto a la propiedad, el contrato y la responsabilidad civil extracontractual, el Derecho contribuye también a la más eficiente distribución de los recursos económicos con el sistema normativo del Derecho penal, al que corresponde, a este respecto, la cobertura y garantía del libre funcionamiento del mercado negocial privado, sancionando las conductas delictivas contrarias al mismo. Pero desde la perspectiva propia del AED, cambia también el significado y función de la institución de la pena, que pasa a ser considerada como el «precio social» que el delincuente debe pagar por el «bien» que para él supone la comisión del delito. La pena deja de ser así un instrumento para la reeducación o rehabilitación del delincuente, convirtiéndose en un simple medio de prevención y disuasión de la delincuencia, en la medida en que suponga un precio tan alto que no compense la comisión del delito[114].

113 SCHÄFER y OTT, 1991, pp. 82 y ss., 98 y ss., 107 y ss., 148 y ss., 219 y ss.; DURÁN LALAGUNA, 1992, pp. 121 y ss., 198, 203 a 209; PASTOR PRIETO, 1989, pp. 135 y ss., 148 y ss., 155 y ss.;

114 MERCADO PACHECO, 1994, pp. 38, 41 y ss., 47, 48 y 237 y ss.

CAPÍTULO SEGUNDO

EL ANÁLISIS ECONÓMICO DEL DERECHO DE DAÑOS

I. Responsabilidad civil y eficiencia económica: de la compensación a la prevención

Desde que el Derecho de daños se instaló en los Códigos europeos del siglo XIX, las pocas normas de la época tenían la única finalidad de compensar los daños sufridos por una persona[115]. Se trataba de una función compensatoria —considerada básica dentro del Derecho de daños— que supone una intervención del Derecho civil *ex post* y que renuncia de antemano a cualquier consideración *ex ante* que pudiera servir para minimizar la producción de actos dañosos[116].

Ahora bien, desde la visión del AED el objetivo del Derecho de daños no debe ser únicamente el de compensar los daños, sino también prevenirlos. En efecto, afirman los analistas económicos del Derecho que si la razón principal del Derecho de daños es el resarcimiento de la víctima —la compensación— existen medios alternativos menos costosos que la responsabilidad por daños, como por ejemplo el seguro, por lo que no sería conveniente (si esta es la finalidad) movilizar todo el aparato de la responsabilidad civil y el sistema judicial, puesto que por menos se podría conseguir lo mismo[117].

---

115 En este sentido, SALVADOR CODERCH y GÓMEZ LIGÜERRE (2005, p. 6) transcriben el art. 1382 del Code francés de 1804: *Tout fait quelconque de l'homme, qui cause à autrui un dommage, oblige celui par la faute dequel il est arrivé, à le réparer*; y en el art. 1902 del Código Civil español de 1889: *El que por acción u omisión causa un daño a otro, interviniendo culpa o negligencia, está obligado a reparar el daño causado.*

116 DÍEZ-PICAZO y GULLÓN, 1998, p. 442.

117 En relación con el tema de la disuasión, expresa SHAVELL (2000b, p. 3, *Discussion Paper* Nro. 283) que «los beneficios sociales del sistema de responsabilidad civil no radican en la compensación de las víctimas, ya que el sistema de seguros compensa en forma más barata que el de responsabilidad civil. Por contrario, los beneficios sociales del sistema de responsabilidad civil residen en gran parte en su capacidad de reducir el número de accidentes».

Es el efecto preventivo el que la doctrina clásica del Derecho civil no toma en cuenta a la hora de establecer y delimitar el Derecho de daños, y es el que pretenden incorporar los analistas económicos del Derecho. Esta función preventiva lo que trata es de minimizar los costes de los accidentes incentivando comportamientos eficientemente precavidos. La finalidad preventiva supone que el Derecho de daños actúa no solo *ex post*, sino *ex ante*[118]. El Derecho de daños es un instrumento demasiado costoso como para despilfarrarlo en simples transferencias de recursos; los accidentes son demasiado numerosos y graves como para no tratar de reducir su número y gravedad tratando de utilizar todos los medios disponibles a nuestro alcance[119].

El razonamiento que subyace en el arranque del AED es que los daños que se producen en una sociedad repercuten en la riqueza total de la comunidad, no siendo únicamente un problema distributivo privado consistente en que el causante del daño deba transferir o no una cantidad de dinero, en concepto de compensación, a la víctima[120]. En este sentido, y a modo de ejemplo, si el potencial causante del daño, como consecuencia de su actividad, acaba incendiando una fábrica colindante, aunque con posterioridad indemnice íntegramente a su propietario, con su conducta habrá provocado una disminución del total de bienes de la sociedad[121].

El propietario ha perdido un bien —su fábrica—, pero además la sociedad en su conjunto también lo ha perdido. Esta pérdida se producirá, en principio, con independencia de que el causante del daño indemnice o no a su víctima. Sin embargo, si bien con posterioridad a la producción del hecho causante del daño (el incendio de la fábrica) la pérdida social es irreparable, con anterioridad a la producción del daño la conducta del aún potencial causante del daño no será la misma si no espera sufrir consecuencias en su patrimonio, o si, por el contrario, vaticina que va a responder por el hecho causante del daño. La precaución que ponga en su actividad —su inversión en prevención— y la intensidad con que la realice no será, de manera previsible, idéntica en ambos escenarios[122].

La conducta del potencial causante de un daño se encuentra relacionada o condicionada por su propio interés. Si no tuviera que responder su interés en prevenir sería probablemente menor (o nulo) que si debiera reparar[123]. Por

118 Álvarez Olalla, 2021, pp. 47 y 48.

119 Salvador Coderch y Castiñeira, 1997, p. 110.

120 Según Keren Paz (2016, pp. 40 y 133), la responsabilidad extracontractual sirve como una de las herramientas para promover la justicia distributiva, como un mecanismo para distribuir cargas y beneficios entre los miembros de la sociedad.

121 Con anterioridad existía un bien (la fábrica) que luego ya no existe.

122 Díez-Picazo, 1999, p. 215; Papayannis, 2014, p. 5.

123 Aunque la riqueza social disminuyera, esa reducción, ese empobrecimiento, lo sufriría otro, y por eso no se vería directamente afectado.

el contrario, si vaticina que deberá responder, invertir en prevención no será para él más que un medio encaminado a reducir las probabilidades de sufrir una consecuencia negativa en su patrimonio, consistente en tener que afrontar el pago de una indemnización.

Todo ello induce a apuntar que las reglas de responsabilidad actúan como incentivos para que las personas hagan o dejen de hacer ciertas actividades y las realicen de una manera u otra[124]. Por lo tanto, si la conducta de las personas puede cambiar ante estímulos, si una persona puede prever que llevando a cabo un acto o actividad provocará consecuencias de menos valor que otras posibles de más valor, modificará su conducta o no lo llevará a cabo, mientras que en caso contrario tenderá a realizar ese acto o actividad. Las reglas de responsabilidad, en este sentido, imponen o no consecuencias no deseadas, constituidas por los costes de verse sometido a la carga económica de un daño, sea por tener que afrontar el causante del daño una indemnización, sea por verse la víctima imposibilitada para reclamar la indemnización. En consecuencia, un sistema de responsabilidad civil que tienda a la eficacia debería alinear los incentivos para que las conductas de las personas, guiadas en exclusiva por su interés privado, conduzcan a su vez a la mejor situación social posible, a la más eficiente[125].

La idea de la eficiencia económica se relaciona con la noción de usar de la mejor manera posible los recursos. Cuando una persona gestiona sus propios bienes, el análisis de la situación se desenvuelve en una dimensión única. Pero cuando se hace referencia a una sociedad, existe también una dimensión del problema vinculada a la pluralidad de individuos. Hay un acopio social de bienes, conformado por la suma de los bienes de los individuos, y todo cambio que afecte a ese acopio global afectará a los acopios individuales y al bienestar de las personas[126].

Al adoptar la eficiencia como objetivo lo que se intenta es encontrar la mejor relación entre costes y beneficios totales, para lo cual se conjugarán todos los beneficios y todos los costes de todas las partes comprendidas en el campo de análisis, buscándose la alternativa óptima. En el ámbito de la circulación de vehículos a motor, una medida que prohibiera su circulación

---

124 Esta hipótesis proviene del análisis microeconómico tradicional que supone que los agentes económicos se comportan racionalmente eligiendo la alternativa más conveniente entre las que están a su alcance.

125 Papayannis, 2014, p. 9.

126 Si bien en la ciencia económica existen varios conceptos o criterios de eficacia, habitualmente se emplea el concepto denominado «maximización de la riqueza», por ser un criterio que estima eficiente una medida, cuando el beneficio que produce, supera su coste social. Esto es, como indican Acciarri y Castellano (2000, p. 74), cuando el beneficio que obtienen los que «ganan» con la medida (p. ej., con el establecimiento de un sistema de responsabilidad), supera a la pérdida que sufran los que «pierden» frente a la misma situación.

disminuiría a cero los muertos, heridos y daños materiales, pero también se reducirían a cero todos sus beneficios. Si la relación a considerar es la comparación coste-beneficio[127], lo que procede es evitar los hechos, actividades o medidas que generan más daños (costes) que el beneficio social que producen, no siendo intrascendente la manera de evitar los daños, pues toda acción tendente a la prevención o evitación de daños comporta costes[128].

El desarrollo particularizado de estas ideas presenta complejidades de orden muy diverso y mueve a reflexiones igualmente variadas. Pero al menos como una posición diferente de las clásicas, y siquiera como provocación a considerar aspectos muchas veces soslayados —y, sin embargo, de enorme importancia—, relativos al diseño, finalidades, aplicación y consecuencias de los sistemas jurídicos, resulta plausible una aproximación a algunas reflexiones.

II. Conceptos estructurales esenciales del AED de daños

1. El Análisis Económico del Derecho de daños en los ordenamientos del *Civil Law*

En los sistemas del *Civil Law* en ocasiones se considera que el AE del Derecho de daños se define por sus objetivos y que este método juzga distintas posibilidades de regulación jurídica en la materia para optar y proponer aquella que sea más conveniente para lograr objetivos de eficiencia, con independencia de cualesquiera otros valores implicados[129]. En otras ocasiones, en cambio, se subrayan ciertas cuestiones de método que se centran en el modo en que se comportan los individuos. En este sentido, se acostumbra a dar por sentado que el AE del Derecho de daños debe suponer que el comportamiento humano responda a alguna clase específica de egoísmo o que todas las personas tienen información perfecta acerca del mundo y del resultado de sus acciones[130].

A mi juicio, tanto las cuestiones de método como de objetivos son al mismo tiempo necesarias para caracterizar este tipo de análisis. Que el AE del Derecho de daños se presente como un método que pretende ser influyente sobre la materia analizada se ve con recelo, al poder comportar la subordinación

127 El estudio pionero que propone esta perspectiva analítica en el ámbito del Derecho de daños es el de CALABRESI, G. (1970). *The Costs of Accidents. A legal and Economic Analysis*. New Heaven: Yale University Press. Hay traducción española a cargo del Prof. Joaquim BISBAL (1984).

128 PAPAYANNIS, 2014, pp. 10 y 35.

129 KEREN PAZ, 2016, pp. 68 y ss.

130 PAPAYANNIS, 2014, p. 3.

del Derecho a la Economía. No obstante, no resultan indiferentes al Derecho las consecuencias que la Economía intenta prever y evaluar, y tampoco son completamente ajenas al Derecho las consecuencias sociales que pueden comportar las diferentes posibilidades de regulación de una materia o de interpretación y aplicación de las normas[131].

Las diferencias en la metodología de estudio del Derecho y de la Economía entre los países del *Common Law* y del *Civil Law* pueden ayudar a explicar las desavenencias entre juristas y economistas. En el ámbito del *Civil Law* las diferentes ramas del Derecho se enseñan a partir de la exposición de una teoría general para luego pasar a los casos particulares de responsabilidad, y dentro de ellos, a ciertas variantes de interés. En cambio, la enseñanza de la Economía, dejando al margen las asignaturas que se ocupan de la historia del pensamiento económico y de ciertos hechos económicos relevantes, se realiza al margen de la historia, como un producto acabado y unitario, con una idea de corriente principal de pensamiento fuertemente definida y un rol muy subordinado para las ideas divergentes o lo que se consideran peculiaridades[132]. En cambio, en los países del *Common Law* la enseñanza del Derecho parte de casos reales sin llegar a una teoría general, y en la Economía se parte de una teoría general y transcurre hacia ejemplos particulares[133].

Estas distintas maneras de exponer y justificar los conocimientos tal vez influyan para estimular cierto rechazo en los ordenamientos jurídicos del *Civil Law* donde la Economía acostumbra a observarse como una construcción teórica rígida, unívoca, y de justificación unitaria, mientras que el Derecho se estudia a partir de la evolución histórica de cada institución para continuar con el debate de las diferentes posiciones doctrinales. En consecuencia, para presentar el AE del Derecho de daños de un modo accesible a los juristas de los países del *Civil Law*, quizás sea conveniente identificar algunos hitos en el desarrollo de la teoría que servirán, a su vez, para exponer algunos de sus rasgos más relevantes.

2. La interpretación económica de la negligencia

En los sistemas de responsabilidad por culpa la norma jurídica debe establecer un estándar de diligencia debida de forma que los tribunales puedan comparar el comportamiento del causante del daño y la diligencia exigible. Las medidas de precaución se definen y se diseñan como deberes objetivos que están especificados con mayor o menor rigor en cada sector del tráfico en función del coste de adoptar las precauciones propias de cada uno de ellos y del daño probable que resulta de su omisión[134].

131 Díez-Picazo, 1999, p. 203.

132 Acciarri, 2006, p. 298.

133 Cooter y Acciarri, 2012, p. 6.

134 Salvador Coderch y Castiñeira, 1997, p. 133.

A partir de ahí, entonces, surge la pregunta de cómo los tribunales deben definir una conducta como culposa o negligente a la hora de establecer los estándares de diligencia debida. Desde hace un tiempo el AE del Derecho de daños viene respondiendo a esta pregunta. Lo que en la actualidad se conoce como teoría económica de la culpa, se debe originalmente al juez norteamericano Learned HAND cuando hubo de decidir el probablemente más famoso caso de Derecho de daños del siglo XX.

EL juez HAND sentenció en 1947 el caso *United States* contra *Carrol Towing Co.*, relativo a la pérdida de una barcaza y su carga en el puerto de Nueva York, empleando un razonamiento económico como fundamento de su decisión. Mediante una única línea de cuerdas un conjunto de buques estaba amarrado a los muelles del puerto cuando la empresa propietaria de uno de ellos contrató a una empresa de remolque marítimo a fin de moverlo fuera del área de los muelles. El buque en cuestión se encontraba sin tripulación a bordo, por lo cual los trabajadores de la empresa de remolque procedieron, por su cuenta, a liberarlo y reajustar toda la línea de cuerdas que lo amarraba. Esta operación no se realizó de manera adecuada y una de las barcazas, movida por la marea y el viento, rompió su amarre, chocó con otro buque y se hundió con su carga. La propietaria del buque hundido demandó a la empresa de remolcadores por la negligencia de sus empleados en la operación. La demandada, por su parte, alegó que el demandante fue también negligente porque ningún agente de su empresa estaba a bordo de la barcaza en el momento en el que la tripulación del remolcador debía manipular los cabos. La demandada sostuvo que si se hubiera contado con la presencia de un agente capacitado la operación podría haberse realizado correctamente. HAND entendió que no había ninguna norma especial que determinara si era o no obligatorio que hubiera un agente de la empresa actora en su barcaza en esas condiciones y, por ello, sólo quedaba por establecer si esa ausencia era o no culpable de acuerdo con las normas generales, y que la decisión sobre ese punto definiría la cuestión[135].

El juez entendió que la obligación del propietario del buque dañado de adoptar medidas contra los daños resultantes es una función de tres variables: a) la probabilidad de que la barcaza se soltara de su amarre; b) la gravedad del daño resultante y c) el coste de adoptar las precauciones adecuadas. Expresado en una fórmula algebraica resulta que si denominamos a la probabilidad (P), al daño (D) y al coste de adoptar las medidas de precaución (C), la responsabilidad depende de que C sea menor que D multiplicada por P; por lo que habrá culpa si $C < P \times D$, es decir, si lo invertido en prevención es menor a los daños esperados[136].

135 DÍEZ-PICAZO, 1999, pp. 210 a 212.

136 Según PAPAYANNIS (2014, pp. 14 y ss.) «la regla de la culpa impone al demandado la obligación de compensar los daños que causa cuando viola su deber de diligencia, es decir, cuando no adopta las precauciones que un hombre razonable hubiera tomado en las circunstancias».

Cuando se intenta comprender qué es y cuándo se verifica la culpa, la dogmática jurídica tradicional transcurre a través de un discurso sobre estándares de responsabilidad y comparaciones con ciertos modelos ideales de conducta *(buen padre de familia, buen comerciante, persona razonable...)* que, sin embargo, parecen inseguros en el momento de juzgar situaciones concretas alejadas de los extremos. HAND concluyó que la omisión de la actora, que dejó amarrada su barcaza sin personal a bordo en esas condiciones, al no sobrepasar los costes a los beneficios debía considerarse culpable[137]. Esta solución parece un modo muy diferente de valorar las conductas implicadas, si bien este modo de concluir sigue estando lejos aún, de constituir una teoría[138].

Pero esta manera de analizar la culpa o negligencia presenta algunos inconvenientes que no deben pasarse por alto, aunque sea brevemente.

El primero de ellos es la dificultad a la hora de realizar las mediciones, tanto de la probabilidad de accidente, como del daño, como del coste de adoptar las medidas de precaución. Cabe preguntarse hasta qué punto una persona que realiza una determinada actividad maneja con certeza datos como probabilidad de accidente o de posibles daños. Ahora bien, tampoco hace falta una medición exacta de dichos valores; la fórmula destaca simplemente los factores relevantes a la hora de establecer el estándar de diligencia exigible, por lo que no se puede despreciar su valor explicativo.

Una segunda objeción viene dada por el hecho de que en la construcción del juez HAND se da por sentado que todas las personas son neutrales al riesgo, aunque en realidad no sea así. Probablemente, la mayor parte de las personas se presenten como adversas al riesgo y con toda seguridad casi todos estamos muy mal informados de los riesgos que corremos en la mayor parte de las actividades de nuestra vida cotidiana. A ello se añade que, aunque realmente estuviéramos en condiciones de informarnos cumplidamente sobre los riesgos asociados a tal o cual actividad, los costes necesarios para la obtención de la información relevante serían prohibitivos en muchos casos[139]. Introducir estas actitudes no elimina el valor explicativo de la fórmula de HAND. Es un factor de refinamiento del modelo, pero el cambio no es radical; simplemente hace falta añadir otros factores como la existencia de la cobertura de un seguro —cuestión que se abordará más adelante—.

---

137 Opina KEREN PAZ (2016, pp. 126 y 128) que «la fórmula básica del Análisis Económico del Derecho para el estándar de diligencia que corresponde en supuestos de negligencia —la fórmula de Hand— entra en el análisis costebeneficio: mide los beneficios de la actividad contra sus costes e impone responsabilidad si, y sólo si, los costes de la actividad sobrepasan sus beneficios. En la medida que el acto del agente causante del daño genere en total más beneficios que costes, este no deberá indemnizar a quienes resultan dañados por su actividad».

138 ACCIARRI, 2019, p. 40.

139 SALVADOR CODERCH y CASTIÑEIRA, 1997, p. 137 y ss.

3. La interpretación económica de la eficiencia: la «Economía del bienestar»

Una sociedad con instituciones y un ordenamiento jurídico eficientes no tiene por qué ser justa. Puede resultar necesario aceptar determinadas pérdidas de eficiencia para conseguir objetivos normativos más valiosos. Sin embargo, una sociedad ineficiente, por lo general, resulta injusta[140].

En Economía, se dice que una situación es eficiente si no resulta posible mejorar el bienestar de ninguna persona sin empeorar el de alguna otra[141]. Este concepto se inspira en las ideas del economista Vilfredo Pareto, de ahí que a esa definición de eficiencia se la conoce comúnmente como «óptimo de Pareto» o «eficiencia en el sentido de Pareto»[142].

Según Pareto, una decisión social es óptima si no existe otra situación diferente que se prefiera de manera unánime. La idea de que deben rechazarse todas las situaciones que todos los miembros declaran de manera unánime como peor que otra puede reunir un amplio consenso. En ello reside la fuerza del criterio de Pareto.

Sin embargo, esta formulación ha sido objeto de críticas por varias razones. En primer lugar, porque se concede a cada uno de los individuos de la sociedad el derecho de veto a cualquier medida o decisión social, ya que cuando todo miembro de la sociedad prefiere personalmente la situación X a la Y —o es indiferente a ambas situaciones, pero prefiere mínimamente la situación X— esta última debe ser socialmente preferida. En efecto, una definición alternativa, pero equivalente, del óptimo de Pareto sería la siguiente: una situación es óptimo de Pareto si dada cualquier otra alternativa siempre hay alguien que la veta. La consecuencia es que hay otras situaciones distintas que son todas ellas óptimos de Pareto, cuando a todo miembro de la sociedad le es indiferente escoger entre X e Y[143].

En segundo lugar, esta teoría se pone en tela de juicio porque no cuestiona el punto de partida y por tanto se conserva el *statu quo*[144] Y es que, si se parte

---

140 Tomando los ejemplos de Schäfer y Ott (1991, p. 25), a una persona que padece hambre poco le importará saber que su pobreza no se basa principalmente en una distribución desigual de riqueza, sino en una organización institucionalmente ineficiente, que dificulta la producción de los alimentos imprescindibles. Y a un obrero especializado que se alimenta con patatas y pan y qué tiene que hacer cola para conseguir carne, tampoco le consuela saber que ocupa el primer lugar en el escalafón de ingresos.

141 Pindyck y Rubinfeld, 2009, p. 681.

142 Díez-Picazo, 1999, p. 205; Schäfer y Ott, 1991, p. 40.

143 Schäfer y Ott, 1991, p. 39.

144 El criterio paretiano, como indica Acciarri (2019, p. 41), «frecuentemente se considera demasiado exigente para juzgar decisiones sociales, en cuanto basta que una cierta acción cause una mínima molestia a alguien, aunque genere enormes beneficios sociales, para que no se la pueda considerar eficiente».

de una situación desigual, el poderoso siempre vetará cualquier medida que afecte a su situación de privilegio[145].

En tercer lugar, la teoría en cuestión no es lo suficientemente sensible a los problemas de justicia distributiva. Una sociedad que asignara todos los recursos a X y ninguno a Y es óptimo de PARETO como otra sociedad en la cual a cada uno se le asignara el porcentaje del 50 %. Una sociedad en la cual se estableciese el porcentaje del 30 % de los recursos a cada uno de ellos y se desperdiciara el resto, no cumple las condiciones del óptimo de PARETO. En este último caso existe la posibilidad de llegar a un acuerdo en que todos mejoren por unanimidad[146].

En cuarto lugar, el criterio de eficiencia no resuelve todos los problemas. Hay muchos conflictos en los cuales lo que pierde uno lo gana el otro. Por eso POSNER utiliza un concepto de eficiencia ligeramente distinto al «óptimo de Pareto» y más cercano al utilitarismo, al considerar que un resultado o una decisión social es eficiente si maximiza la riqueza social[147].

Sean cuales fueren las objeciones al criterio de eficiencia en el sentido de PARETO, es indudable que juega un papel de enorme importancia. En todo caso la utilización de este criterio no supone la justicia de la decisión, sino simplemente su eficiencia. Este punto es especialmente importante porque la doctrina ha inferido la moralidad del mercado del principio de eficiencia. Y es que las palabras también cautivan porque llamar «óptimo» a estados sociales desiguales no es lo más preciso[148].

---

145 Como apuntan ACCIARRI y CASTELLANO (2000, p. 75): «El criterio paradigmático de la escuela económica neoclásica es el de Pareto, que describe una situación como eficiente, cuando no exista posibilidad de mejorar a alguno de los implicados, sin perjudicar a otro. Suele también hablarse en este sentido de "necesidad de unanimidad" o "derecho de veto", ya que bastará que alguien se perjudique, para que su oposición obste a calificar la medida a adoptar de eficiente. Como se ve, parece un criterio muy claro, pero bastante poco operativo para guiar decisiones sociales. Y el Análisis Económico del Derecho en general y el del Derecho de daños, en particular, opinan, precisamente, sobre alternativas de regulación distintas al mercado. Imponer una u otra regla de responsabilidad no puede, como premisa, requerir la unanimidad de la sociedad, ni siquiera la de los implicados».

146 Como advierte TOLOSA (2019, p. 73), un óptimo de Pareto no implica que se logre la satisfacción de todos. Simplemente implica que el conjunto está lo mejor posible, dados los recursos disponibles con que cuenta. Desde este enfoque, la función económica principal del contrato es maximizar el bienestar social dados los recursos disponibles en la sociedad, en la medida en que facilita intercambios que maximizan el bienestar de los individuos. Así, los contratos permiten acuerdos que promueven la eficiencia en la asignación de recursos.

147 CALSAMIGLIA, 1989, p. 130, con cita del Capítulo XI «The Liberal Individual», de la obra de David GAUTHIER, D. (1987). *Morals by Agreement.*

148 Una parte muy importante de la literatura de la teoría económica tiene que ver con el estudio de la relación entre la justicia y la eficiencia. Véase por ejemplo BARBERA (1978, p. 213), en la que afirma: «A pesar de sus conocidas limitaciones, el criterio de Pareto sigue siendo el único sobre el que los economistas parecen haber llegado a un amplio consenso.

Sintetizando, puede decirse que la teoría económica del bienestar ha partido del supuesto de que los individuos son racionales y egoístas y ha definido las condiciones de un mercado ideal. Sólo bajo estas hipótesis el funcionamiento del mercado competitivo conduce a un óptimo de PARETO. Sin embargo, el funcionamiento del mercado y la obtención del punto de equilibrio se pueden ver perturbados por la producción de los denominados «fallos de mercado», disfunciones o, con otra terminología, «externalidades»[149] como vamos a ver a continuación.

4. Las externalidades

En el marco de la llamada Economía del bienestar, PIGOU, ya con anterioridad a la sentencia del juez Hand, observó que, si las acciones que emprende un sujeto proyectan beneficios o perjuicios contra terceros, el precio de los bienes que se produzcan en esas condiciones no será real porque no reflejará su escasez relativa[150].

En la época de PIGOU la ciencia económica sostenía que, dadas ciertas condiciones[151], los mercados conducen a una asignación eficiente en el sentido de Pareto. La idea que introdujo PIGOU es que no es bueno que los efectos externos (positivos o negativos) de las acciones y decisiones económicas se produzcan, y esta nueva noción se incorporó a la teoría económica con el nombre de *externalidades* y constituyó una nueva condición obstativa a que los mercados alcancen la eficiencia en el sentido de Pareto[152].

Como dicen PINDYCK y RUBINFELD, en ocasiones, las acciones de los consumidores o de los productores generan costes o beneficios que no se reflejan en el precio de mercado. Esos costes o beneficios se denominan externalidades porque son «externos» al mercado. Un ejemplo es el coste que tiene para la sociedad la contaminación del medio ambiente causada por un fabricante de productos químicos industriales. Sin intervención del Estado, ese productor no tiene incentivos para tener en cuenta el coste social de esta contaminación[153].

Y tiene la ventaja de que admite una expresión formal rigurosa, que permite incorporarlo plenamente al análisis teórico. Pero el criterio de Pareto tiene capacidad muy limitada para discriminar entre distintos estados económicos; y por ello el economista tiene que apelar a consideraciones adicionales, de naturaleza distinta; de equidad, justicia, desigualdad, etc. Estos otros criterios son tanto o más relevantes que el de Pareto, pero desde luego más difíciles de explicar analíticamente».

149 DÍEZ-PICAZO, 1999, p. 205.

150 En relación con las aportaciones de Pigou, *vid.* SCHÄFER y OTT, 1991, pp. 123 y ss.

151 Para aludir a las mismas se recurre al modelo del mercado de competencia perfecta, que no es más que un ente ideal que las contiene, si bien las variaciones de algunas de esas condiciones suelen estudiarse como fallos de mercado.

152 PAPAYANNIS, 2009, p. 463.

153 PINDYCK y RUBINFELD, 2009, p. 357.

Como las externalidades no se reflejan en los precios de mercado, son una fuente de ineficiencia económica, por ejemplo, cuando las empresas causan daños ambientales, no incorporan al precio esa externalidad negativa[154]. El concepto de externalidades negativas es importante para la materia que nos ocupa, en cuanto se trata del concepto económico más próximo al de daño jurídico. Pero existen diferencias, básicamente en cuanto a que para el marco de la Economía en la que trabajó PIGOU, el único juez de su propio bienestar es el propio individuo afectado[155], mientras que los requisitos que generalmente se exigen en Derecho al daño jurídico y al daño resarcible, tienden, precisamente, a objetivarlo por encima de la mera apreciación subjetiva[156].

Cuando PIGOU acuñó el término en cuestión se centró en los problemas de contaminación ambiental y no perseguía finalidades de justicia retributiva o conmutativa, sino que apuntaba a una finalidad asignativa: optimizar la asignación de los recursos. Por eso, es comprensible que su propuesta no pusiera énfasis en las víctimas de las externalidades negativas, sino sólo en la distorsión de costes que esos efectos externos introducen en el mercado. El ejemplo del que partió PIGOU es el de una fábrica que no está obligada a pagar un precio por los daños que ocasiona a terceros y emite humos contaminantes perjudicando así a otros sujetos, en detrimento del posible disfrute y de la renta de los habitantes de la zona[157]. La planta industrial utiliza un recurso —el aire puro— que no ha adquirido a través del mercado —un coste por el cual no pagó—, por lo que el coste de producción de sus bienes será inferior al que afrontaría si debiera pagar por ese coste. Eso llevaría a que los bienes que produce en esas condiciones lleguen al mercado a un precio inferior al que surgiría si en la transmisión se hubieran tenido en cuenta todos los factores de producción[158]. De tal modo, ese precio no reflejaría la escasez de los recursos empleados para producirlos. El tipo de preocupación de este autor y las bases de su análisis explican las soluciones propuestas para este problema, que consistían básicamente en concebir impuestos que corrijan los efectos de las externalidades negativas cargando en el contaminador el precio del recurso por el que de otro modo no pagaría[159].

En el caso de la fábrica cuyos humos tienen efectos perjudiciales para los edificios de la vecindad, como señala DÍEZ-PICAZO «resulta deseable y conveniente hacer al dueño de la fábrica responsable de los perjuicios o, alternativamente, exigirle un impuesto en función de la cantidad de humos producidos que sea equivalente en términos monetarios a los daños causa-

---

154 *Ibidem*, 2009, p. 784.

155 El único que puede identificar qué cosa le representa una pérdida de bienestar y valorarla.

156 ACCIARRI, 2019, p. 42.

157 DÍEZ-PICAZO, 1999, p. 205.

158 SALVADOR CODERCH y GÓMEZ LIGÜERRE, 2005, p. 7.

159 MANKIW, 2002, p. 135 y ss.

dos o, por último, apartar, mediante decisiones de autoridad, a la fábrica de los distritos residenciales en que la emisión de humos pueda tener efectos perjudiciales»[160].

5. Los costes de transacción

En su evolución histórica, el primer vínculo sistemático entre el Derecho de daños y la Economía germinó con Coase y con su propuesta de emplear reglas de eficiencia económica para comprender la racionalidad de las reglas legales de la responsabilidad civil[161]. Hasta la publicación de su trabajo «El problema del coste social»[162] el efecto de las distintas alternativas de regulación de los deberes de indemnizar sobre la asignación de recursos era poco discutida en la teoría económica. Del aporte que realiza Coase pueden destacarse dos cuestiones fundamentales que constituyen el pilar sobre el que se asientan las bases de la interpretación económica del Derecho de daños[163].

La primera de ellas es la idea de que, para la ciencia económica, cuando se producen efectos dañosos que se identifican con las denominadas externalidades, el problema que se produce es de naturaleza recíproca. Es decir que si la actividad de A (dañador, en sentido jurídico) causa un perjuicio a B (víctima), evitar el daño a B implica causar un daño a A, al restringirlo en su actividad[164]. A diferencia de lo que sostenía la Economía convencional, su posición no da por sentado que sea preferible prohibir o cargar con impuestos a A, que sería otro modo de limitar su actividad, sino que, según su argumento, lo que realmente debe resolverse es si debe permitirse a A perjudicar a B o debe permitirse a B perjudicar a A. Si se persigue la eficiencia, el criterio que debe guiar esta decisión es el de evitar el daño más grave o, en un sentido más amplio, «minimizar el daño conjunto». En definitiva, en contraposición a Pigou, la propuesta normativa de Coase consiste en que de tratarse de dos actividades productivas se ha de permitir que continúe realizándose aquella actividad que resulte más valiosa en términos sociales[165].

---

160 Díez-Picazo, 1999, pp. 205 y 206.

161 Salvador Coderch y Gómez Ligüerre, 2005, p. 8.

162 Coase, 1960, The Problem of Social Cost. *The Journal Law and Economics*, (3).

163 Schäfer y Ott, 1991, pp. 84 y 85.

164 Obviamente, la idea de perjuicio implicada en esa afirmación no se corresponde a daño jurídico, sino a una pérdida de utilidad o bienestar.

165 Con un ejemplo de dos actividades comerciales incompatibles en el que se verifican las condiciones del Teorema de Coase Papayannis (2014, p. 6) concluye que ha de permitirse la actividad más eficiente por encima de la menos valiosa.

El segundo gran pilar de la teoría de COASE lo constituye el análisis de cómo inciden en ese objetivo los sistemas de responsabilidad, distinguiendo dos situaciones: una en la que sí existen costes de transacción y otra en la que no se verifican[166].

Si las transacciones de mercado no representaran ningún coste, las decisiones jurídicas respecto de la responsabilidad por daños no tendrían efectos sobre la asignación de los recursos, y se alcanzaría la solución eficiente con independencia de la regla de responsabilidad[167]. Así, por ejemplo, piénsese en un supuesto en el que un panadero y un médico, que ocupan inmuebles contiguos, y que el ruido que produce la industria del panadero no permite que el médico pueda desempeñar su profesión. En el supuesto de que en el mismo periodo de tiempo la actividad del médico proporcione un beneficio neto de 20 y la del panadero un beneficio neto de 14, sin costes de transacción y si las partes negociaran libremente, podrían darse dos escenarios en torno a la responsabilidad de los implicados[168]:

a) Si con arreglo a las normas jurídicas el panadero no debe resarcir al médico por las molestias causadas, entonces el médico, persiguiendo su propio beneficio, pagaría al panadero algo más que 14 para que abandone su producción. El panadero preferiría cerrar su negocio de panadería, ya que ganaría más así que trabajando. Y, en definitiva, la única de las actividades en conflicto que seguiría realizándose sería la del médico, que es la más valiosa.

b) En cambio, si las normas jurídicas impusieran la obligación al panadero de resarcir al médico, igualmente debería cerrar su panadería, al verse en la obligación de pagar 20 por los daños ocasionados al médico frente a su beneficio de 14, con lo que no podría seguir produciendo. Por lo tanto, igualmente prevalecería la actividad más valiosa del médico, frente a la actividad del panadero.

Por el contrario, cuando existen costes para realizar las transacciones, la cuestión es totalmente diferente porque la solución eficiente no podría producirse con independencia de la norma jurídica elegida. La propuesta normativa que surge de este planteamiento es que deben diseñarse las normas de manera que intenten reducir al mínimo los costes de transacción.

Así es. Continuando con el ejemplo anteriormente propuesto, suponiendo que la negociación entre el panadero y el médico comportara un coste de

---

166 El concepto costes de transacción, introducido por COASE (1937, pp. 386 y ss.) en su artículo «La naturaleza de la empresa», se identifica con los costes de utilizar el sistema de precios como mecanismo de asignación de recursos, incluyéndose, en general, los costes de identificación de las partes con las que se ha de tratar, los costes que implica reunirse con dichas partes, los costes del proceso de negociación en sí y los costes de puesta en marcha, vigilancia y ejecución del acuerdo al que se llegue.

167 PINDYCK y RUBINFELD, 2009, p. 777; MANKIW, 2002, p. 134.

168 PAPAYANNIS, 2014, pp. 6 y ss.; SCHÄFER y OTT, 1991, pp. 86 y 87.

algo más de 6 resultaría bastante para que no se llevara a cabo un acuerdo provechoso para ambas partes. En estas condiciones, lo que disponga el sistema de responsabilidad sí será relevante con relación al empleo final de los recursos implicados: si el ordenamiento jurídico prevé que el panadero debe compensar, se realizará efectivamente la actividad más beneficiosa. Si en cambio se establece que el panadero no debe compensar al médico, acabará realizándose sólo la actividad menos valiosa: la de la ruidosa actividad del panadero, no resultando posible que el médico atienda a sus pacientes.

Este planteamiento originó un intrincado debate[169]. Los economistas acostumbran a llamar a un hipotético mundo sin costes de transacción «mundo coasiano», lo cual puede sugerir alguna simpatía del autor para con ese tipo de descripción del mundo. Por el contrario, esa invocación a su nombre lo llevó a la protesta de COASE al pronunciarse que el mundo de costes de transacción cero «ha sido frecuentemente descrito como un mundo coasiano. Nada puede estar más lejos de la verdad. Ese es el mundo de la moderna teoría económica, el cual tuve esperanzas de persuadir a los economistas que deben abandonar»[170/171].

No es que COASE pretendiera simple y llanamente la reducción de los costes de transacción para conseguir la eficiencia. Retomando el ejemplo anterior supongamos que los costes de transacción que se producen son de 12 y que un cambio en el sistema jurídico pudiera reducirlos a 8. En esas condiciones, el Derecho habría reducido los costes de transacción (como se le pide) pero —sin responsabilidad— persistirá aún la situación ineficiente: continuará llevándose a cabo la actividad menos provechosa del panadero a costa de la más valiosa del médico. Luego en estas condiciones, sería mejor establecer la responsabilidad del panadero que reducir en 4 los costes de transacción, dado que esa reducción será inane para alcanzar el objetivo de eficiencia. Y al revés: se podría señalar que reducir los costes de transacción será un instrumento sólido con el resultado eficiente cuando esa reducción

169 Debate que describen detalladamente MEDEMA y ZERBE, 2000, pp. 836 y ss.

170 COASE, 1988, p. 174.

171 La queja de este autor vino motivada por la interpretación que hicieron de sus ideas algunos economistas, quienes entendieron que COASE había demostrado que el Derecho de daños no tiene gran relevancia en la asignación de los bienes. Tal vez, este tipo de ideas parte de entender que el mundo relevante para el análisis económico es y debe ser aquel en el cual no se consideran los costes de transacción. Otros, suavizando la anterior interpretación, entendieron que la propuesta era únicamente pedir al sistema jurídico una definición clara de los derechos a usar los recursos, dando por sentado que esa condición era suficiente para reproducir el efecto de un mundo sin costes de transacción. Y, por último, otros entendieron que COASE demostró que, para alcanzar la eficiencia, el Derecho se debía limitar a reducir costes de transacción, así como a aceptar las transacciones voluntarias; *vid.* ACCIARRI, 2019, p. 46; PAPAYANNIS, 2014, p. 7 y ss.

sea tal que permita —en este caso, a través de la negociación— la realización de la actividad más valiosa. Y lo haga a un coste menor que los costes de transacción que reduce[172].

La contribución de la construcción coasiana fue el punto de partida de un análisis más detallista sobre el efecto que las distintas reglas de responsabilidad tienen sobre la conducta humana en relación con el objetivo de eficiencia económica. No obstante, contemporáneamente a la publicación de «El problema del coste social», Guido Calabresi proveniente principalmente del campo jurídico, expuso algunas ideas de importancia semejante para la materia y en parte convergentes.

6. El coste de los accidentes

A lo largo de las décadas de 1950 y 1960 se produjo en los Estados Unidos una efervescencia considerable de ideas en torno de los accidentes de automóvil, publicando Calabresi en 1961 el artículo «Algunas reflexiones sobre la distribución del riesgo y el Derecho de daños»[173]. En ese trabajo sostenía que el régimen de responsabilidad civil debía tomar como base la asignación del riesgo y la distribución de las pérdidas ocasionadas por los accidentes, más que la determinación de la culpa individual. Con posterioridad publicó en 1970 su libro «Los costes de los accidentes»[174], en el que comenzaba afirmando que no es cierto que la sociedad quiera evitar los accidentes a cualquier coste, ni que exista una ley económica inexorable que decida el modo correcto de asignar el coste de las pérdidas. Negaba también que cuando los autores y tribunales hablan de «distribución de riesgo» tengan un objetivo específico en mente. Y negaba, finalmente, que constituyera una afirmación axiomática que los costes de un hecho dañoso deban ser asignados o a la víctima o al causante del daño[175].

A continuación, se fijó el propósito de estudiar el sistema de daños en la circulación de automóviles teniendo presente dos objetivos: la Justicia y la reducción de costes sociales. En relación con la Justicia consideró que es más fácil saber qué cosas consideramos injustas de un sistema que determinar, de modo positivo, si un sistema concreto es justo. Mantenía la idea de que las decisiones que se tomen al respecto, tanto de modo «colectivo» como aquellas que empleen mecanismos de mercado, pueden, ambas, ser justas o injustas y que un cierto diseño institucional en un sector del Derecho de daños puede ser justo, pero el mismo tipo de instrumentos puede ser injusto

172 Papayannis, 2009, pp. 463 y ss.

173 Calabresi, G. (1961). «Some thoughts on risk distribution and the law of torts». *The Yale Law Journal*, *70*(4), 499-553

174 Calabresi, 1970.

175 Maqueo Ramírez, 2020, pp. 108 y 109.

en otro sector. Así, pese al valor prioritario que asignaba a la Justicia sobre la reducción de costes, prefirió posponer el estudio de la Justicia y abordar en primer lugar las cuestiones relativas a la reducción de costes para, en último lugar, evaluar tales métodos y sistemas en términos de Justicia[176].

Calabresi postuló una tesis normativa, según la cual la función del Derecho de daños debe ser minimizar los costes sociales de los accidentes. Consideró que a cada daño se encuentran vinculados tres tipos de costes: primarios, secundarios y terciarios[177].

Por costes primarios, hay que entender el valor (o utilidad perdida) de todos los daños causados a la víctima de un perjuicio[178]. Si se piensa en la lesión sufrida por un trabajador en un accidente laboral, entre los costes primarios habrá que incluir el trabajo no realizado, la asistencia médica y los dolores padecidos, pero también el hecho de que el trabajador tenga que renunciar a sus vacaciones —que es disfrute perdido— y, asimismo, los costes ocasionados a terceros, como pueden ser los causados a los miembros de la familia que tendrán que atender al lesionado durante algún tiempo[179]. Desde el punto de vista económico, los costes no son sólo gastos, sino utilidades perdidas tanto en sentido material como inmaterial[180].

Los costes secundarios son en primer lugar los costes de prevención, entre los cuales hay que computar los dispendios realizados para prevenir la existencia de los daños y para evitarlos; así p. ej. los gastos realizados para prevenir accidentes de trabajo y enfermedades profesionales o las instalaciones de servicios contra incendios en empresas de cualquier tipo (hoteles, salas multicines, palacios de deportes, etc.). Entre los costes secundarios hay que situar también la mala asignación de recursos y la pérdida de bienestar social, así como la mayor o menor dispersión del riesgo[181]. Como señalan Schäfer y Ott en un supuesto en que los daños primarios sean de un millón de euros, el daño o el coste social no es el mismo cuando toda la cuantía de la indemnización se asigna a una sola persona que cuando se distribuye entre un número elevado de ellas. Si ese daño se pudiera dispersar y distribuir entre doscientas mil personas, es evidente que cada una de ellas lo sufriría en una cuantía de sólo cinco euros[182].

176 Esta visión esquemática de la postura de Calabresi la realiza Acciarri, 2019, p. 47.

177 Díez-Picazo, 1999, p. 208; Calabresi, 1970, p. 26 y ss.

178 Schäfer y Ott, 1991, p. 99.

179 Salvador Coderch y Gómez Ligüerre, 2005, p. 17.

180 Díez-Picazo, 1999, p. 209; Calabresi, 1970, p. 68 y ss.; Papayannis, 2014, pp. 10 y 11.

181 Papayannis, 2014, pp. 11 a 13.

182 Schäfer y Ott, 1991, pp. 100 y ss.
Explica en este punto Díez-Picazo (1999, p. 209) que el efecto de dispersión del riesgo se logra mediante la incorporación al precio de un producto de los costes de prevención que el fabricante ha soportado como ocurre en la contratación de un seguro. Para el compra-

La tercera y última manera de reducir el coste social consiste, tal como afirmaba Calabresi, en minimizar los costes de funcionamiento de los sistemas administrativos y judiciales: los costes terciarios son aquellos que origina la liquidación y distribución del daño producido[183]. Por ejemplo, indican Schäfer y Ott, en un accidente de tráfico se presenta la policía que tiene que investigar los hechos y la compañía de seguros que tiene que evaluar mediante peritos el importe de los daños. Puede haber gastos judiciales y de abogados y además las partes interesadas emplean tiempo y esfuerzos que son también costes en sentido económico. Si el caso llega a producir consecuencias penales, son también costes terciarios la prosecución del asunto en las instancias judiciales y los costes penitenciarios. La reducción de estos costes terciarios debe ser también un objetivo importante del Derecho de la responsabilidad civil desde el punto de vista económico, porque los recursos que se empleen en el tipo de actividades diseñado se desvían de objetivos alternativos cuya consecución sería socialmente más útil[184].

Y es que como apuntan Salvador Coderch y Gómez Ligüerre, el problema del Derecho de daños es el conflicto de objetivos a los que su aplicación puede dar lugar en función de cuál sea el tipo de coste que la sociedad se proponga minimizar de manera exclusiva o prioritaria[185].

Si lo que se prioriza es la minimización de los costes primarios, el sistema preferible sería una responsabilidad absoluta por causación de cualquier daño, que abarcaría hasta las más mínimas contrariedades que pudieran producirse. Todas las víctimas de cualquier daño causado por un tercero podrían reclamarle judicialmente el pago de una indemnización. No es muy aventurado afirmar que una sociedad regida por una regla de estas características sería tan opresiva que acabaría cayendo por su propio peso: todo propósito de actividad se paralizaría ante la amenaza de una responsabilidad prácticamente ilimitada, las reclamaciones de indemnizaciones y de los costes terciarios se dispararían[186].

Si por el contrario se prioriza la reducción de los costes secundarios, resultaría más eficaz el sistema que estableciera un seguro universal y público para todo tipo de accidentes. Sin embargo, los costes primarios aumentarían de

---

dor que paga las primas del seguro repercutidas en el precio del producto, sería sin duda mejor que este coste que acarrea la responsabilidad no se incluyera. Lógicamente un seguro es socialmente útil cuando todos los miembros de una comunidad de riesgo, con conocimiento completo de los riesgos, están dispuestos a soportar los pagos necesarios para afrontar un daño futuro, no cierto sino sólo probable y cuyo importe es como mínimo igual al daño esperado más costes de tal seguro.

183 Calabresi, 1970, p. 28.

184 Schäfer y Ott, 1991, p. 105; Papayannis, 2014, pp. 13 a 14.

185 Salvador Coderch y Gómez Ligüerre, 2005, pp. 17 y 18.

186 Schäfer y Ott, 1991, p. 106; Papayannis, 2009, pp. 479 y 480.

manera considerable, pues no habría ningún tipo de incentivo para adoptar género alguno de precauciones o, al menos, nadie lo tendría en relación con los riesgos que afectan a bienes que pueden sustituirse fácilmente por otros equivalentes. El fenómeno del riesgo moral *(moral hazard)* del seguro, fenómeno conocido por el Derecho y la Economía al que luego nos referiremos, arruinaría a la sociedad[187]. Además, las tareas de información, estimación y pago por la concreción de cualquier tipo de riesgos, incluso por aquellos que no resultaran calculables (las simples incertidumbres) dispararían también los costes de gestión del sistema o costes terciarios[188].

En cambio, si los principales esfuerzos se dirigieran a minimizar los costes terciarios, el sistema más eficaz sería la ausencia de toda responsabilidad, es decir, una regla en la que el titular del derecho o bien lesionado cargaría siempre con los costes de esa lesión sin disponer nunca de ningún género de pretensión de daños contra el tercero que los hubiere causado. Los costes terciarios caerían a cero, pero los costes primarios se dispararían: la regla de no responsabilidad nos convertiría a todos en irresponsables profesionales o en agentes sociales legitimados para causar cualesquiera daños sin necesidad de tener que responder en ningún caso[189].

Por ello, los sistemas de responsabilidad en materia de Derecho de daños persistentemente han buscado un equilibrio entre la consecución de los tres objetivos en conflicto, una combinación de distintas reglas de responsabilidad, de aseguramiento y de ausencia de responsabilidad, que, aplicadas simultáneamente, mejor contribuyan a minimizar los costes sociales de los accidentes[190].

III. Los modelos económicos

1. Ideas generales

Con posterioridad a la aparición de «Los costes de los accidentes» de CALABRESI, se publicó en 1973 la obra de RICHARD POSNER «Análisis Económico del Derecho»[191], que ambicionaba ser un manual integral que comprendiera de un modo general el análisis económico de un amplio campo de áreas del Derecho. En cambio, la obra «La estructura económica del Derecho

---

187 PINDYCK y RUBINFELD (2009, p. 743) advierten que un problema de los mercados de seguros es el riesgo moral, en el que la parte que se asegura tiene menos cuidado de evitar las pérdidas después de asegurarse. La cuestión del riesgo moral se analiza en este Cap. segundo, epígrafe 1.2.2. del apartado IV. relativo a la responsabilidad civil y el seguro.

188 SCHÄFER y OTT, 1991, p. 106.

189 SCHÄFER y OTT, 1991, p. 106.

190 PAPAYANNIS, 2014, p. 9.

191 POSNER, 1973, *Economic Analysis of Law*. Boston: Little, Brown and Company.

de daños», en colaboración con WILLIAM LANDES[192], así como el libro de STEVEN SHAVELL «Análisis Económico del Derecho de Accidentes»[193], apuntaban específicamente al Análisis Económico del Derecho de daños. Con importantes diferencias en cuanto al modo de exposición, la novedad central de todas estas obras —con relación a los trabajos de COASE y CALABRESI— fue el detallado tratamiento matemático de la cuestión[194].

En estas obras está contenido el conjunto de modelos básicos habitualmente utilizado como punto de partida para los investigadores del Derecho de daños. Un modelo que, podría decirse, no es más que un esquema analítico deliberadamente simplificado. Los modelos matemáticos son sólo un tipo posible de modelos y, más aún, no existe ninguna razón inherente por la que un modelo económico deba ser matemático. No obstante, con frecuencia se emplean en la Economía este tipo de modelos, que consisten en conjuntos de ecuaciones diseñadas para describir una cierta estructura[195].

En estos métodos subyace la idea, ya iniciada por Coase y Calabresi, de que los daños que se producen en una sociedad no suponen sólo un problema distributivo privado, sino que también inciden en la riqueza total de la comunidad. En este sentido, retomando el ejemplo del incendio de la fábrica colindante, expuesto en nuestro anterior apartado relativo a la responsabilidad civil y eficiencia económica, el análisis distingue la existencia de dos tipos básicos de agentes: los causantes de los daños y las víctimas. La suma de los costes privados que sufra cualquiera de los miembros de la sociedad o coste social se compone, en principio, de tres elementos: el coste de administrar el sistema de responsabilidad civil, el coste de prevención y la pérdida causada por el hecho o el impacto del daño una vez acaecido[196].

A continuación, analizaremos los modelos económicos de daños —o accidentes— a fin de explicar cómo los distintos sistemas de responsabilidad influyen en los incentivos de las partes para reducir las externalidades negativas de los daños. Para ello se tendrán en cuenta dos factores trascendentales en la producción del accidente: el nivel de cuidado o precaución y el nivel de actividad, tanto en daños de causación unilateral (en los que sólo el causante del daño puede influir en la probabilidad de que ocurra el hecho dañoso y en el valor de las pérdidas que genere), como en los daños de causación bilateral (en los que ambos agentes pueden influir en la probabilidad y/o severidad del daño)[197].

192 WILLIAM y POSNER, 1987, *The Economic Structure of Tort Law*. Harvard University Press.

193 SHAVELL, 1987, *Economic Analysis of Accident Law*. Harvard University Press.

194 Ese tipo de tratamiento había sido inaugurado, para la responsabilidad extracontractual, por el trabajo de BROWN, John P. (1973). «Toward an Economic Theory of Liability». *The Journal of Legal Studies*, *2*(2), pp. 323 a 349.

195 CHIANG y WAINWRIGHT, 2006, pp. 5 y ss.

196 SCHÄFER y OTT, 1991, p. 76; PAPAYANNIS, 2014, p. 10.

197 ACCIARRI, 2019, pp. 51 y 52.

2. Niveles de precaución

El nivel de cuidado o precaución de la persona que desarrolla cierta actividad puede contribuir a la probabilidad de que se produzca un daño: piénsese por ejemplo en cómo influye la velocidad de un coche en la probabilidad de producir un daño[198].

2.1. Daños de causación unilateral

En los casos de daños de causación unilateral sólo la conducta del causante (C) tiene incidencia en el riesgo de daño, y no la conducta de la víctima (V), como puede ser en los accidentes aéreos, donde la víctima se limita a estar sentada en el avión. El nivel de precaución óptimo será aquél que minimice la suma de los costes de precaución y los del daño esperado. Se trataría de minimizar el coste social o, lo que es lo mismo, de maximizar el beneficio social.

Así, en un supuesto de un daño valorado en 100, el causante puede no adoptar ningún nivel de precaución, adoptar un nivel medio o un nivel alto de precaución. Entonces, el nivel de precaución óptima se situará en el nivel de precaución medio, por ser el que más minimiza el coste social de los daños[199].

Nivel de precaución	Coste de precaución	Probabilidad daño	Daño esperado	Coste social
Ninguno	0	20 %	20	20
Medio	5	10 %	10	15
Alto	12	5 %	5	17

Si admitimos que los tribunales son capaces de conocer el daño y pueden valorar el comportamiento del causante, los sistemas de responsabilidad afectarían a las conductas del siguiente modo[200]:

a) Sistema de no responsabilidad. En un sistema de ausencia de responsabilidad por los daños causados, los causantes no adoptarán ningún nivel de precaución. Sus conductas se guiarán por los costes de precaución mínimos, sin tomar en consideración el daño esperado. Por todo ello, en los supuestos de daños de causación unilateral, la ausencia de reglas de responsabilidad conduce a resultados ineficientes porque no estimulan conductas eficientes en los sujetos.

198 Maqueo Ramírez, 2020, pp. 110 y ss.; Salvador Coderch y Gómez Ligüerre, 2005, pp. 14 y ss.

199 Acciarri, 2019, pp. 51 y ss.

200 Schäfer y Ott, 1991, pp. 108 y ss.; Maqueo Ramírez, 2020, pp. 110 y ss.

b) Sistema de responsabilidad objetiva. Bajo reglas de responsabilidad objetiva los causantes de un daño responderán de los daños producidos a la víctima, con independencia del nivel de cuidado que se hubiera adoptado. En este sistema el coste social del causante es igual al coste social total, por eso su objetivo será minimizar el coste social favoreciendo una conducta eficiente que estimule la adopción de un nivel de cuidado medio.

c) Sistema de responsabilidad por culpa. En los sistemas de responsabilidad por culpa el causante del daño viene obligado a indemnizar los daños producidos sólo si fue negligente, por lo que sólo existirá responsabilidad si su nivel de precaución fue inferior al nivel de debido cuidado establecido por las normas o por la jurisprudencia.

Bajo reglas de responsabilidad por culpa se debe suponer que los tribunales fijarán el nivel de precaución socialmente óptimo (aquél en el que el coste social se corresponda con el nivel medio de precaución), y estimarán el nivel de diligencia utilizado por el causante comparándolo sin error con el óptimo[201].

Si las normas pueden establecer el nivel de debida precaución y lo fijan en el nivel de precaución socialmente óptimo (en nuestro ejemplo el nivel medio) los causantes serán inducidos a adoptar el nivel óptimo de precaución de forma que el resultado será socialmente óptimo. En consecuencia, si se exige el nivel de precaución medio, cuando el causante adopte el nivel de precaución medio o máximo, no tendrá que responder por el daño. Se adoptará el nivel de precaución medio, porque el coste es sólo de 5 para el causante.

En suma, en los daños de causación unilateral tanto el sistema de responsabilidad objetiva como por culpa inducen al comportamiento social óptimo, pero se diferencian en los conocimientos que necesita un tribunal para aplicarlo a cada uno de los sistemas. Bajo la responsabilidad objetiva, el tribunal únicamente tiene que determinar el daño, mientras que en la responsabilidad por culpa se debe determinar: el nivel de cuidado adoptado por el causante en el momento de la producción del daño, el nivel óptimo social, y fijar por último el coste y la eficiencia de los diferentes niveles de precaución a fin de reducir los riesgos de los daños[202].

---

201 Como señala Papayannis (2014, p. 22), un problema diferente tiene que ver con la «imposibilidad de observar» ciertos aspectos del estándar de diligencia al momento de juzgar la conducta del agente del daño.

202 Shavell (2004, pp. 180 y ss.), indica que esta desventaja de la regla de responsabilidad por culpa puede ser atenuada, o quizás desaparecer, en la versión bilateral del modelo de los accidentes.

2.2. Daños de causación bilateral. Negligencia contributiva y comparativa

En los supuestos de accidentes de causación bilateral, tanto la víctima (V) como el causante (C) pueden tomar medidas de precaución que sirvan para reducir el riesgo de que se produzcan los daños. Así, en un supuesto de un daño valorado en 100, si suponemos que se puede adoptar un nivel de precaución (SI), o que puede no adoptarse un nivel de precaución (NO), el nivel de precaución que minimice la suma del coste de precaución más el daño esperado será, una vez más, el óptimo social[203].

Precaución Causante-Víctima	Coste Causante-Víctima	Probabilidad del daño	Daño esperado	Coste social
NO-NO	0-0	30 %	30	30
NO-SI	0-5	24 %	24	29
SI-NO	10-0	18 %	18	28
SI-SI	10-5	12 %	12	27

Los diferentes sistemas de responsabilidad influyen en las conductas de los involucrados en daños de causación bilateral de la siguiente manera[204]:

a) Sistema de no responsabilidad. En ausencia de responsabilidad, la víctima especulará sobre si el potencial causante de daños adoptará o no medidas de cuidado. Si la víctima vaticina que el potencial causante de daños no adoptará medidas de cuidado, comparándolo con el daño esperado, comprobará que si él mismo no adopta medidas de precaución tendrá una probabilidad de un daño de 30 %, pero que si invierte 5 en medidas de precaución se ahorrará un porcentaje del 6 % en daños esperados. Con esta regla de ausencia de responsabilidad, bajo la premisa de que el potencial causante de daños no adopte medidas de cuidado, se induce a una precaución cero por parte del causante y un cuidado optimo por parte de la víctima.

b) Sistema de responsabilidad objetiva. Bajo reglas de responsabilidad objetiva, los causantes de daños siempre serán responsables por los daños causados, por lo que tendrán estímulos para adoptar medidas de precaución. Optarán por invertir 10 en medidas de precaución reduciendo así un porcentaje del 12 % el daño esperado. En cuanto a las víctimas, como serán íntegramente compensadas por los causantes de los daños, no tendrán incentivos para adoptar medidas de precaución. Por todo ello, el nivel óptimo para el potencial causante de daños será cuando adopte medidas de precaución y la víctima no las adopte.

c) Sistema de responsabilidad por culpa. En los sistemas de responsabilidad por culpa, si los causantes de los daños y las víctimas adoptan el nivel máximo

203 Acciarri, 2019, p. 52.

204 Schäfer y Ott, 1991, pp. 127 y ss.; Maqueo Ramírez, 2020, pp. 110 y ss.

de precaución reducirán al máximo los daños esperados. Si el potencial causante decide no adoptar medidas de precaución se ahorrará 10, pero cargará con todo el daño esperado de 30. Si adopta precauciones a un coste de 10 se despreocupará del daño esperado, pues si llega al nivel de diligencia exigible no deberá responder. La víctima, conocedora que el potencial causante será diligente, también adoptará niveles de cuidado, al ser responsable del daño esperado resultante cuando el causante adopte la diligencia debida: es mejor adoptar un nivel de cuidado a un coste de 5 y soportar un daño esperado de 12, que no adoptar ningún nivel de cuidado y soportar un daño de 18. Por tanto, esta regla induce a una conducta eficiente, a la conducta óptima.

En los daños de causación bilateral, los sistemas de responsabilidad objetiva y por culpa se complementan mediante una regulación adicional que valora la conducta del causante y de la víctima. En ocasiones las reglas expuestas distorsionan posibles incentivos, por lo que se hace necesario ir corrigiendo esas reglas introduciendo consideraciones sobre el comportamiento de la víctima. Además, en ciertos casos los daños pueden ser evitados por las víctimas a un coste menor que quienes lo causan, de modo que la norma jurídica necesita el concepto de «falta o culpa de la víctima» a fin de otorgar a las víctimas potenciales incentivos de seguridad adecuados[205].

La regulación adicional que trata de valorar tanto la conducta del causante como la de la víctima utiliza dos figuras: la negligencia contributiva y comparativa[206].

En la negligencia contributiva se valora la conducta de la víctima en términos de culpa o negligencia y, si la víctima es considerada negligente, carece del derecho a ser indemnizada, tanto en un sistema de responsabilidad por culpa como objetiva. Bajo el sistema de responsabilidad por culpa la víctima no recibe indemnización porque el causante es diligente y está exento de responsabilidad y la víctima soporta el coste esperado, haciendo esto que adopte el nivel de precaución adecuado. Bajo la regla de responsabilidad objetiva se altera el comportamiento de la víctima, que ahora tiene incentivos para adoptar el nivel de cuidado óptimo y no perder la indemnización. La figura de la negligencia contributiva corrige la ineficacia de la responsabilidad objetiva en accidentes bilaterales.

Mediante el mecanismo de la negligencia comparativa, cuando se aplica en un sistema de responsabilidad por culpa, se valora el comportamiento de la víctima, por lo que si el causante es diligente no habrá indemnización, pero si el causante es negligente, la indemnización dependerá de si la víctima ha sido diligente. Si la víctima fue diligente recibirá la indemnización, pero si la víctima no fue diligente la indemnización se reduce en proporción a los niveles de negligencia del causante y de la víctima[207].

---

205 Posner, 1998, p. 161.

206 Maqueo Ramírez, 2020, pp. 114 y ss.

207 Señala Posner (1998, p. 164) que tanto la negligencia contributiva como comparativa tienen los mismos efectos, pero la negligencia comparativa involucra un pago de trans-

3. Niveles de actividad del causante y de la víctima

Junto con el nivel de cuidado o precaución, también se debe tener en cuenta el nivel de actividad del causante y de la víctima y observar cómo influyen esos niveles en la producción del daño. Y es que la probabilidad de que se produzca un daño no se incrementa sólo cuando la actividad es realizada de manera negligente, sino que depende también de la frecuencia con que la actividad es realizada: cuanto mayor número de horas de vuelo de un avión, más elevada es la probabilidad de que se produzca un accidente[208].

3.1. Daños de causación unilateral

Para analizar cómo inciden los niveles de actividad en los casos de daños unilaterales puede utilizarse la hipótesis de los kilómetros realizados en un trayecto por un conductor[209]. Podemos dar por válido que un aumento del nivel de actividad del causante tiene relación directa con el aumento del daño esperado de ahí que el objetivo social será obtener un nivel de actividad que maximice la utilidad de la actividad del causante y minimice el coste de precaución y el daño esperado, siendo la diferencia el bienestar social[210]. Cuantificando hipotéticamente esos datos podríamos obtener el siguiente cuadro[211]:

Niveles de actividad	Utilidad Actividad	Coste de precaución	Daño esperado	Bienestar social
0	0	0	0	0
1	40	3	10	27
2	60	6	20	34
3	69	9	30	30
4	71	12	40	19

ferencia que no genera ninguna ganancia por asignación, y los pagos de transferencia involucran costes administrativos. Asimismo, la negligencia comparativa introduce una nueva consideración en el litigio (las faltas relativas de las partes), requiriendo mayores gastos en recursos por las partes y los tribunales y, al volver más difícil el pronóstico de la responsabilidad, puede incrementar el número de litigios.

Y como señalan Gómez Pomar y Pastor Prieto (1990, p. 508) los costes administrativos se refieren a costes tales como honorarios de letrados, valor del tiempo empleado en pleitear o costes de sostener el sistema de resolución de conflictos —judicial o no—.

208 Schäfer y Ott, 1991, pp. 120 y ss.; Papayannis, 2014, p. 18; Keren Paz, 2016, pp. 126 y ss.

209 Papayannis, 2014, p. 22.

210 Acciarri, 2019, p. 58.

211 Ejemplo tomado con modificaciones y en base a los ejemplos expuestos por Papayannis, 2014, pp. 19 y 21.

En este modelo el nivel de actividad que maximiza el bienestar social es el 2 porque en él se maximiza la diferencia entre la utilidad de la actividad (60) y la suma del coste de precaución (6) y el daño esperado (20).

Aquí también los sistemas de responsabilidad afectarán a los diferentes niveles de precaución y utilidad de la siguiente manera[212]:

a) Sistema de no responsabilidad. En este sistema el causante no será responsable de los daños causados, por lo que maniobrará con el nivel de actividad más alto sin tomar medidas de precaución. Al no internalizar el daño causado, su conducta se guiará por la utilidad que la actividad le reporta: a mayor actividad, mayor utilidad.

b) Sistema de responsabilidad objetiva. Bajo reglas de responsabilidad objetiva el causante será responsable del daño esperado, por lo que prestará atención al bienestar social. Internalizará tanto el beneficio de su actividad como el daño esperado, por lo que escogerá el óptimo nivel de actividad según esos parámetros.

c) Sistema de responsabilidad por culpa. El potencial causante del daño centrará su atención en la precaución, llevándole a adoptar el cuidado óptimo. Adoptado el cuidado óptimo ya no pagará indemnización, y ello hará que se exceda en su nivel de actividad. En consecuencia, este sistema incita a quien desarrolla la actividad a adoptar el nivel de cuidado óptimo. Pero éste no es el único factor para tener en cuenta ya que, si el potencial causante adopta el nivel de cuidado óptimo, a la hora de fijar su nivel de actividad, no tendrá en cuenta las consecuencias porque las sufrirá la víctima y él estará exonerado de afrontar una indemnización cuando esas precauciones se hubieran adoptado.

A la vista de los modelos de daños desarrollados hay que indicar que la responsabilidad objetiva tiene los mismos efectos sobre el nivel de precaución y seguridad de las partes que la responsabilidad por culpa, siempre y cuando se contemple un sistema de negligencia contributiva o comparativa.

No obstante, existen algunas diferencias económicas significativas entre la responsabilidad objetiva y la responsabilidad por culpa. Un procedimiento para evitar un accidente automovilístico consiste en conducir más lentamente; otra manera de evitarlo consiste en conducir menos kilómetros. Pero raras veces —para no decir ninguna— los tribunales, en un caso de responsabilidad por culpa, pueden determinar el nivel óptimo de la actividad que originó el accidente. La incapacidad de los tribunales para determinar los niveles óptimos de una actividad es una grave deficiencia de un sistema de responsabilidad por culpa[213].

---

212 Papayannis, 2014, pp. 18 y ss.; Schäfer y Ott, 1991, pp. 147, 222 y ss.

213 Posner, 1998, p. 168.

Si para trasladarnos de un extremo a otro de una ciudad disponemos tanto de un monopatín como de un automóvil, siendo ambos sustitutos perfectos ¿qué decisión tomaríamos teniendo en cuenta la probabilidad de accidentes? Los monopatines provocan muchos accidentes que no pueden evitarse aun siendo cuidadosos, mientras que los automóviles no provocan accidentes. Si no fuera por los costes de accidentes, los monopatines serían más baratos que los automóviles, pero al incluir en el precio los costes de accidentes, los primeros cuestan 10 % más caros que los segundos. En un sistema de responsabilidad por culpa, los monopatines desplazarán a los automóviles, aunque sean más costosos. Sin embargo, en un sistema de responsabilidad objetiva, los posibles causantes del daño —monopatines— tomarán en cuenta los posibles cambios en el nivel de la actividad, así como los posibles cambios en los gastos de las medidas de precaución, a fin de decidir si prevendrán los accidentes[214].

Bajo la hipótesis de daños unilaterales un sistema de responsabilidad objetiva es atractivo en ámbitos donde la actividad es intrínsecamente peligrosa, porque, aunque se adopte el nivel de precaución socialmente óptimo, el riesgo de accidente es alto.

En cambio, si la norma de cuidado óptimo reduce el daño esperado prácticamente a cero, la elección del nivel de actividad es prácticamente irrelevante. Si la ventaja de la responsabilidad objetiva —de controlar la elección del nivel de actividad— no es importante, no es mejor que la responsabilidad por culpa.

3.2. Daños de causación bilateral

En la mayoría de los supuestos de daños de causación bilateral, tanto los potenciales causantes de daños como las víctimas tendrán que elegir sus niveles de precaución y sus niveles de actividad. Es evidente que quien conduce todos los días, aunque sea diligentemente, incrementa la probabilidad de causar un accidente respecto de aquel que sólo conduce una vez a la semana. En este modelo, el óptimo social que supone la maximización del bienestar social resulta de la suma de la utilidad que el causante recibe de realizar su actividad y la utilidad de la víctima de realizar la suya, menos los costes de precaución tanto del causante como de la víctima y del daño esperado[215].

Los distintos sistemas de responsabilidad afectan al comportamiento de las personas de la siguiente manera[216]:

a) Sistema de no responsabilidad. En ausencia de responsabilidad el causante escogerá lógicamente el máximo nivel de actividad porque obtendrá

214 Ejemplo posible a Salvador Coderch y Gómez Ligüerre, 2005, p. 14 y ss. y Acciarri, 2019, p. 58.

215 Papayannis, 2009, p. 466.

216 Schäfer y Ott, 1991, pp. 222 y 223.

una mayor utilidad; además no tomará medidas de precaución porque no se responsabilizará del daño esperado. Por su parte, la víctima, como no será indemnizada, tomará las medidas de precaución adecuadas optando por un nivel de actividad óptimo: asumirá el coste del daño esperado y se hará cargo de las medidas de precaución.

b) Sistema de responsabilidad objetiva. Bajo las reglas de este sistema, el causante responderá por el daño causado a la víctima, por lo que se verá estimulado a adoptar el nivel máximo u óptimo de precaución. Además, elegirá el nivel de actividad socialmente deseable porque internaliza el coste que le genera su aumento de actividad. El causante del daño tendrá en cuenta en sus pronósticos la diferencia entre la utilidad de la actividad y la suma de sus costes de precaución y daño esperado. En cambio, la víctima no adoptará el comportamiento óptimo y optará por el máximo nivel de actividad y el mínimo nivel de precaución, porque sabe que el causante le indemnizará por todo el daño producido.

Ahora bien, si tomamos en consideración la negligencia contributiva y la comparativa e integramos las mismas en el sistema, la víctima adoptará el nivel de precaución deseable, porque si es negligente disipará parte o toda la potencial indemnización. Pero, como en el nivel de precaución no está incorporado el nivel de diligencia, la víctima, aunque aumente su nivel de actividad, no influye en el hecho de percibir o no la indemnización, pues es prácticamente imposible saber la utilidad derivada de una actividad y se requiere un conocimiento histórico. La diferencia entre la utilidad de la víctima al realizar su actividad y el coste de precaución será menor que en la regla de responsabilidad objetiva, pero más alto que el adecuado socialmente.

c) Sistema de responsabilidad por culpa. En el marco de reglas de responsabilidad subjetiva el causante adoptará el nivel de precaución óptimo, pero el nivel de actividad tenderá a ser más alto que el socialmente deseable porque el exceso de actividad no le va a producir ningún coste adicional si incurre en responsabilidad. Por su parte, la víctima siempre optará por el nivel de precaución y de actividad óptimo, al pronosticar que el potencial causante del daño no asumirá responsabilidad alguna por ser cuidadoso en su actividad.

Se puede observar que, en los supuestos de daños de causación bilateral, teniendo en consideración las medidas de precaución y los niveles de actividad, no hay regla de responsabilidad que incentive al causante y a la víctima a mantener su actividad dentro de unos niveles óptimos.

El establecimiento de un concreto sistema de responsabilidad debería adoptarse según cuál de las dos partes incide en mayor grado con su nivel de actividad a producir un daño. Cuando el nivel de actividad de los posibles causantes de daños tiene mayor relevancia, se preferirá un sistema de responsabilidad objetiva; en cambio, si se observa que el nivel de precaución de la víctima tiene influencia sobre la producción del daño, resultará conveniente complementar la regla de responsabilidad objetiva con una regla de concurrencia de culpas —negligencia contributiva—, a fin de lograr que la víctima tenga incentivos para tomar medidas de precaución.

Los resultados obtenidos hasta el momento mediante el análisis de los modelos de daños se presentan a continuación en forma de tabla, donde «SÍ» significa que los incentivos generados por las normas son eficientes, y «NO» que no lo son[217]:

Normas de Responsabilidad	Precaución Causante	Precaución Víctima	Nivel de Actividad Causante	Nivel de Actividad Víctima
Sin responsabilidad	NO	SÍ	NO	SÍ
Objetiva	SÍ	NO	SÍ	NO
Culpa	SÍ	SÍ	NO	SÍ
Objetiva con Compensación	SÍ	SÍ	SÍ	NO
Culpa con compensación	SÍ	SÍ	NO	SÍ

Al introducir una nueva variante consistente en considerar los costes de gestión del sistema judicial[218] las consecuencias de uno u otro sistema son muy diferentes[219]:

a) Sistema de no responsabilidad. Cuando no exista norma que imponga responsabilidad alguna, en principio tampoco habría costes de gestión del sistema judicial, por el sencillo motivo de que no habrá víctimas con derecho a reclamar.

b) Sistema de responsabilidad objetiva. Las reglas de responsabilidad objetiva influyen sobre los costes de gestión del sistema judicial. Por un lado, los aumenta porque como la víctima puede pronosticar que puede cobrar una indemnización con relativa facilidad se fomenta la litigiosidad (si se compara con un sistema de responsabilidad por culpa): una vez identificado al causante bastará con probar el daño y la relación causal. Por otro lado, disminuyen los costes judiciales al ser menor el número de cuestiones a probar ya que se sustrae de la discusión la culpa o negligencia.

217 Ejemplo tomado con modificaciones y en base a los ejemplos expuestos por PAPAYANNIS, 2014, pp. 19 y 21.

218 Entendiendo por costes de gestión del sistema judicial los costes terciarios de Calabresi, que comprenden la determinación de la responsabilidad y su posterior ejecución.

219 Los costes administrativos, al igual que los costes de las precauciones, deben ser considerados al decidir qué accidentes merece la pena evitar. Como reflexiona PAPAYANNIS (2014, p. 14), del mismo modo en que no evitaríamos un daño de 50 si tuviésemos que invertir

c) Sistema de responsabilidad por culpa. Este sistema de responsabilidad influye sobre los costes de gestión del sistema judicial de manera inversa a como lo hace un sistema de responsabilidad objetiva. Por un lado, disminuyen los costes al carecer de sentido que la víctima entable un pleito cuando el causante haya optado por un nivel de cuidado óptimo y fácilmente reconocible, pues no obtendrá la reparación del daño y además tendrá que hacerse cargo de las costas procesales. Pero junto a ello, aumentarán los costes porque deberá sumarse un nuevo elemento de prueba para las partes, como es la culpa o negligencia.

Como la decisión por uno o por otro sistema de responsabilidad no es teóricamente predecible, habrá que resolver la cuestión de manera empírica con arreglo a las características predecibles de cada ámbito a regular. Si el objetivo a la hora de desarrollar una política pública de administración de justicia es reducir los costes de gestión del sistema judicial, un sistema de ausencia de responsabilidad sería la mejor de las elecciones posibles. Sin embargo, si lo que se persigue es resarcir a las víctimas la mejor elección sería un sistema de responsabilidad objetiva, que resarce a mayor número de personas, más rápido y con menos costes que el sistema de responsabilidad por culpa[220].

IV. La responsabilidad civil y el seguro

La obligación legal de contratar una póliza de seguro para realizar ciertas actividades es una práctica muy extendida en todos los ordenamientos[221], siendo el seguro de responsabilidad civil por daños derivados de la circulación, tal vez, el ejemplo más conocido[222]. En España la citada imposición viene establecida por el artículo 2,1 del Texto Refundido de la Ley sobre Responsabilidad Civil y Seguro en la Circulación de Vehículos a Motor (LRCSCVM), al establecer que «todo propietario de vehículos a motor que tenga su estacionamiento habitual en España estará obligado a suscribir y mantener en vigor un contrato de seguro por cada vehículo de que sea titular, que cubra, hasta la cuantía de los límites del aseguramiento obligatorio, la responsabilidad civil a que se refiere el artículo 1»[223].

---

500 en precaución, tampoco implementaríamos un sistema de responsabilidad civil a un coste de 500 para gestionar compensaciones de daños por 50. Socialmente resulta más beneficioso que estos daños sean soportados por las víctimas.

220 Ortiz de Urbina, 2003, p. 345.

221 Las pólizas de seguro, más allá de la función económica y de garantía, indica Veiga Copo (2022a, p. 8), «forman parte de toda actividad económica empresarial y de la vida cotidiana de las personas», posibilitando desarrollar actividades que en ausencia de seguro tal vez el operador económico o jurídico no podría asumir los costes de daños que generasen.

222 Acciarri, Barbero y Castellano, 2009, p. 2.

223 Álvarez Olalla, 2021, p. 108. RDLeg 8/2004, de 29 de octubre, por el que se aprueba el Texto Refundido de la LRCSCVM.

Aun en ausencia de obligación legal de contratar seguro, con arreglo a la teoría económica de las conductas de la persona frente a la incertidumbre, es previsible que un elevado número de personas propietarias de vehículos a motor contraten una póliza de seguro para hacer frente a las eventuales obligaciones indemnizatorias[224].

1. La incertidumbre y la conducta

Quien es adverso al riesgo y se enfrenta a la incertidumbre que ocasiona la realización de un evento indeseable, está en principio dispuesto a pagar por liberarse de ese riesgo trasladándolo a otro que no reciba ningún inconveniente especial por la eventualidad en sí de afrontar ese suceso incierto. Para la mayoría de las personas, el riesgo de causar un daño y verse forzado a cargar con la indemnización constituye un riesgo del que preferirían poder escapar, aunque ello les suponga pagar una prima (igual o incluso superior al valor esperado del incierto evento indeseado) a quien absorba tal riesgo[225].

Así, la idea primordial que late en el contrato de seguro es, en esencia, que la persona adversa al riesgo (asegurado) prefiere renunciar a una cierta cantidad de dinero de su patrimonio (prima del seguro) a cambio de trasladar los riesgos de un evento incierto a una persona que sea neutral al riesgo (aseguradora)[226]. Esto no significa que el contrato de seguro de responsabilidad civil no pueda servir para otros objetivos distintos a la traslación del riesgo desde una persona adversa a una neutral, como puede ser en los casos de los riesgos medioambientales de las grandes empresas[227].

Pero los principales problemas a los que se enfrenta la contratación de seguros de responsabilidad civil son los incentivos y la asimetría de información[228].

1.1. Problemas de incentivos

Cuando una persona está asegurada a todo riesgo es posible que se comporte de manera menos diligente y, en consecuencia, aumente la probabili-

224 Pindyck y Rubinfeld, 2009, pp. 177 y ss.

225 Gómez Pomar, 2000b, p. 2.

226 Cooter y Ulen, 1998, pp. 75 y ss.; Schäfer y Ott, 1991, p. 103.

227 Por ejemplo, un seguro obligatorio de responsabilidad civil puede resultar atractivo, indica Gómez Pomar (2000b, p. 2), «aun en ausencia de aversión al riesgo del causante potencial de daños, si éste presenta solvencia limitada (lo que reduce el incentivo de adopción de precauciones oportunas) y el asegurador puede razonablemente controlar el cumplimiento de las medidas de precaución por parte del asegurado. En definitiva, la obligatoriedad del seguro de responsabilidad civil en estas circunstancias vendría a ser un medio de emplear a las compañías de seguro como agentes de control de medidas de seguridad pública, si se quiere, casi, sería una modalidad de privatización de *law enforcement*».

228 Papayannis, 2014, p. 23.

dad de sufrir un daño[229]. La posibilidad de que una persona cambie de conducta porque ha contratado una póliza de seguro es un ejemplo habitual de lo que en la teoría económica se conoce como «riesgo moral» *(moral hazard)*[230].

Para paliar este problema que afecta a los incentivos de la conducta, el asegurador tiene varios métodos: a) observar *ex ante* el grado de precaución del causante potencial y hacer depender la cobertura de que el asegurado ajuste sus medidas de precaución al nivel de diligencia social y legalmente exigible; b) no asumir el coste de los daños ocasionados por el asegurado a raíz de una verificación *a posteriori* (p. ej. en el caso de seguro de automóviles, que el vehículo no haya superado una inspección técnica); c) aplicar franquicias mínimas a la cobertura o coberturas parciales o d) analizar previamente el historial de siniestralidad del asegurado a los efectos del cálculo de la prima. En todo caso, resulta difícil pensar en la desaparición total de los efectos del riesgo moral, pues el nivel de precaución de las personas aseguradas —y, por tanto, el daño esperable— se ve siempre afectado negativamente por la cobertura del seguro de responsabilidad civil[231].

1.2. Problemas de asimetría de información: selección adversa y riesgo moral

Los problemas que dificultan el acuerdo entre la aseguradora y el tomador del seguro se encuentran en la asimetría informativa que existe entre ambos en el momento de contratarlo. Cada una de las partes tiene más información que la otra sobre alguna de las variables relevantes que pueden influir en el contrato, tanto antes como después de contratar. Si la asimetría informativa existe antes de contratar se originan problemas de selección adversa, y si aparece después de contratar surgen problemas de riesgo moral[232]. Como señalan Pindyck y Rubinfeld, en los mercados de seguros, suele haber información asimétrica, ya que la parte que compra un seguro posee más información sobre el riesgo que la compañía de seguros, lo cual puede provocar un problema de selección adversa, en el que las personas de alto riesgo optan por asegurarse, pero no así las de bajo riesgo[233]. Otro problema de los

229 Schäfer y Ott, 1991, pp. 209 y 244.

230 Acciarri, Barbero y Castellano, 2009, p. 18; Pindyck y Rubinfeld, 2009, p. 727.

231 Gómez Pomar, 2000b, pp. 3 y ss.

232 Como pone en evidencia Rodríguez Cachón (2020, p. 80), en los procesos de contratación estas dos clases de asimetrías informativas «representan una de las causas principales de existencia de fallos en el mercado y, correlativamente, también la existencia de costes de transacción».

233 En este sentido Pindyck y Rubinfeld (2009, p. 717) señalan que como es más probable que las personas enfermas contraten una póliza de seguro, en el grupo de personas aseguradas aumenta la proporción de personas que están enfermas, lo cual presiona al alza el precio del seguro, por lo que las personas más sanas, conscientes de su bajo riesgo, optan por no asegurarse.

mercados de seguros es el riesgo moral, en el que la parte que se asegura tiene menos cuidado de evitar las pérdidas después de asegurarse[234].

En la contratación de seguros selección adversa y riesgo moral van unidos: la compañía aseguradora conoce mejor que el asegurado el riesgo medio de la conducción, pero sólo el asegurado conoce su habilidad real al volante y el uso efectivo que hará del vehículo. La selección adversa dificulta el traspaso de información necesario para fijar las cláusulas del contrato y el riesgo moral el cumplimiento de las obligaciones derivadas del seguro[235].

1.2.1. La selección adversa

La selección adversa provoca un fallo en el mercado ya que las aseguradoras, al no poder distinguir entre los asegurados de bajo riesgo y los de alto riesgo, cobrarán una prima única y ello hará que se aseguren más personas de alto riesgo, no resultando rentable a las aseguradoras comercializar seguros al desincentivar a los potenciales asegurados de bajo riesgo[236].

El colectivo de causantes potenciales de daños está compuesto por individuos que generan diferente riesgo y las aseguradoras no tienen posibilidad *ex ante* de conocerlo. La prima de seguro que ofrecerán las aseguradoras tenderá a reflejar el riesgo medio del sector[237].

Sin embargo, es posible que exista una gran dispersión en torno a esa media de riesgo medio y que su valor quede muy por debajo o muy por encima del riesgo que asumen numerosos miembros del colectivo de conductores. A los individuos de bajo riesgo no les interesará suscribir un contrato de seguro pues la prima es superior al daño esperado. Los solicitantes naturales al seguro serán, por tanto, los asegurados de mayor riesgo. Aquéllos para los que la prima es inferior a la indemnización que esperan pagar

---

234 El asegurado, indica Rodríguez Cachón (2020, p. 81), «al saberse cubierto ante un determinado riesgo, puede sentirse inducido a no ser todo lo cuidadoso que pudiera y debiera ser con relación al riesgo asegurado».
También en relación con el riesgo moral de quien se sabe ya cubierto Veiga Copo (2020, p. 114) indica que los deberes, las diligencias, las acciones u omisiones «de quién ha trasladado un riesgo propio a una aseguradora puede alterarse por el simple hecho de la existencia de esta asunción profesional de cobertura por parte de una entidad aseguradora».

235 Gómez Ligüerre, Camí Campamà y Sánchez Álvarez, 2003, pp. 15 y ss.

236 Pindyck y Rubinfeld, 2009, pp. 717 y 819; Keren Paz, 2016, p. 205.

237 En cuanto a los riesgos asegurables ya apuntaba Veiga Copo (2007, p. 247) que una de las cuestiones centrales «pero al mismo tiempo más arduas y complejas es, aparte de valorar el riesgo..., la de delimitar concretamente los riesgos asegurables..., es decir, qué riesgos son asegurables y por tanto asumibles por las aseguradoras ya sea directamente prestando el servicio o reintegrado una renta, limitada o ilimitada, etc., y qué riesgos son excluibles de cobertura».

por los daños que causarán. Los que se aseguren serán probablemente una muestra sesgada —adversa— de la población compuesta principalmente por individuos de alto riesgo[238].

En los casos de selección adversa la entidad aseguradora para no perder dinero aumentará la prima y poder asumir un mayor riesgo. A medida que la prima aumenta, más individuos de bajo riesgo abandonan la entidad y el seguro es más beneficioso para los asegurados más arriesgados. En consecuencia, las actividades de bajo riesgo pueden llegar a verse excluidas del mercado ya que ninguna entidad ofertará pólizas a un precio adecuado a su propio riesgo[239].

Un mecanismo para atenuar el problema de la selección adversa es aunar los riesgos ofreciendo un seguro a un mismo grupo de población, sirviéndose para ello de cribados, cuestionarios o búsquedas de información. Este mecanismo de corrección de los efectos de la selección adversa mediante la agrupación de asegurados por grupos de riesgos permite a la aseguradora ofrecer primas calculadas en función del gasto medio esperado de un colectivo de potenciales asegurados y solventar el sesgo que, en otro caso, provocaría que el asegurador se quedase sólo con los peores riesgos. Pero lógicamente la agrupación sólo será posible si la aseguradora está en condiciones de distinguir entre buenos y malos riesgos para la gestión del seguro y la distribución de cada grupo de riesgo en los niveles de siniestralidad de un determinado sector de actividad[240].

---

238 Tomando como ejemplo los seguros Rodríguez Cachón (2020, p. 82) argumenta que la asimetría informativa del tipo selección adversa «supone un incentivo para contratar un seguro de vida o enfermedad a favor de aquellos con peor estado de salud que la media y retrae a aquellos con mejores condiciones, de modo que la atracción de los *malos riesgos* hace subir las primas de los seguros, lo que disuade aún más a los *buenos riesgos*».

239 Kreps, 1990, pp. 638 y ss.
Piénsese en una aseguradora que desea comercializar un seguro de responsabilidad civil por accidentes de automóviles que causan daños a terceros. La aseguradora seleccionará a la población a la que desea comercializar el seguro —por ejemplo, personas hasta 35 años— y valorará la frecuencia con la que se producen los accidentes en el grupo de población seleccionado. Supongamos que la probabilidad de algunas de las personas del grupo de población seleccionado de sufrir un accidente es baja, muy inferior a 0,01; y la probabilidad de otras es alta, muy superior a 0,01. Si la compañía aseguradora no puede distinguir entre las personas de bajo riesgo y de alto riesgo, basará la prima que va a cobrar a todas las personas en la experiencia media, es decir, en una probabilidad de sufrir accidente de 0,01. Disponiendo de más información, las personas con baja probabilidad de sufrir accidentes optarán por no asegurarse, mientras que las personas con alta probabilidad de accidente suscribirán la póliza de seguro. Esta tendencia elevará, a su vez, la probabilidad de sufrir un accidente de los que se aseguran por encima de 0,01, lo que obligará a la compañía de seguros a subir su prima. En el caso extremo, sólo optarán por asegurarse las personas que tengan probabilidades de sufrir un accidente, lo que no hará viable la comercialización del seguro. Este ejemplo esta tomado, con modificaciones, de Pindyck y Rubinfeld, 2009, p. 717.

240 Pindyck y Rubinfeld, 2009, pp. 717 y 718.

Para aminorar la asimetría informativa, el art. 10 LCS establece como obligación para el tomador del seguro la de comunicar al asegurador, antes de la conclusión del contrato, todas las contingencias que puedan afectar al riesgo cubierto por la póliza[241]. La obligación de comunicar todas las circunstancias relevantes para la comprensión y evaluación del riesgo no se agota en el momento previo a la contratación del seguro. El art. 11 LCS impone además al tomador del seguro la obligación de comunicar a la compañía cualquier circunstancia que pueda afectar a las eventualidades cubiertas por el seguro. Con la información de las circunstancias relevantes del riesgo antes y durante el contrato, la LCS pretende paliar los efectos de la selección adversa en la contratación del seguro. La doctrina ha denunciado la incoherencia existente entre el art. 10 LCS, que impone a la compañía aseguradora la obligación de elaborar un cuestionario y al asegurado la obligación de responderlo de forma veraz[242], y el art. 11 LCS que obliga al asegurado a comunicar cualquier variación que pueda afectar al riesgo asegurado, con independencia del cuestionario que en su día hubo de responder[243].

1.2.2. El riesgo moral

En teoría económica se denomina riesgo moral a los comportamientos ineficientes que surgen, una vez firmado un contrato, como consecuencia de los intereses contrapuestos de las partes contratantes y de las dificultades para exigir el cumplimiento de lo pactado. En el sector asegurador en concreto, el riesgo moral se refiere a los cambios de comportamiento del asegurado —de más a menos diligente— que suele experimentar una vez firmada la póliza, cuando está totalmente asegurado y no puede ser controlado totalmente por una compañía de seguros que posee una información limitada[244]. Así, por ejemplo, en los seguros de vehículo a todo riesgo los conductores conducen de manera menos diligente que el resto de los conductores; en los seguros médicos los asegurados visitan con más frecuencia al médico; en los seguros contra incendios los propietarios de viviendas son más propensos a construir chimeneas; en los seguros a todo riesgo contra robos en el hogar, es posible que el asegurado sea menos diligente a la hora de cerrar las puertas y que no instale un sistema de alarma[245].

241 Marco Cos, 1995, p. 93.

242 STS 19 febrero 2020 (RJ 2020\1017). Se condena a la aseguradora a asumir las consecuencias del proceder de su mediador dado que «no puede atribuirse ocultación dolosa o gravemente negligente al asegurado porque fue la aseguradora la que no cumplió con su deber de reflejar sus respuestas».

243 Tirado Suárez, 1990, pp. 130 y ss.; Marco Cos, 1995, p. 100.

244 El ejemplo por antonomasia de este tipo de situaciones se produce en el campo de los seguros. Como señala Rodríguez Cachón (2020, p. 81), «la constatación de la presencia de la asimetría informativa del tipo riesgo moral y de las consecuencias que acarrea sólo podrá comprobarse en su caso con posterioridad al perfeccionamiento del contrato».

245 Pindyck y Rubinfeld, 2009, p. 727; Mankiw, 2002, p. 369.

El riesgo moral aumenta la probabilidad de que se produzca un siniestro o su gravedad porque las conductas ineficientes de los asegurados conllevan un aumento de la probabilidad de que se produzca un siniestro o de su gravedad[246]. La diferencia entre el coste de las precauciones que el individuo asumiría de no haber contratado el seguro y el de las precauciones que deja de asumir por haber contratado el seguro es la magnitud del riesgo moral y se trata de una externalidad del contrato de seguro. Lo que hace la póliza de seguro es trasladar las precauciones del asegurado al asegurador de forma que el asegurado confía que las precauciones las tomará la aseguradora. Estas ineficiencias ligadas al riesgo moral son un coste del contrato de seguro que las compañías suman a la prima[247].

En general, existe riesgo moral cuando la conducta del asegurado no controlada por la aseguradora influye en la probabilidad de recibir una indemnización o en su cuantía. Por ejemplo, en los contratos de seguro médico es posible que el asegurado acuda al médico más a menudo que si la cobertura fuera limitada. Si la compañía de seguros puede controlar la conducta de sus asegurados, puede cobrar unas tarifas más altas a las personas que utilizan más el seguro. Pero si no la puede controlar puede ocurrir que la aseguradora tenga que desembolsar más de lo previsto. El mayor gasto de la aseguradora consecuencia del abuso del riesgo moral comporta por lo general un aumento de las primas o incluso puede comportar un cese en la comercialización del seguro, provocando en definitiva una pérdida de eficiencia o bienestar social[248].

Para paliar los efectos perversos del riesgo moral en el seguro una posible medida es la de limitar la cobertura del seguro de manera que los daños materiales y personales sufridos por el asegurado que causa el accidente estén excluidos de la cobertura del seguro obligatorio. Otra forma de mitigar los efectos del riesgo moral consiste en analizar las habilidades y actitudes de la persona interesada en contratar una póliza, ofreciendo primas más baratas a quien compra un vehículo más seguro o hace un cursillo especial sobre conducción. En fin, las herramientas pueden ser muy variadas: involucrar el patrimonio del asegurado en el pago de las compensaciones a las víctimas de los accidentes mediante la limitación de la cobertura del seguro, obligando al asegurado a ser especialmente precavido pues habrá de res-

246 Gómez Ligüerre, Camí Campamà y Sánchez Álvarez, 2003, p. 16.

247 Friedman, 2000, p. 66; Alma, 2002, p. 17.

248 Ejemplo tomado, con modificaciones, de Pindyck y Rubinfeld, 2009, p. 727. Con un seguro médico completo es más probable que las personas visiten más frecuentemente a su médico. Si la aseguradora es capaz de controlar la conducta de sus asegurados, puede cobrar unos importes más elevados a las personas que utilizan más el seguro. Pero si no la puede controlar, puede encontrarse con que tenga que costear más de lo previsto. Cuando hay riesgo moral, las aseguradoras pueden verse obligadas a no poder comercializar los seguros o con carácter alternativo subir las primas a todos sus asegurados.

ponder de parte de los daños que cause[249]; seleccionar los riesgos antes de la contratación discriminando a los asegurados por grupos de edad, años de experiencia, volumen de actividad, o después de la contratación otorgando bonificaciones por bajos niveles de siniestralidad[250].

Tanto los problemas de la selección adversa como del riesgo moral dificultan la oferta de seguro. El origen de ambos problemas está en la asimetría informativa que existe entre compañía aseguradora y el solicitante del seguro[251]. La aseguradora conoce los datos sobre la siniestralidad del sector y puede calcular la media de las responsabilidades esperadas y, por tanto, de las primas medias. El solicitante del seguro, sin embargo, es el único que puede ajustar su conducta a los niveles de actividad y de cuidado que mantienen su responsabilidad esperada en la media prevista en su póliza. De hecho, en la medida en que ambos efectos se reduzcan o desaparezcan, el seguro se convierte en una herramienta más eficiente para la prevención de accidentes y, por tanto, la reducción del número de sus perjudicados[252].

La conducta del asegurado en general puede disminuir o aumentar las posibilidades de que ocurra el accidente, de ahí que el mejor incentivo para evitar el riesgo moral es limitar la cobertura de la póliza. Únicamente en la medida en que el seguro no cubra la cuantía total del daño causado se incentivará que el asegurado evite a toda costa la causa del accidente, ante el peligro de tener que desembolsar personalmente la diferencia. De otra forma, el potencial causante de daños, asegurado de forma total y completa, carece de incentivos para evitar accidentes[253].

En definitiva, en condiciones de información incompleta e imperfecta no se logra regla alguna de responsabilidad eficiente entre aseguradora y asegurado, al no ser posible beneficiar a un agente sin perjudicar al otro[254].

2. Seguro voluntario

Cuando los potenciales causantes de daños están sujetos a un sistema de responsabilidad y el seguro no es obligatorio, sus conductas tenderán a reducir el riesgo en función de las consecuencias de la regla de responsabilidad que resulte aplicable[255].

---

249 Rahdert, 1995, p. 48.

250 Friedman, 2000, p. 66.

251 En la era digital, indica Veiga Copo (2020, p. 114), las nuevas tecnologías están llamadas a que «la disociación o brecha entre riesgo declarado y riesgo real y verdaderamente cubierto sea cada vez menor».

252 Rahdert, 1995, p. 33.

253 Shavell, 1998, pp. 189 y ss.

254 Schäfer y Ott, 1991, p. 239.

255 Shavell, 2004, pp. 260 y ss.

En un sistema de responsabilidad objetiva, si el potencial causante del daño es neutral al riesgo y su asunción de los daños causados por su actividad no es un problema, el resultado será el óptimo social. Ahora bien, con el mismo sistema de responsabilidad objetiva, pero con causantes de daños adversos al riesgo, el resultado no será el óptimo social porque ellos, en virtud de su participación en la actividad y la consecuente probabilidad de responder por los daños causados, tomarán excesivas medidas de precaución a fin de esquivar la responsabilidad y habrá muchos causantes de daños adversos al riesgo que quedarán desalentados para participar en algunas actividades[256].

En un sistema de responsabilidad por culpa el escenario es diferente ya que a los potenciales causantes no se les atribuirán los daños —y las consiguientes indemnizaciones— siempre que adopten los niveles de precaución exigidos. Con este sistema de responsabilidad los causantes adversos al riesgo no tienen que adoptar excesivas medidas de precaución ni tendrán que dejar de llevar a cabo sus actividades. Por el contrario, las víctimas asumirán los daños (suponiendo a los causantes del daño diligentes), y si las víctimas son adversas al riesgo y no están aseguradas, el bienestar real será menor que el óptimo social.

A la vista de lo expuesto se introduce un nuevo punto de la comparación entre los sistemas de responsabilidad objetiva y por culpa. En los primeros el daño será asumido por los causantes del daño, y en los sistemas de responsabilidad subjetiva el daño será asumido por las víctimas. Ante la ausencia de seguros, resultará preferible un sistema de responsabilidad objetiva cuando los causantes de los daños sean neutrales al riesgo o, en general, cuando sean menos adversos al riesgo que sus víctimas, y el sistema de responsabilidad por culpa se preferirá cuando las víctimas resulten menos adversas al riesgo que los causantes de los daños.

3. Supuestos de insolvencia

Una de las ventajas del contrato de seguro de responsabilidad civil se manifiesta en los escenarios de posible insolvencia o solvencia limitada de los causantes de daños *(judgement proof)*[257].

256 SHAVELL, 2004, p. 260; ACCIARRI, BARBERO y CASTELLANO, 2009, pp. 4 y 5.

257 La denominación inglesa «*Judgment Proof*», como explican ACCIARRI, CASTELLANO y BARBERO (2006, pp. 3 y 4), «precisamente, intenta identificar a un tipo especial de personas a quienes su solvencia nula, los convierte en sujetos *a prueba de condenas*, dado que no tendrán en cuenta, al decidir su conducta, la expectativa de una sentencia que los condene a pagar una indemnización. Si no tienen bienes que puedan ser subastados judicialmente para pagar el monto de la condena —y si no pueden sufrir otra consecuencia negativa—, una sentencia que les imponga resarcir, en definitiva, nada incidiría su bienestar. En otras palabras, nada tendrían que perder».

Imaginemos que todos los propietarios y conductores de vehículos tuviesen un patrimonio suficiente para hacer frente a las posibles indemnizaciones provenientes de accidentes de tráfico. El contrato de seguro se tornaría entonces totalmente innecesario (a pesar de que los conductores adversos al riesgo seguirían comprando pólizas de seguros para trasladar el riesgo), pero en la realidad esto no es así, pues, como señala GÓMEZ POMAR, los supuestos de insolvencia afectan en cualquier caso al comportamiento de los conductores[258].

En primer lugar, la insolvencia o la solvencia limitada opera como un límite superior al daño esperado a su cargo, es decir, como un tope a la indemnización que podría esperarse. El conductor entonces se ve inducido a adoptar un nivel de precaución que queda por debajo del que corresponde al daño que verdaderamente pueda derivarse de su actividad: al no hacer frente al coste real de su actividad, su decisión de conducir o no, o del nivel de actividad, siempre será la incorrecta desde el punto de vista del óptimo social.

En segundo lugar, los incentivos al aseguramiento por parte del conductor adverso al riesgo tampoco serán los correctos porque si sus recursos son inferiores al daño que pueda producir, parte de la prima que había de abonar a la compañía aseguradora serviría para pagar la cobertura de una porción de responsabilidad que el conductor, con su limitada solvencia no habría de afrontar. Por debajo de un determinado nivel de solvencia, el conductor optaría por no asegurarse y preferiría asumir el riesgo —limitado por su escasa solvencia— de pagar una indemnización a la víctima.

Y por último ha de destacarse que la insolvencia del responsable del daño incide negativamente sobre las posibilidades de compensación de las víctimas. Cuanto mayor sea el número de personas que realizan una actividad peligrosa y en la medida de que no tengan patrimonio suficiente para responder por los posibles daños causados por su actividad, mayor será el número de víctimas que quedarán sin compensar, convirtiéndose en ilusorio el funcionamiento y la eficiencia del Derecho de daños[259].

A la vista de las consecuencias negativas derivadas de la insolvencia por parte de quienes realizan una actividad generadora de riesgos para otros, como puede ser la actividad de conducir vehículos a motor, podrían adoptarse soluciones que, por ejemplo, estableciesen un umbral de daño por debajo del cual el causante no respondería, y por encima del cual el causante perdería todo su patrimonio[260]. Ahora bien, la solución prácticamente univer-

---

258 GÓMEZ POMAR, 2000b, p. 7.

259 Como apuntan ACCIARRI, CASTELLANO y BARBERO (2006, p. 8), «el sistema de responsabilidad civil muestra sus fallos cuando se admite la posibilidad de que el dañador no posea los activos suficientes para afrontar la indemnización que debe pagar si resulta responsable de un daño».

260 INNES (1999, pp. 181 y ss.) y LEWIS y SAPPINGTON (1999, pp. 275 y ss.) aplican estas solu-

sal adoptada por los sistemas jurídicos es la obligatoriedad de contratación de una póliza de seguros quedando así facultado para realizar esa actividad generadora de riesgos[261].

Aunque el seguro obligatorio de responsabilidad civil no es el remedio perfecto en actividades de riesgo, las ganancias de eficiencia derivadas de la imposición del seguro superan a sus posibles inconvenientes. Entre sus ventajas emerge claramente la eliminación de las ineficiencias del insuficiente aseguramiento de los conductores adversos al riesgo y la reducción de los riesgos de falta de compensación para las víctimas. Y en el lado de los inconvenientes no se ocultan las ineficiencias que suscita el riesgo moral *(moral hazard)*, en especial asociado a la infracompensación de los daños.

Entiendo que el establecimiento obligatorio del seguro de responsabilidad civil para actividades que generen riesgos para terceros, como en el caso de la conducción de vehículos a motor, resulta conveniente al resultar las ventajas superiores a sus inconvenientes[262].

---

ciones teóricas al caso de los daños medioambientales continuados.

261 Gómez Pomar, 2000b, p. 8.

262 Gómez Pomar y Pastor Prieto, 1990, pp. 535.

CAPÍTULO TERCERO

VISIÓN CRÍTICA DE LOS CARACTERES ESTRUCTURALES DEL SISTEMA DE RESPONSABILIDAD CIVIL

I. Introducción

El desequilibrio entre el mundo dogmático o abstracto de las teorías del Derecho y el mundo de las decisiones o de lo practicado en la realidad, pone en evidencia algunas ineficiencias estructurales del sistema de responsabilidad civil. En esta parte del trabajo se pretende evidenciar esa falta de sintonía entre las construcciones intelectuales y las decisiones judiciales, pero sobre todo la dificultad para poner en práctica las ideas teóricas del Derecho de daños. Se observará cómo el sistema de objetivación del sistema subjetivo mediante la elevación del canon de la diligencia exigible y la inversión de la carga de la prueba plantea problemas de delimitación de la responsabilidad subjetiva y objetiva. Igualmente plantea problemas la compensación recíproca e integral de los daños pues en ocasiones lo más eficiente puede consistir en una compensación que no sea exactamente la equivalencia entre los daños sufridos y la indemnización conseguida por la víctima. Y por último se analizarán los problemas que presenta el requisito de la causalidad al convertirse en un elemento necesario, pero no suficiente para la imputación objetiva de un daño.

II. Sistemas de responsabilidad civil

Los sistemas paradigmáticos sobre los que se construye la responsabilidad civil y que de una u otra manera se utilizan en todos los ordenamientos jurídicos occidentales son el sistema subjetivo y el objetivo[263].

263 JANSEN, 2003, p. 2.

1. El sistema subjetivo

En el sistema subjetivo de responsabilidad surge la obligación de reparar cuando la conducta del agente es negligente, recayendo en la víctima la carga de la prueba, sin que sea en principio exigible una diligencia extraordinaria, más allá de la diligencia del hombre medio[264].

La culpa consiste en no prever lo que el estándar de diligencia exigía, por lo que existe culpa si el daño fue previsible[265], y si no fue previsible cabe la exoneración de responsabilidad[266]. A este juicio de previsibilidad le sigue el juicio de evitabilidad. Así, no hay culpa y por tanto no hay responsabilidad cuando no existe la posibilidad de evitar el resultado dañoso, ni tampoco cuando sobre el sujeto recaía un deber de evitarlo mediante la adopción de las medidas necesarias para ello[267].

En el sistema subjetivo una vez desencadenados los hechos que han causado el daño, a los efectos de verificar si se ha cumplido con el estándar de la conducta exigible, los tribunales valoran *ex post* las circunstancias que han rodeado el evento dañoso. Los problemas en la práctica se presentan cuando no se entienden las normas de conducta del mismo modo que las habría entendido un observador razonable, situado en la posición del causante del daño, es decir antes de que los hechos que desencadenarán su aplicación tengan lugar *(ex ante)*. Producido el daño, se tiende a considerar que la probabilidad de que ocurriera es mayor de lo que razonablemente se hubiese considerado antes de que se produjera[268]. Veamos con más detalle esta cuestión.

---

264 Díez-Picazo, 1999, 352 y ss.; Reglero Campos, 2006a, p. 235.

265 Ruda González, 2006, pp. 443 y 444; Díez-Picazo, 1999, p. 361 y ss.

266 SSTS 17 diciembre 2019 (RJ 2019\5140), 23 julio 2008 (RJ 2008\5509) y 18 mayo 1999 (RJ 1999\3352) sobre supuestos de exoneración de responsabilidad en ahogamientos de menores en piscinas; así como STS 8 octubre 1998 (RJ 1998\7559) en un supuesto de atropello de una persona por su grave intoxicación etílica y STS 8 julio 1998 (RJ 1998\5544) en un caso de suicidio de soldado en el botiquín del acuartelamiento.

267 Reglero Campos, 2006a, p. 241.

268 No existe responsabilidad médica si el reproche se realiza exclusivamente sobre la base de una evolución posterior desfavorable, no resultando procedente poner en cuestión el diagnóstico inicial del paciente o la adecuación de un tratamiento médico, porque con ello se infringe la prohibición de regreso que imponen las pautas usuales del razonamiento práctico. En este sentido *vid.* STS 29 enero 2010 (RJ 2010\418) a propósito de un caso basado en la elección de la técnica empleada en el parto (parto vaginal vs. cesárea) y STS 17 noviembre 2008 (RJ 2008\6049) a propósito de un caso basado en el nacimiento de niño con malformaciones no detectadas durante el embarazo.

1.1. La problemática de la diligencia exigible

La adopción del sistema subjetivo de responsabilidad civil plantea un problema nuclear que es el de la fijación precisa de la diligencia exigible, utilizando para ello la valoración de los niveles de precaución o las circunstancias personales de las partes. Y es que, si el sistema subjetivo pivota sobre la culpa entendida como falta de diligencia, para esa fijación resulta trascendental utilizar una valoración de los niveles de diligencia exigible en contraste con los empleados en cada caso.

1.1.1. Los niveles de precaución

La precaución que ha de invertir el sujeto cuando pone en práctica una actividad admite graduaciones y es muy dependiente del juicio de la valoración de quien analiza qué nivel de precaución es exigible. La jurisprudencia del TS español es una buena muestra de la problemática que acarrea esta cuestión. Atendiendo a los niveles de precaución para valorar la diligencia exigible se encuentran pronunciamientos muy diversos y contradictorios. En ocasiones no vacila a la hora de apreciar la infracción del deber de cuidado, en otras no lo tiene tan claro y a veces lo único claro es que hay mucho por discutir.

Así, en unos casos aprecia responsabilidad (es decir, bajo nivel de precaución en el causante del daño) sin concretar cuál era la diligencia exigible y hasta dónde tendría que haber extremado las precauciones. En un caso de desplome de la puerta metálica y de grandes dimensiones del cementerio municipal sobre quien se disponía a pintarla, tras salirse los topes o espárragos de la guía superior de la puerta, el Tribunal Supremo declaró la responsabilidad de la empresa instaladora por entender como causa de lo sucedido su defectuosa instalación[269].

En otros casos al TS no le resulta fácil precisar la infracción del deber de cuidado y lo que hace es conjeturar sobre la posibilidad de haber adoptado más y mejores medidas de precaución. En un supuesto de lesiones a una persona en el metro que fue violentamente empujada por un grupo de personas que intentaban subir al tren, se declaró la responsabilidad de la entidad gestora del servicio público por ser un peligro previsible para el transportista y evitable con la adopción de las oportunas medidas[270]. En cambio, en un caso de lesiones sufridas por quien fue atacado al sacar dinero de cajero automático, se considera que no cabe imputarlas al Banco, en atención al estado en que se encontraba el cerrojo instalado en la puerta de acceso al cajero, sino al desconocido atacante[271].

269 STS 17 octubre 2012 (RJ 2012\9719).

270 STS 3 diciembre 2001 (RJ 2001\9856).

271 STS 1 abril 1997 (RJ 1997\2724).

En un gran número de ocasiones lo único claro es que hay mucho por discutir, pudiendo resultar que quien cause el accidente sea a la vez víctima[272], o que el responsable nada tenga que ver con el accidente que motiva finalmente su responsabilidad[273], o que la víctima cargue con las consecuencias del daño que ella misma sufre[274], o que la imputación de daños no dependa siempre del relato causal[275].

La fijación del nivel de previsibilidad y del grado de diligencia se convierte así en un elemento extremadamente volátil que dificulta la fijación de un nivel de precaución óptimo. Si el demandado se librara de responsabilidad probando que ha cumplido toda la normativa aplicable, desaparecería cualquier incentivo para realizar inversiones adicionales en medidas de precaución que, sin embargo, serían deseables desde un punto económico y de eficiencia de prevención de accidentes.

---

272 STS 31 diciembre 1997 (RJ 1997\9195). En ella se resolvía un fallecimiento de dos menores de edad que jugaban a ver quién aguantaba más sobre la vía del tren cuando se acercaba la locomotora, las instancias condenaron a la compañía ferroviaria —pero no al maquinista— y al Ayuntamiento al pago de una indemnización. El Tribunal Supremo desestimó el recurso de casación interpuesto por la compañía ferroviaria. Consideró que la actividad de los jóvenes, en absoluto justificable, era conocida y debían haberse adoptado todas las medidas necesarias, incluso la detención del convoy a su paso por el pueblo, para evitar daños como los que sucedieron.

273 STS 10 octubre 1998 (RJ 1998\8371): amputación de la mano derecha de un trabajador de una empresa de productos congelados. Se condenó a la enfermera a pagar una indemnización por considerar que no fue del todo diligente y debía responder por la pérdida de las expectativas de reimplantar el miembro amputado. La enfermera acudió al lugar del accidente, cortó la hemorragia e indicó a un compañero del trabajador para que envolviera la mano traumáticamente amputada en hielo natural. El compañero de la víctima mientras llegaba la ambulancia, en la creencia de que lograría una mejor conservación de la mano, introdujo la mano amputada en una caja de corcho blanco *—porexpan—* llena de dióxido de carbono sólido —hielo seco—, de las que utilizaban para el transporte de productos congelados. Cuando la víctima fue ingresada en el centro sanitario los tejidos de la mano amputada estaban destruidos por congelación, no siendo posible practicar el implante, por lo que el trabajador quedó manco.

274 STS 24 mayo 2016 (RJ 2016\2276): afectación de nervio ciático, a resultas de una cesárea, con secuelas que determinaron la incapacidad laboral de la víctima, el Tribunal Supremo consideró que no existía un daño realmente desproporcionado, a pesar de lo indicado en la sentencia de la Audiencia.
STS 17 octubre 2001 (RJ 2001\8639): fallecimiento en el acto de un joven de veintiún años que, practicando descenso por un río *—rafting—*, tras caer de la balsa neumática se golpeó la cabeza con una roca. Tras archivarse las diligencias penales, en el pleito civil las sentencias de las instancias desestimaron la demanda. Igual suerte corrió el demandante en casación. Se trata de un supuesto de culpa exclusiva de la víctima o, en su caso, de concreción de los riesgos asumidos por la propia víctima.

275 STS 14 marzo 2011 (RJ 2011\2771): embarcación que arrolla a un submarinista, a unos 100150 metros de la costa, sufriendo lesiones irreversibles que determinaron su incapacidad permanente. El Tribunal Supremo consideró que se trataba de un supuesto de negligencia bilateral o concurrencia de culpas.

1.1.2. Las circunstancias personales

Junto a los problemas para concretar en cada caso el nivel de precaución, se revela un segundo factor o elemento siempre presente en el funcionamiento de los sistemas de responsabilidad subjetiva y que reviste especial trascendencia: las circunstancias personales concurrentes en el causante del daño para valorar la diligencia exigible. Cuando el causante del daño tenga habilidades y conocimientos especiales y haya de actuar de acuerdo con las reglas propias de su profesión u oficio —*lex artis*—, el nivel de diligencia exigible a este sujeto es superior al estándar medio u ordinario. Hasta tal punto que quien carezca de habilidades y conocimientos especiales deberá abstenerse de realizar cualquier acto para cuyo ejercicio no está preparado de manera suficiente, pues en caso contrario será responsable por falta de diligencia[276].

La edad tiene a este respecto también una consideración especial. La jurisprudencia considera que no es necesario acudir a criterios de responsabilidad por riesgo para fundamentar la responsabilidad del menor y que basta analizar la imputación subjetiva del daño: la edad y los factores psicológicos del menor nos indicarán si podía haber previsto el daño que se podía causar y que finalmente se ha causado[277].

El criterio comúnmente adoptado en cuanto a la valoración de la diligencia exigible y la responsabilidad de los menores de edad es que los menores de siete años —aproximadamente— no son imputables, respondiendo por ellos sus padres o guardadores. Y, además, si el menor está falto de capacidad natural —niño de tres años, por ejemplo—, no hay acción. Si, por el contrario, el menor tiene capacidad natural —y patrimonio con el que responder—, por los daños causados sí podrá ser condenado a pagar una indemnización. En particular, la Ley Orgánica 5/2000 de 12 de enero, reguladora de la responsabilidad penal de los menores, considera penal y civilmente responsables a los menores de edad desde que cumplen los catorce años. Además, la doctrina mayoritaria admite la aplicabilidad del art. 1902 CC al menor civilmente imputable[278].

La concurrencia de especiales circunstancias en la persona aparece en ocasiones no en quien causa el daño sino en quien lo padece. Así, cuando el daño se causa a víctimas potencialmente vulnerables o propensas a sufrir un daño[279]. Entonces los propios principios estructurales del sistema subjetivo

---

276 STS 10 diciembre 2010 (RJ 2011\137).

277 Así lo afirma la STS 8 marzo 2002 (RJ 2002\1912).

278 *Vid.* sobre el particular, GÓMEZ CALLE, 2006a, p. 480.

279 SAP Toledo 20 mayo 2005 (JUR 2005\137706): un enfermo sufrió una fractura de húmero al ser bajado de una ambulancia para su ingreso en un hospital y la Audiencia sostuvo que la patología previa del hombre —con deterioro de toda la trama ósea del húmero derivado de un proceso metastático— era precisamente «la que justifica(ba) la adopción de unas

exigen al causante del daño un mayor nivel de precaución para evitar el daño. Si para calcular el rigor de la diligencia exigible o deber de precaución no se tienen en cuenta las circunstancias personales de la población más frágil, los incentivos para comportarse adecuadamente no alcanzarán el grado óptimo deseable[280].

1.2. Los estándares de conducta exigibles

Tal como está diseñado y estructurado el actual Derecho de daños, su función es esencialmente compensatoria y por ello el declarado como responsable del daño tiene que pagar una indemnización equivalente a una estimación razonable de todos los daños causados, con independencia de los costes que ese sistema puede provocar y de los beneficios sociales que reporta. En cambio, si se entiende que el papel que el Derecho de daños está llamado a cumplir es más bien preventivo y que su función es anticipatoria para adelantarse a la producción del daño de manera eficiente, resulta más fácil defender una concepción en virtud de la cual la indemnización tenga en consideración los costes y beneficios sociales, pues los daños pueden prevenirse haciendo pagar un precio a quién los causa —un precio que internalice todos los costes que genere su actividad—, o aplicando una sanción[281].

No parece que pueda haber duda acerca de que el objetivo principal del Derecho de daños ha de ser minimizar los costes de los accidentes[282], de ahí que la precaución exigible ha de ser evaluable con relación al riesgo que el agente o causante del daño ha generado[283].

---

especiales medidas de cuidado a la hora de realizar las operaciones de acceso, traslado y descenso de los enfermos de la ambulancia, especialmente si ello determina la necesidad de ayudar al mismo en el momento de descender de la ambulancia, limitándose el enfermo a ser un sujeto pasivo de la acción determinante del daño».

280 Gómez Calle, 2015, pp. 1199 y ss.

281 Para una discusión sobre las diferencias entre precios y sanciones véase el Capítulo 1 de Cooter y Porat (2014), *Getting Incentives Rights: Improving torts, Contract and Restitution*; para una concepción del Derecho de daños ajena al concepto de sanción ver Pantaleón Prieto (1993), Comentario al art. 1902 CC; y para las concepciones dominantes que tienden a construir la responsabilidad civil a partir de la idea de que los supuestos de responsabilidad incluyen la antijuridicidad de la conducta del demandado, salvo en los casos de responsabilidad objetiva, *vid.* Reglero Campos (2006e, pp. 71 a 75).

282 Salvador Coderch y Gómez Ligüerre, 2005, p. 3.

283 STS 10 diciembre 2004 (RJ 2004\8123): persona que intenta socorrer a otra que se estaba ahogando en la playa en una zona alejada de la de uso habitual de los bañistas, sin que existiera en las cercanías miembros del servicio de socorristas municipales, cuando el mar estaba picado. A pesar de que una lancha zódiac de socorristas acudió a rescatarles, ambos fallecieron. El Tribunal Supremo consideró que la actuación de la víctima había sido negligente, pues no tuvo en consideración el mal estado del mar, y que, en cambio, la conducta del equipo de salvamento fue adecuada. Obviando la posible responsabilidad de la persona a quien se intentó salvar, la cuestión radica en determinar si los servicios

Para determinar hasta donde debe alcanzar la diligencia debida y para determinar el grado de previsibilidad del daño, los tribunales acuden al estándar del buen padre de familia[284], o al criterio anglosajón del hombre *razonable y prudente*[285].

La metodología que en la práctica utilizan los Tribunales para verificar esos estándares de conducta exigibles y, en su caso, establecer la eventual responsabilidad, no es otra que ponderar los elementos que intervienen bajo el prisma de la eficiencia económica. Los elementos para ponderar son el daño, la probabilidad y el gasto de previsión. El daño previsto indicaría la naturaleza y el valor del interés de que se trate, así como la peligrosidad de la actividad. La probabilidad de que el daño ocurra explora la pericia exigible a la persona que lleva a cabo la actividad. Y, el gasto de previsión o prevención vendría determinado por el coste de las medidas de precaución[286].

Todas estas ideas es posible expresarlas bajo una fórmula matemática que signifique la operación intelectual que llevan a cabo los tribunales al decretar la responsabilidad del agente. La traducción o expresión matemática consiste en afirmar que se actuará de manera negligente cuando el «gasto de previsión» (V) es menor que el «daño previsto» (S), teniendo en consideración la «probabilidad de que el daño ocurra» (q). O, dicho de otra manera, surgirá la responsabilidad cuando se cumple la condición $V<Sxq$. Y considerarán que se ha actuado de manera diligente cuando el «gasto de previsión» (V) es superior que el «daño previsto» (S), teniendo en consideración la «probabili-

---

municipales de vigilancia de playas y salvamento incumplieron, por omisión, el deber de interrumpir el curso causal anteriormente mencionado. La Administración no incumplió su deber de protección y salvamento, pues no tiene la obligación de prever todo tipo de accidentes ni de proveer servicios de salvamento de forma que se reduzca el número de accidentes hasta cero, incluyendo los gravemente negligentes. Según el TS, la actuación de los servicios de salvamento fue «lógica y correcta», pues «no se puede exigir que haya una abundancia tal de socorristas que puedan actuar de inmediato».

284 STS 14 marzo 2001 (RJ 2001\5977), STSJ Galicia 29 julio 2016 (AS 2017\229), SAP Almería 11 julio 2003 (AC 2003\1378) y SAP Madrid 27 marzo 2018 (AC 2018\803).

285 Concepción Rodríguez, 2009, p. 68; Tomás Martínez, 2015, p. 66 y ss.

286 En un caso de una caída, utilizando el criterio de la «relación de proximidad o especial confianza», la STS 17 julio 2007 (RJ 2007\4895) consideró que quien recibía en su casa como anfitrión a unos amigos que iban a cenar no había sido negligente por el hecho de que uno de ellos, que habían entrado en la casa como en casa propia, cayó al pisar un objeto —un pequeño juguete con ruedas— que había en el suelo de un pasillo oscuro (*vid.* Salvador Coderch y Ramos González, 2008, pp. 4 y 5). En otro caso de daños causados por la explosión producida por las emisiones de gas de un producto químico altamente peligroso, utilizado de forma masiva para fumigar una vivienda, se estimó que el demandado no había sido suficientemente diligente, empleó el criterio del «conocimiento de la peligrosidad del producto», STS 21 noviembre 2008 (RJ 2009\144). Y en un supuesto de atropello en el metro, al entrar en el hueco existente entre dos vagones cayendo a las vías, el TS nos recuerda que la diligencia del que actúa debe ser adaptada a la naturaleza de la actividad que realiza, STS 5 noviembre 2014 (RJ 2014\5672).

dad de que el daño ocurra» (q). O lo que es lo mismo, no surgirá la responsabilidad cuando se cumpla la condición V>Sxq. En definitiva, para no incurrir en responsabilidad se hace necesario optimizar el gasto de prevención, que se producirá cuando el «gasto de previsión» (V) es igual que el «daño previsto» (S), teniendo en consideración la «probabilidad de que el daño ocurra» (q). O lo que es lo mismo, la optimización se producirá cuando se cumpla la condición indicada[287].

V=Sxq

Gasto de previsión = Daño previsto x Probabilidad

2. El sistema objetivo

El sistema de responsabilidad objetiva en España viene marcado por su introducción legal en el sector de la navegación aérea[288], expandiéndose luego a otros sectores de actividad[289]. La Ley de Navegación Aérea acepta el sistema de responsabilidad objetiva para la indemnización del daño, pero establece indemnizaciones tasadas al fijar unos límites cuantitativos máximos por accidente y aeronave dentro de los cuales la responsabilidad se hace efectiva[290].

En el sistema objetivo de responsabilidad el causante del daño, pese a que se haya comportado de manera diligente, no incurriendo en ningún género de culpa o negligencia, ha de responder por los daños causados por su actividad. El carácter objetivo de la responsabilidad se aprecia en actividades generadoras de riesgos extraordinarios, y que un comportamiento diligente del agente tampoco habría podido evitar. Ante esta falta de imputación subjetiva al sujeto, el sistema de responsabilidad se denomina objetivo, si bien algunas normas lo denominen por riesgo[291], revelando que el causante no responde por un comportamiento negligente o culposo sino por el mero riesgo de causar un daño con la actividad que desarrolla, a pesar de que se haya comportado de manera diligente[292]. En otras ocasiones el carácter objetivo de la responsabilidad se observa cuando los criterios tradicionales de

287 Schäfer y Ott, 1991, p. 110.

288 Así, en el art. 120 Ley 48/1960, de 21 de julio, sobre Navegación Aérea se estableció que «la razón de indemnizar tiene su base objetiva en el accidente o daño y procederá, hasta los límites de responsabilidad que en este capítulo se establecen, en cualquier supuesto, incluso en el de accidente fortuito y aun cuando el transportista, operador o sus empleados justifiquen que obraron con la debida diligencia».

289 Sobre la adopción del sistema objetivo de responsabilidad, *vid*. Álvarez Olalla, 2021, p. 29.

290 Díez-Picazo, 1999, pp. 133 y ss.

291 Art. 1,1 del TRLSRCSVM «*el conductor de vehículos a motor es responsable, en virtud del riesgo creado por la conducción...*».

292 Álvarez Olalla, 2021, pp. 28 y 29.

culpa o negligencia son explícitamente negados[293] o cuando resultan ausentes en la normativa[294], así como cuando se afirma expresamente el carácter objetivo de la responsabilidad[295].

La aparición de nuevos riesgos en entornos cada vez más tecnológicos e industriales puso en evidencia la regla de la responsabilidad por culpa[296], por no resultar la más eficaz para analizar conductas que aun siendo lícitas entrañan un peligro[297]. Se trata de actividades que son beneficiosas para el desarrollo de la sociedad, fuente de riqueza y de servicios, pero al mismo tiempo son generadoras de riesgos[298] —centrales nucleares, minería, navegación aérea, petroquímicas...[299]—, por lo que su puesta en funcionamiento debe someterse a control para reducir el riesgo a lo mínimo indispensable, y de esta manera resulten aceptables[300]. Por todo ello, en estos ámbitos frente a la regla de la responsabilidad subjetiva por culpa o negligencia, surgió la regla de la responsabilidad objetiva[301]: quien causa un daño es el responsable, con independencia de que haya tenido o no culpa en su producción, al haber realizado una actividad apta para producir un riesgo[302].

A diferencia de lo que sucede en el sistema de responsabilidad subjetiva en el que «sin culpa no hay responsabilidad», en el sistema objetivo se precisa la verificación de criterios específicos como el riesgo extraordinario y el juicio de previsibilidad para justificar la imputación de responsabilidad[303].

---

293 Por ejemplo, art. 3,1 Ley 26/2007, de 23 de octubre, de responsabilidad medioambiental: «*...aunque no exista dolo, culpa o negligencia*».

294 Art. 106,2 CE: consagra el principio de responsabilidad de la Administración por el «*funcionamiento de los servicios públicos*», que debe responder de sus actos, siempre que lesione el interés de alguien, exceptuándose los casos de fuerza mayor.

295 Art. 45 Ley 25/1964, de 29 de abril, sobre Energía Nuclear: «*Esta responsabilidad será objetiva*».

296 European Group on Tort Law (2008). *Principios de Derecho europeo de la responsabilidad civil*. En M. Martín Casals (Coord.). Cizur Menor: Thomson Aranzadi, p. 106.

297 Papayannis, 2012, p. 701.

298 Reglero Campos, 2006a, p. 225.

299 Recuérdese la fuerte explosión en la empresa Industrias Químicas del Óxido de Etileno (IQOXE) del polígono petroquímico sur, en La Canonja, Tarragona, la tarde del martes 14 de enero de 2020, que se saldó con tres fallecidos y siete heridos, dos de ellos graves, a pesar de la inspección anual realizada por una empresa homologada, y contar con los certificados pertinentes.

300 Álvarez Olalla, 2021, p. 28; Santos Briz, 1993, p. 555.

301 Reglero Campos, 2006a, p. 220.

302 Ángel Yágüez, 1988, p. 31.

303 En relación con el fundamento de la responsabilidad objetiva, *vid*. Basozabal Arrue, 2015, pp. 55 y ss.

2.1. El riesgo extraordinario

El riesgo generado por una fuente de peligro que causa el daño debe ser extraordinario respecto del que normalmente supone para un observador medio cualquier otra actividad[304]. Son actividades anormalmente peligrosas las que comportan una probabilidad de que la magnitud del daño sea catastrófica —p. ej., navegación aérea— o una probabilidad significativamente elevada de que el daño se produzca —p. ej., circulación de vehículos a motor—, o ante la falta de conocimiento de un riesgo potencial que *a priori* no quepa excluir —p. ej., manipulación genética[305]—.

Lo que realmente caracteriza la responsabilidad objetiva no es una consideración indeterminada del riesgo extraordinario de una fuente de peligro, sino que el presunto responsable no pudo evitar la causación de los daños a pesar de haber adoptado toda la diligencia exigible imaginable. Para resarcir a las víctimas que no se expusieron voluntariamente al riesgo de estos daños causados «sin culpa» se hace necesario un criterio de imputación que no requiera de la culpa. El titular de una fuente de peligro extraordinario, en la medida en que la explota y domina, es quien está en condiciones de decidir si desarrolla la actividad y asume los eventuales daños que cause dentro del ámbito de riesgo que le es propio[306].

Que el sistema de responsabilidad objetiva no dependa del requisito de la culpa no significa que sea una responsabilidad por mera causación, o de un mero reparto social de ciertos riesgos: es una responsabilidad personal imputable a un comportamiento libre, el de quien decide servirse de una fuente de riesgo para poner en marcha una actividad y obtener así una ganancia, y que en el desarrollo de dicha actividad causa un daño, quizá a pesar de haberla llevado a cabo diligentemente[307]. Esto resulta esencial para justificar que, si no es la víctima quien debe soportar el daño, lo sea un sujeto privado y no el Estado, dentro de la cobertura social de los daños accidentales que éste pueda prestar[308]. Con todo, se trata de un razonamiento que no tiene el mismo poder de persuasión que el de la culpa para fundamentar la responsabilidad en el sistema subjetivo, en el cual hay un juicio de desvalor sobre

304 MARTÍN CASALS y RIBOT IGUALADA, 2003, p. 830.

305 En este sentido indica BASOZABAL ARRUE (2015, p. 55) que «a diferencia de lo que ocurre con la responsabilidad por culpa, donde es siempre el juicio de negligencia —con su flexibilidad— el que protagoniza el fundamento de la imputación subjetiva, constituyéndose en auténtico *requisito o presupuesto* de la pretensión resarcitoria, en la responsabilidad objetiva suele admitirse que no existe un único argumento o principio que la justifique, sino un conjunto de criterios que, al combinarse, avalan el reconocimiento legal —en su caso, también jurisprudencial— de este tipo de responsabilidad».

306 *Ibidem*, 2015, pp. 56 y 57; REGLERO CAMPOS, 2006a, p. 221.

307 REGLERO CAMPOS, 2006a, pp. 223 a 226.

308 *Ibidem*, 2006a, p. 220.

la conducta del responsable, a diferencia del riesgo que en muchos aspectos ese mismo riesgo debe considerarse incluso deseable[309].

2.2. El juicio de previsibilidad

En los ámbitos en los que se aplica el criterio objetivo de imputación se prescinde del juicio de previsibilidad porque, aunque el comportamiento del demandado haya sido totalmente diligente, responderá del daño derivado de su actividad, a no ser que medie un curso causal que excluya la imputación objetiva[310].

El criterio de responsabilidad objetiva se refiere a actividades de riesgo en las cuales la adopción de medidas de precaución razonablemente exigibles no es suficiente para evitar la causación de daños importantes o frecuentes. Pero que un riesgo se considere extraordinario no es suficiente para justificar el sistema de responsabilidad objetiva, sino que además se precisa que la culpa no funcione correctamente como criterio de imputación, dejando a las víctimas sin resarcimiento por los daños sufridos[311].

La responsabilidad objetiva, al trasladar los daños a quien los ha causado —a pesar de haberse adoptado las medidas de diligencia exigible— resulta ser el régimen de responsabilidad adecuado para actividades en las que existe una cierta probabilidad de causar daños considerables a pesar de haberse observado las medidas de cuidado razonablemente exigibles[312]. La responsabilidad objetiva exige al titular de la fuente de riesgo una decisión sobre las medidas de prevención que está razonablemente dispuesto a invertir, así como una decisión sobre el nivel de actividad que estará dispuesto a desarrollar sabiendo que deberá hacer frente a los daños que resulten causados por dicha actividad, provengan o no de un comportamiento objetivamente negligente[313].

Un control eficiente sobre el nivel de actividad de la fuente de riesgo es un aspecto que merece ser destacado en todo sistema de responsabilidad objetiva. A ello se suma que en este sistema no puede prescindirse de la verificación de la concurrencia de culpa de la víctima. Todos estos inconvenientes generan mayores costes de transacción y sólo son asumibles si son compensados con la optimización del nivel de actividad que crea el riesgo, resultando principalmente conveniente en los casos en que el cumplimiento

---

309 Álvarez Olalla, 2021, p. 28; Basozabal Arrue, 2015, p. 57.

310 El juicio de previsibilidad en los sistemas objetivos de responsabilidad y en las actividades de riesgo, *vid.* Reglero Campos, 2006a, p. 242.

311 Acerca de la inoperancia del juico de negligencia, *vid.* Basozabal Arrue, 2015, p. 57.

312 Reglero Campos, 2006a, p. 242.

313 Schäfer y Ott, 1991, pp. 119 a 123; Shavell, 1987, pp. 21 y ss.

de las medidas de seguridad no resulta bastante para evitar el daño. Cuando se trata de fuentes de riesgo en las que el comportamiento diligente es suficiente para sortear el daño, no tiene sentido restringir el nivel de actividad[314].

3. El sistema de objetivación del sistema subjetivo

A principios del siglo XX ante la incapacidad del sistema de responsabilidad subjetivo previsto en el Código Civil para dar respuesta a la aparición de daños hasta entonces insospechados, la jurisprudencia inició un camino corrector del sistema subjetivo previsto en el Código Civil encaminado a combinarlo con las corrientes favorables a los criterios objetivos[315], con la finalidad de primar la reparación a la víctima. Lo relevante ya no es la antijuricidad —a veces inexistente— de la conducta que causa el daño, sino la injusticia del daño mismo. Se pasa de afirmar que no hay responsabilidad si no existe culpa a aseverar que todo daño debe ser reparado.

3.1. La elevación del canon de la diligencia exigible

En un principio el sistema objetivo se formuló como una «adaptación» del sistema subjetivo a la nueva realidad económica utilizando como fórmula de encaje entre los criterios objetivos y subjetivos la que se formulaba bajo la idea de que «cumplir con la normativa no es prueba suficiente para la exención de responsabilidad por culpa»[316]. Uno de los primeros supuestos en que se recurrió a este tipo de herramientas objetivadoras es un caso en el que se produjo la combustión de una película virgen almacenada en unos laboratorios cinematográficos que produjo una explosión seguida de un

---

314 Sin embargo, indica Basozabal Arrue (2015, pp. 58 y 59), «existen escenarios en los que no ocurre así: como todo conductor sabe, los accidentes de tráfico no pueden evitarse por mucho que se cumplan todas las normas de tráfico y se procure poner el cuidado debido; desde esta perspectiva, el conductor que conduce mucho, aunque lo haga diligentemente, causa a la larga más accidentes (daños accidentales) que el que conduce poco en iguales condiciones. Si se desea controlar el *volumen de conducción* será más eficaz una responsabilidad que no dependa del nivel de diligencia que se adopte».

315 Díez-Picazo, 1999, pp. 108 y 118.

316 STS 29 junio 1932 (MP Miguel Hernández). Versa sobre los daños causados por las chispas desprendidas por una locomotora que al caer produjeron el incendio de hierbas y maleza seca. Nos indica, en síntesis, que las Compañías de Ferrocarriles, cuando los accidentes o siniestros se producen, «no pueden excusar su responsabilidad con el hecho de haber cumplido formulariamente todos los requisitos reglamentarios a que vienen obligados», conforme se resolvió en la sentencia de 13 de febrero de 1928, pues cuando la realidad se impone, demostrando que las medidas tomadas para precaver y evitar los daños previsibles y evitables, no han ofrecido positivo resultado, claramente acredita la imperfección y negligencia que presidieron a su adopción, dando lugar a los daños cuya reparación es de absoluta necesidad por ineludible imperativo de justicia.

incendio que se propagó a la finca contigua, destruyendo una vivienda y una clínica. No se conocían con exactitud las causas que habían podido producir el incendio, y no se había detectado culpa en la conducta de la demandada. El Tribunal Supremo, sin apartarse de los principios de la teoría de la culpa, estableció una serie de premisas para otorgar la indemnización. Un incendio en un almacén de películas de cuya composición forma parte la nitrocelulosa —señalaba el TS—, «es siempre un caso previsible y esa normal previsibilidad impone una especial diligencia en la adecuación de las instalaciones. El deber de diligencia impone no sólo la observancia de las medidas estandarizadas, sino también que se agoten o apuren las medidas de todo tipo necesarias para prevenir o evitar el daño y sus ulteriores consecuencias»[317].

Esta línea jurisprudencial de objetivación de la responsabilidad mediante la exigencia de una diligencia específica más alta que la administrativamente reglada, considera que la simple observancia de las disposiciones administrativas no bastan para exonerar de responsabilidad a la persona que causó el daño, cuando las garantías para prever y evitar los daños —previsibles y evitables— no han ofrecido resultado positivo, revelando la ineficacia del fin perseguido y la insuficiencia del cuidado prestado. La elevación del canon de la diligencia exigible hasta llegar a «agotarlo», es una manera de establecer que es de imposible cumplimiento[318].

Si bien la jurisprudencia permanece teóricamente fiel a la doctrina de la culpa, considerando a ésta el elemento justificativo de la responsabilidad civil (al menos en los supuestos puros de responsabilidad por actos propios), las soluciones prácticas que se perciben en los fallos —es decir, la forma en que realmente se interpretan los hechos en las sentencias—, evidencian una tendencia a favor de las víctimas a costa de un innegable oscurecimiento del elemento «culpa» puro. Se identifica la diligencia no con un cuidado normal, sino con una exquisita prevención de todos los posibles efectos de cada acto y de cada movimiento. No es bastante el cumplimiento de los reglamentos y demás disposiciones legales que obligan a la adopción de garantías para prevenir y evitar los daños, pues si estas medidas no han ofrecido resultado positivo —porque el daño se ha producido— se revela y patentiza su insuficiencia y que faltaba algo que prevenir, no hallándose completa la diligencia[319].

---

317 STS 30 junio 1959 (RJ 1959\2944) y Díez-Picazo, 1999, pp. 118 y 119.

318 Cavanillas Múgica, 1987, pp. 60 y ss.

319 En este sentido, SSTS 12 febrero 1981 (RJ 1981\530), explotación de cantera en una finca lindante; 29 septiembre 2005 (RJ 2005\7155), encierro de reses bravas; 12 abril 2002 (RJ 2002\2607), colisión de vehículo contra animales en autovía sin vallado que impidiera el acceso a la misma; 1 octubre 2003 (RJ 2003\6206), fallecimiento de picador por un desprendimiento de carbón en el interior de la mina; 9 febrero 1996 (RJ 1996\953), muerte ocasionada por cable de tendido que no guardaba la altura mínima exigible; 24 diciembre 1992 (RJ 1992\10656), accidente ferroviario; 31 octubre 1988 (RJ 1988\7781), tendido eléctrico de alta tensión y 9 mayo 1986 (RJ 1986\2675), accidente laboral.

3.2. La inversión de la carga de la prueba

A partir de los años ochenta esta tendencia objetivadora se fue construyendo mediante la utilización de la herramienta procesal de la inversión de la carga de la prueba. A través de ella, se dispensa al perjudicado del esfuerzo probatorio y se le obliga al causante del accidente a demostrar que no ha concurrido una causa de exoneración en la que pueda ampararse[320]. La inversión de la carga de la prueba pasó de ser una presunción judicial para comportarse como una auténtica presunción legal. La mera producción del accidente justificaría una suerte de presunción *iuris et de iure*, o ficción de negligencia, no siendo precisa ninguna circunstancia fáctica en que apoyarse[321].

Con la inversión de la carga de la prueba corresponde al agente causante del daño demostrar que con su conducta no ha contribuido a la causación del daño, así como que ha actuado con la diligencia requerida, que comprende no sólo las prevenciones y cuidados reglamentarios, sino además todos aquellos que la técnica y la prudencia impongan para evitar el evento dañoso. El principio de la responsabilidad por culpa se sigue aplicando pero acentuando el rigor en la diligencia requerida según las circunstancias del caso, exigiendo demostrar al extremo que fue empleada la prudencia precisa para evitar el daño, estableciéndose la presunción de que ha existido conducta culposa en tanto no se demuestre cumplidamente lo contrario por el agente causante del daño, sobre el que pesa la prueba de la causa de exoneración, sin que baste señalar que no aparece acreditada la culpa[322].

Mediante este mecanismo la jurisprudencia ha venido evolucionando hacia un sistema que, sin hacer plena abstracción del factor moral o psicológico, acepta soluciones cuasiobjetivas, demandadas por el incremento de las actividades peligrosas propias del desarrollo tecnológico y por el principio de ponerse a cargo de quien obtiene el beneficio o provecho la indemnización del quebranto sufrido por el tercero[323]. El Tribunal Supremo ha señalado que

---

320 Sobre el particular, vid recientemente Álvarez Olalla, 2021, p. 29.
STS 10 julio 1943 (RJ 1943\856). Atropello de ciclista: Obligación del conductor infractor de moderar la marcha en las proximidades de curvas y en los cruces de caminos con visibilidad nula (téngase en cuenta que aún no estaba en vigor normativa especial alguna en materia de accidentes de automóviles).

321 Díez-Picazo, 2011, pp. 127 y 128.

322 En este sentido, SSTS 26 marzo 1990 (RJ 1990\1731), atropello de peatón en accidente de circulación; 6 febrero 2003 (RJ 2003\1075), caída en la escalera de un establecimiento hotelero; 9 junio 1989 (RJ 1989\4415), fallecimiento por accidente de trabajo; 30 marzo 2006 (RJ 2006\1869), caída en restaurante de un cliente; 9 marzo 1984 (RJ 1984\1207), daños causados por un camión y 1 octubre 1985 (RJ 1985\4566), supuesto de accidente de circulación.

323 Indican Díez-Picazo Giménez y Arana de la Fuente (2009, p. 23) que en materia de responsabilidad civil por culpa extracontractual rige un sistema objetivo con inversión de la

la objetivación de la responsabilidad extracontractual se ha hecho moderadamente sin excluir el clásico principio de la responsabilidad por culpa ni erigir el riesgo en fundamento único de la obligación de resarcir[324].

4. Los problemas de delimitación de la responsabilidad subjetiva y objetiva

En la jurisprudencia encontramos resoluciones en las que para atribuir la responsabilidad del daño se realizan interpretaciones de la norma con la finalidad de ofrecer soluciones eficientes al caso concreto a enjuiciar. En ellas se pone de manifiesto cómo se priman criterios de eficiencia económica por encima de la discordancia entre las reglas o criterios jurídicos realmente aplicados y los que se dice aplicar. En ocasiones se resuelve con arreglo al criterio de la culpa enmascarándolo con el nexo causal, a pesar de que la normativa aplicable al supuesto establece la responsabilidad objetiva como ocurre en el caso de la responsabilidad de la Administración. Lo que en realidad es un problema de negligencia se nos presenta como un problema de causalidad[325].

Esta discordancia entre la teoría empleada por los tribunales en sus razonamientos jurídicos y el contenido real de sus decisiones resulta especialmente significativa en algunos ámbitos de la responsabilidad patrimonial de la Administración: los casos de daños sufridos por servidores públicos, de daños producidos en el ámbito médico sanitario y en el ámbito de daños en centros penitenciarios.

---

carga de la prueba, al entender que *la acción u omisión determinante del daño se presume siempre culposa, a no ser que el agente que genera el riesgo demuestre lo contrario*.

324 En este sentido, SSTS 15 marzo 2021 (RJ 2021\1641), daños derivados de inmisiones ilícitas; 17 diciembre 2019 (RJ 2019\5140), ahogamiento de menor en piscina; 16 noviembre 2016 (RJ 2006\8128), muerte de trabajador de brigada contra incendios al engancharse con el cable de media tensión roto con corriente; 29 noviembre 2006 (RJ 2006\9133), lesiones producidas al bajar las escaleras y tirarse desde el tren en marcha; 17 octubre 2001 (RJ 2001\8642), caída al descargar remolque de uvas en la cooperativa demandada; 28 abril 1997 (RJ 1997\3408), cliente de un hotel lesionada al tropezar y caer por las escaleras; 22 febrero 2007 (RJ 2007\1520), lesiones por caída de un cliente en el mercado al resbalar y 29 marzo 1983 (RJ 1983\1652), supuesto de ruina de un edificio.
También se pueden consultar las SSAP Vizcaya 22 octubre 2020 (JUR 2021\64650), lesiones padecidas por un menor cuando procedía junto con sus padres a elegir la comida en el establecimiento de comida buffet; Las Palmas 19 mayo 2010 (JUR 2011\9844), daños producidos en máquina de obra propiedad del actor que fue dañada en la operación de descarga del camión de los demandados al romperse el cable de sustentación; Alicante 27 enero 2010 (AC 2010\854), daños causados a camión mientras era descargado con un manipulador telescópico arrendado; Valencia 8 julio 2006 (JUR 2006\252660), lesiones sufridas en operación de descarga de hormigonera.

325 Doménech Pascual, 2019, pp. 22 a 24.

4.1. En el ámbito de los daños sufridos por servidores públicos

En las hipótesis de daños sufridos por servidores públicos en el ejercicio de sus respectivas funciones, y en especial en los supuestos en que tales funciones entrañen un especial riesgo, la valoración del funcionamiento del servicio público de la Administración resulta decisiva a efectos de determinar el carácter antijurídico del daño. Así, el daño resultante ha de ser soportado por el servidor público que en el ejercicio de sus funciones sufre el daño, ante la falta de elemento causal determinante del nacimiento de responsabilidad de la Administración[326].

Si bien el punto de partida para la justificación del daño es la calificación del funcionamiento normal del servicio público prestado por la Administración para que la víctima tenga el deber de soportarlo, dada la relación de especial sujeción existente entre el servidor público y la Administración, en ciertos casos, también se tiene en consideración la conducta de la víctima como elemento determinante de la juridicidad del daño. Cuando de manera previa y voluntaria el empleado público —potencial víctima de los daños— ha adoptado un determinado posicionamiento frente a la actividad o servicio de la Administración, su conducta es indicativa de la asunción de determinados riesgos y, en consecuencia, caso de materializarse los riesgos asumidos en un resultado lesivo, la normalidad del funcionamiento del servicio determinará la falta de concurrencia del requisito de la antijuridicidad del daño y, por tanto, el deber de soportar el daño por la víctima[327].

La normalidad del funcionamiento de los servicios públicos de la Administración determina de esta forma la inexistencia de antijuridicidad alguna predicable del daño, sin que sea posible declarar, en consecuencia, la responsabilidad patrimonial de la Administración. Por el contrario, la anormalidad en el funcionamiento de los servicios públicos de la Administración determina la calificación del daño como antijurídico, pudiéndose declarar, en consecuencia, la responsabilidad patrimonial de la Administración. No obstante, además de la antijuricidad del daño, la imputación del daño a la Administración exigirá la existencia de nexo causal[328]. En consecuencia, caso de que

---

326 STS 18 marzo 2009 (RJ 2009\2287), accidente de moto de un miembro de las Fuerzas y Cuerpos de Seguridad. Y, en el mismo sentido, STS 5 abril 2011 (RJ 2011\3487), lesiones sufridas por Guardia Civil por lesiones sufridas de forma accidental tras accidente de circulación; STS 16 junio 2010 (RJ 2010\5717), lesiones consecuencia de un salto en paracaídas por personal de la Administración en acto de servicio y STS 1 febrero 2003 (RJ 2003\2358), lesiones sufridas por artificiero en la desactivación de un explosivo.

327 Así, la STS 16 abril 2007 (RJ 2007\3154), en un supuesto de lesiones sufridas por un funcionario del Cuerpo de Bomberos y Salvamento como consecuencia de una caída mientras participaba en una operación de salvamento en montaña.

328 STS 23 abril 2008 (RJ 2008\2730) en un caso sobre posible responsabilidad administrativa por los daños sufridos por un bombero indica que «en caso de funcionamiento anor-

resulte verificada la anormalidad del funcionamiento de la Administración y, además, se verifique que dicha anormalidad no se debe a conducta alguna del perjudicado, procederá la declaración de la responsabilidad patrimonial de la Administración[329].

4.2. En el ámbito médico sanitario

Con base en la especial configuración del servicio médico sanitario como prestador de medios y no de resultados[330], si tras una información adecuada de los riesgos de una intervención se otorga el consentimiento, y la misma se efectúa conforme a la *lex artis*, el paciente tiene el deber jurídico de soportar los daños ocasionados —excluyendo la antijuricidad—, exonerando de responsabilidad a la Administración pública[331].

La normalidad o anormalidad del funcionamiento del servicio médico sanitario se traduce aquí en el análisis de la observancia de la *lex artis ad hoc*[332],

---

mal del servicio público, se debe discernir si la deficiencia o normalidad es consecuencia exclusivamente de la propia actuación del servidor o funcionario público, en cuyo caso su misma conducta sería la única causante del daño o perjuicio sufrido, con lo que faltaría el requisito del nexo causal, requerido (...) para que nazca la responsabilidad patrimonial de la Administración, o si la deficiencia o anormalidad del servicio obedece a otros agentes, con o sin la concurrencia de la conducta del propio perjudicado».

329 STS 1 febrero 2003 (RJ 2003\2358), en un caso sobre posible responsabilidad por los daños ocasionados a un artificiero del Grupo de desactivación de explosivos de la Guardia Civil por la explosión prematura de un artefacto explosivo cuando lo estaba desactivando en un ejercicio de prácticas de su especialidad, afirma en este caso que «*no se infiere que el perjudicado cooperase al funcionamiento anormal del servicio* ni menos que su actuación fuese la causa determinante de sus manifiestas deficiencias, *por lo que no existe para* él *un deber jurídico de soportar el perjuicio sufrido causado exclusivamente por ese anormal funcionamiento del servicio público*, en el que ninguna participación tuvo aquel, y, en consecuencia, debe ser indemnizado de todos los daños y perjuicios inferidos por el título de responsabilidad patrimonial de la Administración».

330 En este sentido la STS 9 octubre 2012 (RJ 2012\10198) señala que «frente al principio de responsabilidad objetiva interpretado radicalmente y que convertiría a la Administración sanitaria en aseguradora del resultado positivo y, en definitiva, obligada a curar todos las dolencias, la responsabilidad de la Administración sanitaria constituye la lógica consecuencia que caracteriza al *servicio público sanitario como prestador de medios, pero, en ningún caso, garantizador de resultados*, en el sentido de que es exigible a la Administración sanitaria la aportación de todos los medios que la ciencia en el momento actual pone razonablemente a disposición de la medicina para la prestación de un servicio adecuado a los estándares habituales».
También pueden consultarse SSTS 25 de febrero de 2009 (RJ 2009\2094), 20 junio 2007 (RJ 2007\3747) y 11 julio 2007 (RJ 2007\6698).

331 Esta cuestión es tratada entre otros por Cueto Pérez, 1997, pp. 353 y ss.; Guerrero Zaplana, 2004, pp. 120 y ss.; Mir Puigpelat, 2008, pp. 629 y ss.

332 Hurtado Martínez, 2001, pp. 307 y 308.

y del empleo de técnicas correctas de acuerdo con el estado de la ciencia[333]. Por ello no resulta suficiente la existencia de una lesión, sino que es preciso acudir al criterio de la *lex artis* como modo de determinar cuál es la actuación médica correcta, ya que no le es posible ni a la ciencia ni a la Administración garantizar, en todo caso, la sanidad o la salud del paciente[334].

Cuando los daños producidos en el ámbito médico sanitario no son antijurídicos la víctima tiene el deber de soportarlos, y en consecuencia no existe responsabilidad patrimonial de la Administración sanitaria[335]. Incluso aceptando que las secuelas padecidas tuvieran su causa en la intervención quirúrgica sin infracción de la *lex artis* se está ante una lesión que no constituye un daño antijurídico, por lo que la Administración no responde[336].

La Administración sanitaria no es aseguradora de todos los riesgos sociales por más que la responsabilidad patrimonial sea objetiva o de resultado, aunque sea por razones tan atendibles jurídicamente como es la de evitar el desvalimiento de una persona que ha sufrido un grave quebranto en su salud[337].

En definitiva, parece sensato que las víctimas puedan reclamar frente a la Administración sanitaria el resarcimiento de los daños ocasionados, pero lo que no parece lógico es que sea la Administración sanitaria la que deba soportar en última instancia sobre su patrimonio las consecuencias de aquellos daños producidos por quien en última instancia deberían de responder sus autores[338].

4.3. En el ámbito de los centros penitenciarios

En los supuestos de responsabilidad por daños sufridos por reclusos en centros penitenciarios, para verificar la concurrencia del requisito de la antijuricidad, los tribunales prestan atención al modo concreto de funcionamiento de la Administración, negando la concurrencia de la antijuridicidad cuando ha existido funcionamiento normal del servicio porque se entiende que en tales supuestos el perjudicado se encuentra obligado a soportar el daño[339].

---

333 SSTS 25 de febrero 2009 (RJ 2009\2094) y 28 marzo 2007 (RJ 2007\3680).

334 STS 29 junio 2010 (RJ 2010\5952).

335 STS 28 junio 2010 (RJ 2010\5918).

336 SSTS 9 diciembre 2008 (RJ 2009\67), 28 marzo 2007 (RJ 2007\3680) y 17 julio 2007 (RJ 2007\6867).

337 Asua González, 2006, pp. 1176 y ss.

338 Doménech Pascual, 2019, p. 24.

339 STS 13 marzo 2001 (RJ 2001\1382), señala que en la determinación de la concurrencia del requisito del daño antijurídico es preciso realizar un examen valorativo partiendo de las circunstancias del caso examinado incluyendo como perjuicios necesitados de resarcimiento, entre otros, aquellos a cuya producción confluyen circunstancias similares a las propias de la culpa o anormalidad en el funcionamiento del servicio, pues el carácter obje-

De tal forma, para determinar el carácter antijurídico del daño resulta ineludible la valoración de la conducta de la Administración, valoración que parte de la premisa de la existencia de un deber de la Administración de velar por la vida y la integridad de los internos. Y ello con plena conciencia del carácter objetivo de la responsabilidad patrimonial de la Administración, que impide la consideración de factores subjetivos. De ahí que en el caso de que de la valoración de la conducta de la Administración no sea posible extraer elemento alguno de anormalidad en el funcionamiento de la actividad, se califique el daño como jurídico y se decrete el deber del perjudicado de soportarlo[340].

El efecto que produce la atención al tipo de funcionamiento de la Administración, así como la necesidad de compatibilizar el deber de vigilancia y los derechos de los reclusos es el de justificar la imposibilidad de un absoluto control por parte de la Administración[341]. Por el contrario, en el caso de que la valoración del funcionamiento de la Administración conduzca a la reprobación de su conducta al haberse localizado algún «factor subjetivo de culpabilidad», esa reprobación obliga a afirmar el carácter antijurídico del daño, esto es, a afirmar la inexistencia de obligación alguna de soportarlo. Así, la falta de la debida vigilancia sí es causa para declarar la responsabilidad de la Administración penitenciaria por incumplimiento de los particulares deberes que impone la normativa penitenciaria[342].

La jurisprudencia viene declarando que hace falta la presencia de algún elemento de anormalidad en el servicio penitenciario que sea bastante para establecer un nexo de causalidad entre la omisión administrativa y el falleci-

tivo de la responsabilidad no excluye que «el carácter antijurídico del daño causado pueda inferirse de factores subjetivos de culpabilidad o del incumplimiento objetivo de normas o deberes». Y en el mismo sentido, entre otras, SSTS 23 febrero 1999 (RJ 1999\2038) y 10 marzo 2010 (RJ 2010\4226).

340 STS 25 mayo 2010 (RJ 2010\3685), en un caso sobre posible responsabilidad de la Administración por el fallecimiento de un recluso en un centro penitenciario como consecuencia de una reacción adversa a drogas, tras reiterar la necesidad de atender a factores subjetivos de culpabilidad o anormalidad en el funcionamiento del servicio, afirma que «la Administración ha adoptado las medidas pertinentes, por lo que no se puede imputar *ningún hecho antijurídico* a la misma, y la existencia de droga en poder del fallecido es muy difícil de prevenir so pena de adoptar un régimen penitenciario de absoluto control individual que iría contra los derechos reconocidos a los internos en nuestra vigente Legislación Penitenciaria».

341 STS 10 marzo 2010 (RJ 2010\4226), en un supuesto de fallecimiento de recluso por sobredosis de metadona, se acaba negando la responsabilidad de la Administración tras afirmar que «no ha existido, o al menos no se ha demostrado en grado suficiente, la concurrencia de un *elemento de anormalidad* en el servicio público prestado».

342 STS 23 febrero 1999 (RJ 1999\2038).

miento de un recluso, para poder determinar el carácter antijurídico del daño producido, cuando en realidad oculta los razonamientos que realiza para atribuir la responsabilidad[343].

5. Los razonamientos ocultos en la atribución de responsabilidad

Ante la ausencia de «nuevas» reglas que posibilitaran sustentar el sistema objetivo en el sistema subjetivo, la doctrina del riesgo ha funcionado más desde un punto de vista argumentativo o retórico que como una opción decidida para fundamentar la responsabilidad[344]. Aparte de una retórica no siempre predecible sobre el riesgo y la necesidad de que sea el causante del daño quien tenga que probar que se comportó con los estándares de diligencia que eran exigibles, es rara la sentencia que resuelve con independencia de la culpa.

A veces, pudiendo resolver con arreglo a criterios objetivos porque existe una normativa específica o sectorial que así lo establece y pudiendo llevar a cabo una limpia argumentación jurídica que obvie el criterio de la culpa, se acaba condenando al demandado por negligencia[345]. Otras veces parece que, aceptando al menos en línea de principio que es el riesgo el fundamento de la responsabilidad, sin embargo, se termina afirmando que se ha incurrido en el ámbito del puro art. 1902 CC[346]. Y, en ocasiones, en la aplicación

343 Entre otras, SSTS 28 septiembre 2020 (RJ 2020\3629), 10 mayo (2017\1870), 25 septiembre 2015 (RJ 2015\4214), 2 noviembre 2011 (RJ (2012\1729), 3 marzo 2010 (RJ 2010\2441) y 18 julio 2002 (RJ 2002\6606).

344 Díez-Picazo, 2011, pp. 129 y 130.

345 Doménech Pascual, 2019, p. 12.
En este sentido la STS 7 abril 1997 (RJ 1997\2743) que pudiendo haber resuelto objetivamente en base al art. 1908, 2.° sin mayores complicaciones finalmente condena por negligencia; y la STS 16 diciembre 2008 (RJ 2009\529) por ser otro ejemplo de la dificultad que encuentra la jurisprudencia para separar los razonamientos en clave de culpa y en clave de riesgo.
Más recientemente la STS 24 mayo 2018 (RJ 2018\2029) en un supuesto de responsabilidad derivado de una explosión de gas en la que no resultó probada la causa del siniestro se atribuye a la compañía suministradora y no a los perjudicados la carga de la prueba, señalando que la incertidumbre sobre la causa o causas del siniestro impide exonerar de responsabilidad a la empresa, que es quien cuenta con los medios adecuados para dar certeza sobre tales causas, y no lo ha hecho. El principio de responsabilidad por riesgo produce precisamente el efecto de obligar a quien presta el servicio generador del riesgo a acreditar el verdadero origen del siniestro.

346 La STS 20 febrero 2008 (RJ 2008\5498) afirma que «en materia de accidentes de tren existe una jurisprudencia que considera que Renfe responde por razón del riesgo creado, especialmente en lo relativo al mantenimiento de pasos a nivel sin barreras»; no obstante, acaba afirmando que la empresa ferroviaria «ha incurrido en el ámbito del art. 1902, puesto que probada la omisión de diligencia y el daño, es evidente que hubo relación de causa a efecto entre aquélla y éste».

de algunas normas de responsabilidad objetiva, la jurisprudencia no llega a emanciparla de las reglas generales de la responsabilidad por culpa, como puede ser en casos de infección hospitalaria[347] o por defecto de un dispositivo intrauterino[348].

Además de la inexistencia de reglas jurídicas que permitan sustentar el sistema objetivo en el sistema subjetivo y de los problemas de claridad que comporta el enturbiar el papel que la responsabilidad objetiva debe jugar en Derecho de daños, confundiendo las lógicas culposa y objetiva, ha de hacerse mención a otra línea jurisprudencial que presenta también problemas para acabar de ajustar la regla de responsabilidad objetiva una vez producido un daño[349]. Así, algunos de los pronunciamientos de los tribunales no desvelan los auténticos razonamientos que realizan para atribuir la responsabilidad. En dos ejemplos de suicidios en centros penitenciarios se pueden observar los razonamientos que tales sentencias llevan a cabo, pero sin desvelarlos expresamente a la hora de atribuir la responsabilidad.

El primero de ellos es un supuesto de asfixia por ahorcamiento con una sábana, en el que se consideró que no había concurrido una imputable actuación negligente por parte de la Administración, necesaria para considerar existente el nexo de causalidad. Con carácter previo no se había advertido

347 La STS 5 de enero 2007 (RJ 2007\552) interpreta el art. 28 LGDCU (que era el aplicable al caso) en clave de responsabilidad por producto defectuoso y entiende que la culpa queda revelada por un supuesto de hecho en el que el servicio ha fallado.

348 La STS 24 septiembre 1999 (RJ 1999\7272) tras algunas consideraciones que podrían considerarse coherentes con una interpretación objetiva entiende que la aplicación del art. 28 LGDCU no excluye el art. 1902 o 1903 CC, e incluso el art. 1101 CC, tratándose de culpa contractual, pues se supedita a la concurrencia ineludible del factor culposo o negligente.

349 Algunos supuestos en este sentido, STS 31 mayo 2011 (RJ 2011\4005): accidente acaecido al precipitarse al cuarto de calderas cuando se intentaba acceder al montacargas, pese a ser advertida por una vecina de su error; STS 16 febrero 2009 (RJ 2009\1491): caída en atracción de feria «gran rodeo» instalada en recinto ferial propiedad de ayuntamiento sin que conste haber descuidado la inspección, y sin que el ayuntamiento tenga actividad organizativa; STS 28 julio 2008 (RJ 2008\7253): graves lesiones sufridas por un joven que pretendió acceder a un vagón del ferrocarril metropolitano de Barcelona, cuando parece que ya estaba iniciando la marcha; STS 16 octubre 2007 (RJ 2007\7102): venta de cianuro potásico a un joven de apariencia normal que afirmaba adquirirlo para aplicación industrial y lo ingiere, con intención suicida, produciendo su muerte; STS 4 octubre 1994 (RJ 1994\7452): accidente originado por la rotura del cable de sujeción de la puerta del montacargas; SAP Granada 24 octubre 2014 (JUR 2015\47427): accidente en atracción denominada Trineo Ruso por un mal uso de la instalación por parte de la víctima; SAP Pontevedra 16 septiembre 2013 (AC 2013\1680): colisión de motocicleta con piedra o adoquín existente en la calzada de la autopista, demandándose a la empresa concesionaria en base al art. 1902 CC y SAP Murcia 28 septiembre 2010 (JUR 2010\367986): voladuras con explosivos, realizadas por encargo de la entidad demandada en la construcción de una promoción, y los daños aparecidos en la vivienda del actor.

nada anómalo en el comportamiento del interno, ni se había detectado ningún síntoma que pudiera indicar un suicidio posterior[350].

Se trataba de un supuesto en el que la probabilidad de que el daño ocurriese (q) era muy baja y las medidas de precaución (V) muy costosas. La sentencia consideró que la adopción de un régimen penitenciario de absoluto control no es exigible ni implementable y que comportaría una vigilancia permanente, incompatible con el hecho de que no se había evidenciado un especial riesgo de suicidio y que el único objeto con el que contaba el recluso eran las sábanas que *a priori* no son peligrosas[351].

Lo que en realidad se consideró es que al ser el «gasto de previsión» (V) mayor que el «daño previsto» (S), teniendo en cuenta la «probabilidad» de que éste ocurra (q), lo prudente era considerar que la Administración había actuado de manera diligente. En consecuencia, al cumplirse la condición V>Sxq, la resolución del Tribunal es la más adecuada al supuesto enjuiciado. Se consideró que se había actuado de manera diligente al no haber superado el punto crítico del gasto de prevención o previsión óptima[352].

V=Sxq

Gasto de previsión = Daño previsto x Probabilidad

En el segundo supuesto, el interno ya había intentado suicidarse dos días antes, y aunque se le había sometido a observación, se le permitió que se marchara solo a su celda por un dolor de cabeza. Aquí se apreció un nexo de causalidad entre la omisión administrativa y el fallecimiento y se consideró que la Administración, como consecuencia del incumplimiento de su deber de vigilancia, había actuado de manera negligente al no haber evitado que el interno dispusiese de la cuchilla de afeitar de una maquinilla desechable para causarse la muerte o autolesionarse»[353]. Lo que en realidad se consideró es que vigilar intensivamente sólo a los internos que muestran un riesgo especialmente alto de suicidio para asegurase que no tienen objetos peligrosos a su alcance, comporta un «gasto de previsión» (V) que resulta menos costoso que el «daño previsto» (S), teniendo en cuenta la «probabilidad» de que éste ocurra (q). En este caso lo prudente es considerar que la Administración ha actuado de manera negligente. En consecuencia, al cumplirse la condición V<Sxq, la resolución del Tribunal es la más eficiente para al supuesto enjuiciado. Se estimó que se había actuado de manera negligente al no haber alcanzado el punto crítico del gasto de prevención o previsión óptimo[354].

350 STS 19 junio 1998 (RJ 1998\5272).

351 Doménech Pascual, 2019, pp. 10 y 11.

352 Schäfer y Ott, 1991, p. 110; Doménech Pascual, 2019, p. 11.

353 STS 30 mayo 2006 (RJ 2006\4023).

354 Schäfer y Ott, 1991, p. 110 y 111; Doménech Pascual, 2019, p. 11.

En todo caso para determinar con mayor precisión si una conducta es negligente deberían ponderarse los tres factores de la condición sugerida a modo de «fórmula», al no ser ninguno de ellos concluyente por sí mismo. Además, la circunstancia de que no se utilice medida alguna para prevenir un daño no constituye por sí mismo una negligencia si dicha medida es muy costosa o reduce de forma insignificante la probabilidad del accidente. La condición apuntada a modo de «fórmula» para verificar si un comportamiento ha sido negligente representa en unos términos abstractos y generales la realidad jurídica. No circunscribe su ámbito de aplicación a cuestiones únicamente del Derecho de daños, sino que tiene potencial de ser aplicada y dar cuenta en cualquier otra cuestión donde se cuestione si una persona ha actuado de manera diligente[355].

6. Los elementos para el diseño del sistema de responsabilidad: ámbitos de actividad y externalidades

Las dificultades y vacilaciones de la jurisprudencia para atribuir la responsabilidad por un daño causado son consecuencia de la «colisión» entre los sistemas subjetivo y objetivo. Aplicando criterios subjetivos se incentivan conductas potencialmente peligrosas, al poder eludir el causante la indemnización por los daños causados sin culpa. En cambio, con arreglo a criterios objetivos se tiende a una disminución de las conductas peligrosas o arriesgadas, al tener que indemnizar los daños que se causen, con independencia de que la conducta haya sido diligente[356].

El criterio de la responsabilidad objetiva probablemente sea el más eficiente bajo ciertas condiciones porque se hace recaer sobre los potenciales causantes el riesgo residual de provocar un accidente, a pesar de que el estándar de la conducta haya sido diligente. Este sistema lleva consigo el tener que adoptar una decisión sobre las medidas de prevención que se estará razonablemente dispuesto a invertir, desincentivando que se desarrollen actividades peligrosas si los beneficios que la misma genera son inferiores al riesgo de un potencial daño o accidente. La responsabilidad objetiva resultaría oportuna, por tanto, respecto de actividades anormalmente peligrosas, a fin de evitar que su volumen sea excesivo[357]. Además de posibilitar esa función preventiva, la responsabilidad objetiva —señalan Schäfer y Ott— posibilita una función decisoria sobre el nivel de actividad que se estará dispuesto a desarrollar si tienen que afrontar los daños causados por una actividad de riesgo, con independencia de cómo haya sido la conducta humana[358].

355 Doménech Pascual, 2019, p. 8.

356 Salvador Coderch y Ramos González, 2008, p. 77.

357 Hylton, 2014, pp. 35 y ss.

358 Schäfer y Ott, 1991, pp. 119 a 123.

Aunque PANTALEÓN no niega que la responsabilidad extracontractual pueda cumplir de manera indirecta una finalidad preventiva, rechaza, en cambio, que esa finalidad preventiva pueda ser considerada como una función «normativa» de la responsabilidad aquiliana, pues, en su opinión, la única función «normativa» de ésta en el Derecho español es la compensatoria o resarcitoria. Sostiene que *la función indemnizatoria es la función normativa de la responsabilidad extracontractual; y la prevención, un deseable, aunque poco frecuente en la realidad, subproducto fáctico de la compensación*. Señala que lo consustancial de la responsabilidad civil es que precisamente es el perjudicado quien recibe la indemnización. Y que la pretendida función preventiva se disuelve en expresiones retóricas. Considera que esa labor es privativa del Derecho Penal y el Derecho Administrativo[359].

Al margen de las objeciones a la prevención formuladas por PANTALEÓN, en ámbitos o actividades en los que el comportamiento diligente es suficiente para evitar el daño, carece de sentido limitar el nivel de actividad y por eso se trata de campos en los que el criterio subjetivo encuentra una mayor justificación. Sin embargo, existen escenarios en los que el comportamiento diligente no es suficiente para evitar el daño: todo conductor sabrá que los accidentes de tráfico no pueden evitarse por mucho que se cumplan todas las normas de tráfico y se procure poner el cuidado debido. El conductor que conduce mucho, aunque lo haga diligentemente, causará a la larga más accidentes que el que conduce poco en iguales condiciones. Por ello, si se desea controlar el volumen de conducción será más eficaz una responsabilidad que no dependa del nivel de diligencia que se adopte.

Para poder diseñar un nuevo sistema de responsabilidad civil que absorba todas estas consideraciones habrá que tener en consideración la probabilidad, la magnitud y el carácter positivo o negativo de las externalidades que pueden ocasionar las actividades ejecutadas de manera diligente, respectivamente, por el agente causante de los daños y por las potenciales víctimas.

Tal como hemos señalado *supra*[360] estaremos ante una externalidad cuando una persona realiza una actividad que influye en el bienestar de otra y, sin embargo, ni una paga ni la otra recibe ninguna compensación por ese efecto[361]. Si esa influencia es negativa, se denomina externalidad negativa y externalidad positiva en otro caso[362]. En el caso de que las externalidades positivas netas del agente causante del daño superen las externalidades negativas netas que posiblemente genere la actuación de las potenciales víctimas, será preferible

359 PANTALEÓN PRIETO, 2000, p. 171 y ss.

360 Cap. segundo, II.4.

361 PINDYCK y RUBINFELD, 2009, p. 708.

362 MANKIW, 2002, pp. 129 y ss.

adoptar el criterio de la responsabilidad objetiva. Por el contrario, cuando se produzca la situación inversa a la indicada convendrá el criterio subjetivo[363].

Se ha de tener en cuenta que cuando la acción de un agente reduce el bienestar de otras personas sin que aquél cargue con el coste de la reducción, se produce una externalidad negativa, un coste social[364]. El coste marginal que soporta el agente por efecto de su actuación es, por lo tanto, menor al coste marginal que esa actuación tiene para la sociedad en su conjunto. Al no pagar por todos los riesgos y perjuicios que genera, el agente tenderá a aumentar su nivel de actividad por encima del que sería socialmente óptimo[365]. Este inconveniente, sin embargo, puede ser corregido internalizando los costes sociales, por ejemplo, mediante el establecimiento de tributos que graven la actividad[366].

En cambio, cuando la acción de un agente incrementa el bienestar de otras personas sin compensación alguna, se produce una externalidad positiva[367] —o, en palabras de SCHÄFER y OTT, economías externas[368]—. El beneficio marginal que para el agente se deriva de su actuación es, por lo tanto, menor al beneficio marginal que ésta supone para la sociedad. Al no ser compensado por todos los beneficios que produce, el agente tenderá a mantener su actividad por debajo de lo que sería deseable para la sociedad. Este inconveniente, no obstante, puede ser remediado internalizando los beneficios producidos, por ejemplo, mediante la concesión de subvenciones u otras medidas de fomento[369].

Si las actuaciones diligentes de los agentes y de las víctimas cuya interacción causa daños pueden ocasionar externalidades positivas o negativas a ambas partes o a terceras personas, es lógico considerar que el coste de los daños causados sea soportado por aquel cuya actividad provoque más externalidades negativas netas, para así internalizar en mayor medida las externalidades negativas netas y minimizar el coste social que comporta la disminu-

---

363 HYLTON, 2008, pp. 153 y ss.

364 SCHÄFER y OTT (1991, p. 76) indican que los costes sociales son «los que no se imputan a la empresa y se pagan por terceros», a diferencia de los costes privados que son los que «origina y compensa el agente».

365 PINDYCK y RUBINFELD, 2009, p. 748.

366 Con el fin de ilustrar con un ejemplo las externalidades negativas, DÍEZ-PICAZO (1999, p. 205) trae a colación el ejemplo utilizado por PIGOU relativo a una planta industrial que emite humos o vierte residuos en una determinada área, en detrimento del posible disfrute y de la renta de los habitantes de la zona, cuando la empresa en cuestión no está obligada a pagar un precio por los daños que ocasiona a terceros.

367 PINDYCK y RUBINFELD, 2009, pp. 748 y 751

368 SCHÄFER y OTT (1991, p. 76), señalan que las economías externas «se producen cuando una actividad económica se encuentra ligada a ventajas gratuitas para terceros».

369 SCHÄFER y OTT, 1991, pp. 77 y ss.; SALVADOR CODERCH y GÓMEZ LIGÜERRE, 2005, pp. 6 y 7; PINDYCK y RUBINFELD, 2009, pp. 649 y ss.

ción del volumen de actividad. Debería responder por los daños quien haya generado peores externalidades negativas netas y, por lo tanto, aquella que puede reducir el volumen de su actividad y el riesgo de que se produzcan tales daños con el menor coste para la sociedad[370]. Este planteamiento concuerda con el del *cheapest cost avoider*, en virtud del cual de un daño ha de responder la persona que pudo haberlo evitado con el menor coste social[371].

III. Sistema bilateral y correlativo

1. La naturaleza recíproca de la compensación

Las bases tradicionales sobre las que está edificado el actual Derecho de daños permiten afirmar que hoy el sistema de responsabilidad civil es un fenómeno bilateral en el que las posiciones del demandante y demandado están mutuamente condicionadas[372]. En una sola operación intelectual y de manera simultánea se ha de determinar por qué el Derecho debe imponer una carga sobre el demandado y proporcionar un beneficio al demandante, sin que sea posible centrarse sólo en una de las partes[373].

Este enfoque bilateral permite, por un lado, definir las conductas que pueden realizarse sin estar sujetas a responsabilidad alguna o, lo que es lo mismo, qué perjuicios deben tolerarse por las acciones de terceros[374]. Por otro lado, establece la obligación de ser indemnizado y el derecho a ser compensado para el caso de que alguien, excediendo su propia esfera de libertad, interfiera con la libertad ajena[375]. En definitiva, la concepción bilateral de la responsabilidad civil lleva a que se limite la libertad de acción, a fin de lograr un equilibrio sensato con la seguridad personal, estableciéndose de manera simultánea un deber de no dañar, y un correlativo derecho a no ser dañado. La regla de responsabilidad subjetiva, por ejemplo, consagra un deber de no dañar a terceros, y un derecho a no ser dañado mediante actos negligentes. La regla de responsabilidad objetiva hace lo propio con las conductas que aun, estando permitidas, superan el umbral de riesgo convencionalmente estipulado.

Con el establecimiento de los términos que la sociedad considera equitativos para regular las interacciones privadas de los particulares se generan derechos y deberes primarios. En cambio, la obligación de indemnizar y el

370 DOMÉNECH PASCUAL, 2010, pp. 216 y 217.

371 SCHÄFER y OTT, 1991, pp. 137 y 138, 143 y 144, 147 y 230.

372 WEINRIB, 2017, pp. 22 y 23.

373 KEREN PAZ, 2016, p. 123.

374 SALVADOR CODERCH y RUIZ GARCÍA, 2001, pp. 2 y ss.; DÍEZ-PICAZO, 1999, pp. 42 y 43.

375 DÍEZ-PICAZO, 1999, pp. 56 a 63.

derecho a ser compensado son derechos y deberes secundarios porque sólo nacen una vez que los derechos y deberes primarios son vulnerados[376].

Los derechos y deberes primarios y secundarios son correlativos en los sistemas bilaterales. En este sentido, un juicio concreto sobre el contenido de los derechos o deberes de un individuo siempre hace referencia a los deberes o derechos de otro. Cuando se afirma que una «potencial víctima» tiene derecho a no ser dañada por un «potencial agente dañador», se está afirmando a la vez que el «potencial agente dañador» tiene el deber de no dañar a la «potencial víctima». Las condiciones de verdad de ambas proposiciones son idénticas. Y lo mismo se mantiene para los derechos y deberes secundarios. El derecho de la «potencial víctima» a ser compensado no tiene un contenido distinto del deber del «potencial agente dañador» de indemnizarlo. En definitiva, la razón por la cual el agente dañador debe compensar a la víctima es la misma razón por la cual tenía el deber de no dañarla en primer lugar[377].

Papayannis es el autor que más ampliamente ha descrito esta caracterización y quien ha puesto de manifiesto que, aunque los enfoques bilaterales en materia de reparación de daños detallan qué conductas pueden ser realizadas sin responsabilidad y qué grado de interferencia de terceros debe ser tolerado, desde el punto de vista económico esta afirmación es un tanto engañosa, pues no existen acciones libres de responsabilidad. Siempre hay algún responsable. Supongamos que se produce un daño y que la conducta del causante ha sido diligente. Si aplicamos la regla de responsabilidad subjetiva, la víctima no podrá solicitar una reparación, por lo que de alguna manera es «responsable» de su propio perjuicio. Desde esta perspectiva, la visión tradicional construida sobre la bilateralidad no resulta acertada ya que la responsabilidad puede recaer incluso sobre quién no realiza acción. Si a una persona durmiendo se le causa un daño por una conducta permitida al causante, la víctima sería responsable de la pérdida que sufre —no se la puede trasladar a otro—, pues desde la perspectiva del enfoque bilateral debe tolerar el perjuicio[378].

Un ordenamiento jurídico estructurado sobre la base de posiciones de naturaleza recíproca comporta que sólo se contemplen actividades incompatibles y decisiones respecto de quién debe cargar con las pérdidas[379]. Con arreglo a la regla de responsabilidad objetiva, el causante del daño será responsable del daño, a no ser que la víctima haya omitido su propio deber de diligencia. Con arreglo a la regla de responsabilidad por culpa, por el contrario, la víctima será responsable del daño, a no ser que el causante del daño

376 Papayannis, 2018, pp. 125 a 139

377 *Ibidem*, 2018, p. 136.

378 *Ibidem*, 2012, pp. 703 a 706.

379 Coase, 1960, p. 2.

haya realizado una acción incorrecta. Ambas reglas son el reflejo una de la otra. La responsabilidad objetiva es responsabilidad objetiva del causante del daño, y la responsabilidad por culpa es responsabilidad objetiva de la víctima, ambas combatibles por la conducta negligente de la otra parte.

Este análisis muestra que no hay acciones sin responsabilidad, sólo juicios sobre quién es el responsable de los daños en cada caso. Por ello, no resulta conveniente analizar la responsabilidad civil en términos de una supuesta función delimitadora que especifique lo que se puede hacer —sin responsabilidad de ninguna clase— y lo que no. Resulta mucho más ventajoso examinar la responsabilidad civil desde el punto de vista de los incentivos porque entonces se plantea la cuestión desde una perspectiva de futuro con el fin de que las pretensiones recíprocas de las partes lleguen a generar resultados eficientes. Lo relevante cada vez que se produce un accidente sería determinar quién está en mejores condiciones para reducir el tipo de riesgo que causó el tipo de pérdida cuya reparación se pretende[380].

Pero en ocasiones, la víctima y el causante del daño no se encuentran en una relación jurídica estrictamente bilateral y correlativa; así, y más en concreto, cuando se involucran en la relación otras personas como en supuestos de intervención de compañías aseguradoras o en los casos de responsabilidad por hecho ajeno. Las teorías tradicionales no sólo no explican las excepciones a la bilateralidad, sino que en ocasiones tampoco son capaces de explicar a la perfección la concepción bilateral de la responsabilidad civil. Para que tanto los potenciales causantes como las posibles víctimas adopten un nivel óptimo de precaución, es necesario, por regla general, que la indemnización que los potenciales causantes hayan de pagar equivalga al daño sufrido por las víctimas. No obstante, y a pesar de la obligación de reparar de manera íntegra los daños, en ocasiones pueden existir razones de eficiencia que justifiquen que la compensación exigible sea en determinadas circunstancias inferior o superior a la magnitud del daño sufrido por la víctima o perjudicado[381].

2. El principio de la reparación integral y sus límites

2.1. En general

El principio de la reparación integral *—restitutio in integrum—* se dirige a lograr la más perfecta equivalencia entre los daños sufridos y la reparación obtenida por el perjudicado, de tal modo que se le reponga en una situación lo más parecida posible a aquélla en la que se encontraría si el daño no

380 PAPAYANNIS, 2018, pp. 128 y ss.

381 DOMÉNECH PASCUAL, 2012b, pp. 60 a 64.

se hubiera producido[382]. Se trata, en definitiva, de que al perjudicado le sea reparada la totalidad del daño por él sufrido, en la medida que dicho daño haya resultado imputable a un tercero[383]. Ahora bien, para que esto ocurra han de cumplirse dos condiciones: a) la reparación debe comprender todo el daño resarcible y no solamente una parte del mismo, y b) la reparación debe limitarse al daño efectivamente producido, sin que pueda excederlo o superarlo, para no comportar un enriquecimiento injusto a favor del sujeto perjudicado[384]. En definitiva, la reparación ha de encontrar el justo equilibrio entre la indemnización a la baja y la indemnización al alza —o enriquecimiento injusto— del perjudicado[385].

En caso de daños patrimoniales, que son susceptibles de valoración pecuniaria, es posible realizar una apreciación concreta y precisa del perjuicio sufrido por el titular afectado para lograr la más perfecta equivalencia entre los daños sufridos y la reparación obtenida por el perjudicado y, en definitiva, lograr la tan deseada reparación integral. Es innegable que en ocasiones pueden plantearse problemas de prueba que lleven a reparar menos daños que los inicialmente alegados por el perjudicado, limitando el importe de la reparación hasta el límite de los perjuicios efectivamente probados, como puede ser en el caso de los daños emergentes o lucros cesantes. Pero en cualquier caso y pese a las dificultades de prueba, el resarcimiento de los distintos daños patrimoniales siempre podrá, una vez que resulten acreditados, lograr el equilibrio perseguido por el principio de la reparación integral[386].

Sin embargo, en el caso de los daños no patrimoniales los perjuicios recaen sobre intereses de las personas que por naturaleza son insustituibles y no susceptibles de valoración pecuniaria, y por eso no es posible lograr una equivalencia entre el perjuicio y su reparación, por lo que su compensación queda al margen del principio de la reparación integral y a la libre discrecionalidad de los tribunales[387]. La consecución del equilibrio perseguido por

382 Este principio de reparación integral ya apareció proclamado en la Resolución 75/7, 14 marzo 1975, del Comité de Ministros del Consejo de Europa (principio 1).

383 Ángel Yágüez, 1995, p. 55.

384 Medina Crespo, 1999, pp. 135 a 148.

385 Así lo afirmaba la STS 11 noviembre 2003 (RJ 2003\8289): debe restablecerse a los perjudicados en la situación económica anterior al siniestro, «sin que deba existir desproporción entre el menoscabo y la reparación», es decir, sin que pueda producirse un enriquecimiento al perjudicado.

386 El daño patrimonial provoca una disminución de utilidad que es compensable con dinero o con bienes intercambiables por dinero. Una correcta reparación del daño, bien *in natura* o bien por equivalente puede reestablecer la utilidad perdida. *Vid.* Vicente Domingo, 2006, pp. 266 a 268.

387 Medina Crespo, 1999, p. 142; Ángel Yágüez, 1995, p. 59.

el principio de reparación integral puede no resultar tarea fácil cuando nos enfrentamos a la apreciación de los daños no patrimoniales[388].

2.2. Inconvenientes de la aplicación del principio de reparación integral

Incluso en los casos en los que resulta posible una reparación, la evolución del instituto de la responsabilidad civil ha determinado que, en ocasiones, la determinación del daño resarcible conforme al principio de la reparación integral no sea conveniente[389]. Así, es inadecuada en aquellos casos en los que el causante del daño obtiene con su conducta ilícita un beneficio superior a los daños que ocasiona al titular del derecho o interés perjudicado. Si en estos supuestos la responsabilidad del culpable se circunscribiese simplemente a reparar los perjuicios causados, la producción del daño le resultaría rentable, ya que, tras desembolsar el importe necesario para su reparación, todavía dispondría de un saldo positivo de ganancia, con lo que se estaría incentivando la realización de conductas tendentes a la realización de daños. Por eso, en este tipo de supuestos puede resultar más adecuado, a la hora de establecer el importe de la indemnización debida en concepto de reparación, tomar como referencia la suma a la que asciende el beneficio obtenido por el causante del daño, en lugar de la suma representada por el daño originado al perjudicado, ya que, solamente privando al responsable de la posibilidad de obtener beneficio o lucro, se le motivará a cesar en su conducta dañosa[390].

De hecho, esta opción ha sido la acogida por el legislador en el art. 9,3 de la Ley Orgánica 1/1982, de 5 mayo, de Protección civil de derechos al honor, intimidad personal y propia imagen, en el que el criterio citado aparece como una de las pautas que han de guiar la valoración de los perjuicios morales[391].

---

388 El problema mayor que presenta la indemnización de los daños que tienen naturaleza extrapatrimonial es que al no tener valor aproximado de referencia resulta difícil su cuantificación, con el riesgo añadido que ante daños similares se fijen cuantías muy dispares, por parte de los distintos órganos jurisdiccionales, puesto que el importe es de determinación judicial. En este sentido, *vid*. Álvarez Olalla, 2021, p. 30; Vicente Domingo, 2006, p. 313.

389 Viney y Jourdain, 2001, pp. 114 y 115.

390 En contra de la relativización del principio de resarcimiento integral que supone la consideración del criterio que tiene en cuenta el beneficio obtenido por el causante del daño se ha pronunciado Díez-Picazo (1999, p. 237), para quien el citado criterio, junto con algún otro empleado por los tribunales, constituyen «vías de equidad, de legalidad más que dudosa».

391 Art. 9,3 Ley Orgánica 1/1982: «*La existencia de perjuicio se presumirá siempre que se acredite la intromisión ilegítima. La indemnización se extenderá al daño moral, que se valorará atendiendo a las circunstancias del caso y a la gravedad de la lesión efectivamente producida, para lo que se tendrá en cuenta, en su caso, la difusión o audiencia del medio a través del que se haya producido*».

Igualmente, en los arts. 74,2 de la Ley 24/2015, de 24 de julio, de Patentes, 55,2 de la Ley 20/2003, de 7 de julio, de Protección Jurídica del Diseño Industrial y 43,2 de la Ley 17/2001, de 7 de diciembre de Marcas, en los que se ofrece al titular del derecho violado la posibilidad de optar por el criterio del beneficio para cuantificar con arreglo al mismo el daño consistente en su lucro cesante[392].

Otro ámbito en el que el principio de reparación integral no resulta conveniente aplicar es aquél en que resulta de aplicación el criterio de responsabilidad objetiva o por riesgo. En este ámbito, si se aplicase con plenitud el principio de reparación integral la consecuencia sería que, o bien se provocaría la inhibición de los ciudadanos para la creación de nuevas empresas, o bien los empresarios repercutirían los costes derivados de la reparación de daños por medio de los precios de sus productos y servicios[393]. Para evitar estas consecuencias se establecen legalmente límites a la obligación de resarcir el daño causado[394], lo que evidencia que el principio de la reparación integral tiene una virtualidad más teórica que real.

Si nos fijamos a título ilustrativo en el art. 36,2 de la Ley de Expropiación Forzosa, se establece que *las mejoras realizadas con posterioridad a la incoación del expediente de expropiación no serán objeto de indemnización, a no ser que se demuestre que eran indispensables para la conservación de los bienes. Las anteriores son indemnizables, salvo cuando se hubiera realizado de mala fe*. Se aprecia que, si en el bien expropiado se han hecho ciertas mejoras, no indemnizables, el justiprecio será posiblemente inferior a lo que dicho bien vale para su titular. La compensación que se le ha de abonar no le alcanzará para adquirir un bien equivalente, que incorpore mejoras similares.

El propio Tribunal Europeo de Derechos Humanos ha admitido explícitamente que la indemnización expropiatoria pueda ser inferior al valor de mercado de los bienes sacrificados, sin que ello implique una vulneración del derecho de propiedad reconocido en el art. 1, párr. 1.º, del Protocolo adicional al Convenio para la Protección de los Derechos Humanos y de las Libertades Fundamentales de 1952, en el que se establece que *toda persona física o moral tiene derecho al respeto de sus bienes. Nadie podrá ser privado de su propiedad más que por causa de utilidad pública y en las condiciones previstas por la ley y los principios generales del Derecho Internacional*. El Tribunal de Estrasburgo ha interpretado este precepto en el sentido de que el otorgamiento de una indemnización a la persona que se ha visto privada de

---

392 STS 30 septiembre 2019 (RJ 2019\3625), en la que se indica que la utilización del criterio indemnizatorio de los beneficios obtenidos por el infractor es procedente, aunque el titular de los derechos infringidos no explote directamente el formato televisivo objeto de la infracción.

393 Viney y Jourdain, 2001, p. 117.

394 Yánez de Andrés, 2000, pp. 9013 y ss.

su propiedad constituye, salvo que concurran circunstancias excepcionales, una de las condiciones a la que se subordina la licitud de la privación. Para no vulnerar este derecho, las interferencias del Estado en el mismo deben ser proporcionadas, deben lograr un justo equilibrio entre las exigencias del interés general de la comunidad y los requerimientos de la protección de los derechos fundamentales del individuo; debe haber una razonable relación de proporcionalidad entre los medios empleados y el objetivo perseguido por la medida que priva a una persona de su propiedad. En definitiva, si bien habitualmente la compensación ha de ser equivalente al valor de mercado de los bienes expropiados, en circunstancias extraordinarias se puede excepcionar a la baja el principio de la reparación integral[395].

Por el contrario, se excepcionará el principio de la reparación integral al alza en los casos en los que la Administración expropia de manera ilegal un bien y su devolución no resulta posible —por ejemplo, porque las obras ya se hayan iniciado—. En estos casos, aunque no lo haya previsto el legislador, el perjudicado tendrá derecho a una indemnización equivalente al justiprecio expropiatorio incrementado en un veinticinco por ciento[396].

3. Justificación del principio de reparación integral

Si la finalidad de las normas fuese promover incentivos para que las conductas de las personas resultasen lo más beneficiosas para el conjunto de la sociedad, el principio de la reparación integral se justificaría en la medida en que sirviera a esta finalidad. Para valorar si dejar a la víctima del daño total o parcialmente indemne, habrá que ver, en definitiva, cuáles son los costes y los beneficios sociales de cada una de las alternativas consideradas. Los costes y los beneficios guardan una estrecha relación, obviamente, con las ventajas y los inconvenientes que para la sociedad se derivan de compensar la privación de un derecho por causa de utilidad pública.

Explica Doménech que el sistema de indemnización instaurado para las privaciones de la propiedad privada por expropiación tiene ventajas e inconvenientes[397]. La indemnización tiene indudables beneficios sociales: a) se incentiva a los propietarios para adquirir, conservar, y mejorar los bienes, en la medida que se les asegura que no perderán el valor patrimonial de las inversiones como consecuencia de una privación justificada por razones de utilidad pública; b) se disminuye la resistencia que los titulares de los bienes sacrificados podrían oponer a la realización de proyectos de interés público;

395 Barcelona Llop, 2011, pp. 49 y ss.

396 Escuin Palop, 2008, disponible en base datos Aranzadi (BIB 2008\2053), con cita de SSTS 27 noviembre 1999 (RJ 2000\1378), 27 diciembre 1999 (RJ 2000\897), 18 enero 2000 (RJ 2000\903) y 29 octubre 2002 (RJ 2002\10186).

397 Doménech Pascual, 2012a, pp. 23 a 43.

c) se reduce el riesgo de que las autoridades competentes coaccionen a los ciudadanos para expropiar en beneficio propio; d) se disminuye el riesgo de que los poderes públicos ejerciten excesiva e ineficientemente su potestad de privar a los ciudadanos de sus derechos por hipotéticos motivos de interés público.

Por lo que se refiere a los costes sociales de ese sistema, puede decirse que serían los siguientes: a) exige un incremento de la presión fiscal, lo que genera costes de gestión y tienden a disminuir los incentivos económicos que las personas tienen para llevar a cabo actividades socialmente valiosas objeto de gravamen, como celebrar determinados contratos, trabajar, etc..; b) necesita la determinación del justiprecio que en ocasiones resulta un problema, debiendo dilucidarse a través de un procedimiento administrativo, seguido en ocasiones de un ulterior proceso contencioso-administrativo, con los considerables costes que comportan tanto para la Administración como para los expropiados; c) puede incentivar económicamente la realización de actividades socialmente ineficientes y estimula a los propietarios para invertir por encima de lo que sería socialmente óptimo.

Estas reflexiones sobre la indemnización en caso de expropiación forzosa son trasladables al sistema de responsabilidad civil en general. En materia de responsabilidad civil las normas deberían crear incentivos para que todas las personas potencialmente afectadas, en calidad de causantes o víctimas de los daños, se comporten de manera que se minimice la suma de todos los costes sociales de los accidentes, como pueden ser el daño emergente y el lucro cesante experimentados por las víctimas, el riesgo de tener que soportar o reparar daños, y los recursos consumidos en prevenirlos, asegurarlos y repararlos[398].

Para asegurar que los agentes adopten las precauciones socialmente óptimas es necesario que el importe de las indemnizaciones concuerde, en esencia, con los daños causados, y así posibilitar que los intereses privados de los agentes equivalgan a los intereses de la sociedad. Si el importe de la indemnización fuese inferior, los potenciales causantes de los daños no actuarían con la diligencia exigible. Si, en cambio, la indemnización fuese superior, adoptarían probablemente un nivel de precaución excesivo. Sólo si las personas soportan el coste de los daños que causan, y sólo de esos daños, tratarán de evitarlos de manera apropiada.

Cuando la indemnización es igual al daño ocasionado, los agentes tenderán a adoptar un nivel de cuidado socialmente óptimo, tenderán a invertir en precauciones hasta el punto en que éstas les cuesten menos que lo que con ellas salen ganando, tanto ellos al ahorrarse dinero en las indemnizaciones, como la sociedad al reducirse en la misma cuantía los daños a terceros. Por

398 Calabresi (1970, p. 44) señala que «la función principal de la responsabilidad civil es la de reducir la suma de los costes de los accidentes y de los costes de evitarlos».

la misma razón, si la compensación que han de pagar los responsables es inferior o superior al daño realmente causado, ésos elevarán o reducirán, respectivamente su volumen de actividad por encima o por debajo del nivel socialmente óptimo[399].

4. Excepciones al principio de reparación integral

A pesar de la importancia que en el Derecho de daños se atribuye al principio de reparación integral, éste cuenta con algunas excepciones[400].

4.1. El daño de naturaleza extrapatrimonial

La aplicación del principio de la reparación integral no resulta posible cuando el daño es de naturaleza extrapatrimonial, pues como señala VICENTE *ni los daños a los bienes de la personalidad, ni los daños corporales ni los puramente morales por la muerte de un ser querido, pueden ser reparados integralmente*[401]. Producido un daño de esta naturaleza las cosas para la víctima no volverán jamás a ser como eran antes del accidente. Por más que todos los gastos y pérdidas patrimoniales hayan sido objeto de una compensación en dinero, la víctima no se verá restituida de manera íntegra a la situación anterior del accidente que sufrió. Estos daños son irreparables, pues implican una reducción de utilidad que ni el dinero ni bienes intercambiables por éste pueden compensar. Ningún importe es suficiente para eliminar el sufrimiento que experimenta un deportista al quedar tetrapléjico como consecuencia de un accidente; ni siquiera una suma infinita de dinero podría dejarlo totalmente indemne, restablecerlo en la situación de utilidad en la que se encontraba antes de sufrir el daño[402].

Algunos autores como GÓMEZ POMAR, han defendido que las víctimas no deberían recibir compensación alguna por los daños no patrimoniales o morales, pues la indemnización —aunque parcial— equivaldría a garantizar a las víctimas un seguro cuyo precio, muy posiblemente, éstas no estarían dispuestas a pagar en la medida en que dicho seguro implica transferir renta del presente, donde el dinero les reporta cierta utilidad, a un estado futuro donde

399 COOTER y ULEN, 2011, p. 254; SHAVELL, 2004, pp. 236 y 237.

400 GUILARTE GUTIÉRREZ, 1991, pp. 1021 y ss.

401 En este sentido, una excepción legal al principio de reparación integral se contiene en el baremo de la Ley de circulación de vehículos a motor, que pretende lograr la total indemnidad de la víctima obviando la completa reparación del lucro cesante; *vid.* VICENTE DOMINGO, 2006, p. 313. Un daño que no puede evaluarse de forma matemática no puede ser reparado de forma integral.

402 GÓMEZ POMAR, 2000a, pp. 1 y ss.

el dinero es menos útil. Repárese en que nadie contrata seguros para cubrir el dolor que pudiera derivarse de la muerte de sus hijos. Para asegurar que los potenciales causantes de estos daños adopten las medidas de prevención óptimas, cabría utilizar mecanismos alternativos, como tipificar penalmente la causación negligente o dolosa de daños graves de tal índole[403]. De hecho, en cuantiosas ocasiones, los importes que los tribunales acaban estableciendo para resarcir a las víctimas por los daños morales sufridos encubren en realidad una sanción a los causantes[404].

En los últimos tiempos, se han ido produciendo —o se están produciendo— decisiones de los tribunales en que la figura del daño moral se ha aplicado —o se aplica— con escasa coherencia ante las dificultades para identificar y cuantificarlo[405]. No es lo más grave la trivialización que se produce de este enormemente difícil concepto, sino la deformación que es consecuencia de ello, de manera que si era comprensible que nunca hubiéramos tenido una idea especialmente clara de qué debe entenderse por daño moral, esa idea es hoy menos clara que nunca, como ocurre casi siempre cuando los conceptos jurídicos complejos caen en manos de juristas desprovistos de la necesaria experiencia, con el riesgo del establecimiento de importes muy dispares ante daños análogos[406].

---

403 *Ibidem*, 2000, pp. 4 y ss.

404 Díez-Picazo, 1999, p. 324; Gómez, 2005, pp. 8 y ss.

405 En la STS 25 abril 2019 (RJ 2019\1746) en un caso de inclusión indebida en un registro de morosos reconoce que el daño moral constituye una «noción dificultosa», por lo que le ha dado «una orientación cada vez más amplia, con clara superación de los criterios restrictivos que limitaban su aplicación a la concepción clásica del *pretium doloris*», siendo lo determinante para que pueda existir un daño moral indemnizable la existencia de un «sufrimiento o padecimiento psíquico». En lo tocante a la cuantía de la indemnización de los daños morales indica que se trata de una «valoración estimativa» al no poderse obtener de una prueba objetiva, pero ello no imposibilita para fijar su cuantificación, por lo que deberán ponderarse las circunstancias concurrentes en cada caso.
La STS 21 junio 2018 (RJ 2018\2771), también en un caso de inclusión indebida en un registro de morosos, reitera la jurisprudencia de que no son admisibles las indemnizaciones puramente simbólicas.
La STS 11 noviembre 2016 (RJ 2016\5450) igualmente señala que no requiere un específico establecimiento de bases para su cuantificación, pues la indemnización que deba señalarse no puede ser calculada con criterios objetivos sino únicamente a través de un juicio global basado en el sentimiento social de reparación del daño producido por la ofensa delictiva atendiendo a la naturaleza del hecho, reiteración y contexto en el que se desarrolla.

406 *Vid*. sobre el particular recientemente Álvarez Olalla, 2021, pp. 30, 59 y 60; Marín Castán, 2020, pp. 25 a 27; Moreno Marín, 2019, pp. 84 y ss.; Doménech Pascual, 2017, p. 520; años atrás explicaba también estas ideas Llamas Pombo, 2010b, p. 89.

4.2. La concurrencia de culpas

Cuando el daño ha sido causado por las culpas concurrentes de un agente y de la propia víctima, ésta no tiene derecho a exigir de aquél una compensación que repare íntegramente el perjuicio sufrido, sino sólo una compensación reducida, proporcional a la importancia relativa de sus respectivas negligencias en la causación del daño[407].

La concurrencia de culpas como mecanismo de distribución del daño no está contemplada en nuestro Código Civil, si bien ha sido operativa en nuestro Derecho por obra de la jurisprudencia, que ha encontrado apoyo normativo en el art. 1103 CC[408]. Sin embargo, la moderación de la reparación o indemnización del daño en caso de contribución de la víctima se prevé con carácter general en al art. 114 CP, en el que se indica que «si la víctima hubiere contribuido con su conducta a la producción del daño o perjuicio sufrido, los Jueces o Tribunales podrán moderar el importe de su reparación o indemnización». Se trata de una norma de naturaleza civil aplicable en toda reclamación de daños provocada por la comisión de un delito, por lo que no sería preciso en estos casos que la jurisprudencia tuviera que acudir al art. 1103 CC[409].

La adecuación de la indemnización en caso de concurrencia de culpas está también contemplada en la Ley 22/1994, de 6 de julio, de Responsabilidad Civil por los Daños causados por Productos Defectuosos. Siguiendo la Directiva 85/374/CEE, de 25 de julio de 1985, esta Ley española establece un régimen de responsabilidad objetiva, pero permitiendo al fabricante exonerarse de responsabilidad en determinados supuestos. Así, en el art. 9 de la Ley, al regular la culpa del perjudicado, se establece que *la responsabilidad del fabricante o importador podrá reducirse o suprimirse en función de las circunstancias del caso, si el daño causado fuera debido conjuntamente a un defecto del producto y a culpa del perjudicado o de una persona de la que* éste *deba responder civilmente*[410]. Y cuando esta solución no está contemplada en otras leyes especiales que igualmente establecen sistemas de responsabilidad objetivos[411], no ha sido obstáculo para la jurisprudencia aplicar la

407 Medina Alcoz, 2003, p. 127.

408 Art. 1103 CC: «*La responsabilidad que proceda de negligencia es igualmente exigible en el cumplimiento de toda clase de obligaciones; pero podrá moderarse por los Tribunales según los casos*».

409 Reglero Campos, 2006b, pp. 444 y 445.

410 En un caso de explosión en una vivienda por manipulación de insecticida fumigante adquirido para desinfección de la misma, el Tribunal Supremo considera que no existe responsabilidad civil, pues el daño fue causado por uso indebido del producto realizado por su adquirente (STS 21 noviembre 2008 (RJ 2009\144)).

411 Así, en el art. 33,5 Ley 1/1970, de 4 de abril, de Caza no alude a la intervención de la víctima en el accidente, sino de su culpa exclusiva como causa de exoneración, al indicar que

concurrencia de culpas. A modo de ejemplo, en un supuesto el que la *causa petendi* de la demanda residía en las graves lesiones sufridas por el actor a consecuencia de un accidente de caza provocado por la conducta imprudente del demandado, el Tribunal Supremo en atención a la concurrencia de culpas del actor y del demandado rebajó la cifra de la indemnización[412].

Si las víctimas tuviesen derecho a obtener una reparación integral del daño sufrido, a pesar de haber contribuido con su culpa a causarlo, seguramente carecerían de los incentivos económicos suficientes para adoptar las precauciones exigibles con el fin de evitar daños semejantes, pues sus negligencias dañosas nada les contarían en los casos en los que éstas concurrieran con los de otros sujetos[413].

4.3. La pérdida de oportunidad

El análisis de la responsabilidad civil en clave de pérdida de oportunidad es una perspectiva posible en supuestos en los que una persona ha privado a otra de la posibilidad de evitar un daño que finalmente se produjo[414], o de la posibilidad de lograr una ganancia que finalmente no obtuvo[415]. En todos estos casos hay una elevada incertidumbre acerca de cuál hubiese sido el resultado si no se hubiese privado a la víctima de la correspondiente oportunidad[416]. Aunque el agente causante del daño hubiere actuado de manera correcta, no es seguro que la víctima hubiera eludido el daño o logrado el correspondiente beneficio. Tan sólo cabe admitir que existía alguna probabilidad[417].

La jurisprudencia y ciertas disposiciones legales, explica MEDINA, han considerado que los daños causados por algunas de esas pérdidas de oportunidad deben ser compensados, pero no totalmente, sino de manera parcial

«todo cazador estará obligado a indemnizar los daños que causare con motivo del ejercicio de la caza, excepto cuando el hecho fuera debido únicamente *a culpa o negligencia del perjudicado o a fuerza mayor».*

412 SSTS 6 mayo 2021 (RJ 2021\2056) y 21 marzo 2000 (RJ 2000\2426).

413 ARTIGOT GOLOBARDES y GÓMEZ POMAR, 2009, pp. 46 y ss.

414 Por ejemplo, posibilidad de curarse, si se le hubiera diagnosticado o tratado correctamente su enfermedad o si se hubiera recabado su consentimiento informado antes de intervenirlo quirúrgicamente.

415 Por ejemplo, oportunidad de participar y vencer en un juego de azar, en un concurso o en una competición deportiva, o de obtener la estimación de una pretensión procesal o de una solicitud administrativa, o de celebrar un contrato.

416 La teoría de la pérdida de oportunidad, indica VEIGA COPO (2022c, p. 129), «lleva décadas perfilando y moldeando no pocas indemnizaciones en supuestos en los que, si no se hubieren verificado ciertas conductas, el daño podría haber sido, cuando menos mitigado».

417 ASUA GONZÁLEZ, 2020, pp. 207 y ss.

o proporcional. La víctima tiene derecho a exigir una indemnización equivalente no a la totalidad del lucro cesante o daño emergente, sino equivalente a la cantidad resultante de multiplicar la magnitud de los mismos por la probabilidad de que la víctima hubiese eludido el daño o logrado el correspondiente beneficio, si el causante hubiese actuado correctamente[418].

Esta idea se manifiesta p. ej. en un caso de culpa extracontractual de una empleadadirectora de guardería por fallecimiento de bebé que se atragantó con la papilla administrada en su local. La cuestión se circunscribe a si la tardanza en ingresar al bebé en el centro hospitalario causó el fatal desenlace o, por el contrario, no hubiese sido efectivo, apuntando a la teoría de la pérdida de oportunidad[419]. El Tribunal Supremo en su fallo[420] analiza cómo la jurisprudencia moderna se centra en el cálculo de probabilidades para fundamentar indemnizaciones parciales, debiéndose calcular éstas en función de la probabilidad de oportunidad perdida o ventaja frustrada y no en el daño real sufrido[421]. Recuerda cómo en sede de probabilidad, el Tribunal Supremo en los casos en que la probabilidad de que la conducta evitase el daño era muy elevada ha concedido la indemnización, mientras que, en otros, limita la indemnización en razón de la probabilidad de que el daño se hubiera producido, igualmente, de haberse actuado. Así pues, aplicando la doctrina de la pérdida de oportunidad al caso, se indica que la omisión del traslado del bebé al centro hospitalario superó el nivel mínimo de probabilidad causal, ya que, si el protocolo médico así lo prevé, es porque existe un mínimo de probabilidad de que el paciente pueda superar y conjurar el peligro de muerte. La Sala entendió que sólo existía probabilidad, pero no en qué concreto grado, fijando la indemnización en 60.000 euros.

Esta doctrina adoptada por el Tribunal Supremo español resulta en mi opinión razonable. La incertidumbre acerca de si un sujeto ha causado un daño puede resolverse básicamente de dos maneras. La primera consiste en aplicar la regla «todo o nada»: si la probabilidad de que originara el daño rebasa cierto umbral (por ejemplo, el 50 %), se le considerará causante del mismo y deberá resarcirlo por entero; si la referida probabilidad no excede dicho umbral, se estimará que no lo ha causado y no responderá en absoluto. La segunda manera consiste en utilizar una regla de responsabilidad proporcional: una persona debe considerarse causante de un daño siempre que exista

418 MEDINA ALCOZ, 2007, pp. 106 y ss.

419 MARÍN CASTÁN, 2020, p. 24.

420 STS 19 febrero 2019 (RJ 2019\613).

421 Puntualiza el TS que, en sede de causalidad física, se distinguen tres franjas, una superior cuando existe certeza causal y la reparación sería íntegra, otra inferior que permite asegurar que el agente no causó el daño y las oportunidades perdidas no son serias sino ilusorias y una central en la que existirá una probabilidad causal seria, que sin alcanzar el nivel máximo si supera el mínimo (F.J. 7.º, con cita a su vez de STS 27 de julio de 2006 (RJ 2006\6548).

una probabilidad positiva (por ejemplo, un 30 %) de que lo haya causado, pero la indemnización que habrá de pagar por él deberá reducirse proporcionalmente en función de dicha probabilidad (en el ejemplo, habría de resarcir un 30 % del daño total)[422].

El tradicional criterio del «todo o nada» tiene innegables ventajas. Combinado con un umbral de probabilidad del 50 % permite minimizar el número de veces en que se considera erróneamente que un individuo ha causado un daño (falsos positivos) o no lo ha causado (falsos negativos)[423]. Además, proporciona fuertes incentivos a las partes para reducir la incertidumbre, para buscar pruebas que evidencien que la probabilidad de que el sujeto en cuestión causó el daño supera o no alcanza determinado umbral[424]. Y de forma evidente engendra menos costes de procedimiento, pues: a) reduce el número de litigios, ya que las víctimas se abstendrán muchas veces de litigar cuando la probabilidad de que se condene al potencial demandado sea muy escasa; b) aminora el número de litigantes, ya que las víctimas tenderán a no demandar a aquellos individuos cuya participación en la causación del daño no puede acreditarse con un grado suficiente de probabilidad; y c) reduce la complejidad de los pleitos, pues no requiere precisar cuál es la concreta probabilidad de que cada uno de los demandados haya provocado el daño, sino sólo determinar si la probabilidad de que lo hayan originado rebasa cierto punto[425].

Pero el «todo o nada» también tiene una importante desventaja: distorsiona los incentivos de los potenciales causantes para actuar con la diligencia debida, especialmente cuando la probabilidad acreditada de que hayan causado el daño queda sistemáticamente por debajo —o por encima— del correspondiente umbral. Si, supongamos, esa probabilidad es siempre del 35 %, tales sujetos nunca responderán —a pesar de ser los causantes en un 35 % de los casos—, por lo que no estarán incentivados para adoptar las medidas de diligencia debida[426].

Este inconveniente se podría resolver mediante la regla de la responsabilidad proporcional, en virtud de la cual se impone a cada uno de los probables causantes una responsabilidad igual al daño social esperado derivado de su conducta, por lo que cada uno de ellos adoptará precauciones adecuadas para prevenirlo. Supongamos un sujeto que causa un daño de 20.000 euros en un 35 % de los casos. El daño social esperado de su actividad alcanza de media los 7.000 euros por caso, que es justamente la cantidad que tendrá

---

422 Ben-Shahar, 2009, pp. 91 y ss.; Luna Yerga, 2005, p. 3; Ruda, 2003, pp. 2 y ss.

423 Kaye, 1982, pp. 487 y ss.

424 Levmore, 1990, pp. 691 y ss.

425 Shavell, 1987, p. 117.

426 Doménech Pascual, 2012b, pp. 78 y 79.

que pagar conforme a la regla de la responsabilidad proporcional, lo que representa un incentivo para que trate de prevenirlo mediante la adopción de medidas de seguridad adecuadas[427].

A la vista de todas estas consideraciones no parece irrazonable aplicar la regla de la responsabilidad proporcional cuando concurren determinadas circunstancias, como sucede en los casos paradigmáticos en los que se resarce la pérdida de una oportunidad y donde la probabilidad de que un individuo haya causado el daño es relativamente alta, pero sin llegar al umbral que determinaría la responsabilidad conforme a la regla del «todo o nada»[428].

4.4. Restricciones legales para actividades de riesgo

El legislador en ocasiones limita el importe de las indemnizaciones que pueden exigirse por los daños causados en el desarrollo de actividades de riesgo, como sucede con la limitación de la responsabilidad de los productores por los daños causados por productos defectuosos[429] y la de los explotadores de centrales nucleares[430].

El inconveniente de estas restricciones legales radica en el peligro de que los agentes, al no internalizar en sus decisiones todos los daños que pueden ocasionar, omitan algunas precauciones exigibles y eleven el nivel de su actividad —que cabe considerar de riesgo anormal— por encima del nivel socialmente óptimo.

Ahora bien, las limitaciones de la indemnización pueden estar justificadas cuando incentivan el aumento del volumen de una actividad de riesgo que, probablemente, sería demasiado escasa en un sistema de responsabilidad ilimitada. Esto puede ocurrir si concurren tres circunstancias. La primera es que los agentes muestren una considerable aversión al riesgo y, en concreto, al riesgo de tener que pagar elevadas indemnizaciones por los daños provocados al ejercer la actividad de riesgo. La segunda es que resulte imposible o excesivamente costoso contratar un seguro que cubra daños de extraor-

---

427 *Ibidem*, p. 79.

428 Medina Alcoz (2007, pp. 315 y ss.) entiende que esa probabilidad debe ser superior al 15 %.

429 *Vid*. art. 141 y párr. tercero art. 148 del RDLeg 1/2007, de 16 de noviembre, por el que se aprueba el Texto Refundido de la Ley General para la Defensa de los Consumidores y Usuarios y otras leyes complementarias.

430 Cosialls Ubach, 2012, p. 11 y ss.
Vid. art. 4 de la Ley 12/2011, de 27 de mayo, sobre responsabilidad civil por daños nucleares o producidos por materiales radiactivos. Lo mismo ocurre en la indemnización por pérdida de equipajes (art. 22,2 del Convenio de Montreal) o en la navegación aérea (arts. 115 y ss. Ley 48/1960, de 21 de julio, sobre Navegación Aérea).

dinaria envergadura. La tercera es que se trate de una actividad que genere suficientes beneficios sociales como para compensar los notables riesgos que la misma entraña[431].

La limitación de las eventuales indemnizaciones vendría a constituir una suerte de medida de fomento necesaria para que el volumen de realización de la actividad se eleve, acercándose al socialmente óptimo. La limitación contrarrestaría el efecto inhibidor que sobre dicha actividad ejercen los considerables riesgos que la misma encierra.

4.5. Los daños punitivos

Los daños punitivos —*punitive damages*— son una institución del *Common Law* que permite que, en determinados casos, las sentencias que deciden pleitos por responsabilidad civil condenen a los causantes a pagar indemnizaciones cuya cuantía supere la magnitud del daño ocasionado a las víctimas[432]. El Derecho español no ha permanecido totalmente estanco frente a esta figura pudiendo encontrarse algún precepto —de alcance limitado, eso sí— que contempla la posibilidad de imponer semejantes compensaciones. Es el caso del art. 146 del Real Decreto Legislativo 8/2015, de 30 de octubre, por el que se aprueba el Texto Refundido de la Ley General de la Seguridad Social que establece que cuando el accidente de trabajo o enfermedad profesional se produzca por una deficiente aplicación de las medidas de prevención de riesgos laborales, se impondrá al empresario responsable de la empresa en la que trabaja el trabajador un recargo de un 30 a un 50 %, en función de la gravedad de la falta cometida por la empresa, sobre las correspondientes prestaciones económicas[433]. Otro caso que guarda cierta similitud con los daños punitivos podemos encontrarlo en la regulación contenida en el art. 9,2 d) de la Ley Orgánica 1/1982, de 5 de mayo de protección al honor, intimidad y propia imagen, que permite al perjudicado que ha sufrido una intromisión ilegítima apropiarse del lucro obtenido por aquel que ha llevado a cabo dicha intromisión[434].

Los daños punitivos suponen una «excepción al alza» del principio de la reparación integral al permitir compensar la pérdida de eficacia preventiva de la responsabilidad civil cuando hay una probabilidad efectiva de que el causante de los daños consiga eludir su obligación de repararlos. Este mecanismo permite ahorrar costes de procedimiento, pues a través de un mismo cauce procesal se decide sobre dos cuestiones estrechamente relacionadas: la compensación por daños y el pago de una cantidad adicional en con-

431 Visscher, 2009, pp. 156 y ss.

432 Salvador Coderch, 2000, p. 3 y ss.

433 Tapia Trueba, 2016; Fernández Gregoraci, 2008, pp. 114 y ss.

434 Álvarez Olalla, 2021, p. 49.

cepto de sanción. A ello se suma que se confiere a las víctimas un potente estímulo para poner en marcha los procedimientos a través de los cuales se harán efectivas las correspondientes responsabilidades civil y sancionadora. El principal inconveniente de los daños punitivos es que sobre compensar a las víctimas puede propiciar que éstas se comporten de manera oportunista e incrementar el número y la complejidad de los pleitos. Este problema, no obstante, se podría mitigar desmembrando la cantidad que el responsable ha de pagar y la cantidad que la víctima tiene derecho a recibir, haciendo que aquélla fuese superior a ésta[435].

IV. La relación de causalidad

La importancia que en la práctica se atribuye al requisito de la causalidad contrasta con el desconcierto existente acerca de los criterios de imputación en virtud de los cuales hay que determinar si en un caso concreto dicha causalidad concurre o no[436]. Si bien se acostumbra a considerar la causalidad como el criterio de imputación de daños más importante —si no el único— no es menos cierto que la causalidad, entendida como causalidad de hecho, es sólo uno de los muchos criterios utilizados para imputar responsabilidad por daños[437].

1. Consideraciones generales

Las teorías usualmente empleadas en el Derecho de daños tienden a dar al nexo causal un significado empírico o natural, en virtud del cual se considera que una persona ha causado un daño cuando su actuación forma parte de la cadena de acontecimientos que dan como resultado fáctico ese daño. No obstante, esa concepción tradicional no es capaz de explicar la función que en la práctica desempeña realmente el nexo causal. En primer lugar, porque esa causalidad no siempre es necesaria para que surja la responsabilidad. Hay supuestos en los que una persona responde de un daño que no ha causado o que probablemente no ha causado en ese sentido empírico, como pueden ser, entre otros, los de responsabilidad por el hecho de un tercero, responsabilidad por la pérdida de una oportunidad, responsabilidad por omisión, responsabilidad presunta o responsabilidad de las personas que forman parte de un grupo por los daños causados por un miembro indeterminado del

435 Ángel Yágüez, 2012, pp. 41 y ss.

436 Díez-Picazo, 1999, pp. 331 a 334; Prevot, 2010, pp. 144 y 145; Reglero Campos, 2006a, pp. 215 a 220 y 231 a 233.

437 Salvador Coderch y Fernández Crende, 2006, p. 1.

mismo[438]. En segundo lugar, la existencia de causalidad tampoco es un requisito suficiente para que se desencadene la responsabilidad porque en determinadas ocasiones, las personas que han causado un daño en ese sentido fáctico, incluso mediando negligencia, no son consideradas causantes del mismo a los efectos de tener que resarcirlo. Ese criterio fáctico, en la práctica, resulta modulado o, más bien, sustituido por otros de índole jurídica, como pueden ser, entre otros, los criterios de imputación objetiva, causa eficiente, causa adecuada, causa próxima o causa hipotética[439].

El paradigma de imputación de daños a un sujeto que no los había causado es el caso del envenenamiento por aceite de colza, en el que la mayor condena del siglo XX se decidió al margen de la relación de causalidad[440]. La tragedia del aceite de colza, que causó la muerte de más de 3.000 personas[441], se inició en la década de los setenta del siglo XX.

Aunque la razón del desencadenamiento de la enfermedad nunca fue aclarada, se condenó criminalmente a los responsables de la manipulación del aceite de colza desnaturalizado con anilina para usos industriales y de su desvío al consumo humano, como autores, entre otros delitos, de un delito contra la salud pública, así como civilmente[442]. No obstante, y a pesar de los pronunciamientos de las responsabilidades civiles, los responsables resultaron ser insolventes. Ante esta situación de insolvencia de los responsables los herederos de las víctimas mortales y muchos otros perjudicados articularon esfuerzos en busca de una nueva resolución penal que responsabilizara a algún funcionario y, subsidiariamente, a la Administración para hacerle pagar una indemnización. El pleito posterior fue resuelto por la Audiencia Nacional[443] y, en casación, por el Tribunal Supremo que imputó la responsabilidad *in extremis* a un funcionario de Aduanas y, subsidiariamente, al Estado[444].

---

438 García Amado, 2015, en el *Blog Almacén de Derecho* (https://almacendederecho.org/sobre-causalidad-y-otros-mitos-doctrinales-en-la-responsabilidad-por-dano-extracontractual/).

439 García-Ripoll Montijano, 2008, p. 68 y ss.; Salvador Coderch y Fernández Crende, 2006, pp. 4 a 10.

440 Salvador Coderch y Fernández Crende, 2006, p. 2.

441 Noticia disponible en el periódico ABC, sección Historia. Madrid. Recuperado el 2 septiembre de 2020, de (https://www.abc.es/historia/abci-tragedia-olvidada-aceite-colza-envenenamiento-mato-mas-3000-personas-201907160029_noticia.html?ref=https:%2F%2Fwww.google.com%2F).

442 STS 23 abril 1992 (RJ 1992\6783).

443 SAN 24 mayo1996 (ECLI:ES:AN:1996:14).

444 STS 26 septiembre 1997 (RJ 1997\6366).
Básicamente los hechos fueron los siguientes. El ordenamiento español permitía la importación de aceite de colza para la industria, pero prohibía destinarlo a uso alimenticio. Para evitar que el aceite de colza fuera destinado a uso alimenticio era obligatoriamente «desnaturalizado» con ricino. Debido el aumento de precio y las dificultades de localización

La causalidad nunca llegó a probarse, sólo se presumió a partir de indicios. Se condenó al antiguo director del Laboratorio Central de Aduanas y al jefe de la Sección de Importación de los Productos Agrícolas y Transformados de la Dirección General de Política Arancelaria e Importación por una imprudencia temeraria consistente en haber autorizado la desnaturalización de aceite de colza con anilina. La sentencia declaró, además de la condena a ambos funcionarios, la responsabilidad civil subsidiaria del Estado. Sin embargo, las disposiciones que regulaban las competencias del Laboratorio dejaban bien claro que éstas tenían como único objeto clasificar las sustancias para determinar su tratamiento fiscal, su arancel, pero no perseguían velar por la sanidad pública[445]. Pero la sentencia buscó y encontró responsables principales y subsidiarios para resolver un problema muy grave de asistencia social[446].

Estos pronunciamientos judiciales sobre la tragedia del aceite de colza demuestran las dificultades de la concepción tradicional para establecer si una determinada acción u omisión imprudente es susceptible de haber causado un resultado dañoso. De ahí que la jurisprudencia indique que para imputar a una persona un resultado dañoso (esto es, para determinar si una determinada acción u omisión imprudente es susceptible de haberlo causado) no basta con la constancia de la relación causal material o física, sino que además se precisa la imputación objetiva del resultado o atribución del resultado, lo que en la determinación del nexo de causalidad se conoce como «causalidad material» y «causalidad jurídica»[447].

La relación de causalidad se convierte de este modo en un elemento necesario, pero no suficiente para la imputación objetiva del resultado. Para imputar un daño a la conducta de un sujeto debe analizarse, en primer lugar,

---

del ricino, industriales del sector solicitaron autorización para sustituirlo por aceites de más bajo coste —aceite mineral nafténico o aceite de anilina—. El Laboratorio Central de Aduanas informó que no veía inconveniente en acceder a lo solicitado, ya que el aceite de colza podía desnaturalizarse indistintamente con aceite mineral nafténico o bien aceite de anilina, en sustitución del aceite de ricino, que era el producto hasta ahora utilizado y que los desnaturalizantes propuestos, podían identificarse fácilmente y hacían el aceite de colza inapropiado para la alimentación. No obstante, uno de los industriales invirtió el proceso de desnaturalización y así poder vender luego a buen precio el aceite resultante como comestible, pero algo relacionado con los procesos de refino o de almacenamiento y transporte del aceite desnaturalizado falló, provocando la muerte de cientos de personas y miles quedaron gravemente afectadas.

445 Art.1 Real Decreto 1915/1979, de 29 de junio, por el que se regula el régimen de tráfico de perfeccionamiento activo, prototipo, para la importación de determinadas materias primas lácteas y fosfatos y la exportación de quesos fundidos (B.O.E. núm. 186, 4 agosto 1979).

446 Paredes Castañón, 1998, disponible en base datos Aranzadi (BIB 1998\1067).

447 SSTS 15 de marzo de 2021 (RJ 2021\1641), 5 abril 2019 (RJ 2019\2487), 7 marzo 2018 (RJ 2018\1063), 24 febrero 2017 (RJ 2017\826), 31 enero 2012 (RJ 2012\2031) y 30 noviembre 2011 (RJ 2012\3518).

si dicha conducta ha sido la causa del resultado —la determinación de la relación de causalidad— para, seguidamente, verificar si se dan todos los elementos necesarios para poder imputárselo objetivamente —la imputación objetiva—. La relación de causalidad es una cuestión de hecho, controlable de manera excepcional en casación, mientras que la imputación objetiva es un problema jurídico, donde afloran los juicios de evaluación y legales, revisable en casación[448]. Poder distinguir entre causalidad e imputación objetiva resulta necesario para mejorar la eficiencia del Derecho de daños, reduciendo la inseguridad jurídica que caracteriza a este sector del Derecho[449].

2. La causalidad y la imputación objetiva

Uno de los requisitos de la responsabilidad civil es que exista un nexo causal entre la conducta activa u omisiva del sujeto a quien se imputa un daño y el resultado dañoso. Cuando entre la conducta y el resultado exista una relación de causa-efecto claramente delimitada resultará relativamente sencillo probar el nexo causal. En cambio, en los supuestos que sea más complicado probar que una conducta ha causado un determinado daño, habrá que acudir a criterios o reglas que posibiliten la imputación del daño a un sujeto[450]. En los sistemas de responsabilidad por culpa, la causalidad continúa siendo uno de los problemas más controvertidos y de más difícil delimitación, debido en esencia al solapamiento entre la imputación causal y la imputación subjetiva[451].

En los últimos años un creciente sector de la doctrina especializada a la hora de abordar la causa del daño considera que la existencia de nexo causal requiere no sólo la relación física de causalidad entre unos hechos y un daño —causalidad física—, sino también que tales hechos puedan ser imputados objetivamente al sujeto para que éste deba indemnizar el daño —causalidad jurídica[452]—. Por su parte la Sala de lo Civil del Tribunal Supremo empezó

448 Como apunta Arcos Vieira (2005, p. 18) «la relación causal resulta ajena a criterios jurídicos, por lo que constituye una cuestión de hecho que deberá ser probada y cuya apreciación debe quedar sometida a la consideración de los tribunales de instancia. Por el contrario, la aplicación de criterios de imputación objetiva es claramente una cuestión de Derecho, y por ello revisable en casación. A lo largo del siglo XX la jurisprudencia civil dudó en cuanto a la calificación de la relación de causalidad como cuestión de hecho o de Derecho, lo que se explica por la confusión entre los dos aspectos ya aludidos. Sin establecer debidamente la diferenciación entre ambos, el Tribunal Supremo se ha ido decantando progresivamente hacia la tesis de la consideración del elemento causal como cuestión de Derecho».

449 Pantaleón Prieto, 1990, p. 1565.

450 Yzquierdo Tolsada, 2017, p. 214; Ruda González, 2003, p. 2.

451 Reglero Campos, 2006b, pp. 340 y 341.

452 Álvarez Olalla, 2021, p. 31; Acevedo Prada, 2013, p. 82 y Díez-Picazo, 1999, pp. 341 a 345.

a aplicar esta doctrina a finales de los años noventa[453], si bien la Sala de lo Penal del Tribunal Supremo ya había recogido esta doctrina con anterioridad[454]. Según ARCOS, la jurisprudencia civil también se ha ido haciendo eco de esta distinción, si bien con vacilaciones[455]. Y como indica REGLERO, se puede observar un esfuerzo por escindir ambos elementos[456].

Para verificar si existe el primer elemento, es decir la relación causa-efecto material, entre los hechos y el daño, se acude a la teoría de la equivalencia de las condiciones o de la *condicio sine qua non*[457]. En cuanto al segundo elemento (la imputación objetiva) deben aplicarse criterios jurídicos, los denominados *criterios de imputación objetiva*, a fin de determinar si se puede imputar objetiva o causalmente el daño, o si, por el contrario, existe alguna circunstancia que libere de responsabilidad al demandado, pese a ser su conducta una de las que intervinieron materialmente en la causación del daño[458].

El mayor problema que presenta la relación causal estriba en que, generalmente, en la realización de un hecho concurre una pluralidad de causas directas o indirectas que constituyen un antecedente indispensable para la causación de la conducta generadora de daño[459]. Además, en ocasiones es difícil establecer el origen de una cadena causal física debido a que la combinación ilimitada de posibilidades hace que no todos los supuestos de búsqueda en la relación causal aparezcan dotados de claridad para el intérprete. Esta dificultad en identificar la causalidad física hace que deba combinarse con la causalidad jurídica para imputar la producción del daño a una o varias causas físicas[460].

---

453 SSTS 30 abril 1998 (RJ 1998\2602), 29 diciembre 2000 (RJ 2000\9445), 23 febrero 2001 (RJ 2001\2549), 2 marzo 2001 (RJ 2001\2589), 21 octubre 2005 (RJ 2005\8547) y 26 julio 2006 (RJ 2006\6127).

454 SSTS 20 mayo 1981 (RJ 1981\2247), 5 abril 1983 (RJ 1983\2242), 11 febrero 1987 (RJ 1987\1241), 17 noviembre 1987 (RJ 1987\8532), 9 febrero 1990 (RJ 1990\1359), 1 julio 1991 (RJ 1991\5485), 15 octubre 1992 (RJ 1992\8001), 18 julio 1994 (RJ 1994\6642), 19 octubre 2000 (RJ 2000\9263), 17 enero 2001 (RJ 2001\397) y 4 julio 2003 (RJ 2003\5445).

455 Se aprecia un reconocimiento progresivo, aunque en alguna medida inseguro, *vid*. ARCOS VIEIRA, 2005, p. 22.

456 REGLERO CAMPOS, 2006b, p. 347.

457 La denominada teoría de equivalencia de las condiciones implica que todos los factores con relevancia causal presentan una trascendencia idéntica en la producción del resultado, *vid*. ARCOS VIEIRA, 2005, pp. 27 y ss.

458 Como los factores que influyen en un resultado son múltiples y no todos ellos relevantes para el Derecho deben emplearse criterios que sirven para de limitar los excesos a que lleva la aplicación de la causalidad natural entre la acción u omisión y el daño mediante el recurso de los criterios de «imputación objetiva». De no hacerlo así, la causalidad natural podría llevarnos a considerar p. ej. causante del homicidio a la madre del homicida, por haberle traído al mundo. *Vid*. ÁLVAREZ OLALLA, 2021, p. 66.

459 REGLERO CAMPOS, 2006b, p. 341.

460 Las causas pueden venir de diferentes fuentes, como puede ser un fenómeno natural o tener su origen en la conducta o comportamiento humano, *Vid*. ACEVEDO PRADA, 2013, p. 82.

En todo caso, lo que conviene resaltar es que en la indagación causal que se lleva a cabo en el Derecho de daños existen unas cuestiones que son empíricas y otras que son normativas. Las primeras se resuelven con pruebas y las segundas apelando a criterios jurídicos. El examen de la causalidad no se limita a verificar la conexión fáctica entre la acción del agente y el daño de la víctima —cuestión de hecho—, además se acude a criterios jurídicos para decidir si el resultado, fácticamente ligado a la acción del demandado, puede serle atribuido —cuestión normativa[461]—. En general, la lejanía causal, la imprevisibilidad o el hecho de que la acción sólo haya adelantado en el tiempo un resultado inevitable cuentan como razones para limitar o suprimir, según el caso, la responsabilidad. Este problema —que en el Derecho continental es abordado por la llamada *causalidad adecuada* y en el Derecho anglosajón por la doctrina de la *proximate cause*— no tiene ninguna vinculación con la investigación causal en sentido estricto[462].

3. Los criterios de delimitación de la imputación objetiva

3.1. La causalidad directa e inmediata

Uno de los primeros criterios de imputación causal utilizados es el de la *causalidad directa e inmediata del daño —in iure non remota causa, sed proxima spectatur—*. Con arreglo a este parámetro, para que el daño pueda ser imputado causalmente al agente, lo único que se exige es que el nexo causal no haya sido roto por la interferencia de otra serie causal ajena a la anterior[463].

La doctrina cita con frecuencia en esta materia dos supuestos de daños sufridos por personas sometidas a una determinada intervención quirúrgica, que con posterioridad adquirieron una infección, causa inmediata de los daños. El TS en ambos supuestos nos viene a indicar que los daños no nacieron de la causa remota de la operación, sino de la próxima y eficiente —la infección—, que en este caso no es imputable a los médicos[464].

En la actualidad, probablemente, el Tribunal Supremo se hubiera pronunciado declarando la responsabilidad de los médicos o, en su caso, del centro hospitalario, pues la citada teoría no resulta idónea para la mayoría

461 Se introduce un ingrediente de razonabilidad, en términos jurídicos, al problema de la relación causal material entre el hecho y el resultado. *Vid.* Yzquierdo Tolsada, 2017, p. 215.

462 Pantaleón Prieto, 1990, pp. 1561 a 1563.

463 Díez-Picazo, 1999, p. 337.

464 Ambos pronunciamientos, SSTS 21 marzo 1950 (RJ 1950\394) y 25 enero 1965, pueden encontrase citados y comentados en Díez-Picazo, 1999, p. 337 y Cossío Corral, 1966, p. 534 y 535.

de los casos que puedan plantearse, si se consigue acreditar que no se ha interrumpido el nexo causal cuando el daño se haya producido como consecuencia de una sucesión de acciones y omisiones indisolublemente ligadas entre sí y dependientes todas de aquella que constituye la causa primera[465]. Por otro lado, la teoría de la causa inmediata resulta inservible si se entiende ésta desde un punto de vista meramente temporal, sobre todo porque con ella se despreciarían antecedentes causales anteriores cuya incidencia en el resultado final puede ser de igual o mayor intensidad que el inmediato. En un caso de rotura de la caja de cambios de un camión y vertido de aceite a la calzada, el vehículo que le seguía tuvo que maniobrar para evitar la mancha, motivo por el cual atropelló a un peatón. La causa inmediata del atropello lo constituyó la maniobra del conductor del turismo. La causa mediata el vertido de aceite. El Tribunal Supremo consideró que ambas circunstancias constituyeron antecedentes causales del accidente, y que ambas fueron eficientes para producir el resultado dañoso. La doble imputación causal exigía acudir a la imputación subjetiva, operación en la que se declaró la responsabilidad del propietario del camión por el deficiente estado de conservación del mismo[466].

La búsqueda de criterios que permitan un más adecuado título de imputación causal y la generalización de sistemas objetivos ha desplazado esta teoría de la causalidad directa e inmediata a favor de teorías que propugnan que del conjunto de hechos antecedentes ha de considerarse causa en sentido jurídico sólo aquellos hechos de los cuales quepa esperar la producción de un resultado, como sucede con la llamada teoría de la causalidad adecuada[467].

3.2. La causalidad adecuada

Más consolidación ha logrado la teoría de la causalidad adecuada, también conocida por la jurisprudencia como causalidad eficiente[468]. En un plano físico o material esta teoría parte de la equivalencia de las condiciones; en un plano jurídico considera que no todos los antecedentes causales de un resultado dañoso tienen la misma relevancia. Se asienta sobre la base de juicios de probabilidad, tomando en consideración aquellas situaciones en las que el hecho es consecuencia probable del hecho enjuiciado, teniendo también en

465 Díez-Picazo, 1999, p. 337.

466 STS 13 febrero 1999 (RJ 1999\1236).

467 Para que sea imputable al agente se requiere que la acción u omisión sea una condición *sine qua non* del resultado dañoso, *vid.* Reglero Campos, 2006b, p. 349.

468 Así se denomina en las SSTS 24 febrero 2017 (RJ 2017\826), 25 octubre 2011 (RJ 2012\432), 24 julio 2008 (RJ 2008\4626), 27 enero 2006 (RJ 2006\615), 24 mayo 2004 (RJ 2004\4033), entre otras.

cuenta las circunstancias que concurren en el caso concreto[469]. Ello hace que del conjunto de hechos antecedentes habría de considerar como causa en sentido jurídico —con potencialidad suficiente para la imputación del daño— sólo aquellos hechos de los cuales quepa esperar *a priori*, y según criterios de razonable seguridad o de verosimilitud estadística —juicio de probabilidad—, la producción de un resultado[470].

No obstante, salvo en los casos de causalidad por conducta omisiva, en las que en la imputación objetiva entran en juego tanto el juicio de previsibilidad como el de exigibilidad, ha de tenerse en cuenta que el juicio de previsibilidad, como criterio que define una hipotética representación mental del agente sobre las eventuales consecuencias de su conducta, no constituye un elemento de la relación causal, sino de la imputación subjetiva[471]. Así, en un caso en el que la imputación objetiva es clara, pero no hay imputación subjetiva por el juicio de previsibilidad, relativo a un incendio de vehículo por causas desconocidas, que se propaga a otros y a un edificio adyacente, el Tribunal Supremo se pronunció en el sentido de que no puede apreciarse que la actitud del propietario del vehículo donde se originó el incendio hubiera sido negligente, pues era del todo *imprevisible* que un vehículo en estado normal o usual de conservación y de no excesiva antigüedad, se incendiara a consecuencia de un cortocircuito o de cualquier otro motivo que el sujeto ignoraba por completo[472]. No obstante, en ocasiones, se confunden los planos de la imputación objetiva y el juicio de previsibilidad, como sucedió en unos casos de accidente en el que el daño se imputa al agente, dada su previsibilidad, al indicar que debe responderse por los daños cuya causación era de esperar en la esfera del curso normal de los acontecimientos; es decir, cuando se trata de daños previsibles[473].

La jurisprudencia civil, siguiendo a la penal[474], ha adoptado de forma prácticamente unánime la doctrina de la causalidad adecuada distinguiendo entre

469 Reglero Campos, 2006b, pp. 348 y 349.

470 Yzquierdo Tolsada, 2001, p. 191.

471 Sin causalidad no hay imputación posible, pero no basta la causalidad para que el hecho dañoso sea imputable al agente. *Vid.* Díez-Picazo, 1999, p. 336; Cossío Corral, 1966, pp. 536 y ss.

472 STS 10 octubre 2000 (RJ 2000\9192).

473 STS 1064/1994, 23 noviembre (ECLI: ES:TS:1994:7577) [advertir que se ha detectado que a esta resolución le consta también la referencia (ECLI: ES:TS:1994:7584), 1050/1994, 23 noviembre (ECLI: ES:TS:1994:19494), ambas del mismo día y del mismo MP Jaime Santos Briz. En expresión de ambas resoluciones: «riesgos perfectamente previsibles y evitables que encajan en la omisión de la diligencia según las personas y las circunstancias concurrentes».

474 En cuanto a la jurisprudencia penal, sirva a modo de ejemplo el pronunciamiento que, después de distinguir entre relación causal e imputación objetiva, alude a los criterios que deben servir para llevar a cabo la imputación, señalando como más frecuente el de

relación causal e imputación objetiva, adoptando de forma casi unánime el criterio de la causalidad adecuada, orillando otras fórmulas que reclamaban al criterio del buen sentido judicial debido a la insuficiencia de criterios doctrinales concluyentes[475]. Si bien este cambio ha comportado un innegable avance respecto de la situación anterior[476], no ha sido bastante para construir una doctrina congruente sobre la cuestión causal al utilizar, en ocasiones, fórmulas que mezclan sin orden cuestiones tan dispares como pueden ser la relación causal, su prueba o la imputación objetiva y la subjetiva[477].

3.3. Criterios de inadecuación causal

Junto a los criterios de la causalidad directa y de la causalidad adecuada existen otros criterios cuya utilidad se centra en la delimitación negativa o en la exclusión de la imputación objetiva, más que para la determinación positiva de la imputación causal[478].

3.3.1. El riesgo general de la vida

Con arreglo a la doctrina del riesgo general de la vida, el daño debe ser soportado por quien lo sufrió[479]. Las personas vivimos en sociedades que se caracterizan por la división del trabajo y por diferentes maneras de interacción entre quienes las componemos. Y esa división del trabajo así como la posibilidad infinita de relación entre las personas sólo resultan posibles si estamos dispuestos a reconocer que muchas conductas arriesgadas están efectivamente permitidas y que, por lo tanto, el agente no habrá de responder cuando el riesgo creado se concrete en un accidente que cause daños a

la adecuación, sin perjuicio de la existencia de otros, «como el de la relevancia, el de la realización del peligro inherente a la acción base, o los del incremento o disminución del riesgo, o el del fin de protección de la norma; estos últimos —dice— discutidos, pero esclarecedores en materia como la de la causalidad, cuya conceptuación doctrinal sigue en evolución», STS 5 abril 1983 (RJ 1983\2242).

475 SSTS 5 abril 2019 (RJ 2019\2487), 19 febrero 2019 (RJ 2019\613), 5 septiembre 2007 (RJ 2007\5439), 5 abril 2006 (RJ 2006\2081), 27 enero 2006 (RJ 2006\615), 6 septiembre 2005 (RJ 2005\6745), 16 mayo 2001 (RJ 2001\6213), 19 diciembre 2000 (RJ 2000\10127), 14 febrero 2000 (RJ 2000\675), entre otras.

476 Cavanillas Múgica, 1988, pp. 383 a 386.

477 SSTS 30 junio 2000 (RJ 2000\5918), 1 abril 1997 (RJ 1997\2724), 24 enero 1995 (RJ 1995\165), 13 febrero 1993 (RJ 1993\768), 27 octubre 1990 (RJ 1990\8053), entre otras.

478 Pantaleón Prieto, 1990, pp. 1561 y ss.; Díez-Picazo, 1999, pp. 346 y ss.; Yzquierdo Tolsada, 2001, pp. 194 y ss.; Salvador Coderch y Fernández Crende, 2006, pp. 10 y ss.; Marín Castán, 2020, p. 23.

479 Álvarez Olalla, 2021, p. 66.

terceras personas[480]. El problema reside en determinar qué hechos, actos o actividades pueden considerarse incluidos en ese riesgo general de la vida. YZQUIERDO TOLSADA y DÍEZ-PICAZO coinciden en ilustrar esta idea con el ejemplo de que no se puede imputar objetivamente a quien causó lesiones leves a otro, los daños que éste haya sufrido en un accidente de circulación en que se vio envuelto el taxi que lo trasportaba al hospital[481].

La jurisprudencia nunca ha llegado al extremo de erigir los riesgos generales en fuente única de la responsabilidad, pues el sistema español exige inequívocamente la intervención de culpa o negligencia en el sujeto cuya acción u omisión cause el daño[482]. A modo de ejemplo, en un accidente doméstico por la caída de una señora en el pasillo de la casa de unos amigos al pisar un juguete con ruedas, el Tribunal Supremo se pronunció indicando que «han de excluirse del ámbito del art. 1902 CC los pequeños riesgos que la vida obliga a soportar, el riesgo general de la vida o los riesgos no cualificados, pues riesgos hay en todas las actividades de la vida, y que en el ámbito doméstico son fácilmente imaginables acciones u omisiones culposas o negligentes de los anfitriones para con sus invitados, como por ejemplo servir una comida sin haberse preocupado de que esté en buenas condiciones o no haber reparado antes de la visita defectos del material aislante de los cables eléctricos exteriores o a la vista».

Pero ello no significa —continúa el TS— «que absolutamente todas las situaciones hipotéticamente peligrosas sean merecedoras de imputación objetiva si el peligro es remoto y aquéllas entran dentro de la normalidad de un hogar, a lo que añade que no toda desgracia determina necesariamente que alguien deba responder de ella porque, como se señalaba al principio, *la vida comporta riesgos por sí misma*»[483].

También en un caso de daños sufridos por un viandante al tropezar con una manguera de pequeño tamaño colocada en la vía pública para el riego habitual de jardines, el Tribunal Supremo señala que en este caso «no sólo resulta discutible la existencia de culpabilidad por parte de los trabajadores de la empresa, sino que en el caso falta la causalidad en su secuencia jurídica o de posibilidad de atribución del daño, porque la caída sufrida no puede imputarse a la conducta de los trabajadores, sino que opera la regla excluyente —criterio de valoración de "imputación objetiva"— del "riesgo

480 SALVADOR CODERCH y FERNÁNDEZ CRENDE, 2006, pp. 10 y 12.

481 DÍEZ-PICAZO, 1999, p. 346; YZQUIERDO TOLSADA, 2017, p. 215.
Además, YZQUIERDO TOLSADA (2017, p. 215) pone el ejemplo de que a quien provocó que el viajero no pudiera volar a la hora prevista no se le puede imputar el que el perjudicado muriera después de estrellarse el siguiente avión, pues eso ya es más bien un riesgo ligado a la propia existencia del hombre en sociedad.

482 SSTS 31 octubre 2006 (RJ 2006\8882) y 22 febrero 2007 (RJ 2007\1520).

483 STS 17 julio 2007 (RJ 2007\4895).

general de la vida" (...) Y si no hay causalidad, (...) no cabe hablar, no ya de responsabilidad subjetiva, sino tampoco de responsabilidad por riesgo u objetivada»[484].

Otros pronunciamientos que acogen el criterio del riesgo general de la vida se refieren por ejemplo a lesiones en el ojo a la espectadora de un partido de fútbol a consecuencia de un balonazo durante los ejercicios de los jugadores previos al partido[485], lesiones resultantes del ejercicio gimnástico realizado por un alumno bajo la supervisión del profesor, considerando que son la realización de un «riesgo natural» que no puede generar responsabilidad civil[486]; o supuestos relativos a caídas en establecimientos abiertos al público en los que la jurisprudencia exonera a sus titulares dado que no se trata de actividades y lugares que generen especial riesgo[487].

En cambio, no forma parte de esos riesgos generales de la vida, como con acierto ha señalado la jurisprudencia, que el cliente de una discoteca se clave en un pie el vidrio de un vaso roto en las proximidades del baño[488]. Y tampoco tiene el cliente, cuando visita la explanada en la que se han estacionado vehículos para su venta, que estar expuesto a tropezar cuando se dispone a comprobar el estado de uno de ellos, caer al rio y matarse si la explanada carecía de medida alguna de protección[489].

3.3.2. La prohibición de regreso

Desde que se comprueba una intervención dolosa o gravemente imprudente de un tercero, con arreglo al criterio de la prohibición de regreso, se impide retroceder hasta el agente que desencadenó el curso causal, aunque la conducta de éste hubiera sido condición *sine qua non* del daño. Si se produce esa intervención ya no resulta posible imputar el daño al causante remoto[490].

Se trata de hipótesis en las que hay una irrupción de un nuevo curso causal (una conducta humana) en el ya iniciado por la conducta del eventual responsable (o en el seno de su actividad), que da lugar a un resultado que con aquella conducta o esta actividad no se hubiera alcanzado o bien hubiera sido diferente al finalmente acaecido. En el ejemplo propuesto por DÍEZ-PI-

484 STS 2 marzo 2006 (RJ 2006\5508).

485 STS 7 marzo 2018 (RJ 2018\1063).

486 STS 17 febrero 2009 (RJ 2009\1494).

487 SAP Barcelona 17 julio 2017 (JUR 2017\229914), SSTS 22 diciembre 2015 (RJ 2015\5571) y 17 diciembre 2007 (RJ 2007\8934).

488 STS 18 marzo 2016 (RJ 2016\983).

489 STS 22 diciembre 2015 (RJ 2015\5571).

490 ÁLVAREZ OLALLA, 2021, p. 67; YZQUIERDO TOLSADA, 2017, p. 216.

CAZO se indica que hay responsabilidad del que tiene bajo su custodia una cosa determinada, si como consecuencia de haber abandonado la custodia, un tercero la roba o se apodera de ella[491]. En cambio, no respondería el cazador que deja una escopeta cargada en una taberna en la que se encuentran discutiendo varias personas si alguno de los participantes en la disputa utiliza el arma para matar dolosamente a otro: no habría imputación objetiva, pues, a pesar de haber sido el cazador quien puso en marcha el proceso, ha sobrevenido en la secuencia causal la conducta dolosa de un tercero que impide regresar hasta quien puso en marcha el curso causal[492]. Igualmente, si el error de diagnóstico es cometido por el cirujano negligente y ello provocó la indebida extirpación de una trompa de Falopio al limitar la procreación a inseminación artificial, lo que no se puede es regresar al principio del proceso causal para hacer responsable al facultativo que hizo el legrado previo, incompleto y para nada definitivo[493].

La prohibición de regreso ha sido utilizada por la jurisprudencia en supuestos de consentimiento informado del ámbito médico-sanitario[494], en un supuesto de una caída de un menor en un edificio en rehabilitación[495] o en un supuesto de un pequeño incendio iniciado en la churrería de un hotel, que se propagó de forma incontrolada, debido a que unos desconocidos habían colocado allí abundante material explosivo. En este último caso se absolvió al propietario del establecimiento y el Tribunal Supremo declaró que «dentro ya de la teoría de la causalidad adecuada o eficiente (...) cabe estudiar el problema de la interrupción del nexo causal por la intervención de un tercero, respecto del cual es unánimemente aceptado que, en los supuestos en que la intervención es dolosa o intencionada y no viene determinada por la del agente inicial, es decir, se opera de manera libre, se producirá una auténtica interrupción del nexo, determinativa de una irresponsabilidad de este último»[496].

Pero debe tenerse en cuenta que una conducta dolosa o negligente que irrumpa en un primer curso causal no da lugar en todo caso a la falta de imputación objetiva a quien dio origen al primer curso causal, porque una circunstancia decisiva para esa falta de imputación es que la primera causa

491 Díez-Picazo, 1999, pp. 346 y 347; Salvador Coderch y Fernández Crende, 2006, pp. 13 y 14.

492 Como indica Yzquierdo Tolsada (2017, pp. 216 y 217) este criterio es de dudosa utilidad si se limita a los cursos causales en los que existe dolo, lo que ha llevado, primero, a apreciarlo en los casos de grave negligencia del tercero, pero finalmente ha terminado extendiéndose a cualquier curso causal extraño al originario, lo que supone una sobredimensión que permite terminar dudando de su utilidad.

493 STS 14 febrero 2006 (RJ 2006\884).

494 STS 20 mayo 2011 (RJ 2011\3982).

495 STS 24 octubre 2003 (RJ 2003\7519).

496 STS 11 marzo 1988 (RJ 1988\1961).

no fuera empíricamente adecuada para producir el resultado. En este sentido la jurisprudencia viene declarando inaplicable la prohibición de regreso en un concreto ámbito que es el de la responsabilidad de los auditores. En estos casos el criterio de la prohibición de regreso se aplica cuando hay una interrupción del curso causal mediando la conducta dolosa o gravemente imprudente de tercero (en este caso, los administradores), de modo que no se puede «regresar» desde el tercero que intervino causando dolosa o culposamente el daño hasta el agente cuyo acto u omisión propició la cadena causal, por más que hubiera podido ser la condición *sine qua non* del daño. Tampoco puede aceptarse que los informes de auditoría no son por sí mismos susceptibles de causar daño alguno, ya que conduciría a la exclusión de responsabilidad derivada del ejercicio de la función de auditoría, pues siempre serían otras actuaciones las directamente causantes del daño. No puede desconocerse que el art. 11.1 de la Ley 22/2015, de 20 de julio, de Auditoría de Cuentas proclama la responsabilidad de los auditores para el caso de incumplimiento de sus obligaciones, debido a la posición de «garante» que la ley les atribuye en relación con el reflejo fiel de la situación patrimonial de las cuentas de las empresas auditadas, con claros efectos para las propias empresas y para los terceros[497].

Las ineficiencias de la prohibición de regreso se producen en el momento de averiguar cuándo alguien que crea una determinada situación, debe ser considerado como garante de que otro no la continúe hasta producir unas consecuencias lesivas o dañosa, así como cuándo a alguien que es garante del desarrollo posterior de una acción, le está permitido y le es lícito con-

497 Marín Castán, 2020, p. 24; SSTS 21 septiembre 2018 (RJ 2018\4167) y 5 marzo 2009 (RJ 2009\1631).
Otra excepción respecto al criterio de la prohibición de regreso son las reclamaciones de daños por infracciones del Derecho de Defensa de la Competencia, en concreto en materia de responsabilidad de empresas infractoras por los sobrecostes derivados de ilícitos anticompetitivos y soportados por sujetos que se encuentran en niveles inferiores de la cadena de suministro —compradores indirectos—. Abarca tanto los casos de la propia cadena de suministro de la empresa infractora, como las hipótesis de compradores de la cadena de suministro de las empresas competidoras que, sin haber incurrido en infracción de las normas de Defensa de la Competencia, han incrementado su precio como consecuencia de la conducta anticompetitiva de la infractora (Olmedo Peralta, 2014, pp. 107 y ss.). Los compradores indirectos están legitimados para reclamar los daños sufridos como consecuencia del sobrecoste soportado por la conducta anticompetitiva de la empresa o empresas infractoras. La consecuente responsabilidad de esas empresas frente a los compradores indirectos constituye una excepción respecto los criterios generales de la causalidad jurídica o imputación objetiva, en concreto respecto al criterio de la prohibición de regreso. En este sentido, la legitimación de los compradores indirectos permite reclamar los daños soportados como consecuencia del sobrecoste directamente a la empresa responsable de la conducta anticompetitiva, en lugar de quedar dicha reclamación circunscrita a la contraparte contractual directa de la víctima del daño. Lógicamente ello supone una ampliación del concepto relación de causalidad del ordenamiento jurídico interno en virtud del respeto al principio de efectividad del Derecho Comunitario de la Competencia (STJUE (Sala Quinta) 5 junio 2014 (TJCE 2014\213), Asunto C-557/12, *Kone AG*).

fiar en que un sujeto que actúe después se comportará correctamente[498]. Los deberes de precaución de un agente social para con los demás, o bien se definen institucionalmente por la ley (empleadores, propietarios, padres, maestros, anfitriones, amigos), o bien se establecen primero social y después jurisprudencialmente para cada sector específico del tráfico[499].

3.3.3. El incremento del riesgo

Según el criterio del incremento del riesgo —también denominado de la conducta alternativa— no puede imputarse a una determinada conducta un concreto evento dañoso, si éste hubiera ocurrido igualmente sin ese acto u omisión[500].

Para la aplicación de este criterio de exclusión de la imputación objetiva no es suficiente la mera posibilidad de que el evento dañoso se hubiera producido igualmente, sino que debe existir una certeza prácticamente absoluta de que así hubiera sido. Se encuentra en supuestos como el del atropello de una persona que por su grave intoxicación etílica se interpuso en la trayectoria de camión que estaba realizando una maniobra de marcha atrás en trabajos de explotación minera. El Tribunal Supremo acercándose a la aplicación de este criterio de incremento del riesgo, consideró irrelevante para la prevención del accidente que el conductor del camión careciera del certificado prescrito en el art. 117 del Reglamento General de Normas Básicas de Seguridad Minera, habida cuenta de que el conductor tenía permiso de las clases A1, A2, B1 y D2[501].

Otro supuesto, en el que se aplicó el criterio del aumento del riesgo, es el relativo a los daños sufridos por una persona como consecuencia de la inhalación de emanaciones de gas. Aquí el Tribunal Supremo absolvió a la entidad instaladora demandada, al descartar que la causa eficiente del siniestro pudo «haber sido la omisión de una inspección reglamentaria que debería haber sido practicada a lo largo de un período de cuatro años, durante el cual la instalación del calentador no había tenido lugar, pues dicha inspección no habría permitido comprobar las graves irregularidades de la instalación del aparato que consistían (...) en que el regulador del consumo del calentador no funcionaba adecuadamente y en la carencia de conducto para la evacuación de humos de la dependencia en que había sido situado produciéndose, por ello, una acumulación de monóxido de carbono que llegó a ser inhalado por la señora M»[502].

498 Díez-Picazo, 1999, p. 344.

499 Salvador Coderch y Fernández Crende, 2006, p. 13.

500 Álvarez Olalla, 2021, p. 66; Yzquierdo Tolsada, 217, p. 218; Reglero Campos, 2006b, p. 357; Díez-Picazo, 1999, p. 348.

501 STS 8 octubre 1998 (RJ 1998\7559).

502 STS 27 diciembre 2002 (RJ 2003\1332).

Sin embargo, en otros supuestos en los que el Tribunal Supremo ha tenido la posibilidad de aplicar el criterio del incremento del riesgo ha declarado la existencia de una relación de causalidad entre la conducta y el hecho dañoso[503]. Así se observa en un supuesto de fallecimiento de un bañista en una piscina municipal que carecía de vigilante. El Ayuntamiento demandado alegaba que en las circunstancias bajo las que ocurrieron los hechos —el bañista se encontraba en el agua con varios amigos, sumergiéndose bruscamente sin que éstos se percatasen—, el ahogamiento se hubiera producido igualmente, aunque hubiera habido vigilante. El Tribunal Supremo declaró que «en modo alguno puede reputarse conclusión lógica la de que un vigilante profesional, atento por razón de su misión a percatarse de los accidentes que pudieran ocurrir en la piscina, no pudiera darse cuenta en un tiempo prudencial de lo acaecido al hijo de los actores recurrentes...»[504].

El criterio del incremento del riesgo puede resultar ajustado en el ámbito penal en el que prima la atención al juicio de reproche, pero no tanto en el civil en el que antes que al juicio de reproche se atiende al resultado. En la medida de lo posible se habría de determinar cuál es el grado de aporte causal de cada uno de los antecedentes que concurren a la producción del resultado. La tarea que se debe llevar a cabo es dilucidar, en cada caso y atendiendo a criterios técnico-científicos, cuál hubiera sido el daño que hubiera sido el resultado normal del hecho objetivamente imputable al demandado. El daño debe ser imputado en su totalidad si las circunstancias preexistentes tan sólo de forma muy improbable o remota lo hubieran ocasionado o agravado[505].

3.3.4. El fin de protección de la norma

Otro criterio para establecer la relación causal es el del denominado «fin de protección de la norma en la que se fundamenta la responsabilidad», según el cual no pueden ser objetivamente imputados a la conducta del autor aquellos resultados dañosos que caigan fuera del ámbito o finalidad de protección de la norma sobre la que pretenda basarse la responsabilidad del demandado[506]. Pero es necesario tener presente que para la correcta aplicación de este criterio sólo debe haber imputación causal cuando la situación de la que deriva el daño tiene su origen en la transgresión por el demandado de una norma cuándo imponga una función de seguridad o una función de otra naturaleza[507]. En definitiva, si hay una norma incumplida, y sobre ese incum-

503 Marín Castán, 2020, p. 23.

504 STS 5 marzo 1984 (RJ 1984\1198). En similares circunstancias, el TS precisó en otro pronunciamiento que el baño en una piscina pública no es una actividad generadora de anómalos o excepcionales peligros, STS 17 diciembre 2019 (RJ 2019\5140).

505 Reglero Campos, 2006b, p. 360.

506 Álvarez Olalla, 2021, p. 67; Yzquierdo Tolsada, 2017, p. 217.

507 Díez-Picazo, 1999, p. 348.

plimiento se quiere basar la responsabilidad, no cabrá imputar objetivamente los daños que caen fuera del ámbito de protección de esa norma[508].

Este criterio se empleó en la temprana sentencia del TS de 22 febrero de 1946[509] en un litigio en el que varios obreros que estaban trabajando en domingo murieron como consecuencia de la explosión de una fábrica de municiones cercana al lugar del trabajo. El TS consideró que la infracción de las normas sobre descanso laboral por el empresario no era suficiente para imputarle causalmente los daños, puesto que tales normas persiguen un fin de descanso y no de seguridad. Del mismo modo, la STS de 30 de enero de 1951[510] consideró que la finalidad de la norma que prohíbe el transporte de personas en vehículos destinados al transporte de mercancía tiene como función proteger la competencia desleal frente a las empresas destinadas al transporte de viajeros, por lo cual no son imputables al transportista las lesiones sufridas por los viajeros en un accidente de circulación[511].

Aunque la jurisprudencia civil no es homogénea en este sentido, en algunas ocasiones el criterio del «fin de protección de la norma» se señala expresamente como criterio de decisión. Así por ejemplo en un caso de una explosión en una vivienda por manipulación de insecticida fumigante adquirido para desinfección de la misma, el criterio del fin de protección de la norma se manejó explícitamente para afirmar que los defectos de etiquetación de un producto, al no estar relacionados con la utilización inadecuada que dio lugar a una explosión, no permiten imputar objetivamente los daños patrimoniales resultantes al fabricante. Las normas de envasado del desinfectante no informaban adecuadamente de los riesgos de intoxicación. Sin embargo, la causa eficiente del resultado no fue por una deficiente información, sino la culpa exclusiva de la compradora que rompió cualquier nexo causal respecto de las responsabilidades de los demás demandados, puesto que las advertencias formuladas en ella eran suficientes para advertir del peligro existente y permitir al usuario formarse una opinión fundada sobre la seguridad que ofrecía el producto. El fin de protección de la norma de las advertencias ausentes estaba dirigido a evitar intoxicaciones por contacto, inhalación o ingestión, pero no la inflamación de la sustancia, que estaba debidamente informada y que fue a la postre la que materializó el riesgo del resultado[512].

---

508 Como indica Yzquierdo Tolsada (2017, p. 217), este criterio se encuentra explícitamente consagrado en el art. 163 del Libro 6 del Código Civil holandés: «*Ninguna obligación de indemnización de daños existe, cuando la norma transgredida no tiene por objeto la protección contra un daño como el sufrido por la víctima*».

509 RJ 1946\253.

510 RJ 1951\90.

511 Sin embargo, para Reglero Campos (2006b, p. 362) la norma infringida es una norma de seguridad al considerar que parece destinada a evitar el mayor riesgo que supone el transporte de personas en tales condiciones.

512 STS 21 noviembre 2008 (RJ 2009\144).

En otras ocasiones, si bien se resuelve en consonancia con este criterio, no se señala el mismo como fundamento del fallo de manera expresa. En este sentido, en un caso de fallecimiento de un trabajador por el derrumbamiento de estructuras producido con ocasión de unas obras no autorizadas, el Tribunal Supremo consideró que no es posible «imputar de forma objetiva al promotor la responsabilidad por el accidente causado, puesto que este comportamiento no es suficiente, por sí solo, para atribuir la causalidad jurídica»[513].

El cumplimiento o incumplimiento de cierta normativa proporciona una seguridad que no es posible pretender acudiendo a los criterios de imputación objetiva o a la eventual concurrencia de causas de exoneración; sin embargo, constituye una solución rígida que tiene en cuenta una circunstancia que, precisamente en el caso de la responsabilidad objetiva, no forma parte del fundamento de la norma de responsabilidad. Los criterios para delimitar el fin de protección de la norma no deberían girar sobre el comportamiento del eventual responsable; la responsabilidad objetiva no desaparece por el hecho de que el demandado haya desempeñado una conducta diligente, precisamente porque puede causar daños a pesar de haberla adoptado. Por eso parece preferible delimitar el ámbito de protección sin dar un papel decisivo al cumplimiento de esas normas[514].

3.3.5. La provocación

El criterio de la provocación permite imputar los daños sufridos por una persona, o causados por ésta a un tercero en el intento de salvar su vida, su integridad física o sus bienes, o la vida, integridad física o bienes de un tercero, al que culpablemente creó la situación de peligro cierto sobre los bienes jurídicos mencionados[515].

Igualmente en aplicación del criterio del fin de protección de la norma en un caso de caída a la vía del tren de una persona que sufre un ataque epiléptico, la STS 27 febrero 2006 (RJ 2006\694) consideró que no se puede imputar a Renfe que el denominado «quitarreses» (mecanismo de seguridad del tren para el caso de que a la velocidad habitual, se encuentre un obstáculo en la vía y para evitar que ello pueda producir un descarrilamiento del convoy) enganche el cuerpo del accidentado, pues ese mecanismo tiene por finalidad evitar descarrilamientos y proporcionar seguridad a los trenes en caso de accidente, no evitar que caiga a la vía una persona enferma que se encuentra en el andén sola. También en un caso de muerte por ahogamiento de un niño en una piscina municipal que se encontraba en obras y fuera de servicio, para excluir la imputación a la entidad demandada la STS 17 julio 1986 (RJ 1986\4571) declaró que las medidas reglamentarias adoptadas se encontraban dictadas «unas (las de seguridad e higiene en el trabajo), para las obras en fase de actividad de la construcción y para beneficio y protección de los trabajadores en las mismas, y otras para la seguridad de los usuarios de las piscinas ultimadas y en uso como tales».

513 STS 15 enero 2008 (RJ 2008\1394).

514 Basozabal Arrue, 2015, p. 93.

515 Salvador Coderch y Fernández Crende, 2006, p. 16.

El criterio de la provocación resulta de aplicación cuando el resultado dañoso es consecuencia del peligro creado por la acción inicial[516]. DÍEZ-PICAZO propone para ilustrar este criterio la hipótesis de una persona que resulta lesionada como consecuencia de una persecución a un delincuente, entonces los daños derivados de las lesiones se imputarán objetivamente al delincuente que huía, siempre que la persecución haya sido provocada por la conducta irrazonable del delincuente, atendida la condición de policía del perseguidor. Otra hipótesis puede ser la de quien ocasiona un accidente de circulación en el que resulta incendiado un vehículo que explota: esa persona responderá de la muerte de quien fallezca cuando pretendía salvar a un menor atrapado en ese vehículo; sin embargo, no responderá por la muerte de una persona que intentaba salvar unas maletas[517].

Puede decirse en general que el principio o teoría de la provocación —según el cual permite imputar los daños al que culpablemente creó la situación de peligro— se ha aplicado en casos en que una persona resulta dañada en el ejercicio de su profesión. En ese ámbito se emplea para excluir la imputación objetiva al causante de un daño cuando un profesional (un socorrista de protección civil, un bombero, un policía, etc.) interviene en un curso causal en el ejercicio ordinario de su profesión que por su naturaleza implica riesgos. En estos casos los daños que se deriven de su desempeño profesional y que padezca el mismo profesional, como regla general, no pueden ser imputados al autor que dio lugar a la situación que motivó la intervención de la víctima, sino al propio riesgo especial inherente a la profesión[518].

El Tribunal Supremo, en un caso en el que falleció un bombero con ocasión de su intervención en apagar un incendio, afirmó: «es cierto que en el incendio está el origen del daño pero el nexo causal que relaciona la muerte del bombero con esta fuente de riesgo desaparece desde el momento en que inicia las labores propias de extinción y el propietario del inmueble queda al margen de actividad desarrollada en su interior, sin posibilidades de control de ningún tipo. La responsabilidad del propietario no debe enjuiciarse desde la óptica del singular riesgo creado por el incendio que motivó la intervención de la víctima. El riesgo que esta persona crea se traslada al ámbito de responsabilidad de la víctima, que controla y asume esta fuente de peligro en el ejercicio ordinario de su profesión, con lo que el curso causal se establece entre el ejercicio profesional de este riesgo voluntariamente asumido y el daño producido por el fuego, con la consiguiente obligación de soportar las consecuencias de su actuación.

---

516 STS 26 septiembre 2005 (RJ 2005\7336).

517 DÍEZ-PICAZO, 1999, pp. 347 y 348.

518 La SAP Albacete 11 diciembre 2012 (JUR 2013\8019) declaró la inexistencia de la relación de causalidad al apreciar la ausencia del nexo de causalidad entre la acción determinando el daño (el incendio) y el daño causado (la muerte del bombero), pues la entrada en la vivienda por el bombero, libre y voluntaria, supone una ruptura del nexo causal, por lo que la misma no puede imputarse al propietario de la vivienda.

Y si no hay causalidad no cabe hablar, no ya de responsabilidad subjetiva, sino tampoco de responsabilidad por riesgo u objetivada necesaria para que el demandado deba responder pese al desgraciado y lamentable accidente sufrido por parte de quien pone su trabajo al servicio de la comunidad»[519].

4. La causalidad en determinadas situaciones

Con el paso del tiempo, la generalización y ampliación de los sistemas objetivos de responsabilidad ha provocado una revisión de los axiomas tradicionales de la relación causal. Ya no se busca tanto la causa del daño, como la razón suficiente para que el daño pueda ser atribuido a un sujeto o patrimonio determinados, como puede ser la relación de dependencia de la persona causante del daño con la declarada responsable o la relación de propiedad con la cosa productora del daño[520].

Para que exista la obligación de reparar el daño sufrido no basta con constatar la relación causa-efecto. No es suficiente que el hecho haya sido, en el caso concreto, condición *sine qua non*, sino que es necesario además que éste resulte de una causa adecuada para ello[521]. Podría decirse por tanto que la regla general (aunque no universal) de responsabilidad civil es que, para imputar un daño a una persona, es preciso que ésta lo haya causado. Sin embargo, la doctrina ha modulado esta causalidad de hecho con criterios de imputación objetiva que permiten en unos casos ampliar y, en otros, restringir el abanico de causas adecuadas[522].

---

519 STS 18 marzo 2014 (ECLI:ES:TS:2014:981).
Otros supuestos relativos a la falta de acreditación del nexo causal: STS 31 enero 2012 (RJ 2012\2031), STS 20 mayo 2012 (RJ 2011\3982), STS 30 junio 1989 (RJ 1989\4799), SAP Castellón 21 octubre 2013 (JUR 2014\8140) y SAP Cádiz 29 enero 2010 (JUR 2010\125751).

520 Ello, en el fondo, como apunta Cossío Corral (1966, p. 528), «implica ya el acudir para llevar a cabo la imputación a criterios distintos del de la mera causalidad, no interesando tanto que el sujeto sea la causa psicofísica del daño como que éste le deba ser imputado por cualquier razón de Justicia o equidad».
Esta idea se puede observar en el pronunciamiento del TS en el que se enjuició acerca de un caso de pérdida de visión de un ojo sufrida por un cliente de una discoteca, como consecuencia del impacto de un trozo de cristal lanzado por persona que no pudo ser identificada, en el que se declaró la responsabilidad del propietario de la discoteca (STS 21 mayo 2001 (RJ 2001\6464)). Hay que indicar que la responsabilidad se sustentó de manera equivocada en una aplicación analógica del art. 1910 CC.

521 Roca Trías, 2003, pp. 152 a 156; Díez-Picazo, 1999, p. 338.

522 La doctrina ha ido elaborando criterios de imputación objetiva (causa próxima, adecuación, eficiencia, prohibición de regreso, finalidad de protección de la norma, incremento de riesgo, etc.). Todos ellos sirven principalmente, indica Arcos Vieira (2005, p. 79), al objetivo de proporcionar al tribunal «argumentos para justificar la exoneración de responsabilidad de algunos de los agentes que han intervenido en la causación de un daño. Todos ellos, por esta razón, contradicen frontalmente la *equivalencia de las condiciones* en un plano jurídico».

En la práctica judicial los mayores inconvenientes o dificultades que encuentran los Tribunales se derivan de que muy frecuentemente los daños son efecto de causas concurrentes, de causas alternativas o de omisión de conductas, y ello plantea problemas para el establecimiento del nexo causal.

4.1. Causas concurrentes o causalidad indeterminada

En los casos de concurrencia de una pluralidad de causas en la producción del daño —causas físicas o materiales junto con una actividad humana— el problema se presenta cuando los antecedentes causales no pueden ser diferenciados entre sí. Cuando las causas son equivalentes y tienen el mismo valor, el acto o la omisión humana serán condición *sine qua non* del daño y se entenderá como causa del mismo haciéndolo imputable a su autor. Sin embargo, la verificación de la relación causal constituye un presupuesto de la responsabilidad —cuestión de hecho—, pero no la prejuzga aún, siendo preciso para ello la imputación causal o imputación objetiva —consideraciones de orden jurídico[523]—.

4.1.1. El cabal conocimiento del nexo causal

Si bien todos los antecedentes causales son físicamente presupuesto imprescindible para la producción de un daño, desde un punto de vista jurídico no todos los antecedentes generan, habitualmente, el mismo aporte causal a los efectos de la imputación objetiva. Hacerlos equivalentes cuando el grado de aportación causal es diferente daría lugar a una extensión intolerable del elemento causal[524].

Un ejemplo clásico en el que se aprecian resultados desproporcionados a que puede dar lugar la aplicación de este criterio lo encontramos en el caso de una vaca propiedad del demandado que apareció muerta en una finca vecina. Junto con otras personas, el demandante ayudó al demandado a cargarla en un camión. Ante la sospecha de que la causa de la muerte de la vaca fuera hidrofobia, todos los que cargaron la vaca en el camión fueron sometidos a tratamiento antirrábico. Por causas no determinadas ni aclaradas por la ciencia médica y que se producen en raros casos, la vacuna que les suministraron provocó en uno de ellos una reacción, como consecuencia de lo cual quedó paralítico. Finalmente se determinó que la hidrofobia no existía. El TS declaró responsable al propietario del animal, declarando que en este caso se «forma una cadena de hechos tan íntimamente ligados entre sí, sin interferencia de ningún otro extraño, culposo o no, ni de acción alguna

523 Acerca del concepto de causa material y el concepto de causa jurídica, *vid*. Cossío Corral, 1966, p. 531 a 533.

524 Colina Garea, 2014, p. 182.

atribuible al perjudicado o a tercera persona»[525], que cada uno de ellos es consecuencia lógica y natural del anterior, de manera tal que, sin su concurrencia, no se hubiera producido racionalmente el nexo causal, a diferencia de cuando esa concatenación de hechos aparece rota por interferencia de actos no directamente derivados del anterior, en que desaparece la relación de causalidad[526].

Una vez verificada la existencia de nexo causal, será necesario determinar si la conducta o actividad humana —como antecedente causal— debe considerarse con entidad suficiente como para provocar la imputación causal[527]. La necesidad de distinguir entre relación causal e imputación objetiva como categorías independientes en el ámbito de la causalidad proviene tal como se ha señalado *supra* del campo penal. La Sala Penal del Tribunal Supremo señaló por primera vez, a inicios de la década de los ochenta que «para la responsabilidad penal no basta con la constancia de la relación causal —a determinar según el criterio de la equivalencia de condiciones— sino que además se precisa la imputación objetiva del resultado, para lo que se requiere la adecuación de la causa para producir aquél como consecuencia lógica y natural de aquélla (...) La concurrencia o no de causalidad es algo empíricamente constatable, a determinar según los métodos de las ciencias naturales, y ésta es la base de la teoría de la equivalencia de condiciones. Pero otra cosa distinta es que para el injusto típico se requiera, además, la concurrencia de una categoría puramente normativa: la imputación objetiva; es decir, que mediante criterios extraídos de la interpretación de la esencia y función del tipo de injusto, se pueda afirmar desde el punto de vista jurídico penal, que un resultado es objetivamente atribuible, imputable, a una acción»[528].

En la jurisprudencia civil no se encontraba inicialmente una construcción mínimamente parecida a la doctrina de la imputación objetiva seguida o aplicada por resoluciones de la Sala de lo Penal del Tribunal Supremo. Únicamente podía detectarse en algunas sentencias puntuales un esfuerzo por escindir ambos elementos de la relación causal, y también por diferenciar

525 STS 10 febrero 1959 (RJ 1959\1483) citada por Reglero Campos, 2006b, pp. 345 y 346.

526 Colina Garea, 2014, p. 84; Díez-Picazo Giménez y Arana De La Fuente, 2009, p. 198.

527 Como indica Reglero Campos (2006b, p. 346) si bien todavía nos movemos en el campo de la causalidad y no en el de la imputación objetiva, en los sistemas subjetivos no siempre es fácil deslindar entre uno y otro tipo de imputación, puesto que, por definición, en estos sistemas la conducta de la persona que causa el daño es conducta culpable. Si un vehículo circula a una velocidad excesiva por una vía urbana atropellando a un peatón que cruzaba por un paso de cebra, se suele ver la causa no tanto en el hecho en sí de la circulación del vehículo, cuanto en la imprudencia de su conductor. En estos casos se tiende a confundir imputación causal e imputación subjetiva, cosa que no sucede en los casos de aplicación del criterio de imputación estrictamente objetivo en los sistemas de responsabilidad sin culpa.

528 STS 5 abril 1983 (RJ 1983\2242).

entre imputación objetiva e imputación subjetiva[529]. A su vez, la Sala Primera adoptó de forma decidida uno de los criterios sobre imputación objetiva, como es el de la causa adecuada, que antes se alternaba con otros criterios causales. En algunos pronunciamientos existía una referencia a la imputación objetiva, pero eran casos aislados y que se encontraban al margen de una construcción doctrinal mínimamente elaborada. No obstante, entorno a la primera década del siglo XXI pueden encontrarse, por un lado, pronunciamientos que ponen el acento en el concepto de imputación de manera semejante sin un significado muy preciso[530], y, por otro lado, pronunciamientos que recogen manifiestamente la doctrina de la imputación objetiva[531].

En este último caso se hace hincapié en especial en afirmar que la imputación objetiva, que integra una cuestión jurídica, «comporta un juicio que, más allá de la mera constatación física de la relación de causalidad, obliga a valorar con criterios extraídos del ordenamiento jurídico la posibilidad de imputar al agente el daño causado apreciando la proximidad con la conducta realizada, el ámbito de protección de la norma infringida, y la frecuencia o normalidad del riesgo creado frente a la existencia de los riesgos generales de la vida, entre otras circunstancias»[532].

A pesar de la aceptación mayoritaria de la teoría de la imputación objetiva por parte de la doctrina, hay autores que dudan que el juicio de imputación objetiva pueda distinguirse del juicio de culpabilidad[533]; y, otros autores, ponen en cuestión la radical separación entre la causalidad —física— y la imputación objetiva, por considerar que la causalidad no está exenta de normatividad[534].

529 SSTS 2 marzo 2001 (RJ 2001\2589), 23 febrero 2001 (RJ 2001\2549), 30 abril 1998 (RJ 1998\2602).

530 SSTS 25 septiembre 2003 (RJ 2003\6826), 22 julio 2003 (RJ 2003\5852), 9 julio 2003 (RJ 2003\4618), 2 marzo 2001 (RJ 2001\2589) y 30 abril 1998 (RJ 1998\2602).

531 Pronunciamientos que acogen a las claras el criterio de la imputación objetiva, SSTS 11 junio 2008 (RJ 2008\4358) y 5 de marzo 2009 (RJ 2009\1631): «la determinación del nexo causal entre el acto causante del daño y la actividad del agente a quien se imputa la responsabilidad civil constituye una cuestión de hecho, salvo en el terreno de la llamada imputación objetiva. Esta modalidad de imputación consiste en que, establecida una relación de causalidad física o fenomenológica entre el agente y el resultado dañoso, debe formularse un juicio mediante el cual se aprecia si las consecuencias dañosas de la actividad son susceptibles de ser atribuidas jurídicamente al agente, aplicando las pautas o criterios extraídos del Ordenamiento jurídico que justifican o descartan dicha imputación cuando se ponen en relación con el alcance del acto dañoso particularmente considerado, con su proximidad al resultado producido, con su idoneidad para producir el daño y con los demás elementos y circunstancias concurrentes».

532 SSTS 15 julio 2010 (RJ 2010\6049) y 30 noviembre 2011 (RJ 2012\3518).

533 García Amado, 2013; Peña López, 2011; García-Ripoll Montijano, 2008.

534 Medina Alcoz, 2007; Gascón Abellán, 2011; Gascón Abellán y Medina Alcoz, 2009.

En el actual Derecho de daños español la culpa ha pasado a tener, en buena medida, un carácter meramente residual, frente al protagonismo asumido por los mecanismos de valoración de daños. No obstante, la causalidad sigue siendo uno de los problemas más controvertidos y de más difícil delimitación, debido fundamentalmente a la imbricación entre la imputación causal y la imputación subjetiva, por lo que en esta materia la ineficiencia se manifiesta sobre todo en la gran disparidad de pronunciamientos[535].

4.1.2. La prevalencia y la proporcionalidad

En el *Common Law* la doctrina procesal civil en materia de prueba propugna que la causalidad se considera probada cuando la probabilidad de que el demandado haya causado el daño es más alta que la probabilidad de que no[536]. Así, si la víctima no consigue probar que la probabilidad alcanza el umbral del 51 %, no habrá responsabilidad. En cambio, si lo consigue, el causante del daño responderá de todo el daño que haya causado[537]. Es decir, en estos supuestos basta una probabilidad de haber causado el daño del 51 % para que se pueda condenar al demandado a reparar el 100 % del mismo, mientras que, si la probabilidad es sólo del 49 %, no habrá responsabilidad y la víctima no recibirá indemnización alguna[538].

Con esta regla de la preponderancia de la prueba, en el caso de que el daño sea de 100 euros, pero la probabilidad de que el demandado lo haya causado sea sólo del 40 %, el demandado será absuelto, pero a costa de un error probable de 40 euros que no recibirá la víctima ninguna cantidad en concepto de compensación.

Pero esta regla del índice de prevalencia resulta insuficiente y conduce a resultados insatisfactorios en algunos casos, como cuando la víctima no pueda demostrar cuál de los miembros de un determinado grupo de personas le ha causado el daño[539]. Por un lado, no parece adecuado negar a la víctima el derecho a obtener alguna compensación. Y, por otro lado, hacer responder solidariamente a los miembros de todo el grupo podría ser excesivo, pues no se tendría en cuenta cual ha sido la verdadera contribución causal al

535 Reglero Campos, 2006b, pp. 340 y 341.

536 Schäfer y Ott (1991, p. 226), por concepto de probabilidad del daño entienden el grado de posibilidad o pronosticabilidad de presentación de un evento.

537 Salvador Coderch y Fernández Crende, 2006, p. 5.

538 Ruda González, 2003, p. 2.

539 La imposibilidad de determinar con certeza la conducta concreta o factor que haya sido causa material del daño resulta uno de los caracteres propios de los supuestos de daños causados por miembro indeterminado de grupo. En este sentido *vid*. Díez-Picazo, 1999, pp. 163 y ss.; Arcos Vieira, 2005, pp. 60 y ss.

daño concreto. A ello se añade que como efecto indirecto se facilitaría que la víctima reclamase contra el miembro más solvente, aunque su efectiva contribución causal hubiese sido la menor —sin perjuicio de las dificultades que podrían surgir para encontrar al resto de autores del daño, que podrían inutilizar la vía interna de regreso entre responsables solidarios[540]—.

Junto a la regla de la prevalencia y con el fin de paliar algunas de sus consecuencias se encuentra el otro criterio para considerar probada la causalidad: la regla de responsabilidad proporcional o, lo que es lo mismo, declarar y concretar la responsabilidad en proporción a la probabilidad de causación. Imagínese que concurren una pluralidad de causas con una probabilidad muy baja de causar daños, con una causa que tenga una probabilidad de más del 50 % de haber causado el daño. Con la regla de la prevalencia, a quienes con sus actos contribuyeron de forma escasamente importante no se les está incentivando para que adopten precauciones, pues fácilmente evadirán toda responsabilidad dadas las reducidas probabilidades de haberlos causado efectivamente. Al contrario, se desincentivará en exceso al sujeto con más del 50 % de los daños probables, pues no podrá evitar la condena por la totalidad[541].

Ante esta situación la propuesta es imponer responsabilidad en proporción a la probabilidad de causación de cada cual, por pequeña que resulte[542]. Según SCHÄFER y OTT el principio de la proporcionalidad es válido para evaluar las obligaciones en el tráfico jurídico, siempre y cuando exista una relación proporcionada entre la probabilidad de que un peligro se haga realidad y la gravedad de las violaciones potenciales, por un lado, y el gasto requerido para eliminar ese peligro, por otro[543].

La regla de la probabilidad es una visión *ex post* del Derecho de daños, en cambio, la regla de la proporcionalidad centrada en la idea de prevención de daños valora una perspectiva *ex ante*. En un intento de síntesis de ambas reglas, PORAT y STEIN se pronuncian por una *regla de responsabilidad por incerteza*, con arreglo a la cual responderá por un daño cuya causa es incierta la parte que originó o tuvo la mejor oportunidad de evitar la incerteza. Con esta regla lo que se perseguiría es que las partes optimicen sus inversiones y despejen *ex ante* la incertidumbre, de forma que *ex post* la aplicación de las reglas ordinarias de responsabilidad ya se encargaría de generar los incentivos óptimos para reducir el daño, siendo responsable quien estuviese en mejor condición de preconstituir la prueba[544].

540 RUDA GONZÁLEZ, 2003, p. 2.

541 En relación con las propuestas sobre la responsabilidad proporcional como solución a la incertidumbre causal, *vid*. MEDINA ALCOZ, 2020, pp. 631 y 632.

542 SALVADOR CODERCH y FERNÁNDEZ CRENDE, 2006, p. 6.

543 SCHÄFER y OTT, 1991, p. 165.

544 PORAT y STEIN, 1997, pp. 1893 y ss.

4.2. Causas alternativas o causalidad múltiple

Los problemas causales se originan en ocasiones cuando un resultado dañoso es consecuencia de múltiples causas: unas directas, otras indirectas, algunas remotas, otras próximas..., pero todas ellas constituyen un único antecedente causal —causalidad de hecho— sin el cual la consecuencia dañosa no se hubiera verificado[545]. Cuando esto sucede los operadores jurídicos se encuentran ante la encrucijada de establecer a cuál o a cuáles de todas estas causas, corresponde atribuir relevancia jurídica[546].

Este tipo de problemática puede observarse en un caso en el que la actora sufrió múltiples contusiones como consecuencia de ser arrollada por una vaquilla en unas fiestas locales. Tras una primera exploración se observó que el brazo derecho presentaba una pequeña contusión sin apreciar lesión, recomendándole reposo y toma de analgésicos. Debido a las molestias acudió al Servicio de Urgencias del Hospital donde, como consecuencia de una caída de la camilla, sufrió importantes traumatismos en el hombro y resultó fracturado. Resulta evidente que los daños sufridos por la víctima a consecuencia de la caída de la camilla no pueden ser imputados a quien eventualmente pudiera ser responsable del primer hecho dañoso, por mucho que fuera un antecedente causal del segundo hecho. Así lógicamente lo entendió el Tribunal Supremo al señalar que ante la pluralidad de sujetos intervinientes en la causación de daños a la actora (el Ayuntamiento y el Centro médico, ambos demandados), han de separarse sus responsabilidades, en el razonable sentido de que el atropello de la vaquilla, de la que el Ayuntamiento es civilmente responsable, produjo sólo los daños que certifica el médico que primeramente intervino, y los daños que han determinado la declaración de invalidez permanente por parte del Instituto Nacional de la Seguridad Social se produjeron fuera del ámbito de actuación del Ayuntamiento por el inadecuado tratamiento que se le proporcionó en el Hospital del Instituto Nacional de la Salud. Y es por estos únicos daños por los que esta entidad tiene civilmente que responder, de igual forma que el Ayuntamiento sólo tiene que responder de los daños primeros que, al no ser evaluables pecuniariamente, dio lugar a su absolución[547].

---

545 La doctrina clásica, que encuentra su origen en Derecho romano, exige que el hecho origen de la responsabilidad haya sido causa directa e inmediata del daño. Distinta es la fórmula adoptada por el Código Civil español, que en su art. 1107 establece que: Los daños y perjuicios de que responde el deudor de buena fe son los previstos o que se hayan podido prever al tiempo de constituirse la obligación y que sean consecuencia necesaria de su falta de cumplimiento. Basta, por tanto, que la causa haya de producir necesariamente el daño, siendo por lo demás indiferente que lo haya producido de modo directo e inmediato, o indirecta y mediatamente. Para que el daño pueda ser imputado al agente, lo único que se exige es que el nexo causal no haya sido roto por la interferencia de otra serie causal extraña a la primera. *Vid*. Cossío Corral, 1966, pp. 533 a 536.

546 Reglero Campos, 2006b, p. 341.

547 STS 16 abril 2003 (RJ 2003\3718).

Otro supuesto que ilustra la cuestión es el del fallecimiento de una persona por inhalación de monóxido de carbono, como consecuencia de un incendio causado en un bar por un menor de ocho años que prendió fuego a una planta artificial. El Tribunal Supremo desestimó la demanda de la aseguradora del establecimiento que, tras pagar la indemnización, repitió contra los padres del menor, al considerar que la acción del menor no había sido por sí sola causa suficiente del resultado final, que se hubiera evitado de haber dispuesto el establecimiento de los medios adecuados para la extinción de incendios, falta de medios que constituyó la causa determinante de ese resultado[548].

Cuando varios agentes contribuyen a causar un daño, su actuación conjunta puede crear un efecto sinérgico de forma que la actuación de uno refuerza el efecto perjudicial de la del otro o viceversa y mientras la probabilidad de que cada conducta aisladamente considerada causara el daño es reducida, en cambio, la probabilidad de que la superposición de ambas lo cause es mucho más elevada que la suma de las probabilidades individuales. Si hay varios agentes potenciales de daños que actúan secuencialmente, el primero en actuar puede no causar ningún daño porque, por ejemplo, la cantidad de vertidos que realiza es por sí sola inocua. Pero los vertidos de quienes le siguen se suman a los anteriores y, entre todos, acaban por causar graves daños. Dicho de otro modo, talar medio bosque no es necesariamente grave, pero cortar los árboles restantes sería una catástrofe. La regla, tradicionalmente aplicada por los tribunales españoles, de la responsabilidad solidaria de los cocausantes del daño no tiene en cuenta que el segundo agente es mucho más peligroso que el primero, por lo que como indican SALVADOR y FERNÁNDEZ de forma muy gráfica, el veneno está en la dosis[549].

La concesión de acciones de regreso a quien ha pagado una indemnización por el todo limita la conclusión anterior, pero el sistema únicamente funcionará bien cuando se gradúe la acción de regreso en función del incremento del daño causado en vez de hacerlo —en el ejemplo anterior— proporcionalmente al número de árboles talados. Pero es que, además, para que el sistema funcione se requiere que el demandado en vía de regreso sea solvente.

En los casos que se produce un efecto sinérgico es muy discutido si hay o no un único modo lógico de imputar los daños a cada uno de los demandados. Algunas propuestas estimulan la reflexión de los tribunales llamados a decidir. Una de ellas, por ejemplo, define el daño marginal de cada demandado, en casos de actuación simultánea de varios dañadores, teniendo en cuenta el promedio de todas las combinaciones posibles de actos dañinos. Otra apunta al hecho de que, si todos los demandados se comportaron de

548 STS 27 junio 2005 (RJ 2005\4438).

549 SALVADOR CODERCH y FERNÁNDEZ CRENDE, 2006, p. 5.

tal modo que habría bastado la actuación de cualquiera de ellos para causar todo el daño, el régimen de responsabilidad solidaria infraincentiva un comportamiento prudente de todos ellos, pues el daño sólo se causa una vez y la acción de regreso permitirá dividir su estimación proporcionalmente al número de causantes. En casos así resulta justificada una condena por importe superior a los daños causados pues es razonable entender que la multiplicidad de daños ocasiona un daño exponencialmente superior a los daños considerados de manera aislada[550].

4.3. Omisión de conductas o causalidad por omisión

La admisión generalizada durante el siglo XIX de la omisión de las conductas como posible origen de un daño produjo el efecto de extender de forma considerable el campo de la responsabilidad civil extracontractual[551]. En España, la equiparación de las omisiones a las acciones a los efectos de la atribución de esta responsabilidad viene ya indicada por el propio tenor literal del art. 1902 CC. Ahora bien, ARCOS entiende que, propiamente, sólo deben ser tratadas como omisiones las llamadas «omisiones puras o en sentido estricto», es decir, aquellas en las que el responsable del daño no lleva a cabo una conducta[552]. Los casos considerados como «omisiones de negligencia» pueden reconducirse a los esquemas generales de la responsabilidad civil aplicados con carácter general a las acciones. De este modo, sólo respecto a las omisiones puras se plantean los particulares problemas que surgen a la hora de considerar responsable de un daño a quien no lleva a cabo una conducta[553].

Si bien el Código Civil español no lo indica de manera expresa, el fundamento de las omisiones como fuente de responsabilidad puede encontrarse en el incumplimiento de un deber legal o negocial de actuar para evitar el daño. Es precisamente dicho incumplimiento lo que cualifica la inactividad, convirtiéndola en omisión[554]. Por el contrario, en las omisiones de diligen-

550 *Ibidem*.

551 DÍEZ-PICAZO, 1999, pp. 94 y 287 y ss.

552 A la hora de proceder a la determinación del sujeto en quien debe repercutir el evento dañoso, no debe quedar excluido de la indemnización de un perjuicio quién pudo o debió evitarlo y no lo hizo. *Vid*. ARCOS VIEIRA, 2005, pp. 125 a 127

553 En un supuesto de ceguera bilateral originada en las primeras semanas de incubadora, la STS 24 marzo 2001 (RJ 2001\3986) razona que la inactividad médica se convierte en pasividad profesional, que «resulta alarmante y hasta agresiva» y que pone de manifiesto la «clara infracción de la *lex artis* por no practicar los elementales y necesarios medios de previsión», al identificar la omisión de los debidos controles con la falta de diligencia que afecta a la actividad médica desarrollada.

554 En cuanto al fundamento de la omisión —pura— como fuente de responsabilidad, si existe un especial deber legal o negocial de obrar, *vid*. DÍEZ-PICAZO, 1999, p. 290; ARCOS VIEIRA, 2005, p. 128.

cia la propia omisión y la negligencia van indisolublemente unidas, es decir, estas —impropias— omisiones sólo existen en la medida en que, precisamente, se aprecie una insuficiencia de la diligencia que se debió de aplicar a la acción realizada. Las omisiones en sentido estricto requieren un previo deber de actuación cuyo incumplimiento permite calificar esa inactividad como omisión, atrayéndola así al proceso de determinación de los responsables de un daño.

A mi juicio, no parece suficiente el mero incumplimiento de un deber de actuar para justificar una condena indemnizatoria. Dicho incumplimiento debe ser imputable al obligado[555]. A modo de ejemplo, en un caso de daños personales y materiales, como consecuencia de un derrumbe de un edificio, se consideró responsables a los propietarios por no realizar las obras necesarias para evitar la ruina[556].

Un supuesto mediático de responsabilidad por omisión en la vigilancia y control de los hechos de otro es el caso Aznalcóllar. La rotura de un dique de contención de una balsa de residuos mineros produjo el vertido de su contenido en un afluente del río Guadalquivir, el Guadiamar, cuyo cauce fue invadido por lodos contaminantes que dañaron la flora y la fauna del sistema hídrico. El Tribunal Supremo, entre otros argumentos, fundamentó su decisión condenatoria en clave de omisión: *A Boliden Apirsa, S.L., (propietaria de la balsa de residuos mineros) le era exigible, como titular de la explotación minera el deber de mantener la balsa en las adecuadas condiciones de seguridad y la omisión de ese deber comporta ese elemento de culpabilidad que la Administración ha tenido en cuenta al dictar el acuerdo de que trae causa este proceso. (...) A Boliden Apirsa, S.L., le es imputable la culpa en la elección de esa empresa (Geocisa, a la que se le había encargado el recrecimiento del dique de la balsa) y la culpa por no haberse implicado más directamente en la vigilancia de unos instrumentos de control creados para mantener la seguridad en una situación de riesgo creada por ella en el ejercicio de su actividad*[557].

Con todo, la práctica judicial coincide para ambos tipos de omisiones en varios puntos, como la propia existencia de un deber incumplido, la imputabilidad o negligencia que caracteriza ese incumplimiento y la relación entre la omisión y el daño, cuestiones todas ellas que se solapan con cierta frecuencia. Esta última circunstancia ocurre cuando la conducta debida con la que se compara la omisión del eventual responsable se identifica —a falta o más allá de un deber legalmente previsto— con la conducta que hipotéticamente hubiera impedido o podido impedir la realización del daño. La aplicación de esta técnica supone en la práctica una elevación del nivel de diligencia exigible, hasta aquél representado por el tipo de actividad que hubiera sido nece-

555 ARCOS VIEIRA, 2005, pp. 131 y 132.

556 STS 24 mayo 2004 (RJ 2004\4033).

557 STS 22 noviembre 2004 (RJ 2005\20).

sario para impedir el daño[558] y que, en tanto éste se ha producido, es evidente que no podrá tenerse por cumplido[559].

A pesar de los excesos jurisprudenciales en materia de culpa y los matices expuestos, según ARCOS en las omisiones sólo cabe la responsabilidad subjetiva por negligencia: en las omisiones puras, por la necesaria imputabilidad del incumplimiento del deber de actuar, y en las omisiones de diligencia (omisiones impropias) porque ellas mismas suponen precisamente la negligencia del demandado[560].

Una vez apreciada la omisión negligente e imputable, la relación entre ésta y el daño no puede establecerse sobre la base de una relación de causalidad material[561]. El método empleado para la identificación de una condición *sine qua non* no puede trasladarse al ámbito de las omisiones por dos razones fundamentales. En primer lugar, porque la falta de actuación, por principio, no puede materialmente ocasionar ningún efecto[562] y, en segundo lugar, al margen de que en ocasiones la relación de causalidad se fundamenta directamente en la omisión de la conducta que hubiera evitado con certeza el resultado dañoso, ocurre también en otros casos que el enlace entre la conducta omitida y la evitación del daño que realiza el órgano judicial es discutible.

En ciertos ámbitos puede fundamentarse esa relación en algunos criterios objetivos o científicos, pero en otros no. Las dificultades de apreciar con precisión cuáles hubieran sido las consecuencias de la acción debida y no

---

558 STS 8 mayo 2001 (RJ 2001\7379), señala que la diligencia exigible comprende «la previsión necesaria para evitar que los riesgos potenciales se conviertan en accidente real».

559 Como es sabido son un gran número de sentencias las que se pronuncian en este sentido; puede citarse entre ellas la STS 1 octubre 2003 (RJ 2003\6206), que afirmaba que «la responsabilidad extracontractual sólo puede enervarse demostrando la concurrencia de caso fortuito, culpa del perjudicado o diligencia de un buen padre de familia», y que «el cumplimiento de los reglamentos y demás disposiciones legales que obligan a la adopción de garantías para prevenir y evitar los daños, pues si estas medidas no han ofrecido resultado positivo —porque el daño se ha producido— se revela y patentiza su insuficiencia y que faltaba algo que prevenir, no hallándose completa la diligencia».

560 ARCOS VIEIRA, 2005, pp. 135 a 136.

561 SALVADOR CODERCH y FERNÁNDEZ CRENDE, 2006, p. 1.

562 Así lo señalan por ejemplo algunas sentencias. La STS 26 marzo 2004 (RJ 2004\1952), indicaba que la muerte de un niño por electrocución en una estación de RENFE nunca pudo ser ocasionada por la madre que no estaba con él o el vigilante de las instalaciones que no se encontraba realizando su trabajo; la STS 18 junio 2004 (RJ 2004\4431) en el mismo sentido vino a declarar que la muerte de un minero al caerle una gran piedra no la causó la falta de un estudio geológico o de mayores precauciones por parte de la empresa para la que trabajaba, que además cumplía todas las normas.

llevada a cabo se manifiesta en los casos de incumplimiento de deberes de información[563], especialmente en el ámbito sanitario[564].

El criterio que presenta una especial utilidad en el caso de la imputación objetiva de las omisiones es el del ámbito de protección de la norma infringida (anteriormente analizado), claramente idóneo en estos casos por la necesaria existencia de un deber incumplido de forma imputable. Sin embargo, este criterio presenta, al igual que ocurre en la generalidad de los casos, la dificultad de delimitación del ámbito de protección de la norma[565].

Frente a la tendencia dominante que, con base en el principio *pro damnato*, exagera el número y el contenido de los deberes supuestamente incumplidos por quien va a ser considerado responsable por omisión[566], existe una tímida corriente jurisprudencial que revisa esos planteamientos, aun a costa de concluir con la desestimación de las pretensiones indemnizatorias de los perjudicados[567]. Como señala ARCOS ello comporta la aparición de contradicciones entre los pronunciamientos judiciales, que incrementan la sensación de inseguridad y de imposibilidad de pronóstico en los conflictos de esta clase[568].

563 Arcos Vieira, 2005, pp. 136 a 140.

564 STS 8 septiembre 2003 (RJ 2003\6065), contempla un caso de falta de consentimiento informado previo a una operación diligentemente realizada cuyas secuelas requirieron una segunda intervención correctora.

565 Este criterio explica, por ejemplo, la imputación de responsabilidad de los daños sufridos por menores a los padres que no los vigilan debidamente, o la de los daños por derrumbamiento de edificios ruinosos a sus propietarios, o respecto al sujeto que omite la debida asistencia a quien se encuentra en peligro grave. Asimismo, explica la absolución del demandado cuando la omisión no guarda relación con los daños. *Vid.* Arcos Vieira, 2005, pp. 141 y 142.

566 En este sentido, con base en el principio *pro damnato*, la STS 26 marzo 2004 (RJ 2004\1952) consideró que la madre del menor de ocho años fallecido había sido negligente por haber colaborado a la producción del evento dañoso por falta de control sobre el mismo.

567 A modo de ejemplo, la STS 11 mayo 2004 (RJ 2004\2730) llega a la conclusión —aunque ciertamente se ignora por qué razón— que los padres de un menor de cuatro años, que se introduce en un edificio en construcción cuyas obras están paralizadas y muere al caer en un pozo séptico, han sido perfectamente diligentes en el cuidado y vigilancia de su hijo.

568 Arcos Vieira, 2005, pp. 143 a 146.

CAPÍTULO CUARTO

ÁMBITOS PARADIGMÁTICOS DE PATOLOGÍAS E INEFICIENCIAS DEL DERECHO DE DAÑOS ESPAÑOL

I. Introducción

Las posibles ineficiencias estructurales del sistema de responsabilidad civil analizadas en el capítulo anterior tienen —como se ha puesto de manifiesto— una repercusión en ámbitos diversos del Derecho de daños. En el presente capítulo se abordarán una serie de desajustes, incoherencias, externalidades y costes directos e indirectos que derivan no tanto de los caracteres estructurales del sistema de responsabilidad civil adoptado, sino de la manera concreta en que el ordenamiento español viene regulando aspectos distintos o cuestiones determinadas del Derecho de daños o que afectan a la responsabilidad civil.

A este respecto, podrían ser objeto de tal análisis diversas cuestiones del Derecho de daños, pero existen tres de ellos que evidencian la producción de estas ineficiencias con una especial intensidad: la manera en que se regula la responsabilidad por el hecho de otro, la pluralidad de jurisdicciones que pueden conocer de una demanda por daños y el seguro de responsabilidad civil.

Cada uno de estos temas provoca en la práctica cuestiones de inseguridad, falta de coherencia y resoluciones contradictorias. Así, el sistema español de responsabilidad civil extracontractual de las Administraciones públicas está plagado de incoherencias y contradicciones entre lo que los tribunales argumentan y lo que realmente fallan. Por más que afirmen de manera retórica que las Administraciones públicas responden de manera objetiva, los fallos de sus resoluciones se apartan de lo previamente razonado y del sistema objetivo legalmente establecido. Cuando hablamos de la figura de la responsabilidad del empresario el requisito de la culpa ya no juega como uno de los límites esenciales para su aplicación, habiendo sido desplazada por la responsabilidad por riesgo, donde la existencia del daño justifica de por sí la declaración de responsabilidad del empresario. La presunción de culpa y la cuasiobjetivación de la responsabilidad de los padres y tutores mediante la elevación de la diligencia exigible comporta que todo el esfuerzo para regular los diversos regímenes de responsabilidad carezca de sentido pues acaban encontrándose.

La principal crítica que debe dirigirse al sistema diseñado por el legislador español no es sólo que convivan criterios diferentes para el enjuiciamiento de casos idénticos, sino que tales criterios, con frecuencia, se solapen. El solapamiento de órdenes jurisdiccionales potencialmente competentes es el problema práctico más grave del vigente Derecho español de daños.

Otros desajustes se producen en el ámbito del seguro de responsabilidad civil cuando se pretende que la aseguradora responda por la deuda en que incurrió su asegurado, provocando confusión entre la garantía de la solidaridad y la de la fianza. Y en cuanto a la acción de regreso, el problema se plantea en el caso de que uno de los asegurados resulte insolvente, así como en la distribución de la responsabilidad entre los corresponsables solidarios en función de sus respectivas contribuciones al daño, por tratarse de un problema práctico de prueba.

II. Responsabilidad por el hecho de otro

En determinadas hipótesis el ordenamiento hace recaer la obligación de indemnizar los daños que se han producido sobre quien no los ha ocasionado física o materialmente, bien sea por el funcionamiento normal o anormal de la Administración pública por actos de su personal y autoridades, bien por el hecho de que, en determinadas ocasiones, se considera que el beneficiario último de una actividad debe también responder de los daños causados por quien desempeña esta actividad en su favor (empresario), bien porque el causante es inimputable, y se hace responder a las personas que se encargan de su guarda y custodia (padres, tutores y curadores). Se establece así lo que se denomina responsabilidad por el hecho de otro o responsabilidad vicaria a través de la cual un determinado sujeto responde por los daños causados por conductas dañosas de un tercero con el que está vinculado por una relación de agencia, dependencia u otro tipo de relación análoga. La ley señala como responsable a alguien porque considera que ha participado de alguna manera indirecta en la producción del daño causado a través de una conducta omisiva consistente en no haberlo evitado, debiendo hacerlo[569].

569 Recientemente sobre el particular Álvarez Olalla, 2021, pp. 95 y 46; otros autores han abordado el sistema de responsabilidad por hecho ajeno desde una perspectiva crítica Gómez Pomar, 2004, pp. 2 y ss.; Salvador Coderch, Gómez Ligüerre, Ruiz García, Rubí Puig y Piñeiro Salguero, 2002, pp. 5 a 11.

Pero como señala SALVADOR CODERCH, lo que realmente justifica que en determinados supuestos se prefiera la regla de la responsabilidad por el hecho de otro en lugar de la responsabilidad personal son varios factores: la mayor solvencia y capacidad de afrontar los costes de transacción de quien ha de responder en lugar del causante del daño, la aversión al riesgo, la capacidad de los principales para controlar la conducta de los agentes, los incentivos que los agentes pueden tener para adoptar medidas de precaución en ausencia de responsabilidad personal, o la contratación de un seguro de responsabilidad civil por quien está en mejor condición de hacerlo[570].

No se trata en este momento de analizar y describir todos los supuestos de responsabilidad por el hecho de otro, sino que lo que se pretende es resaltar manifestaciones de esta responsabilidad en los que el sistema en general evidencia su ineficacia. Para ello se centrará la atención en las hipótesis de responsabilidad por hecho de otro en las que esos desajustes se hacen más notorios: daños causados por las autoridades y personal al servicio de la Administración pública, daños causados por los dependientes de los empresarios y daños causados por los menores bajo la dependencia de padres, tutores y curadores.

1. La responsabilidad de la Administración por actos de su personal y de sus autoridades

El actual sistema jurídico de la responsabilidad civil posibilita que, en garantía de las víctimas, éstas puedan reclamar frente a las Administraciones públicas el resarcimiento de los daños ocasionados por sus autoridades o empleados públicos[571]. Sin embargo, el sistema español de responsabilidad civil extracontractual de las Administraciones públicas está plagado de incoherencias y contradicciones entre lo que los tribunales argumentan y lo que realmente fallan. Como advierte DOMÉNECH tanto la jurisprudencia como la mayoría de la doctrina afirma que la responsabilidad civil de las Administraciones públicas es objetiva: la Administración responde de todos los daños que se produzcan como consecuencia del funcionamiento normal o anormal de los servicios públicos, aunque éstos hayan funcionado correctamente, aunque se hayan adoptado todas las precauciones razonablemente exigibles para evitar los daños. Sin embargo, en la práctica cuando se trata de daños ocasionados por actuaciones materiales o por la inactividad de las Administraciones públicas, la regla general es de hecho la responsabilidad

570 SALVADOR CODERCH, GÓMEZ LIGÜERRE, RUIZ GARCÍA, RUBÍ PUIG y PIÑEIRO SALGUERO, 2002, pp. 11 a 17; SALVADOR Y GÓMEZ, 2002, pp. 4 a 5.

571 Para más detalle acerca del paradigma de la responsabilidad vicaria en el Derecho español: la responsabilidad patrimonial de las Administraciones Públicas; *vid.* SALVADOR CODERCH, GÓMEZ LIGÜERRE, RUIZ GARCÍA, RUBÍ PUIG y PIÑEIRO SALGUERO, 2002, pp. 11 a 17.

civil por culpa: sólo se declara el deber de indemnizar cuando la Administración causante del daño no ha obrado con la diligencia debida, cuando el servicio público ha funcionado defectuosamente[572].

La Administración, una vez haya indemnizado a los perjudicados, puede repercutir de oficio a sus autoridades y empleados el resarcimiento de los daños que éstos hayan causado en el desempeño de sus funciones mediando dolo, culpa o negligencia grave[573]. Sin embargo, como veremos, en la práctica la Administración casi nunca ejerce la acción de regreso contra el personal a su servicio[574].

1.1. De la responsabilidad objetiva a la responsabilidad por culpa en daños producidos en actividades del Sector Público

En el Derecho español se consagra como regla general la responsabilidad directa[575] y objetiva de la Administración pública[576], que debe responder de todos los daños que se produzcan como consecuencia del funcionamiento normal o anormal de los servicios públicos, es decir, a pesar de que se hayan adoptado todas las precauciones razonablemente exigibles para evitar los daños[577]. En este sentido los Tribunales ajustan sus razonamientos a la teoría tradicional de la responsabilidad objetiva de la Administración y al concepto de lesión o daño antijurídico[578]. No obstante, por más que afirmen de manera

572 «El sistema español de responsabilidad civil extracontractual de las Administraciones públicas está plagado de discordancias. En ninguna otra parcela de nuestro ordenamiento jurídicopúblico podremos encontrar, seguramente, tantas incoherencias y contradicciones. La responsabilidad civil extracontractual de las Administraciones públicas, tal como ha sido regulada por el legislador español desde 1954 es objetiva, Sin embargo, cuando uno examina con detenimiento la jurisprudencia se da cuenta de que las cosas no son exactamente así»; Doménech Pascual, 2010, p. 180.

573 Art. 36.2 LRJSP. STS 17 febrero 2006 (RJ 2006\889).

574 Barcelona Llop, 2000, p. 45.

575 A no ser que el daño causado sea consecuencia de un comportamiento tipificado como delito, supuesto en que la responsabilidad pasa a ser subsidiaria de la que corresponda al responsable penal (*vid.* art. 121 CP).

576 En este sentido, art. 106,2 CE, art. 139 LPACAP, art. 32 LRJSP, art. 121 Ley de 16 de diciembre 1954, de Expropiación Forzosa; y, en particular, art. 121 CE y art. 292 de Ley Orgánica 6/1985 de 1 de julio, del Poder Judicial.

577 De manera destacada, García de Enterría y Fernández Rodríguez, desde la 1.ª edición (1977) hasta la 7.ª edición (2000) del T. II de su *Curso de Derecho administrativo*, Civitas, Madrid. Curiosamente, a partir de la 8.ª edición (2002), se cambia la terminología del epígrafe «configuración directa y objetiva de la responsabilidad patrimonial de la Administración», a la de su «configuración básica...» (p. 375).

578 SSTS 28 octubre 2016 (RJ 2016\5374), 2 diciembre 2014 (RJ 2014\6243), 15 diciembre 2010 (RJ 2011\292), entre otras.

retórica que las Administraciones públicas responden de manera objetiva, los fallos de sus resoluciones se apartan de lo previamente razonado y del sistema objetivo legalmente establecido. En la mayoría de los casos resuelven *—de facto—* como si dicha responsabilidad precisara de una conducta negligente[579], declarando únicamente el deber de indemnizar cuando se ha omitido el cuidado exigible[580]. Sólo cuando los daños se han producido como consecuencia de un acto jurídico ilegal, la jurisprudencia acostumbra a adoptar el criterio de la responsabilidad objetiva[581].

La realidad es que en esta materia de daños producidos por la actividad de la Administración se ha introducido por obra de la jurisprudencia la regla de la responsabilidad por culpa. Esta introducción se ha llevado a cabo mediante argumentos artificiosos, entre ellos el de un concreto entendimiento del nexo causal. Así, si el servicio público funcionó normalmente y la Administración adoptó las debidas medidas de precaución, se estima que el daño sufrido por la víctima no fue causado por dicho funcionamiento. En otras ocasiones, simplemente se afirma que el criterio de la responsabilidad objetiva ha de acomodarse en atención al caso que se enjuicia, sin fundamento alguno que justifique de manera convincente el motivo de la excepción. Pero sin duda, la maniobra utilizada con más frecuencia consiste en apelar a la «antijuridicidad del daño»[582]. El funcionamiento normal del servicio público y la adopción de las medidas de cuidado exigibles hacen que la víctima tenga el deber de soportar el daño sufrido y que, por consiguiente, dicho daño no sea considerado como antijurídico[583].

Si bien no existe norma jurídica alguna que asigne de manera explícita a las víctimas el deber de soportar los daños sufridos a consecuencia de la actividad de la Administración Pública, la posibilidad de introducir de manera disimulada la responsabilidad por culpa, mediante el argumento artificioso de la «antijuricidad del daño», viene propiciada por las expresiones que utilizan los arts. 32 y 34 Ley 40/2015, de 1 de octubre, de Régimen Jurídico del Sector Público (LRJSP):

> **Art. 32.1**: Los particulares tendrán derecho a ser indemnizados por las Administraciones Públicas correspondientes, de toda lesión que sufran en cualquiera de sus bienes y derechos, siempre que la lesión sea consecuencia del funcionamiento normal o anormal de los servicios públicos salvo en los casos de fuerza mayor o de daños que el particular tenga el deber jurídico de soportar de acuerdo con la Ley.

---

579 Garrido Falla, 2002, p. 317; Cueto Pérez, 2000, p. 275.

580 Mir Puigpelat, 2008, pp. 629 y ss.

581 Doménech Pascual, 2010, pp. 181 y ss.

582 Medina Alcoz, 2005, pp. 253 y ss.; SSTS 13 octubre 2001 (RJ 2002\432), 18 diciembre 2000 (RJ 2001\221), 8 junio 2000 (RJ 2000\7383), 13 enero 2000 (RJ 2000\659), 16 septiembre 1999 (RJ 1999\7746) y 3 abril 1990 (RJ 1990\2774).

583 Medina Alcoz, 2012, pp. 153 y ss.; Letelier Wartenberg, 2001, pp. 63 y ss.

Art. 34: Sólo serán indemnizables las lesiones producidas al particular provenientes de daños que éste no tenga el deber jurídico de soportar de acuerdo con la Ley.

Al no establecerse de manera inequívoca que la responsabilidad de las Administraciones públicas es siempre y en todo caso objetiva, el precepto puede interpretarse en el sentido de que los perjudicados por un acto administrativo ilegal están obligados, en determinadas circunstancias, a soportar los daños que éste les ha ocasionado si la Administración actuó con la diligencia debida al dictarlo. En la práctica, el concepto de antijuridicidad funciona como una suerte de «cajón de sastre», que los tribunales utilizan según consideren oportuno[584].

1.2. El nivel óptimo de actividad

Si admitimos que la finalidad del Derecho de daños y de la responsabilidad civil es estimular conductas que minimicen los costes sociales de los daños, en determinadas circunstancias el criterio subjetivo de la culpa puede sernos de utilidad, y en otras probablemente el criterio objetivo será el más adecuado. Si bien no puede afirmarse de manera categórica cuál de los dos criterios resulte más eficiente en los procedimientos de responsabilidad de la Administración, posiblemente el criterio de la culpa combinado con un sistema de seguros —público o privado—, permitiría asegurar y compensar daños de manera más eficiente que el criterio de la responsabilidad objetiva[585].

El establecimiento de uno u otro criterio influirá de manera significativa sobre el nivel óptimo de las actividades llevadas a cabo, respectivamente, por la Administración y por las potenciales víctimas. En este aspecto la STS 14 julio 2008 señaló que resulta posible que *ante actos dictados en virtud de facultades absolutamente regladas, proceda el sacrificio individual, no obstante su anulación posterior, porque se ejerciten con los márgenes de razonabilidad que cabe esperar de una Administración pública llamada a satisfacer los intereses generales y que, por ende, no puede quedar paralizada ante el temor de que, si revisadas y anuladas sus decisiones, tenga que compensar al afectado con cargo a los presupuestos públicos, en todo caso y con abstracción de las circunstancias concurrentes*. Y continúa diciendo que *con este planteamiento no se* «subjetiviza» *el instituto de la responsabilidad patrimonial de las organizaciones públicas, que sigue haciendo abstracción de todo elemento culpabilístico en la conducta administrativa, sino, muy al contrario, se traslada el debate a un dato de innegable talante objetivo cual es el resultado, indagando su antijuridicidad, nota que viene determinada, antes que por un atributo o una condición*

584 García Amado, 2012, en el Blog Dura Lex (http://garciamado.blogspot.com/2012/05/sobre-la-antijuridicidad-como.html).

585 Doménech Pascual, 2022, p. 94; Huergo Lora, 2003, pp. 3 y ss.

de los sujetos que intervienen en la relación jurídica, por la posición que uno de ellos, el lesionado, ocupa frente al ordenamiento jurídico, posición en la que no influyen las características de la actuación administrativa a la que se imputa el desenlace, su «normalidad» o su «anormalidad»[586].

Con el establecimiento del criterio de la responsabilidad objetiva, en el que se soporta el riesgo de los daños causados a pesar del correcto funcionamiento de los servicios públicos, se incrementan los costes de los servicios públicos, y ello a su vez seguramente comportará una reducción de los daños al favorecer el incremento del nivel de prevención. Por el contrario, con el establecimiento del criterio de la responsabilidad subjetiva, en el que el riesgo de los daños causados recae sobre las víctimas, éstas tendrían que soportar un sobreprecio de la actividad que ha provocado la intervención administrativa dañosa, lo que probablemente hará que reduzcan su actividad. La tarea de resolver el establecimiento de uno u otro criterio debe ir guiada por lo que repercuta de manera menos perjudicial para los intereses generales. Habrá que indagar lo que resulte menos perjudicial a la Administración o, en su caso, a las potenciales víctimas si se aumenta el volumen de una determinada actividad por encima de lo que sería socialmente óptimo[587].

A mi juicio, y siguiendo a Doménech Pascual, el criterio de la responsabilidad subjetiva resulta conveniente para actividades en las cuales la Administración tiene encomendada la función de controlar *ex ante* —por ejemplo, mediante un procedimiento de autorización— o *ex post* una actividad privada potencialmente peligrosa —por ejemplo, el funcionamiento de instalaciones industriales, la construcción de edificios, la comercialización de medicamentos, el ejercicio de ciertas profesiones, etc.— al objeto de determinar en qué medida resulta esta actividad compatible con el ordenamiento jurídico y, en su caso, adoptar las medidas pertinentes para salvaguardar o restablecer la legalidad amenazada o infringida.

No debe perderse de vista que el criterio de la responsabilidad subjetiva comporta el peligro de que la Administración intervenga demasiado en el libre desarrollo de esas actividades. Se trata de un sistema que puede propiciar que el volumen de actividad de la Administración tienda a ser excesivo y, en cambio, el de los particulares escaso y que ésta (la actividad de los particulares) no alcance el nivel de realización que sería deseable para la sociedad. Pero debe considerarse además el hecho de que los controles públicos generan beneficios para personas que no pagan por ellos, es decir, externali-

586 RJ 2008\3432.

587 Como indica Doménech Pascual (2010, pp. 215 y 216). «La elección de la regla aplicable sí influirá significativamente sobre el volumen —frecuencia, duración, intensidad, etc.— de las actividades llevadas a cabo, respectivamente, por la Administración y las potenciales víctimas». «La cuestión es cuál de los dos niveles de actividad, el de la Administración o el de los particulares, conviene controlar».

dades positivas y que ese factor debe integrarse en cualquier decisión sobre el sistema de responsabilidad a adoptar.

Si se adopta el criterio de la responsabilidad subjetiva se provocará eventualmente el efecto contrario, es decir, se propiciará que el volumen de actividad de la Administración tienda a ser excesivo y, en cambio, el de los particulares escaso. Por el contrario, si se aplicara el sistema de responsabilidad objetivo se correría el riesgo de que disminuyesen en exceso los controles por parte de la Administración, y los particulares tenderían a elevar el nivel de realización de las actividades privadas peligrosas sujetas a control por encima del que sería socialmente óptimo, las cuales no generan de manera tan habitual externalidades positivas, sino más bien negativas[588].

El criterio de la responsabilidad objetiva —por su parte— resulta oportuno para actividades administrativas en las que se ejerzan las potestades tributaria, expropiatoria y sancionadora, en tanto en cuanto sus externalidades negativas netas probablemente superan a las originadas por la actividad de los particulares que suscita la intervención administrativa dañosa. Un sistema de responsabilidad objetiva en estos ámbitos encarecerá por un lado la actividad de la Administración y abaratará por otro lado la de las potenciales víctimas, propiciando que la Administración tienda a inhibirse demasiado y las potenciales víctimas a actuar en exceso. Este criterio resulta preferente, por tanto, cuando la actividad de la Administración genera peores externalidades negativas netas, es más peligrosa, que la de los particulares[589].

Por todo ello, resulta conveniente que las Administraciones públicas deban responder habitualmente con arreglo al criterio de la responsabilidad subjetiva en los casos que los daños se hayan producido en el desarrollo de su función frente a actos jurídicos ilegales, como los llevados a cabo en el ejercicio de potestades de protección y restablecimiento del orden público amenazado o infringido. En cambio, y de forma excepcional, la Administración debería responder con arreglo al criterio de responsabilidad objetiva cuando los daños hayan sido ocasionados al ejercer potestades administrativas que entrañan un riesgo dañoso para los administrados, como ocurre en el ejercicio de la potestad sancionadora, la tributaria o la expropiatoria. La jurisprudencia igualmente tiende en cierta medida a seguir esta solución que puede resultar más eficiente, que, por otra parte, no es muy diferente de la que rige en el Derecho privado respecto de la responsabilidad civil de los particulares[590].

---

588 *Ibidem*, pp. 217 a 219, en cuanto a las actividades administrativas respecto de las cuales resulta pertinente la responsabilidad por culpa.

589 *Ibidem*, pp. 219 a 229, en cuanto a las actividades administrativas respecto de las cuales resulta pertinente la responsabilidad objetiva, con estudio en detalle del ejercicio de las potestades tributaria, expropiatoria y sancionadora.

590 *Ibidem*, p. 230. La jurisprudencia repite de manera retórica que «las Administraciones públicas responden civilmente de manera objetiva por los daños que sus actos admi-

1.3. La reticencia al ejercicio de la acción de regreso

Al margen de la ausencia de mecanismos procesales que permitan ejecutar forzosamente la acción de regreso en el caso de que la Administración no la ejercite, el párrafo segundo del art. 36,2 LRJSP, establece una serie de criterios que deben ser ponderados para decidir si se exige responsabilidad a las autoridades y al personal al servicio de la Administración a pesar de que concurran los requisitos para ejercitar la acción de regreso:

> La Administración correspondiente, cuando hubiere indemnizado a los lesionados, exigirá de oficio en vía administrativa de sus autoridades y demás personal a su servicio la responsabilidad en que hubieran incurrido por dolo, o culpa o negligencia graves, previa instrucción del correspondiente procedimiento. Para la exigencia de dicha responsabilidad y, en su caso, para su cuantificación, se ponderarán, entre otros, los siguientes criterios: el resultado dañoso producido, el grado de culpabilidad, la responsabilidad profesional del personal al servicio de las Administraciones públicas y su relación con la producción del resultado dañoso.

Esta exigencia legal de ponderación matiza la pretendida obligatoriedad del ejercicio de la acción de regreso al disponer la Administración de un margen de apreciación para efectuarla, margen que deriva de la indeterminación de los criterios enunciados por el legislador al no concretar cómo deben ser ponderados, así como de la posibilidad de que la Administración tenga en cuenta también otros criterios distintos de los mencionados en dicho precepto, posibilidad que se desprende de la expresión «entre otros» que en el precepto se emplea[591].

A pesar de lo afirmado en la norma y del tiempo trascurrido desde que la Ley 4/1999, de 13 de enero, de modificación de la Ley 30/1992, de 26 de noviembre, de Régimen Jurídico de las Administraciones Públicas y del Procedimiento Administrativo Común sustituyera la expresión «podrá exigir» por la de «exigirá de oficio», la realidad desborda y supera la previsión normativa[592] pues la responsabilidad civil de los servidores públicos por los daños ocasionados en el ejercicio de sus cargos no ha sido exigida por la Administración prácticamente nunca[593]. A su vez, la jurisprudencia relativa

nistrativos ilegales hayan causado, pero lo cierto es que en muchas ocasiones aplica realmente un criterio culpabilístico: sólo las declara responsables cuando la ilegalidad cometida constituye una *flagrante desatención normativa*, una infracción negligente del ordenamiento jurídico».

591 Sánchez Morón, 2006, p. 919.

592 Díez Sánchez, 2007, p. 216.

593 Doménech Pascual, 2022, p. 95; Parada Vázquez, 2000, p. 80.

la acción de regreso acostumbra a venir referida al ámbito local con aparentes venganzas políticas[594], si bien también pueden encontrase algunos casos aparentemente desprovistos de tintes políticos[595].

Sin perjuicio de la responsabilidad disciplinaria que pueda reclamarse al servidor público cuando su conducta no haya sido diligente, la Administración puede ejercer la acción de repetición para recuperar el importe de la indemnización abonada. Pero como la Administración puede incoar expediente administrativo sin necesidad de exigir una compensación económica al personal a su servicio, con la finalidad de que el ciudadano no conciba esta pasividad como producto de una mala administración, se ve en la necesidad de incoar los expedientes disciplinarios cuando la actuación de un empleado público pueda ser calificada contraria a los principios de lealtad y buena fe con la Administración en la que el empleado presta su servicio, siempre que de ella se derive un perjuicio a los administrados[596].

Asimismo, la falta de ejercicio de la acción de repetición estriba en que a la víctima y a los tribunales les resulta mucho más fácil identificar a la Administración a cuyo servicio se encontraba el agente que ha provocado el daño que al agente mismo, así como en el hecho de que las autoridades y funcionarios carecen por lo común de los recursos patrimoniales necesarios para reparar muchos de los daños que ocasionan, algunos de los cuales pueden revestir una extraordinaria magnitud[597].

594 En los ya lejanos y convulsos años veinte y treinta del siglo XX por algún tipo de venganza localizamos las SSTS (Civil) 26 octubre 1933 (RJ 423), 30 octubre 1933 (RJ 445) y 29 marzo 1947 (RJ 599 y 600), en que las acciones de repetición se formulaban ante los Tribunales civiles, al amparo de la Ley de 5 de abril de 1904 y del art. 238 del Estatuto Municipal de 1924, que disponía que «si los Tribunales declarasen indebida una destitución o suspensión, el Secretario tendrá derecho a exigir el sueldo no percibido desde que aquélla se acordó; y deberá abonarlo el Ayuntamiento, sin perjuicio de la responsabilidad civil reclamable a los concejales que votaron dicha destitución, que será solidaria». Y la STS (Cont.Adm.) 7 febrero 1930 (RJ 2505) entendió que un Ayuntamiento, en virtud de cierta disposición especial, podía exigir por su propia autoridad el reintegro de las cantidades pagadas, sin necesidad de acudir a la vía civil.
Y en el mismo sentido en jurisprudencia no tan lejana en el tiempo: STS 13 enero 1989 (RJ 1989\387), STSJ Andalucía 4 enero 2000 (RCJA 2000\656); STSJ Aragón 4 mayo 2005 (JUR 2005\192529), STSJ Comunidad Valenciana 25 julio 2005 (JUR 2005\263700),

595 STS 13 enero 1989 (RJ 1989\387), STSJ Andalucía 10 enero 2001 (JUR 2001\219229), STSJ Galicia 25 junio 1998 (RJCA 1998\2034), STSJ Cataluña 25 junio 2004 (JUR 2004\220250), STSJ Andalucía 15 marzo 2005 (JUR 2005\144477), STSJ Cantabria 29 mayo 2006 (JUR 2006\212019), STSJ Comunidad Valenciana 24 enero 2007 (JUR 2007\112561), STSJ Murcia 20 enero 2012 (RJCA 2012\369), SSTSJ Cataluña 27 mayo (JUR 2015\185718) y 26 junio 2020 (JUR 2020\129955).

596 Delgado Moral, 2019, p. 110.

597 La STS 15 marzo 2005 (RJ 2005\2243) en un supuesto de fallecimiento de un niño a consecuencia de quemaduras sufridas en centro de educación especial, declaró la responsabilidad de la Administración por el hecho de que un menor que había eludido de manera momentánea la vigilancia a la que estaba sometido prendió fuego a un niño oca-

Probablemente la reticencia de la Administración pública a exigir la responsabilidad civil de autoridades y empleados públicos por los daños ocasionados negligentemente en el desempeño de sus funciones obedece, en gran medida, a que de ese modo satisfacen mejor los intereses generales que representan[598]: si el personal al servicio de la Administración estuviese obligado finalmente a responder, posiblemente adoptaría cautelas excesivamente costosas, primándose aquellas alternativas de actuación que minimizasen los eventuales daños resarcibles sobre las alternativas más convenientes para los intereses públicos[599]. Además, para que la Administración pudiera disponer de personal potencialmente idóneo, tendría que recurrir al pago de un seguro[600] o elevar sus retribuciones en la cuantía suficiente para que pudiera contratarlo el propio personal con el fin de cubrir sus responsabilidades ante una eventual acción de regreso. En definitiva, a la Administración le resulta más rentable asumir de manera directa el coste de los daños y no repercutir al personal a su servicio, que incrementarles los salarios para que de una u otra manera sea una compañía de seguros la que haga frente al pago final. Además, los administrados se ahorran los costes que ocasionaría la gestión de los contratos de seguro y el oportuno beneficio empresarial[601].

El efecto primordial de la falta de ejercicio de la acción de regreso es que no estimula la conducta diligente del personal al servicio de la Administración pública[602] porque desaparece la amenaza de responder con su propio patrimonio por los daños causados imprudentemente. Pero, por el contrario, ejercitar la acción de regreso y hacer que sea el personal el que responda con su propio patrimonio del daño causado comporta un efecto o riesgo similar: el personal al servicio de la Administración pública tomará la decisión de cubrir su responsabilidad con un seguro, seguro que se activará ante el ejercicio de la acción de regreso, con lo que desaparecerán los incentivos que le impulsaban a actuar de manera diligente, pues el coste de los daños que se causen los asumirá la compañía de seguros.

sionándole la muerte. Se consideró que el accidente se había producido tanto por una desatención por parte de la progenitora del fallecido como por una falta de vigilancia de la cuidadora del otro menor, de ahí que procediera la indemnización de daños y perjuicios por responsabilidad patrimonial derivada del anormal funcionamiento de la Administración, al existir una relación de causalidad entre la prestación de servicios por parte de la Administración y el fallecimiento del menor.

598 Doménech Pascual, 2009, p. 116.

599 Mir Puigpelat, 2002, p. 1027.

600 Arquillo Colet, 2004, pp. 10 y ss. En contra, Huergo Lora, 2003, pp. 3 y ss.

601 Doménech Pascual, 2019, pp. 24 y 25.

602 Casino Rubio, 1999, p. 368; Rebollo Puig, 2004, p. 223; Busto Lago, 2006, pp. 1800 y ss.

1.4. Alternativas a la acción de regreso

La existencia de un contrato de seguro puede propiciar comportamientos ineficientes y reducir las cautelas que la persona debe adoptar en sus actos. Y aunque las compañías de seguros articulen mecanismos para paliar comportamientos ineficientes, difícilmente conseguirán eliminarlos por completo, por mucho que exijan primas más elevadas al personal potencialmente con más riesgo, o por mucho que bonifiquen las primas a los que acrediten bajos índices de siniestralidad o a quienes adopten determinadas precauciones —p. ej. cursos de formación— encaminadas a prevenir daños[603].

No es demasiado aventurado sostener que la Administración puede reducir más eficientemente que las compañías de seguros el riesgo moral derivado del hecho de que sus funcionarios estén «asegurados» (asegurados bien porque han contratado un seguro o bien porque *de facto* no existe la acción de regreso). Además de poder otorgar también bonificaciones de diversa índole a los empleados que más correctamente hayan desempeñado sus tareas, la Administración tiene la ventaja de que posee mejor información que las compañías de seguros sobre la peligrosidad o el riesgo que entrañan cada uno de los puestos de trabajo y de las actividades que se desarrollan. A ello se une que la Administración puede controlar y dirigir la actividad de sus funcionarios «asegurados», evitando, por ejemplo, que los menos cautos ocupen los puestos de mayor riesgo, vigilando y exigiendo mayor diligencia a los más descuidados, asignando las tareas más peligrosas a los más competentes, etc. Y, en todo caso, la Administración tiene la posibilidad de prevenir la realización de conductas dañinas por parte del personal a su servicio mediante un adecuado ejercicio de la potestad disciplinaria. Obsérvese que muchas de las acciones gravemente culposas que sobre el papel permitirían el ejercicio de la acción de regreso constituyen también infracciones disciplinarias, amenazadas con sanciones que, sin duda alguna, poseen una notable eficacia disuasoria[604].

Lo que sí parece razonable es distinguir entre el carácter culposo y el intencionado de la actuación del agente. La Administración debería ejercer la acción de repetición cuando los daños han sido causados dolosamente. Las mismas razones que siempre han llevado al legislador a excluir la cobertura de los siniestros causados por la conducta dolosa del asegurado justifican que los funcionarios que hayan provocado intencionadamente una lesión a terceros no gocen de inmunidad frente al ejercicio de la acción de regreso por parte de la Administración[605].

---

603 Gómez Ligüerre, Camí Campamà y Sánchez Álvarez, 2003, pp. 15 y ss.

604 Díez Sánchez, 2007, p. 214.

605 Como indican Salvador Coderch *et al.* (2002, pp. 16 y 17) «los cargos y funcionarios públicos gestionan internamente el sistema de reglas de la acción de regreso y de la potestad disciplinaria, pero, en la relación externa, el perjudicado, el ciudadano no tiene

Consentir que el personal al servicio de la Administración quede *de facto* asegurado por los daños que provoque de manera intencionada no tiene sentido alguno, pues resulta muy costoso para la Administración y no reporta beneficio alguno a los empleados cuya conducta es diligente. No asegurar los daños dolosos supone un significativo ahorro para la Administración, sin que ello perjudique en lo más mínimo a los funcionarios con conductas diligentes, pues éstos siempre tienen la posibilidad de eludir dicha responsabilidad a un coste cero: tan sólo deben abstenerse de provocarlos voluntariamente.

En la práctica no siempre es fácil distinguir entre dolo y culpa y ello hace que exista el riesgo de que, al enjuiciar la conducta del funcionario, la Administración —y en última instancia los Tribunales— considere que éste ha actuado dolosamente y le exijan la reparación de los daños ocasionados cuando, en verdad, ese funcionario no los causó de manera intencionada, sino «tan sólo» negligentemente. Si esta posibilidad alcanza niveles significativos, es probable que se produzca una disminución indeseable del atractivo del empleo público y, correlativamente, de su demanda, pues los funcionarios no pueden ponerse a cubierto del citado riesgo mediante la contratación de un seguro. Una manera de reducir dicho riesgo sería poner suma cautela en la utilización de la acción de regreso: ejercerla sólo en los casos en los que, sin duda alguna, pueda constatarse que el servidor público provocó el daño dolosamente[606].

Puede observarse por tanto que en un primer momento la falta de ejercicio de la acción de regreso por parte de la Administración podría considerarse una práctica no deseable y perjudicial[607] porque permite que el personal a su servicio quede impune y el erario dañado, al asumir el coste de no hacerles responder y cargar los contribuyentes con las consecuencias patrimoniales negativas de sus conductas[608]. Sin embargo, y analizadas las cosas desde otra perspectiva, esa falta de ejercicio puede resultar más eficiente siempre que la Administración disponga de medidas concretas de dirección, inspección, y, en su caso, sanción, medidas de las que no disponen las compañías de seguros[609].

nada que decir, como no sea presentar una denuncia ante un funcionario (...) queda a la investigación empírica mostrar si, dada la compensación que suponen el conjunto de controles administrativos internos y la responsabilidad política externa, el sistema vigente de la responsabilidad patrimonial de las Administraciones Públicas infraprevienne accidentes o no».

606 Gómez Pomar y Arquillo Colet, 2000, p. 3.

607 Fortes González, 2014, p. 103 y ss.; Doménech Pascual, 2009, p. 116.

608 Barcelona, 2000, pp. 44 y ss.

609 Doménech Pascual, 2008, pp. 12 a 14.

2. La responsabilidad de los empresarios

La responsabilidad del empresario por los hechos de sus empleados no constitutivos de delito prevista en el ordenamiento civil español en el art. 1903,5 CC, se ha basado tradicionalmente en la culpa *in vigilando* o *in eligendo* del empresario y constituye en la actualidad una fuente importante de reclamaciones derivadas de las nuevas y complejas relaciones empresariales:

> Lo son igualmente (responsables) los dueños o directores de un establecimiento o empresa respecto de los perjuicios causados por sus dependientes en el servicio de los ramos en que los tuvieran empleados, o con ocasión de sus funciones.

El empleador responde por el hecho de otro a pesar de no haber incurrido en culpa o negligencia alguna, ocupando así una especie de posición de garante por los daños causados por sus empleados, siempre que la conducta del empleado sea apta conforme a los elementos necesarios para generar responsabilidad civil[610].

Si el daño causado por el empleado lo es por un hecho constitutivo de delito, el art. 120,4 CP impone una responsabilidad subsidiaria del empleador[611], en caso de insolvencia del empleado a

> Las personas naturales o jurídicas dedicadas a cualquier género de industria o comercio, por los delitos que hayan cometido sus empleados o dependientes, representantes o gestores en el desempeño de sus obligaciones o servicios.

Y por los daños causados por los delitos cometidos por terceros —no por empleados— en sus establecimientos, el art. 120,3 CP también se refiere a la responsabilidad subsidiaria de los empresarios. No obstante, para ello se precisa que los que administren o dirijan el establecimiento o sus empleados

---

610 En relación con el hecho del empleado que no sea constitutivo de delito, indica Álvarez Olalla (2021, p. 102) que la víctima podrá demandar de manera indistinta al empleador, empleado o a ambos, que responderán de manera solidaria y directa frente a el perjudicado por el importe total de la indemnización.

611 Como ya sabemos, uno más de los problemas de la dualidad normativa existente en los Códigos Civil y Penal en materia de responsabilidad civil extracontractual es el de la responsabilidad del empresario por la acción de sus dependientes. Cuando el párr. 5.° del art. 1903 del Código Civil establece la responsabilidad de «*los dueños o directores de un establecimiento o empresa respecto de los perjuicios causados por sus dependientes en el servicio de los ramos en que los tuvieran empleados, o con ocasión de sus funciones*», sienta una atribución directa de responsabilidad. Por el contrario, la responsabilidad civil derivada del delito impuesta por el art. 120 del Código Peal es subsidiaria: «*Son también responsables civilmente, en defecto de los que lo sean criminalmente*»; *vid*. Yzquierdo Tolsada, 2017, p. 343.

hayan infringido las disposiciones de la autoridad o los reglamentos de policía, siendo la infracción la que ha propiciado la comisión del hecho constitutivo del delito.

> Son también responsables civilmente, en defecto de los que sean criminalmente (...)
>
> Las personas naturales o jurídicas, en los casos de delitos cometidos en los establecimientos de los que sean titulares, cuando por parte de los que los dirijan o administren, o de sus dependientes o empleados, se hayan infringido los reglamentos de policía o las disposiciones de la autoridad que estén relacionados con el hecho punible cometido, de modo que éste no se hubiera producido sin dicha infracción.

En todo caso, en la actualidad es un hecho patente que el clásico binomio patrónempleado no representa al modelo actual de centro de imputación de responsabilidades al empresario. La multitud de sujetos que intervienen en la cadena empresarial dificulta enormemente la individualización del sujeto que debe ser condenado a resarcir el daño causado a un tercero como consecuencia del ejercicio de una actividad empresarial[612].

La responsabilidad del empresario por actos de sus empleados ha sido objeto de un importante debate y tratamiento, tanto a nivel doctrinal como jurisprudencial, que refleja la divergencia de soluciones a la hora de afrontar los problemas que de la misma derivan. Todos estos vaivenes provocan desconcierto, inseguridad y costes de transacción porque, como se aborda en las líneas siguientes, la articulación de una demanda frente al empresario se podrá encontrar con un grave problema de fundamentación en muchos casos.

2.1. Los contradictorios razonamientos en la delimitación de la responsabilidad

En nuestro sistema de responsabilidad civil impera el criterio de imputación por culpa por lo que para que exista responsabilidad civil, salvo en determinados supuestos excepcionales, es necesaria la prueba sobre la culpa o negligencia directa del agente en la producción del hecho dañoso. Sin embargo el art. 1903 CC establece un tipo de responsabilidad distinta al determinar que la responsabilidad civil extracontractual regulada en el art. 1902 CC será exigible no sólo por los actos u omisiones propios, sino por los de aquellas personas de quienes se debe responder, señalando entre otros ejemplos de estos supuestos, a la responsabilidad civil que nace para los dueños o directores de un establecimiento o empresa respecto de los perjuicios causados por sus dependientes en el servicio de los ramos en que los tuvieran empleados, o con ocasión de sus funciones.

612 Beluche Rincón, 2011, pp. 387 y 388.

Se trata de un tipo de responsabilidad por el hecho de otro que da lugar al nacimiento del deber de responder frente al daño causado a quien no ha sido el causante directo del mismo. Lo que se establece es una presunción de responsabilidad civil siempre que concurra una de las conductas que fija la ley, siendo el empresario el obligado a desvirtuar esa presunción. Estamos por tanto ante una responsabilidad en la que no es necesario acreditar previamente la insolvencia del trabajador o empleado por el que el empresario debe responder, si no que podrá exigirse dicha obligación de reparar directamente al empresario, con la garantía que comporta para la víctima[613].

No obstante es requisito imprescindible que se pruebe la culpa del empresario para que pueda entrar en juego su responsabilidad directa por los actos de sus empleados; ahora bien, este requisito es tratado de forma contradictoria por nuestra jurisprudencia, pues mientras que hay sentencias que parecen exigir un plus de actuación protectora de los empresarios respecto a sus trabajadores, hay otras que analizando a fondo el asunto en cuestión son capaces de discernir hasta dónde es razonable exigir la obligación de vigilancia al empresario para con ello establecer si realmente existió una falta de diligencia o no por su parte, aplicando criterios de lógica material. En este último grupo de sentencias se argumenta que se hace inviable la exigencia de una vigilancia constante en el tiempo y en el espacio, debiéndose considerar también cuál ha sido la actuación del trabajador en la causa del accidente[614].

En contraste, encontramos otras resoluciones que aplican este tipo de responsabilidad de una manera mucho más estricta, convirtiendo la responsabilidad del empresario en una responsabilidad cuasiobjetiva o prácticamente objetiva, entendiendo que la carga de la prueba sobre la falta de su responsabilidad corresponde en exclusiva al empresario y que sólo cederá en supuestos de fuerza mayor o culpa exclusiva[615]. Se aprecia por tanto cómo se

---

613 El criterio del legislador español se sitúa en el pretendido enlace existente entre el daño producido por el empleado y la falta de cuidado y vigilancia debidos del principal: responsabilidad del empresario por culpa «*in vigilando*» o «*in eligendo*». *Vid*. Yzquierdo Tolsada (2017, p. 343 y ss.) que de manera muy gráfica indica que «el empresario responde, en definitiva, porque es empresario, y eso es todo».

614 Así lo señaló por ejemplo la STS 28 febrero 2019 (RJ 2019\1532) en la que aplicando los anteriores criterios de imputación considera la inexistencia de culpa en el empresario. En la STS 11 febrero 2016 (RJ 2016\1038) tampoco se estimó que existiera culpa *in vigilando* del empresario ante la caída de su trabajador en accidente de trabajo, considerando que se habían cumplido con todas las exigencias en materia de seguridad en el trabajo y que no existía por tanto motivo para la imputación del resultado a una actuación culposa de la empresa.

615 En este sentido la STSJ Andalucía 18 noviembre 2021 (AS 2022\395) establece que «es el empresario quien debe probar que obró con la diligencia que le era exigible y que el incumplimiento de su deber de garantizar la seguridad de sus empleados no le era imputable».

aplica un criterio de interpretación totalmente diferente, partiendo de la idea de que el daño de por sí prueba la existencia de culpa en el empresario, por lo que la exigencia de prueba sobre el cumplimiento de sus obligaciones es mucho más exigente que en cualquier otro supuesto de responsabilidad civil: la diligencia del empresario debe cumplir un *plus*[616].

La adopción del sistema objetivo de responsabilidad del empresario por actos dañosos de sus empleados se hace ver de forma especial en aquellos casos donde la responsabilidad *in vigilando* surge por el deber de responder por los actos no ya negligentes sino dolosos de sus empleados, actos que han causado daño a otro trabajador o incluso a un tercero. En estos supuestos donde el trabajador realiza una conducta dolosa dentro de su horario de trabajo, en su centro de trabajo o fuera del mismo, pero con ocasión de su puesto de trabajo, causando daños por los que finalmente deberá responder el empresario por el mero hecho de haber acaecido con ocasión del puesto de trabajo del empleado o dentro del marco laboral de la empresa.

Esta obligación de asunción de responsabilidad del empresario tiene igualmente su fundamento en su obligación de elección y vigilancia sobre la actuación de sus empleados, si bien en numerosos supuestos resulta difícil poder llegar a comprender la argumentación jurídica que justifica esta atribución de responsabilidad. En este sentido el Tribunal Supremo ha llegado a reconocer incluso que, en los supuestos de responsabilidad civil subsidiaria por hechos constitutivos de delito llevados a cabo por un empleado, el empresario debe responder por su calidad de titular de la explotación o negocio dentro del cual o como consecuencia del cual se ha producido el ilícito penal[617], pues quien se beneficia de una actividad debe también responder de los perjuicios que se derivan de ella[618].

---

616 *Vid.* igualmente se pronuncia la STSJ Galicia 24 julio 2020 (AS 2020\2522) y la STSJ Islas Canarias 24 julio 2020 (AS 2021\435).

617 *Vid.* la STS 17 marzo 2010 (RJ 2010\4499) que, proclamando de manera clara y contundente la existencia de responsabilidad por riesgo, afirmó que «ciertamente, en una primera fase, el origen de la responsabilidad civil subsidiaria de los principales por los actos delictivos cometidos por sus empleados, se justificaba en una falta *in vigilando* o *in eligendo*, lo que suponía un fundamento culposo de la misma, poco a poco esta fundamentación fue abandonándose y hoy ya es general y pacífica la tesis de que el fundamento del nacimiento de la responsabilidad civil subsidiaria encuentra en la teoría de la creación del riesgo, de manera que quien se beneficia de las actividades de otra persona, que de alguna manera puedan provocar un riesgo para terceras personas, también debe soportar las consecuencias negativas de las consecuencias lesivas de ese riesgo creado, y ello, incluso se ha declarado cuando la actividad desarrollada por el infractor no le reporte ningún beneficio al principal».

618 Explica Álvarez Olalla (2021, p. 137) que «en los casos en los que los daños se producen en el ámbito de actividad de empresas que desarrollan actividades de riesgo que entrañan un peligro notable para terceros, el régimen de responsabilidad civil está determinado por el riesgo. Ello es así hasta el punto de que, en ocasiones, cuando el legislador de manera expresa lo ha establecido así en una ley, se prescinde de la culpa como criterio de imputación, desencadenándose la responsabilidad objetiva».

Cuando se aplica la doctrina de la responsabilidad civil por riesgo se prescinde del criterio de imputación por culpa[619], aunque en los principios que regulan la figura de la responsabilidad civil *in vigilando* del empresario venga establecido como requisito imprescindible para su determinación, pues la jurisprudencia ha priorizado el interés de protección del perjudicado, buscando la interpretación jurídica que permita como objetivo primordial que los daños causados no queden sin ser indemnizados[620].

En esta línea jurisprudencial de protección del perjudicado el Tribunal Supremo condena a una entidad bancaria como responsable civil subsidiaria a raíz de un delito continuado de falsedad en documento mercantil en concurso medial con un delito continuado de apropiación indebida, cometido por uno de sus agentes financieros, reconociendo que *esta Sala admite, como expresa la sentencia núm. 647/2021, de 19 de julio (RJ 2021\3876), que «nos movemos en un terreno en que aparecen en tensión dos líneas de fuerza enfrentadas: la necesidad de condenar civilmente al empresario que ha autorizado genéricamente a una persona para realizar una actividad que le reporta beneficio, lucro o utilidad; y el sentir común de que sería injusto hacerlo responsable por absolutamente todos los actos realizados por sus dependientes»; pero a su vez precisa que «en nuestro Derecho prima la protección a la víctima aunque no de manera absoluta, naturalmente. La presunción es que el empleado o subordinado obra en el ejercicio de sus funciones. Solo cuando puede afirmarse con claridad y ha quedado así acreditado que la acción era ajena o totalmente extraña al ejercicio de sus funciones por cuenta de otro, se cancelará esa responsabilidad civil subsidiaria». La jurisprudencia de esta Sala, ha tendido a interpretar el art. 120,4 CP de forma expansiva, posibilitado a que estamos ante una cuestión de responsabilidad civil que consiente interpretaciones extensivas a diferencia de las materias de responsabilidad penal; por ende sólo cuando la conducta objeto de consideración presente rasgos de*

---

619 Díez-Picazo, 1999, p. 108.

620 En la SAP Barcelona 14 enero 2019 (JUR 2019\145558) se resuelve sobre el robo cometido por un empleado de hogar en la vivienda donde estaba prestando sus servicios, resultando responsable civil subsidiaria la empresa a través de la cual dicho empleado fue contratado por los propietarios de la misma, y ello aunque no existía como tal una relación de dependencia entre el autor de robo y la empresa, pues también en este punto la jurisprudencia es flexible, indicando que basta una cierta relación *pro damnato* en virtud de la cual se haya puesto en contacto al trabajador con los demandantes del servicio para que con ello deba responder por los actos ilícitos de aquel.
En aplicación de la doctrina del riesgo la SAP Las Palmas 2 febrero 2010 (AC 2012\545) con ocasión de la pelea de un portero de discoteca con unos de los clientes que pretendían acceder al mismo, estableció que «no cabe duda que el agresor al desempeñar su trabajo de portero en la discoteca Cesar's, ya sea como empleado de la explotadora, ya de otra empresa, debía seguir las pautas, instrucciones y directrices de la explotadora Stringfella's, responsabilidad directa se establece en razón del incumplimiento de los deberes que imponen las relaciones de convivencia social de vigilar a las personas que están bajo la dependencia de otras y de emplear la debida cautela en la elección de servidores y en la vigilancia de sus actos».

una abierta o radical heterogeneidad, es decir cuando el vínculo con el principal no existe o la conducta delictiva fuere absolutamente ajeno a las funciones desarrolladas para aquel, deja de operar a responsabilidad civil subsidiaria[621].

Resulta difícil justificar y comprender esta combinación de razonamientos contradictorios en una misma sentencia, que desconcierta a los operadores jurídicos provocando inseguridad e ineficiencias, al indicar que el derecho de protección de la víctima no puede considerarse de forma absoluta, cuando difícilmente podemos compartir que las soluciones llevadas a cabo por las sentencias analizadas no estén conduciendo a una defensa absoluta del derecho de indemnización a la víctima por encima y con sacrificio de otros principios jurídicos. A la vista de las resoluciones que encontramos en estos supuestos, cuesta comprender cuándo se considerará que la conducta delictiva fuere absolutamente ajena a las funciones desarrolladas por la entidad bancaria.

2.2. De la responsabilidad por culpa a la responsabilidad por riesgo

Al amparo de lo establecido en el art. 1903,5 CC, la jurisprudencia ha venido fundamentando como sabemos la responsabilidad de los empresarios —persona física o jurídica— ante terceros lesionados por los actos de sus asalariados en dos motivos: la *culpa in eligendo* (cuando el empresario selecciona al asalariado él es el responsable de sus acciones[622]) o en la *culpa in vigilando* o *in controlando* (cuando el empresario debe controlar y supervisar la actividad de sus asalariados)[623]. Englobando ambos elementos podría decirse que en esencia el empresario es responsable ante la víctima por un funcionamiento deficiente de la empresa o *culpa in operando*[624], pero quedará exento de responsabilidad cuando no hubiera asumido el deber de vigilancia y no se hubiera reservado una participación o dirección en los trabajos ejecutados por un tercero[625].

---

621 STS 31 enero 2022 (RJ 2022\1704).

622 STS 18 julio 2005 (RJ 2005\9251).

623 STS 28 febrero 2019 (RJ 2019\1532), 28 noviembre (RJ 2014\6231) y 30 marzo 2007 (RJ 2007\1613).

624 STS 19 noviembre 2008 (RJ 2008\6931) y abril 2006 (RJ 2006\1871).

625 La STS 29 septiembre 2000 (RJ 2000\7534) establece que cuando se trata de contratos entre empresas no determinantes de relación de subordinación entre ellos, falta toda razón esencial para aplicar el art. 1903 CC, puesto que, por lo general, no puede decirse que quien encarga una obra a una empresa autónoma en su organización y medios, y con asunción de riesgos inherentes al cometido que desempeña, deba responder por los daños ocasionados por los empleados de ésta, a menos que el comitente se hubiera reservado participación en los trabajos o parte de ellos, sometiéndolos a su vigilancia o dirección.

Para que se desencadene esta responsabilidad se precisa: a) la existencia de una relación de dependencia, jerárquica o encargo entre el ejecutor causante del daño y la empresa demandada[626], sin que sea preciso que medie una relación jurídico-laboral[627], por más que sea la dependencia laboral la más frecuente y paradigmática[628]; b) la producción del daño dentro de las horas de trabajo y en el marco de las actividades propias de la función del dependiente[629], debiendo existir entre el hecho dañoso y las funciones asignadas un nexo de ocasionalidad[630] y c) la conducta negligente del dependiente[631], si bien este requisito es el que más dudas y cuestionamientos ha presentado en cuanto a la verdadera necesidad de su concurrencia[632] y, de hecho, el Tribunal Supremo español ha dictado resoluciones en uno y otro sentido[633].

En esta misma línea la STS 8 febrero 2016 (RJ 2016\235) exonera de responsabilidad civil al propietario de una vivienda por los daños derivados de la demolición de esta en un edificio colindante al no haberse reservado la dirección o el control de la obra a realizar y su subcontratación se llevó a cabo por una empresa especializada en este tipo de actuaciones de demolición.

626 Yzquierdo Tolsada, 2017, pp. 348 y ss.

627 La STS 21 junio 2006 (RJ 2006\3080) en un supuesto de relación de dependencia o subordinación entre el causante material del daño y el empresario demandado, estableció la responsabilidad civil de la empresa por los actos de sus empleados.

628 Normalmente existiendo relación laboral se presume o, mejor dicho, no se cuestiona la existencia de relación de dependencia, como así ocurrió en la STS de 29 octubre 2002 (RJ 2002\9314) al establecer la responsabilidad directa de la empresa no subordinada a la previa determinación e individualización de un responsable dependiente.
En supuestos de trabajo subcontratado la STS 31 marzo 2010 (RJ 2010\2539), acreditada la relación causal, estableció la responsabilidad del empresario —contratista principal— por culpa *in vigilando* por no haber adoptado medidas efectivas previsorias de los daños ocasionados.

629 La Sala de lo Civil en un asunto de responsabilidad de la empresa por actos de sus empleados en STS 6 marzo 2007 (RJ 2007\1828) consideró que no puede imputarse al Banco una responsabilidad extracontractual sobre la base del art. 1903,5 CC pues el empleado no actuó en el servicio de los ramos en que los tuvieran empleados o con ocasión de sus funciones; y en caso de accidente de trabajo la STS 18 mayo 2006 (RJ 2006\2367) declaró la responsabilidad de la empresa propietaria del buque por el fallecimiento de marinero al caer al agua desde la cubierta de un barco pesquero barrido por una ola de mar cuando faenaba con mar gruesa dos horas antes del amanecer y auxiliado por un solo compañero.
La Sala de lo Penal en la STS 1 abril 2014 (RJ 2014\2044) declara la ausencia de responsabilidad subsidiaria del empleador por actos de su dependiente por falta de conexión entre el delito cometido y la clase de actividad propia de la relación de empleo.

630 El término *nexo de ocasionalidad*, señala Yzquierdo Tolsada (2017, p, 353), tomado de la doctrina italiana va ganando seguidores en España.

631 SSTS 6 marzo 2007 (RJ 2007\1828) y 10 octubre 2007 (RJ 2007\6813)

632 Yzquierdo Tolsada, 2017, pp. 346 y ss.

633 A título de ejemplo en la STS 27 octubre 2005 (RJ 2005\8156) prescindiendo de todo análisis de la conducta del empresario y la STS 14 de mayo 2010 (RJ 2010\3494) exigiendo

Acreditadas estas circunstancias y una vez que el empresario haya hecho frente a la indemnización, podrá ejercer con arreglo a lo dispuesto en el art. 1904,1 CC la acción de repetición contra el asalariado[634], salvo que resulte insolvente, claro está, por lo que viene a confirmarse que el patrimonio del empleador sirve de garantía a la víctima[635].

Pero lo importante es señalar en este momento que, tal como se ha concebido tradicionalmente esta responsabilidad vicaria, puede advertirse la existencia de una concurrencia de culpas o la exigencia de una doble culpa. Por un lado, la del sujeto que con sus actos causa directamente el daño (el dependiente) y, por otro, la del sujeto que por disposición legal aparece como centro de imputación del daño causado por su dependiente (el empresario). Pero la culpa entendida como negligencia o imprudencia y que opera cuando un sujeto por no observar la diligencia debida causa un daño a otro, ha experimentado a lo largo de los años un proceso evolutivo que ha desembocado, también en el caso concreto del art. 1903,5 CC, en una cuasiobjetivación de

altos niveles de diligencia, ambas acabaron declarando la responsabilidad de la empresa por actos de sus empleados. En cambio, la STS 30 de marzo 2007 (RJ 2007/1613) declara la responsabilidad del empresario por hechos del trabajador incidiendo en la culpa de aquél.

Es de resaltar la labor que llevó a cabo la STS 31 diciembre 2004 (RJ 2004\367) que recogiendo resoluciones en uno y otro sentido indicó que por un lado hay sentencias que tienden a objetivar la responsabilidad civil del empresario aproximándola a una responsabilidad fundada casi sin más en el riesgo; así, en un grado tal vez extremo, la sentencia 17 octubre 2001 (RJ 2001\8642), que por la defensa de los intereses de las víctimas justifica el «principio de la responsabilidad por riesgo o sin culpa que responde a las exigencias de nuestros tiempos», o las sentencias 22 de abril 2003 (RJ 2003\3545) y 1 octubre 2003 (RJ 2003\6206), que cifran la prueba de la falta de diligencia de la empresa en la propia producción del accidente, o en fin, aunque desde luego en un grado mucho menor, la sentencia 17 julio 2003 (RJ 2003\6575), que si bien rechaza explícitamente «la teoría del riesgo para legitimar la inversión de la carga de la prueba, pues riesgo hay en todas las actividades de la vida», justifica en el concreto caso enjuiciado la inversión de la carga de la prueba en contra del empresario por su mayor facilidad probatoria para demostrar que el accidente obedeció a causas fuera de su control.

Sin embargo, continuaba diciendo la STS 31 diciembre 2004 (RJ 2004\367), no es menos cierto que otro importante grupo de sentencias rechaza el riesgo como fuente única de la responsabilidad civil por culpa extracontractual, razonando que la Sala Civil del TS, al sentar doctrina, ha negado la absoluta objetivación de la responsabilidad civil fundada en el art. 1902 del Código Civil y puntualizando que el riesgo tiene que excluirse como base del resarcimiento cuando de riesgos normales o razonablemente previsibles se trate, por todas, STS 31 marzo 2003 (RJ 2003\2837), que se funda en los precedentes de otras sentencias que cita; línea jurisprudencial que se completa con la STS 9 julio 2003 (RJ 2003\4618) que exige una rigurosa prueba del nexo causal al enjuiciar la responsabilidad civil del empresario (y que recopila la jurisprudencia al respecto).

634 STS 26 octubre 2002 (RJ 2002\9183).

635 Como indica Álvarez Olalla (2021, p. 102) en las relaciones internas resulta de aplicación el art. 1904 CC que establece que «el que paga el daño causado por sus dependientes puede repetir de éstos lo que hubiera satisfecho».

la responsabilidad o, mejor dicho, en una clara y decisiva objetivación de la misma, basada en la llamada teoría del riesgo[636].

Como consecuencia de esta evolución se atribuye la responsabilidad a aquel sujeto que por la actividad desarrollada por otro obtiene beneficios, debiendo asumir en consecuencia el riesgo derivado del mismo sin necesidad de averiguar la culpa. Asimismo, esta reorientación fundamenta en otras ocasiones la atribución de la responsabilidad al empresario en el principio de solidaridad, en la medida en que la empresa se encuentra en mejores condiciones económicas para resarcir el daño que el empleado causante directo del mismo, normalmente insolvente.

2.3. La responsabilidad del empresario como efecto del riesgo organizativo

La obligación de indemnizar que el art. 1903,5 CC hace pesar sobre el empresario constituye un riesgo de empresa en virtud del cual el empresario responde frente a terceros de la corrección del desarrollo de la actividad que lleva a cabo, y esa corrección incluye los hechos de sus empleados[637].

En la medida en que la responsabilidad del empresario está basada en ese riesgo organizativo, cabe advertir que el requisito de la dependencia adquiere una configuración diferente[638]. La concepción clásica de la responsabilidad de los empresarios por los actos de sus empleados como un régimen en el que el patrón responde por un empleado a quien encomienda la realización de una actividad empresarial queda desdibujada cuando pretendemos aplicarla a un empleado que desempeña sus funciones en una organización compleja en la que las funciones de control y supervisión se diluyen en una infinidad de relaciones de agencia. La responsabilidad de los empresarios por los actos de sus empleados se convierte entonces en un coste más de la actividad empresarial, en una prima que paga el empresario en favor de las víctimas potenciales de daños causados por la actividad propia del giro de la empresa. Vendría a ser una especie de seguro obligatorio que la ley consiente a las víctimas de daños causados por las organizaciones empresariales. El empresario pasa a ser un codeudor que asume el riesgo de la insolvencia de sus empleados y los costes de identificación de la víctima[639]. Así, la inadecuación de la culpa como criterio tradicional de imputación subjetiva de responsabilidad es lo que subyace en la jurisprudencia objetivadora, que debería ser el punto de arranque de una evolución legislativa hacia una nueva

636 Sánchez Hernández, 2008, disponible en base datos Aranzadi (BIB 2008\1656).

637 Roca Trías, 2003, p. 111.

638 Sierra Pérez, 1997, p. 27.

639 Salvador Coderch y Gómez Ligüerre, 2002, p. 20.

configuración de la responsabilidad del empresario por los hechos dañosos de sus dependientes[640].

Mediante una aplicación flexible del art. 1903,5 CC el Tribunal Supremo ha intentado superar la falta de adaptación del texto del precepto a la realidad empresarial moderna caracterizada por una relación entre los empresarios y auxiliares, relación menos personal y directa. Esta lectura, a pesar de reconocer formalmente la posibilidad teórica de que el principal pueda exonerarse de acuerdo con la regla del art. 1903,7 CC[641], hace prácticamente imposible que tal exoneración se produzca en la realidad[642]. En este sentido cada vez son más habituales resoluciones del Tribunal Supremo que se refieren al carácter cuasiobjetivo de la responsabilidad del empresario o a la admisión de las doctrinas de mayor matiz objetivista de creación del riesgo, para justificar este resultado[643]. Además, para hacer responder al empresario, los tribunales consideran suficiente probar la culpa anónima de algún auxiliar, sin necesidad de identificar el concreto auxiliar causante del daño[644].

---

640 Beluche Rincón, 2011, pp. 387 y 388.

641 Art. 1903,7 CC: «*La responsabilidad de que trata este artículo cesará cuando las personas en* él *mencionadas prueben que emplearon toda la diligencia de un buen padre de familia para prevenir el daño*». *Vid*. aplicación concreta de esta regla en las SSTS 24 marzo 2003 (RJ 2003\2918), 2 abril 2004 (RJ 2004\2073), 6 marzo 2007 (RJ 2007\1828) y 10 octubre 2007 (RJ 2007\6813).

642 Así, por ejemplo, Peña López (2004, p. 155) señala que «no es posible encontrar una sola sentencia del Tribunal Supremo en la que se haya exonerado de responsabilidad al empresario por razón de haber acreditado un comportamiento adecuado al deber de diligencia que le es exigible».

643 Por ejemplo, la STS 5 enero 2007 (RJ 2007\552) se refiere a la responsabilidad cuasi objetiva para apreciar la responsabilidad de los servicios médicos por la producción de un daño desproporcionado o inexplicable, consistente en la infección que contrae el paciente con motivo de una intervención quirúrgica; la STS 19 junio 2000 (RJ 2000\5291) en un supuesto de fallecimiento de alumno cuando pilotaba avioneta en vuelo de instrucción con empleado contratado por centro de formación aeronáutica declaró la responsabilidad de la empresa por los actos de sus empleados al existir culpa y relación de dependencia, ante la falta de adopción de medidas de seguridad suficientes; y la STS 31 octubre 1998 (RJ 1998\8359) en un supuesto de lesiones graves de un menor al ser atacado por un león en visita a zoo, con arreglo a la doctrina de la inversión de la carga de la prueba se responsabilizó al colegio al no haber logrado o conseguido demostrar la existencia de una diligencia por su parte para evitar el accidente, de lo que se deduce una falta en el control y vigilancia del menor.

644 En este sentido la STS 11 noviembre 2002 (RJ 2002\9640), reiterando la doctrina STS 9 junio 1998 (RJ 1998\3717), establece que «el artículo 1903 del Código Civil (...) no está subordinado en su aplicación a la previa determinación e individualización de un responsable dependiente (...). Su aplicación deviene, también, insoslayable cuando de los resultados de la prueba se desprende que el hecho dañoso se produjo por acción u omisión negligente acaecida en el círculo de actividad de la empresa y por circunstancias que, con criterios de normalidad y según las reglas de la experiencia cabe atribuir a empleados o dependientes de la misma, sin que sea condición necesaria la identificación de los concretos sujetos responsables, pues esta exigencia favorecería la impunidad en beneficio de

Desde un punto de vista de eficiencia económica, el empresario debería responder objetivamente de los riesgos típicos de su actividad y, entre ellos, como un riesgo más de su empresa, de los daños culposamente causados por sus empleados en el desempeño de sus tareas. El empresario, ajeno a la causación del daño y con independencia de su culpa en la elección, vigilancia y control del dependiente, debería responder objetivamente de los daños de los que aquél en el que ha diferido el ejercicio de sus cometidos empresariales sea subjetivamente responsable. La responsabilidad del empresario tendría que modelarse como una responsabilidad vicaria en la que la culpa del dependiente fuera requisito *sine qua non* —de modo que aquél sólo pudiera exonerarse por la inexistencia de tal culpa de su empleado— y se le permitiera recuperar lo pagado repitiendo frente a éste, que es el deudor principal[645].

Esta propuesta de responsabilidad vicaria del titular de la empresa por los daños culposamente causados por sus empleados, con ocasión del desarrollo de actividades ordinarias de la empresa que no comporten peligros excepcionales, tiene su lógica y sus ventajas. En primer lugar, si un empresario desarrolla una actividad con el fin de obtener lucro, es razonable que sea responsable de manera objetiva por los daños causados por sus dependientes negligentes en el ejercicio de sus funciones. En segundo lugar, la propia actividad empresarial atribuye al empresario una función de garantía respecto a la actuación de sus dependientes y ese papel de garante permite que la víctima pueda accionar de manera directa y exclusiva frente al empresario, seguramente más solvente que el dependiente responsable directo del daño, sin perjuicio de que pueda repercutirle lo pagado. En tercer lugar, la simple capacidad económica del empresario para asegurarse es una consideración añadida para la defensa del sistema de responsabilidad objetiva del empresario.

Sin embargo, la responsabilidad vicaria del titular de la empresa por los daños culposamente causados por sus empleados con ocasión de sus funciones se topa con el problema de la identificación del dependiente culpable y de la necesidad de probar su negligencia como auténtica causa del daño. Por ello, la doctrina afirma que, en estas hipótesis de difícil comprobación subjetiva, ha de producirse un tránsito de la responsabilidad por hecho de otro a la responsabilidad de la organización[646]. El empresario debería responder a través de un sistema de responsabilidad directa (no vicaria) como titular que es de la organización empresarial en la que se origina el daño.

---

las grandes y complejas organizaciones empresariales de nuestro tiempo y en perjuicio de las víctimas».

Sobre esta posición jurisprudencial, ver también, Beluche Rincon, 2010, p. 209.

645 Beluche Rincón, 2011, pp. 387 y 388.

646 Salvador Coderch y Gómez Ligüerre, 2002, p. 20.

En definitiva, si bien el empresario debe ser vicariamente responsable del daño causado culposamente por un empleado determinado con ocasión de sus funciones, ha de ser también responsable del daño causado por cualquier dependiente no identificado cuando tal daño sea realización del riesgo típico de su actividad, salvo que pruebe que adoptó las medidas idóneas para evitarlo[647]. De una responsabilidad por hecho ajeno se ha de evolucionar hacia una responsabilidad por hecho propio que ponga a cargo del empresario los daños típicos evitables. Debe progresarse de una responsabilidad por hecho del dependiente a una responsabilidad de la organización por culpa presunta: una culpa objetiva por infracción de los deberes de cuidado propios de la actividad empresarial de que se trate, que ha de presumirse[648].

Sin duda un sistema de responsabilidad objetiva resulta más adecuado en relación con el desarrollo por la empresa de actividades anormalmente peligrosas[649]. En estos casos de responsabilidad acentuada el empresario respondería simplemente por los daños causados que sean consecuencia de los riesgos de su actividad[650], reputándose actividad anormalmente peligrosa la que crea un riesgo previsible y significativo de daño, aunque se emplee todo el cuidado debido en su ejercicio y no se trate de una actividad de uso común[651]. El hecho de que la responsabilidad no dependa de la culpa[652] no implica que se trate de una responsabilidad por mera causación, o de un mero reparto social de ciertos riesgos. Se trataría de una responsabilidad

---

647 *Lege ferenda*, como apunta Basozábal Arrue (2015, p. 236), conviene enfocar este asunto desde la perspectiva general de la responsabilidad de la empresa, con la posibilidad de regular una cláusula de responsabilidad por actividades anormalmente peligrosas.

648 European Group on Tort Law, *Principles of European Tort Law* (PETL), disponible en http://www.egtl.org. Art. 4:202. Responsabilidad de la empresa: «*(1) La persona que se dedica de modo permanente a una actividad empresarial con fines económicos o profesionales y que emplea auxiliares o equipamiento técnico es responsable de todo daño causado por un defecto de tal empresa o de lo que en ella se produzca, a no ser que pruebe que ha cumplido con el estándar de conducta exigible. (2) "Defecto" es toda desviación con respecto a los estándares que son razonablemente exigibles a la empresa o a sus productos o servicios*».

649 European Group on Tort Law, *Principles of European Tort Law* (PETL), disponible en http://www.egtl.org. Art. 5:101. Actividades anormalmente peligrosas: «*(1) La persona que lleva a cabo una actividad anormalmente peligrosa responde objetivamente por el daño característico del riesgo que tal actividad comporta y que resulta de ella. (2) Una actividad es anormalmente peligrosa si: a) crea un riesgo previsible y significativo de daño incluso aunque se emplee todo el cuidado debido en su ejercicio y b) no es una actividad que sea objeto de uso común. (3) El riesgo de daño puede ser significativo en atención a la gravedad o a la probabilidad del mismo. (4) Este artículo no se aplica a una actividad sujeta específicamente a responsabilidad objetiva por cualquier otra disposición de estos Principios o por cualquier legislación nacional o convención internacional*».

650 Martín Casals y Ribot Igualada, 2003, p. 830.

651 Basozábal Arrue, 2015, p. 28.

652 Díez-Picazo, 2011, pp. 109 y ss.

personal imputable a un comportamiento libre: el de quien decide servirse de una fuente de riesgo para poner en marcha una actividad y obtener así una ganancia, y que en el desarrollo de dicha actividad causa un daño, quizá a pesar de haberla llevado a cabo diligentemente[653].

3. La responsabilidad civil de padres, tutores y curadores

La responsabilidad civil de padres, tutores y curadores tal como está diseñada normativamente y se aplica en la práctica presenta una serie de desajustes e incoherencias que hacen de ella una figura difícilmente justificable. En el origen de todo ello tiene una indudable influencia el hecho de que en el ordenamiento español su regulación presenta una triple fuente normativa: por un lado, la contenida en el Código Civil, por otro lado, la recogida en el Código Penal y finalmente la que contempla y regula la Ley Orgánica 5/2000, de 12 de enero, de la Responsabilidad penal de los Menores (LORPM). La aplicación de una de las normativas depende de la edad del autor de los daños y de la tipificación o no como ilícito penal del acto que causa el daño[654].

Esta enorme fragmentación normativa provoca inseguridad jurídica, resoluciones contradictorias y falta de coordinación entre las diversas hipótesis contempladas. Así, por ejemplo, por los ilícitos penales cometidos por un menor de edad mayor de 14 años los padres responden de manera objetiva sólo si éste es penalmente imputable (supuesto en que también lo será civilmente) (art 61,3 LORPM), respondiendo por culpa en caso contrario (art. 5,1 LORPM y art. 118,1,1.ª CP)[655].

El ordenamiento carece de una idea clara y de una filosofía estable que sustenten el régimen de responsabilidad civil de los padres: no se sabe si deben responder por guarda, por patria potestad, por vigilancia o por educación. Los padres y tutores no sólo tienen el deber de velar por los hijos y tenerlos en su compañía, sino también el de educarlos y procurarles una educación integral. No cabe duda cabe que estos últimos aspectos son mucho más relevantes en el origen de los comportamientos delictivos del menor

---

653 A diferencia de lo que ocurre con la responsabilidad por culpa, donde es siempre el juicio de negligencia —con su flexibilidad— el que protagoniza el fundamento de la imputación subjetiva, constituyéndose en auténtico *requisito* o *presupuesto* de la pretensión resarcitoria, en la responsabilidad objetiva suele admitirse que no existe un único argumento o principio que la justifique, sino un conjunto de criterios que, al combinarse, avalan el reconocimiento legal —en su caso, también jurisprudencial— de este tipo de responsabilidad. Para más detalle acerca del fundamento de la responsabilidad objetiva, *vid*. Basozábal Arrue, 2015, pp. 55 a 57.

654 De nuevo hay que lamentar la injustificada dualidad normativa responsabilidad civil pura y responsabilidad civil derivada del delito. *Vid*. Yzquierdo Tolsada, 2017, p. 302.

655 Gómez Calle, 2006b, p. 1287.

que los simples defectos en el ejercicio del deber de guarda en que se suele fundamentar la responsabilidad civil extracontractual y la responsabilidad civil *ex delicto*. Es razonable señalar que el fundamento de este especial tipo de responsabilidad civil se encuentra no sólo en el deber de guarda, sino también en el deber de educación y en el adecuado uso de las facultades de corrección que los padres, tutores, acogedores o guardadores tienen sobre los menores, pupilos, acogidos o sometidos a su guarda.

3.1. El régimen del Código Civil

En el ámbito civil general y en los supuestos en que un daño sea causado por un menor bajo la potestad de los padres o la tutela del tutor, o por una persona con discapacidad bajo la curatela de su curador con representación plena[656], siempre que el acto no revista caracteres de delito, se atribuye la responsabilidad civil a tales personas bajo cuya guarda, tutela o curatela se encuentren. Pero éstos quedan exonerados de responsabilidad cuando prueben que obraron con la diligencia de un buen padre de familia para prevenir el daño (art. 1903,7 CC)[657], como por otro lado se establece para todos los supuestos de responsabilidad por hecho ajeno[658].

Esta carga de probar que padres, tutores o curadores emplearon toda la diligencia de un buen padre de familia para prevenir el daño —si es que desean liberarse de responsabilidad— hace que, sobre la base de los principios culpa *in vigilando* y culpa *in educando*[659], la responsabilidad en la práctica

656 La Ley 8/2021, de 2 de junio, por la que se reforma la legislación civil y procesal para el apoyo a las personas con discapacidad en el ejercicio de su capacidad jurídica, modifica el párr. tercero del art. 1903 CC reservando la tutela sólo para los menores al suprimir la referencia a los incapaces; y añade un párr. cuarto que incorpora la responsabilidad de los curadores con facultades de representación plena.

657 En este sentido la SAP Baleares 19 marzo 2012 (JUR 2012\146899), indica lo siguiente (F.J. 2.º): «El fundamento de esta responsabilidad en culpa invigilando, en términos teóricos, debiera suponer que padres y tutores quedan exentos de responsabilidad cuando acrediten haber sido personas diligentes y cuidadoras respecto de la conducta de los menores o incapacitados sometidos a su autoridad (...) Conforme a dicha concepción la responsabilidad paterna vendría caracterizada sencillamente por una presunción *iuris tamtum* de culpa, que admitiría para padres y tutores».

658 ÁLVAREZ OLALLA, 2021, p. 97.
Art. 1903,2, 3 y 4 CC: *«Los padres son responsables de los daños causados por los hijos que se encuentren bajo su guarda. Los tutores lo son de los perjuicios causados por los menores que están bajo su autoridad y habitan en su compañía. Los curadores con facultades de representación plena lo son de los perjuicios causados por la persona a quien presten apoyo, siempre que convivan con ella»*. Y, con arreglo a lo establecido en el art. 1903,7 CC, la responsabilidad de padres, tutores y curadores cesará cuando *«prueben que emplearon toda la diligencia de un buen padre de familia para prevenir el daño»*.

659 GÓMEZ CALLE, 2006b, p. 1287.

pase a ser directa y cuasiobjetiva o por riesgo[660], y queda enormemente facilitada la indemnización de la víctima[661]. En la búsqueda de un responsable que atienda la reparación del daño causado por el menor, señala Yzquierdo, el Tribunal Supremo ha acabado por convertir a los guardadores legales en una especie de compañía de seguros que debe responder siempre atendiendo a criterios objetivos de acaecimiento del daño[662].

Resulta prácticamente imposible localizar un solo caso en el que los padres hayan conseguido probar que fueron diligentes en la vigilancia o educación del menor o —hasta septiembre de 2021 fecha en la que entró en vigor la Ley 8/2021— del denominado anteriormente incapacitado: responden los padres, sencillamente, porque son padres. Y lo mismo ocurre con los tutores y curadores[663]. El Tribunal Supremo ha venido declarando la responsabilidad de los padres por ser negligentes, descuidados e imprudentes[664]. Y en la práctica, los tribunales elevan tanto el nivel de exigencia en la admisión de la prueba de la diligencia debida, que en contadas ocasiones tiene lugar la exoneración de los padres por la responsabilidad de sus hijos[665]. E incluso en

---

660 Testimonio de esa ausencia de prueba liberatoria de los padres, la encontramos en SSTS 5 diciembre 2016 (RJ 2016\6310), 23 febrero 2010 (RJ 2010\1293), 10 noviembre 2006 (RJ 2006\7170) y 8 marzo 2006 (RJ 2006\1076); así como en SSAP León 7 marzo 2017 (JUR 2017\99409), Valencia 23 enero 2012 (JUR 2012\171580) y Madrid 28 septiembre 2011 (JUR 2011\24867).

661 STS 29 diciembre 1962 (RJ 1962\5141).

662 Yzquierdo Tolsada, 2016, p. 39.

663 Yzquierdo Tolsada, 2017, p. 306.
Como apunta Tenreiro Busto (2021, p. 5), con las modificaciones introducidas por la Ley 8/2021, de 2 de junio, la principal medida de apoyo de origen judicial para las personas con discapacidad pasa a ser la curatela. Con ella se pretende prestar apoyo en el ejercicio de la capacidad jurídica, en la línea de excluir en lo posible las actuaciones de naturaleza representativa. Al curador sólo se le podrán atribuir funciones representativas en los casos que sea preciso y de manera excepcional. En consecuencia, se eliminan del ámbito de la discapacidad no sólo la tutela, sino también la patria potestad prorrogada y la patria potestad rehabilitada, figuras demasiado rígidas y poco adaptadas al sistema de promoción de la autonomía de las personas adultas con discapacidad que pretende la nueva regulación, como señala el preámbulo de la propia ley 8/2021, de 2 de junio. Por tanto, la tutela, asociada tradicionalmente a una connotación representativa, queda reservada para los menores de edad que no estén protegidos a través de la patria potestad. Y es que, en la nueva regulación, cuando el menor con discapacidad llegue a la mayoría de edad se le prestarán los apoyos que necesite del mismo modo y por el mismo medio que a cualquier adulto que los requiera.

664 SSTS 10 noviembre 2006 (RJ 2006\7170), 8 marzo 2006 (RJ 2006\1076), 11 marzo 2000 (RJ 2000\1520), 30 junio 1995 (RJ 1995\5272), 13 octubre 1998 (RJ 1998\8068), 30 abril 1969 (RJ 1969\2411), y SSAP Alicante 17 junio 2016 (AC 2016\1779) y Valencia 23 enero 2012 (JUR 2012\171580).

665 Uno de estos supuestos de exoneración de responsabilidad de los padres lo encontramos en la STS 5 marzo 1997 (RJ 1997/1650), en el caso de un hijo mayor de edad y esquizofrénico paranoide sin incapacitar, que mató a tres niños por los disparos efectuados con

ocasiones la absolución de los padres no es debido a que probaran la no concurrencia de culpa, sino más bien porque faltaba la relación de causalidad[666].

Esta realidad jurisprudencial contenida en los pronunciamientos del Tribunal Supremo evidencia que en la práctica totalidad de los casos se declara la responsabilidad civil de los padres sin ninguna posibilidad real de exoneración. Esta línea ha sido criticada por diversos autores, que consideran que parece que la responsabilidad de los padres por los hechos dañosos de sus hijos es una auténtica obligación derivada de la patria potestad, y no una responsabilidad basada en el criterio de la culpa. Además, como no se establece una obligación de responsabilidad por los daños ocasionados por los menores y las obligaciones legales no se presumen (art. 1090 CC), el Tribunal Supremo ha tenido que deformar y forzar el art. 1903 CC hasta tal punto que ha cambiado completamente su significado: la responsabilidad de los padres se ha convertido por obra de nuestro Tribunal Supremo en la más objetiva de las responsabilidades por el hecho ajeno, que recoge el art. 1903 CC[667].

En la jurisprudencia española se encuentran abundantes supuestos de lo que podría denominarse «la presunción de negligencia de los padres», a los que se les acaba atribuyendo siempre la responsabilidad civil con independencia del cuidado y diligencia desarrollados[668]. Así, en un supuesto en el que en el momento de los hechos el menor convivía con su padre y no con su madre, no habiendo quedado acreditado qué progenitor ostentaba la guarda en el momento de la comisión de los hechos y si existían medidas adoptadas al respecto, se considera que ambos son responsables de los actos ilícitos de su hijo menor de edad por culpa in vigilando o educando[669]; en otro caso de lesiones causadas por un menor a otro consistente en graves daños oculares, se responsabiliza a los padres al hallarse la menor sujeta a su patria potestad[670]; en otro supuesto de lesiones causadas por una menor al arrollar sin querer a una anciana cuando patinaba en línea en una plaza peatonal no habilitada expresamente al efecto pese a su no prohibición, se responsabiliza a los padres al haber tenido la oportunidad de evitar el daño causado de

la pistola reglamentaria de su padre (que éste ocultaba), en el que se pedía la responsabilidad directa de los padres por no haber instado la declaración de incapacitación de su hijo. El Tribunal Supremo exoneró a los padres pues «los padres ignoraban la clase de enfermedad que padecía su hijo, habiéndoles comunicado el médico que su hijo en los últimos tiempos (...) había mejorado de su enfermedad, y que no presentaba rasgos de violencia».

666 SSTS 10 junio 2008 (RJ 2008\4244) y STS 28 diciembre 2001 (RJ 2002\3094).

667 Yzquierdo Tolsada, 2016, p. 37 y López Beltrán de Heredia, 1988, p. 105.

668 Como acaba indicando Yzquierdo Tolsada (2017, pp. 306 y 307) los padres son «responsables...pero no culpables».

669 SAP Jaén 21 enero 2021 (JUR 2021\130136).

670 SAP Asturias 21 abril 2020 (JUR 2020\180323).

haberse ajustado la diligencia a las reglas de atención y cuidado exigibles[671]; en otro se condena a los padres que omitieron la debida supervisión de un menor que causó daños por la explosión de petardos en discoteca durante las fiestas del pueblo[672]... entre otras[673/674].

Detrás de todos estos fallos puede encontrarse una línea argumental que —quizá al margen de lo que el legislador estableció inicialmente en el art. 1903 CC— considera que mientras los hijos o pupilos no sean mayores de edad o se emancipen, los padres o tutores deben responder de los actos de aquéllos, con independencia de si los padres o tutores son conscientes[675] o no[676] de las actividades de sus hijos o pupilos, o de si hubiera mediado prohibición expresa[677]. En consecuencia, con arreglo al principio *culpa in vigilando*, los padres y tutores siempre deben controlar[678] las actividades normales de los menores mientras están bajo su custodia[679]. Incluso cuando no estén con el menor en el preciso momento de causar el daño, serían responsables de los

671 SAP Barcelona 31 mayo 2018 (JUR 2018\167138).

672 STS 23 febrero 2010 (RJ 2010\1293).

673 STS 10 noviembre 2006 (RJ 2006\7170) presumió la culpa de los progenitores de un menor que agredió sexualmente a otro, sin que sea causa de exoneración el haber solicitado ayuda a las instituciones públicas; SAP Málaga 27 octubre 2003 (AC 2003\1694) decretó la responsabilidad de los padres de un menor por los daños causados con una raqueta en la mandíbula de otro menor en el ejercicio del deporte; STS 8 marzo 2002 (RJ 2002\1912), condenó por presunción de culpa a los padres de un menor de 17 años que causó lesiones irreversibles en el ojo a una menor de 16 años al propinarle un balonazo en la cara, daño que el menor debería haber previsto; STS 21 octubre 2002 (RJ 2002\8438), atribuyó la responsabilidad a un padre por culpa *in vigilando* al caerle a su hijo una máquina expendedora de golosinas cuando se colgó del tirador; STS 12 mayo 1999 (RJ 1999\4576) condenó a los padres de un menor que causó una muerte con una escopeta de balines, a pesar de acreditar que le tenían prohibido su uso; STS 22 septiembre 1992 (ECLI:ES:TS:1992:18444), responsabilizó a los padres de un menor que conducía el coche de sus padres y al chocar con un árbol provocó la muerte de su novia que le acompañaba, a pesar de que acreditaron que le tenían prohibido coger el coche y las llaves estaban escondidas, siendo condenados al considerar que las llaves podían haberse escondido mejor.

674 En sentido opuesto, admitiendo la falta de responsabilidad de los padres, por todas, STS 27 enero 2006 (ECLI:ES:TS:2006:124), un menor de 10 años lanza una piedra a un autobús desde un puente de una autopista causando la muerte de un pasajero, responsabilizando a la concesionaria de la autopista al no haber adoptado medidas en el puente que hubieran evitado el riesgo.

675 SAP Albacete 24 julio 2004 (JUR 2004\243409).

676 STS 12 mayo 1999 (RJ 1999\4576).

677 STS 14 abril 1977 (RJ 1977\1654).

678 SSTS 4 mayo 1984 (RJ 1984\2396) y 22 septiembre 1984 (RJ 1984\4332).

679 STS 22 septiembre 1984 (ECLI:ES:TS:1984:174), la responsabilidad civil de los padres por los actos realizados por los hijos que se encuentran bajo su potestad se justifica por la transgresión del deber de vigilancia que les incumbe.

actos de sus hijos o pupilos por la misma razón: no deberían haber dejado al menor solo y deberían haberse ocupado de él[680]. La *culpa en vigilando* cesa cuando el menor es puesto bajo la custodia de otra persona —p. ej. la escuela, la entidad deportiva—, pero se reanuda cuando el padre o tutor lo recoge[681]. La *culpa in educando* de los padres o tutores, a diferencia de la *culpa in vigilando*, igualmente se aprecia aun cuando no tengan la custodia en el momento en el que se causa el daño[682]. A esto hay que añadir que con la reforma operada en el Código Civil por la Ley 54/2007, de 28 de diciembre, de adopción internacional se suprimió la posibilidad de padres y tutores de «corregir razonable y moderadamente a los hijos»[683], por lo que la labor de educación y socialización de los menores ha quedado prácticamente vedada[684].

La presunción de culpa y la cuasiobjetivación de la responsabilidad de los padres y tutores mediante la elevación de la diligencia exigible comporta que los padres tienen una responsabilidad directa y conjunta si el menor no emancipado está bajo su custodia al mismo tiempo, lo que significa que la víctima puede demandar a cualquiera de ellos directamente, sin necesidad de demandar al menor primero. Si uno de los padres no tiene la custodia del menor en algún momento —p. ej., los padres están divorciados y tienen custodia en diferentes momentos, por ejemplo, fines de semana alternos, la mitad de las vacaciones, etc.— no es responsable del comportamiento del menor[685], ya que el que tiene la custodia es el que podría haber evitado el acto perjudicial[686].

3.2. El régimen del Código Penal

3.2.1. Panorama normativo general

El art. 19 CP de 1995 estableció que los menores de dieciocho años no son responsables criminalmente con arreglo al Código Penal y remitió el establecimiento del régimen de responsabilidad en estos casos en que un menor comete un acto tipificado, a lo que estableciera la futura Ley reguladora de la responsabilidad penal del menor[687]. El tenor literal de dicho precepto es

680 STS 11 marzo 2000 (RJ 2000\1520).

681 SSTS 10 diciembre 1996 (RJ 1996\8975), 3 diciembre 1991 (RJ 1991\8910) y 10 noviembre 1990 (RJ 1990\8538).

682 SSAP Navarra 12 noviembre 2004 (AC 2004\2085) y La Coruña, 2 febrero 1998 (AC 1998\3967).

683 Disposición final 1.2 y 1.5, respectivamente, de la Ley 54/20017, de 28 de diciembre.

684 Yzquierdo Tolsada, 2016, p. 39.

685 SAP Castellón 26 enero 1999 (AC 1999\187).

686 STS 11 octubre 1990 (RJ 1990 1990\7860).

687 Con la entrada en vigor de la LORPM se produjo la trascendental modificación de la edad penal. *Vid.* Yzquierdo Tolsada, 2017, p. 320.

el siguiente: *Los menores de dieciocho años no serán responsables criminalmente con arreglo a este Código. Cuando un menor de dicha edad cometa un hecho delictivo podrá ser responsable con arreglo a lo dispuesto en la ley que regule la responsabilidad penal del menor*.

De este modo, la responsabilidad civil por delitos cometidos por menores se ve afectada por un primer reenvío del art. 1092 CC al art. 19 CP y por un segundo reenvío de éste a la LORPM, sin que los reenvíos acaben aquí ya que la LORPM realiza a su vez un doble reenvío: por un lado remite al CP para la regulación de la extensión de la responsabilidad civil, y por otro lado, remite al CC y a la LEC para regular todo lo relativo a la responsabilidad civil cuando el perjudicado se reserve la acción civil para ejercitarla ante el orden jurisdiccional civil (art. 61,1 LORPM)[688]. Esta doble regulación y enorme fragmentación normativa de lo que en puridad es una misma cuestión provoca variabilidad en los pronunciamientos, falta de coherencia y resoluciones contradictorias.

El esquema básico del régimen resulta ser el siguiente:

- Si los hechos cometidos por un menor de edad generadores de responsabilidad civil no son típicos penalmente, su régimen jurídico será el previsto en los arts. 1903 CC y ss.
- Si los hechos cometidos por un menor de edad generadores de responsabilidad civil son típicos penalmente pero el perjudicado se reserva las acciones civiles, su régimen jurídico será el previsto en los arts. 1903 CC y ss.
- Aunque los hechos cometidos por menores sean penalmente típicos quedarán en todo caso sometidos al Código Civil cuando los infractores sean menores de catorce años.
- Si los hechos cometidos por un menor mayor de 14 años generadores de responsabilidad civil son típicos penalmente y el perjudicado no se reserva las acciones civiles, su régimen jurídico será el previsto en la LORPM.

La distinción normativa entre una responsabilidad civil de carácter general y una forma específica de responsabilidad civil que se define como dimanante de un ilícito penal debería de haber dejado de existir hace tiempo. El legislador de 1995 ignoró la reiterada crítica de la doctrina, ante todo la civilista, al hecho de que aparezca regulado en cuerpos normativos penales un

688 El tenor literal de este sorprendente precepto dice así: «*La acción para exigir la responsabilidad civil en el procedimiento regulado en esta Ley se ejercitará por el Ministerio Fiscal, salvo que el perjudicado renuncie a ella, la ejercite por sí mismo en el plazo de un mes desde que se le notifique la apertura de la pieza separada de responsabilidad civil o se la reserve para ejercitarla ante el orden jurisdiccional civil conforme a los preceptos del Código Civil y de la Ley de Enjuiciamiento Civil*».

tema netamente civil como es el de la reparación del daño que una persona ocasiona, sea cual sea el carácter del ilícito del que ese daño trae causa[689].

Pero más grave aún es que ese desplazamiento de normas claramente civiles hacia leyes penales es que el régimen de responsabilidad civil varíe tanto según que el hecho dañoso esté o no penalmente tipificado, dato éste que exclusivamente debería ser relevante a los efectos de la sanción penal. Así, no se comprende por qué la responsabilidad de padres o tutores deja de ser subjetiva como prevé el art. 1903 CC para convertirse en objetiva por aplicación del art. 61,3 LORPM cuando el acto dañoso del menor de edad y mayor de 14 años sea constitutivo de un ilícito penal. Si quisiera justificarse por la mayor reprochabilidad del hecho dañoso penalmente tipificado, no tendría razón de ser que en los supuestos en que el autor del acto dañoso es mayor de edad e imputable se establezca para los curadores una responsabilidad subsidiaria y por culpa que ha de ser probada (art. 120,1 CP), mientras que si se trata de un ilícito meramente civil es directa y se exonera al demandante de acreditar la culpa de los padres, tutores o curadores (art. 1903 CC). Tampoco se comprende por qué razón al sujeto incapaz de discernir se le trata de modo tan diferente a los efectos de responsabilidad civil, según que su acto esté o no penalmente tipificado: si no lo está, no responderá de ningún modo, por aplicación del art. 1902 CC; y si lo está responde, y no sólo subsidiariamente sino de modo directo, aunque quepa la graduación judicial equitativa, conforme al art. 118,1,1ª CP[690].

Los dos preceptos básicos del CP de lo que debe partirse son los arts. 118,1 y 120,1[691], preceptos que como ya señalaba Yzquierdo antes de la reforma operada por la Ley 8/2021, de 2 de junio, están «compitiendo entre sí para saber cuál es el más defectuoso de los dos»[692]. Por un lado, el art. 118,1,1.ª CP que se aplica a quienes ejerzan apoyo legal o de hecho de quien, siendo menor o mayor de edad, se encuentre bajo su autoridad y quede eximido de responsabilidad penal por concurrir alguna de las causas de exención previstas en los números 1.º y 3.º del art. 20 CP:

> 1. La exención de la responsabilidad criminal declarada en los números 1.º, 2.º, 3.º, 5.º y 6.º del artículo 20, no comprende la de la responsabilidad civil, que se hará efectiva conforme a las reglas siguientes:

---

689 Díez-Picazo, 1999. p. 283.

690 Gómez Calle, 2006b, p. 1286.

691 Como apunta Tenreiro Busto (2021, p. 8), la reforma del Código Civil, en materia de medidas de apoyo a las personas con discapacidad para el ejercicio de su capacidad jurídica, que sienta las bases del nuevo sistema basado en el respeto a la voluntad y las preferencias de la persona con discapacidad, hace también necesaria la modificación de los arts. 118, primer párr. de la regla 1.ª, y el ordinal 1.ª del art. 120, dos preceptos del Código Penal que regulan la responsabilidad civil derivada del ilícito penal cuando dicha responsabilidad recae sobre persona distinta del autor del hecho delictivo, así como la disposición adicional primera para adaptarla a la nueva regulación, aprovechando la reforma para corregir el error que implicaba la referencia a los imputables.

692 Yzquierdo Tolsada, 2016, p. 43.

> 1.ª En los casos de los números 1.º y 3.º, son también responsables por los hechos que ejecuten los declarados exentos de responsabilidad penal, quienes ejerzan su apoyo legal o de hecho, siempre que haya mediado culpa o negligencia por su parte y sin perjuicio de la responsabilidad civil directa que pudiera corresponder a los inimputables.
>
> Los Jueces o Tribunales graduarán de forma equitativa la medida en que deba responder con sus bienes cada uno de dichos sujetos.

Por otro lado, el art. 120,1 CP resulta de aplicación en los delitos cometidos por un mayor de edad sujeto a curatela, siempre y cuando dicho mayor sea penalmente imputable, siendo por defecto de los mismos responsables civiles los curadores:

> Son también responsables civilmente, en defecto de los que lo sean criminalmente: 1.º Los curadores con facultades de representación plena que convivan con la persona a quien prestan apoyo, siempre que haya por su parte culpa o negligencia.

Desde la entrada en vigor de la LORPM —a la que luego nos referiremos— corresponde a esta norma la regulación de la mayoría de los supuestos en que se ventila la responsabilidad civil de los padres y tutores por los hechos ilícitos penales de los menores de edad.

3.2.2. La responsabilidad por los daños causados por el inimputable penal

El art. 118,1,1.ª CP regula la responsabilidad civil de las personas que ejerzan apoyo legal o de hecho por los actos realizados por los sujetos declarados inimputables penales *siempre que haya mediado culpa o negligencia por su parte*[693]. Esta regulación prevista en el Código Penal se diferencia de manera notable con la prevista en el Código Civil. Como es sabido, en el Código Civil la responsabilidad civil de los padres o tutores es directa pero presunta, mientras que en el Código Penal se exige la prueba por el demandante de la culpa de quienes ejerzan su apoyo legal o de hecho para hacerlos responsables civiles de los hechos dañosos, por lo que parece que también quiere hacerse responder al sujeto causante del daño[694].

693 Con anterioridad a la reforma llevada a cabo por la Ley 8/2021, de 2 de junio, Yzquierdo Tolsada (2016, p. 43) y Gómez Calle (2006b, pp. 1284 y 1285), habían señalado que el art. 118,1,1.ª CP presentaba una redacción que hacía bastante complicada su inteligibilidad.

694 Yzquierdo Tolsada, 2001, p. 258. En este sentido, en un supuesto de tres delitos de asesinato en grado de tentativa realizados bajo los efectos de un brote esquizofrénico, se declara la ausencia de responsabilidad civil de los padres con base en el art. 118,1,1.ª CP por considerar que no había negligencia alguna en su actuación. La SAP Tarragona 19 mayo 2003 (JUR 2003\240232) declara que *el acusado se tomaba la medicación ante los mismos para posteriormente vomitarla, nunca había tenido brotes de violencia contra las personas y cuando tenía brotes estaba en estado de euforia no de abatimiento como el día de hechos*.

Por añadidura, en la última parte del art. 118,1,1.ª CP se declara que lo anterior es *sin perjuicio de la responsabilidad civil directa que pudiera corresponder a los inimputables*, cuando la responsabilidad civil de éstos parece ya haber quedado fijada con la primera parte del redactado del artículo, con lo cual dicha redacción final sería claramente superflua[695].

El art. 118,1,1.ª CP diferencia entre la inimputabilidad penal y la civil. Los inimputables penales responden civilmente de los ilícitos penales que hayan cometido, puesto que tienen capacidad de entender y querer. Es decir, sólo en los casos en que el sujeto fuera inimputable penal, pero fuera imputable civil susceptible de culpa por sus actos será cuando responda civilmente[696]. Sin embargo, por otro lado, el art. 118,1,1.ª CP declara *también* responsables a las personas que ejerzan apoyo legal o de hecho y, en consecuencia, está considerando tácitamente la responsabilidad civil directa del inimputable penalmente[697]. Dado que el art. 118 CP afirma que *la exención de responsabilidad criminal de la persona en la cual concurran las eximentes contempladas en los números 1.°, 2.°, 3.°, 5.° y 6.° del art. 20 CP no comprende la de la responsabilidad civil* las personas que ejerzan su apoyo legal o de hecho responderán no sobre la base de la culpa del agente directo causante del daño, sino por el hecho de haber causado objetivamente un acto ilícito[698].

Varias son las razones que apuntan en la dirección de que el inimputable debe responder civilmente del hecho ilícito en forma directa[699]. En primer lugar, el art. 118,1,1.ª CP establece que *en los casos de los números 1.° y 3.°* (es decir el que al tiempo de cometer la infracción penal, a causa de cualquier anomalía o alteración psíquica, no pueda comprender la ilicitud del hecho o actuar conforme a esa comprensión; o el que, por sufrir alteraciones en la percepción desde el nacimiento o desde la infancia, tenga alterada gravemente la conciencia de la realidad) *son también responsables* quienes ejerzan su apoyo legal o de hecho y el adverbio *también* hace pensar que el precepto

695 Con anterioridad a la modificación introducida por la Ley 8/2021, de 2 de junio, en la última parte del art. 118,1,1.ª se declaraba que lo anterior era *sin perjuicio de la responsabilidad civil directa que pudiera corresponder a los imputables*. Como ya advertía Parra Lucán (1997, pp. 775 y ss.), si por «imputable» se hace referencia a la persona declarada exenta de responsabilidad penal, parecería que el término más adecuado hubiera sido el de inimputable. No obstante, en caso de que se tratara de un error y el legislador hiciese referencia a los «inimputables», parecería que la responsabilidad civil de éstos ya habría quedado fijada con la primera parte del redactado del artículo.

696 Son imputables civilmente por tener suficiente capacidad de entender y querer, esto es, personas con discernimiento suficiente para valorar mínimamente las consecuencias de sus actos. *Vid*. Yzquierdo Tolsada, 2017, p. 322.

697 Díez-Picazo, 1999, p. 364.

698 Gómez Calle, 2006b, p. 1284; Seuba Torreblanca, Farnós Amorós y Fernández Crende, 2004, p. 6 y ss.

699 García-Ripoll Montijano, 1999a, pp. 457 y 458.

parte de la responsabilidad civil directa y previa del causante del daño[700]. En segundo lugar, el art. 118,1,2.ª CP declara que *son igualmente responsables el ebrio y el intoxicado*, luego se considera que el ebrio y el intoxicado responden de la misma forma que los sujetos enumerados en los números 1.º y 3.º del art. 20 CP, es decir, siempre[701].

Tras verificar la responsabilidad civil del sujeto inimputable es preciso determinar la manera en que la misma puede hacerse efectiva. Parece razonable entender que los inimputables serán siempre responsables directos y que al mismo tiempo serán responsables, igualmente de forma directa, quienes ejerzan su apoyo legal o de hecho siempre que hubiera mediado culpa o negligencia por su parte[702]. En este sentido el TS estableció que «frente al sistema del anterior Código Penal que cargaba directamente la responsabilidad civil por hechos cometidos por los inimputables a aquellas personas que los tuvieran bajo su potestad, tutela o guarda (...) el nuevo Código hace recaer la responsabilidad civil directa siempre en el propio inimputable, y una vez establecida tal responsabilidad civil, admitiendo responsables solidarios, junto a esos inimputables»[703].

---

700 No obstante, *obiter dicta* la STS 26 marzo 1999 (RJ 1999\2054) califica la responsabilidad contemplada en la regla primera del art. 118 CP de subsidiaria, al afirmar que «También en dicha regla se exige, *para que surja la responsabilidad civil subsidiaria* de los que tengan bajo su patria potestad o guarda legal o de hecho a los menores exentos de responsabilidad criminal que hubieren incurrido en delito o falta, que haya mediado por parte de los primeros culpa o negligencia».

701 Con arreglo a la redacción del art. 118,1,1.ª CP vigente antes de la reforma llevada a cabo por la Ley 8/2021, de 2 de junio, otras razones que se esgrimían para considerar que el inimputable debía responder civilmente del hecho ilícito de manera directa, en este sentido Quintero Olivares, Morales Prats y Prats Canut (2000, p. 695), se sustentaban en la graduación de la responsabilidad civil prevista en el segundo párr. del art. 118,1,1.ª CP, cuando afirmaba que «los Jueces o Tribunales graduarán de forma equitativa la medida en que deban responder con sus bienes cada uno de dichos sujetos», al considerar que sólo tiene sentido si se entiende que el inimputable penal responde, no obstante, civilmente. También podía considerarse que con la anterior redacción en la que se utilizaba el término «imputables» del último inciso del párr. primero del art. 118,1,1.ª CP tenía sentido si se pensaba, por ejemplo, en los casos de coautoría o participación de otros responsables criminales que hubieran cometido el acto ilícito juntamente con el inimputable penal.

702 García-Ripoll Montijano, 1999a, p. 458; Suárez González, 1997, p. 347; Montés Penadés, 1996, p. 632.

703 STS 22 abril 2004 (RJ 2004\3992). En apoyo de la idea reseñada en el texto puede traerse a colación la jurisprudencia recaída en diversos casos en los que se ventilaba la responsabilidad civil de los inimputables por razón de enfermedad o anomalía psíquica. En un supuesto en que el acusado padece esquizofrenia paranoide encontrándose el día de los hechos en una situación de pérdida muy cualificada de sus facultades, teniendo anulada su conciencia y voluntad, aunque haya sido declarado exento de responsabilidad criminal al apreciarse la eximente del art. 20.1 CP, se le declaró responsable civil directo por las lesiones causadas a los funcionarios de la prisión, sin perjuicio de la responsabilidad civil también directa de las personas que lo tengan bajo su potestad o guarda legal o de hecho (SAP Málaga 31 octubre 2013 (JUR 2014\97768)).

No queda claro si el sujeto inimputable y quienes ejerzan su apoyo legal o de hecho responden solidariamente, o, por el contrario, cada uno de ellos responde frente a la víctima con sólo la parte que le correspondiera[704]. En principio, parece sensato considerar que el art. 118,1,1.ª CP se basa en una responsabilidad civil solidaria[705] entre quienes ejerzan su apoyo legal o de hecho con el sujeto inimputable, porque el apartado II,8 de la exposición de motivos de la LORPM en el ámbito de atención a los intereses y necesidades de las víctimas introduce el principio —en cierto modo revolucionario— de la responsabilidad solidaria con el menor responsable de los hechos de sus padres, tutores, acogedores o guardadores[706].

La interpretación más acorde es la que da al precepto el mismo sentido que tiene la responsabilidad que vino después a declararse en el art. 61,3 LORPM. Pero para ello hay que entender que los inimputables penales (art. 118,1,1.ª CP), son imputables civilmente por tener suficiente capacidad para entender y comprender las consecuencias de sus actos. Son imputables en cuanto susceptibles de culpa. Así, ante el daño causado por quien, siendo penalmente inimputable, es, sin embargo, susceptible de culpa civil, habría responsabilidad directa del inimputable y de quienes ejerzan su apoyo legal o de hecho[707]. Pero no puede perderse de vista que la responsabilidad civil que se deriva de los daños provocados por el inimputable penal no se basa en la culpa, sino que se justifica por la comisión de un acto objetivamente ilícito que está penalmente tipificado. Ahora bien, este sistema se ve dulcifi-

---

Otro pronunciamiento indicó que la regla primera del art. 118 CP establece «el régimen de responsabilidad civil para los sujetos en quienes se aprecie una anomalía o alteración psíquica, un trastorno mental transitorio, así como para aquellos que tengan gravemente alterada la conciencia de la realidad. La regla presenta como importante novedad el hecho de que ahora dichas personas son consideradas responsables civiles directos y junto a ellos lo son también quienes los tengan bajo su potestad o guarda legal de hecho, siempre que haya mediado culpa o negligencia por su parte. Estamos, por tanto, ante una responsabilidad compartida cuando el guardador o quien los tenga bajo su potestad haya obrado con culpa o negligencia. De no ser así, o no habiendo persona que lo tenga bajo su potestad o guarda, la responsabilidad será exclusiva del sujeto declarado exento de responsabilidad criminal» (STSJ Castilla y León 29 septiembre 2000 (ARP 2000\3317)).

704 Gómez Calle, 2006b, p. 1284.

705 El último párr. de este inciso primero del art. 118 CP: «*Los Jueces o Tribunales graduarán de forma equitativa la medida en que deba responder con sus bienes cada uno de dichos sujetos*», siembra ciertas dudas sobre si el alcance de esta responsabilidad sería externamente solidaria o no. La STSJ de Castilla y León, 29 de septiembre de 2000 (ARP 2000\3317), por ejemplo, considera que sí es una responsabilidad solidaria, siguiendo pronunciamientos de las SSTS 28 mayo 2002 (RJ 2002\6407) y 22 abril 2004 (RJ 2004\3992). No parece apreciarlo, en cambio, la SAP Granada 10 junio 2000 (ARP 2000\2864).

706 Quintero Olivares, Cavanillas Múgica y de Llera Suárez-Bárcena, 2002, p. 151 y 152; Yzquierdo Tolsada, 2001, pp. 258 y 259; García-Ripoll Montijano, 1999a, p. 480.

707 Yzquierdo Tolsada, 2016, p. 43.

cado por el hecho de que los tribunales pueden moderar de forma equitativa la medida en que deba responder con sus bienes cada uno de los sujetos responsables (art. 118,1,1.°, últ. párr. CP), al determinar la del inimputable pueden ponderar su limitado discernimiento y su situación patrimonial.

3.2.3. La responsabilidad por los daños causados por delincuentes mayores de edad sujetos a curatela

El art. 120,1 CP establece la responsabilidad civil subsidiaria de los curadores con facultades representativas por los hechos ilícitos penales cometidos por los mayores de edad sujetos a curatela, en los siguientes términos[708]: *Son también responsables civilmente, en defecto de los que lo sean criminalmente: 1.° Los curadores con facultades de representación plena que convivan con la persona a quien presta apoyo, siempre que haya por su parte culpa o negligencia.*

Este precepto regula un supuesto distinto del contemplado en el art. 118,1,1.ª (la responsabilidad civil de las personas que ejerzan apoyo legal o de hecho por los daños causados por los sujetos inimputables que se encuentren bajo su autoridad), siempre que hubiera existido culpa o negligencia por parte de los curadores. Así podemos subrayar las siguientes diferencias:

- En primer lugar, si el sujeto causante del hecho ilícito dañoso es considerado imputable desde un punto de vista penal, la regla a aplicar será la prevista en el art. 120,1 CP. Por el contrario, en caso de que al sujeto se le considere inimputable por concurrir alguna de las eximentes contempladas en los párrafos 1.° y 3.° del art. 20 CP, la normativa a aplicar sería la contemplada en el art. 118,1,1.ª CP[709].
- En segundo lugar, así como la responsabilidad civil prevista en el art. 118,1,1.ª CP es directa, la contemplada en el art. 120,1 CP es de carácter subsidiario. La responsabilidad civil del mayor con discapacidad que precise apoyo es una responsabilidad directa, pero si éste no la puede hacer efectiva por ser insolvente, entonces entraría en juego la responsabilidad subsidiaria de los curadores cuando tengan facultades de representación plena y que convivan con él[710], siempre que hubiese mediado por su parte culpa o negligencia[711].

---

708 Como indica Yzquierdo Tolsada (2017, p. 323) el art. 120.1.° es «*una norma de las más lamentables de cuantas el Código Penal de 1995 contiene en materia de responsabilidad civil*». Al igual que el resto de las reglas contempladas en el citado precepto, añade, la norma parte de la base de que existe un autor material del daño que, como responsable criminal, lo es también civil. Pero su posible insolvencia es salvada con la introducción de unos responsables civiles subsidiarios.

709 García-Ripoll Montijano, 1999b, p. 554 y 555.

710 Abril Campoy, 2003, p. 39.

711 STS 26 marzo 1999 (RJ 1999\2054), afirma que «tanto el artículo 118.1.1 como el 120,1 CP —"lex posterior" con respecto al Código Civil— exigen que haya mediado culpa o

- En tercer lugar, el art. 120,1 CP, a diferencia del 118,1,1.ª CP, sólo hace referencia a la responsabilidad civil de curadores con facultades de representación plena, y no alude a quienes ejerzan apoyo de hecho al inimputable. Así, parece que éstos estarán exentos de responsabilidad civil por los actos ilícitos penales que pueda cometer el sujeto inimputable[712].
- Por último, en el art. 120,1 CP se requiere que el sujeto imputable viva en compañía de los curadores, en similares términos a como lo hace el art. 1903,4 CC. Sin embargo, el requisito de la vida en compañía no aparece en el texto del art. 118,1,1.ª CP. La cuestión, en principio, no tiene mayor trascendencia, puesto que en caso de que el sujeto imputable sea internado en un colegio o un centro se rompe el nexo causal respecto de la responsabilidad civil de sus guardadores[713].

En todo caso existe una semejanza entre ambos preceptos porque ambos exigen la existencia de culpa o negligencia por parte de las personas que ejerzan apoyo legal o de hecho o los curadores que prestan apoyo para que se desencadene su responsabilidad civil, si bien el régimen de responsabilidad contemplado en el art. 120,1 CP es más tolerante para los curadores que el previsto en el art. 1903,4 CC[714], puesto que en el Código Civil la responsabilidad es directa y se presume, mientras que en el Código Penal es subsidiaria y debe probarse la culpa o negligencia[715].

3.3. La responsabilidad civil en la Ley Orgánica de la Responsabilidad Penal de los Menores

Los menores de dieciocho años no responden criminalmente —como sabemos— con arreglo al Código Penal, pero podrán ser responsables con arreglo a lo dispuesto en la LORPM como señala el art. 19 CP. El régimen que esta Ley diseñó para regular las consecuencias civiles de los actos delictivos de los menores establece una diferenciación entre los ilícitos penales cometidos por un menor de catorce años y los cometidos por un menor de edad, pero mayor de catorce años.

negligencia en quienes hayan de responder civilmente, lo que sólo puede ser interpretado en el sentido de que la culpa o negligencia tiene que ser probada».

712 García Vicente, Soto Nieto, de Lamo Rubio y Guillén Soria, 1998, p. 217.

713 García-Ripoll Montijano, 1999b, p. 555 y 556.

714 Navarro Michel, 1998, pp. 83 y ss.

715 Gómez Calle, 2006b, p. 1279.

3.3.1. Hechos punibles cometidos por menores de catorce años

El art. 3 LORPM afirma que cuando el autor de los hechos delictivos sea menor de 14 años, no se le exigirá responsabilidad con arreglo a la LORPM, sino que se le aplicará lo dispuesto en las normas sobre protección de menores previstas en el Código Civil y demás disposiciones vigentes[716].

De esta forma, el menor de 14 años que cometa actos penalmente tipificados como delito resulta ser inimputable, es decir, queda fuera del circuito penal, no siendo posible por parte del Estado exigirle responsabilidades penales por los presuntos delitos que pudieran haber cometido[717]. Sin embargo, la responsabilidad civil derivada del daño causado por el menor será la contemplada en el art. 1903 CC, precepto que traslada la responsabilidad civil a otras personas, tales como padres, tutores o centros educativos, que son las que van a tener que hacer frente a la reparación del daño causado por el menor.

3.3.2. Hechos punibles cometidos por los menores de edad mayores de catorce años

La LORPM se aplica para exigir la responsabilidad de las personas mayores de catorce años y menores de dieciocho por la comisión de hechos tipificados como ilícitos penales en el Código Penal o las leyes penales especiales (art. 1). Conforme al Código Penal sólo se exigirá responsabilidad penal para sujetos mayores de 18 años, mientras que los sujetos con edad comprendida entre 14 y 18 estarán sujetos a una responsabilidad penal regulada en esta específica LORPM.

Pues bien, los menores de edad mayores de catorce años que respondan penalmente también responderán civilmente y, en caso de que tengan padres o tutores, responderán solidariamente con éstos[718]. Pero a diferencia de la responsabilidad civil prevista en el art. 1903, 2 y 3 CC, que requiere la existencia de una conducta culposa de los padres y tutores, el art. 61,3 LORPM establece una responsabilidad objetiva de los padres del menor causante de un ilícito penal, los cuales no pueden excusarse de su responsabilidad civil alegando el empleo de la máxima diligencia en el cumplimiento de

---

716 Continúa diciendo este precepto que «*el Ministerio Fiscal deberá remitir a la entidad pública de protección de menores testimonio de los particulares que considere precisos respecto al menor, a fin de valorar su situación, y dicha entidad habrá de promover las medidas de protección adecuadas a las circunstancias de aquél conforme a lo dispuesto en la Ley Orgánica 1/1996, de Protección Jurídica del Menor*».

717 Yzquierdo Tolsada, 2017, p. 327.

718 Gómez Calle, 2006b, pp. 1139 y 1140.
Exposición de Motivos II.8. LORPM señala que «En este ámbito de atención a los intereses y necesidades de las víctimas, la Ley introduce el principio en cierto modo revolucionario de la responsabilidad solidaria con el menor responsable de los hechos de sus padres, tutores, acogedores o guardadores...».

sus deberes como padres[719]. El tenor literal de este precepto es el que sigue: *Cuando el responsable de los hechos cometidos sea un menor de dieciocho años, responderán solidariamente con él de los daños y perjuicios causados sus padres, tutores, acogedores y guardadores legales o de hecho, por este orden. Cuando éstos no hubieren favorecido la conducta del menor con dolo o negligencia grave, su responsabilidad podrá ser moderada por el Juez según los casos*.

El establecimiento de un régimen en el que los padres respondan civilmente de manera objetiva de todos los actos ilícitos penales que pueda cometer un menor de dieciocho años mayor de catorce años cuando no haya existido culpa *in vigilando* por su parte, ha llevado a considerar que la regulación de la LORPM es desproporcionada y excesiva. Si en el momento de cometer el hecho ilícito el menor no se encuentra bajo la guarda inmediata de sus padres no puede cimentarse su responsabilidad en una pretendida culpa *in vigilando*[720].

Aun así y a pesar de la diferente regulación teórica entre el art. 61,3 LORPM, que contempla una responsabilidad objetiva, y el art. 1903 CC, que contempla una responsabilidad por culpa, en la práctica la Sala Civil del Tribunal Supremo interpreta el requisito de la culpa de tal manera que, como se ha señalado *supra*, hace que sólo en contadas ocasiones se declare la ausencia de responsabilidad civil de los padres por actos de sus hijos[721].

Tampoco deja de ser extraño que el art. 61,3 LORPM haya fijado la responsabilidad civil de padres, tutores, acogedores y guardadores legales o de hecho y añada, «por este orden»[722]. Aunque existen resoluciones que optan por una interpretación literal del citado precepto, y estiman que en caso de existencia de padres, éstos son los únicos responsables civiles por los actos delictivos que cometan sus hijos menores de edad, con independencia de dónde y con quien se cometan dichos actos delictivos[723], la doctrina se decanta por una interpretación teleológica del precepto, considerando res-

---

719 Abril Campoy, 2003, p. 39; Vaquer Aloy, 2001, pp. 1632 y ss.; Durany Pich, 2000b, p. 9; Moreno Martínez, 2000, p. 421.
En sentido inverso, entendiendo que se trata de una responsabilidad de carácter subjetivo, ver Díaz Alabart, 2000, p. 44.

720 Seguramente esta atribución de responsabilidad objetiva a los padres tiene como objetivo atribuir mayor relevancia al defecto formativo en la educación de sus hijos, a una especie de culpa *in educando* de los padres, y no a un defecto en la vigilancia. En este sentido, SAP Valencia 14 abril 2005 (JUR 2005\132412).

721 Como afirma Durany Pich (2000a, p. 1), los padres responden «por el simple hecho de ser padres».

722 Guzmán Fluja, 2008, pp. 297 y ss.

723 SSAP Castellón 31 julio 2007 (JUR 2007\340826), Málaga 16 septiembre 2009 (ARP 2010\17), Ávila 20 octubre 2008 (JUR 2009\241913).

ponsables civiles a la persona o personas que ostentan la guarda del menor en el momento de producirse el daño[724].

No deja de ser curioso que la Audiencia Provincial de Tarragona en tan solo tres meses de diferencia, coincidiendo dos de los tres magistrados firmantes, dictase una resolución atendiendo a una interpretación teleológica y otra con una interpretación literal. En la sentencia de 12 de abril de 2005 «el orden» de responsabilidad solidario del art. 61,3 LORPM se interpretó con criterio lógico y no excluyente, es decir, que «quien ejerce efectivamente el deber de guarda del menor desplaza a los restantes por ser ajenos a la custodia» y pese a ser los padres los primeros llamados a responder, «el deber de prevenir la conducta delictiva del menor es obviamente de quien lo controla y éste el primer corresponsable», por lo que en este caso se decretó la responsabilidad de la entidad pública que ostentaba la tutela y no los padres[725]. En cambio, la sentencia de 25 de julio de 2005 atendió al orden específico de prelación en cascada, por lo que, si un menor tiene padres, aunque se encuentre bajo la guarda de la Administración en el momento de cometer la infracción, son los padres y solamente los padres los llamados a responder[726].

III. El enredo de los criterios de atribución de competencia jurisdiccional

1. Eventuales responsables y jurisdicciones competentes

Producido un daño, el perjudicado o sus causahabientes pueden ejercer la pretensión resarcitoria ante los tribunales del orden jurisdiccional civil. No obstante, este principio general tiene numerosas excepciones, debido a que los daños materiales o personales han podido ser causados por personas o entidades de Derecho público o privado. En el Derecho español de daños la pretensión civil que se ejercita ante los tribunales de la jurisdicción civil es la solución por defecto, al igual que las reglas civiles tradicionalmente aplicables a la pretensión resarcitoria una vez producido un daño. Las excepciones a este principio general de aplicación de las normas civiles y de competencia de la jurisdicción civil, aunque están previstas en las normas sustantivas y tienen su reflejo en las reglas de atribución de competencia jurisdiccional, han generado un cuerpo complejo y contradictorio de criterios[727].

724 En este sentido, Yzquierdo Tolsada, 2016, p. 47; Díaz Alabart, 2000, p. 44 y 45; Atienza Navarro, 2000, p. 493.

725 SAP Tarragona 12 abril 2005 (JUR 2005\123453).

726 SAP Tarragona 25 julio 2005 (JUR 2006\213811).

727 Se ha ocupado de esta cuestión de forma especial GÓMEZ LIGÜERRE, 2016 y 2019.

La competencia de los órganos judiciales de cada uno de los órdenes jurisdiccionales viene atribuida por la LOPJ[728] y por las normas legales de carácter procesal, encomendándose a las regulaciones materiales los criterios para velar por las pretensiones tras la producción de un hecho dañoso. A pesar de ello, en la práctica la aplicación judicial del Derecho de daños suele ocasionar conflictos de competencia entre órdenes jurisdiccionales, por entender que su enjuiciamiento corresponde a otra jurisdicción o por disputarse la competencia sobre un mismo asunto. En realidad, la discusión tiene por objeto determinar qué órgano judicial dispone de jurisdicción para conocer y resolver el asunto de acuerdo con los criterios de atribución de asuntos que corresponden a cada orden jurisdiccional[729]. En todo caso, la solución corresponde finalmente a la Sala Especial de Conflictos de Competencia del Tribunal Supremo que establecerá mediante auto la jurisdicción competente para conocer del asunto que se haya planteado a la Sala Especial[730].

El Derecho de daños está distribuido en cuatro regulaciones materiales diferentes: la civil, cuyo régimen jurídico básico es el previsto en los arts. 1902 a 1910 CC; la penal prevista para la responsabilidad civil derivada de la comisión de delitos; la administrativa, prevista para la responsabilidad civil de las Administraciones públicas; y, la laboral, que si bien no contiene normas generales en materia de responsabilidad civil, dispone de normativa que pronostica la responsabilidad civil del empresario por los accidentes de trabajo y enfermedades profesionales de los trabajadores. Cada uno de estos bloques normativos cuenta con sus propias leyes procesales, aplicadas de forma exclusiva y excluyente por los tribunales de cada uno de los órdenes jurisdiccionales. La división de asuntos entre los órdenes jurisdiccionales potencialmente competentes para resolver una pretensión de indemnización por daños responde, en lo esencial, a dos criterios.

En primer lugar, el criterio objetivo, que atiende a la calificación jurídica de los actos que causaron el daño y que distingue entre actividades delictivas y actividades no delictivas; de esta forma se identifican los casos que son competencia de la jurisdicción penal. Si el orden penal considera que es competente para conocer de un asunto, el resto de los tribunales de otros órdenes jurisdiccionales deben acatar la resolución del tribunal penal que conozca del asunto[731]. La preferencia de la jurisdicción penal para el conocimiento de asuntos que puedan ser constitutivos de delito comporta el efecto preclusivo

728 *Vid*. art. 9 LOPJ.

729 Garberí Llobregat, 2008, p. 442.

730 *Vid*. arts. 42 a 50 LOPJ.

731 Art. 44 LOPJ: «*El orden jurisdiccional penal es siempre preferente. Ningún Juez o Tribunal podrá plantear conflicto de competencia a los* órganos *de dicho orden jurisdiccional*».

que la acción penal tiene sobre procesos seguidos ante otros órdenes jurisdiccionales por los mismos hechos[732].

El segundo criterio de atribución jurisdiccional es subjetivo. El orden jurisdiccional competente se establecerá en función del régimen jurídico aplicable al eventual responsable del daño. Este criterio subjetivo es el que plantea más problemas en la práctica, sobre todo en todos aquellos casos en que varios sujetos causan un daño y cada uno de los responsables está sometido a un régimen jurídico diferente. La coincidencia de regímenes subjetivos diversos comporta en la práctica problemas de atribución de la competencia jurisdiccional para conocer la pretensión indemnizatoria de la víctima[733]. El reconocimiento de competencia entre las jurisdicciones civil, contencioso-administrativa y social debe realizarse conforme a la distribución de competencias por razón de asuntos que se determina en la LOPJ.

Resulta difícilmente explicable que la existencia y alcance de la pretensión indemnizatoria pueda ser enjuiciada por cuatro jurisdicciones potencialmente competentes —civil, penal en su caso, social y contencioso-administrativa— enjuiciándose con arreglo a cuatro leyes procesales diferentes y, a menudo, con estándares de responsabilidad civil diferentes. En todos los casos, sin embargo, la pretensión de la víctima no es otra que obtener una compensación del daño que ha sufrido. La diversidad de regímenes legales y de jurisdicciones competentes comporta inseguridad jurídica ante la falta de uniformidad en las decisiones sobre resarcimiento de daños. Los mismos tipos de daños son enjuiciados de forma diversa por cada uno de los órdenes jurisdiccionales con base en normas legales que prevén consecuencias diferentes para el supuesto de causación de daños[734].

La distribución de competencias entre órdenes jurisdiccionales tiene en cuenta a los posibles responsables de los accidentes —particular, empleador o funcionario— para, en función del régimen jurídico que resulte aplicable, asociar un estándar diferente de responsabilidad que será aplicado por un orden jurisdiccional específico. En ningún momento se tiene en cuenta la pretensión de la víctima. Las diferencias sólo desaparecen cuando el daño es consecuencia de un delito. En ese caso la atribución de competencia no obedece a la naturaleza de la pretensión indemnizatoria ejercitada por la víctima del daño, sino a la supuesta naturaleza criminal de los comportamientos que, además, causaron daños.

---

732 Art. 114 LECrim: «*Promovido juicio criminal en averiguación de un delito o falta, no podrá seguirse pleito sobre el mismo hecho; suspendiéndole, si le hubiese, en el estado en que se hallare, hasta que recaiga sentencia firme en la causa criminal (...)*».

733 Piénsese en los supuestos en que la víctima, en lugar de reclamar la reparación del daño a la Administración pública titular del servicio público que lo causó, se dirige contra la compañía aseguradora de la Administración o contra el personal contratado para la prestación del servicio público.

734 GÓMEZ LIGÜERRE, 2019, pp. 28 y 30.

Por eso es acertada la apreciación de GÓMEZ LIGÜERRE cuando afirma que, al menos en lo que tiene relación con la distribución de competencias entre órdenes jurisdiccionales, se aprecia que el Derecho de daños es un Derecho de responsables, no de víctimas. La atribución de competencia de jurisdicción tiene en cuenta el régimen legal aplicable al demandado, potencial responsable del daño[735].

Como se ha dicho el conflicto de jurisdicciones no es un conflicto menor. En función de la jurisdicción ante la que se plantee la demanda las consecuencias serán diferentes, pues los tribunales no resuelven con arreglo a los mismos criterios. El problema se agrava cuando dos órdenes jurisdiccionales diferentes pretenden atraer hacia sí la competencia para resolver determinados asuntos, o cuando, de hecho, ambos asumen directamente su competencia, lo que desemboca como veremos en una jurisdicción electiva.

2. La denominada responsabilidad civil derivada del delito

2.1. Daños provocados por delitos y acción para la reparación del daño

En el ordenamiento jurídico español la responsabilidad por los daños derivados de un delito se dilucida en el proceso penal cada vez que, habiéndose dictado sentencia penal condenatoria, la víctima no haya renunciado a la acción civil o no se la haya reservado para ejercitarla en un procedimiento civil posterior. Es un sistema cuya finalidad es proteger al perjudicado a quien le basta con guardar silencio para que el Ministerio Fiscal pida para él una reparación del daño sufrido. Este es un sistema que tiene ventajas, pero en el que los inconvenientes no deben pasar inadvertidos. Y es que el modelo español presenta unas especificidades que lo convierten en algo realmente singular[736].

La doctrina mayoritaria considera que la responsabilidad civil contemplada en el art. 1092 CC[737] no procede del delito, sino del daño injusto que el delito genera, lo que la aproxima a la responsabilidad derivada de actos u omisiones no penados por la ley en que intervenga culpa o negligencia[738]. La responsabilidad civil derivada de los delitos encuentra su acomodo por lo demás en el art. 109,1 CP, que obliga a reparar los daños y perjuicios causados por el delito.

---

735 GÓMEZ LIGÜERRE, 2016, pp. 4 a 7.

736 YZQUIERDO TOLSADA, 2014, pp. 1105 y ss.

737 Art. 1092 CC: «*Las obligaciones civiles que nazcan de los delitos o faltas se regirán por las disposiciones del Código Penal*».

738 DÍEZ-PICAZO, 1999, pp. 269 y ss.; DÍEZ-PICAZO, 2008, pp. 235 y ss.; ALASTUEY DOBÓN, 2010, pp. 443 y ss.

La codificación penal fue anterior a la civil y el legislador penal incluyó en el Código normas civiles sobre reparación de daños causados por delitos. Así, cuando con posterioridad se aprobó el Código Civil, se respetó la existencia de los preceptos del Código Penal y por ese motivo el art. 1092 CC prevé que las obligaciones civiles que nazcan de los delitos se regirán por las disposiciones del Código Penal[739]. Con independencia de las razones históricas que explican la regulación de la materia en el Código Penal[740], lo cierto es que las cosas continúan igual y que el art. 1092 CC constituye una norma incompleta, que únicamente remite de manera expresa a la regulación contenida en el Código Penal[741], con independencia de cuál sea el orden jurisdiccional que la aplique[742].

Que la pretensión indemnizatoria se articule en un proceso civil o penal, de manera conjunta en el proceso penal, o de manera independiente en un proceso civil, no trastorna el contenido de la obligación de indemnizar. Tanto doctrina como jurisprudencia son coincidentes y unánimes en la afirmación que no hay dos tipos de responsabilidad civil, una derivada del delito y otra del acto o la omisión culpable, sino una responsabilidad que nace del acto u omisión ilícitos. Las únicas infracciones penales susceptibles de originar responsabilidad civil son aquéllas en las que el hecho además de ser constitutivo de delito constituye a la vez un ilícito civil. Su regulación en el Código Penal no significa, por tanto, un cambio de naturaleza jurídica, es decir, la acción *ex delicto* no pierde su naturaleza civil por el hecho de ser ejercitada en un proceso penal[743].

La obligación indemnizatoria no deriva del delito, sino de los daños causados por una conducta que —sea o no delito— reúne los requisitos de imputabilidad y causalidad que exige el ordenamiento civil. Y del olvido de una idea tan simple surgen todos los problemas. La denominada responsabilidad civil *ex delicto* es la misma responsabilidad civil del art. 1093 CC[744], siendo competente para fijar las responsabilidades civiles el tribunal penal, salvo que se haya hecho expresa reserva de las acciones para reclamarlas ante la jurisdicción civil (art. 109,2 CP) o en la vía que corresponda (art. 119 CP)[745].

---

739 Gómez Ligüerre, 2009, pp. 11 y 12.

740 Cuestión analizada por diversos autores como Díez-Picazo, 1999, pp. 269 a 273; Yzquierdo Tolsada, 1990, pp. 2109 y ss. o Yzquierdo Tolsada, 1993, pp. 51 y ss.

741 La remisión a los arts. 109 a 126 CP debe ser completada con los arts. 100 a 117 LECrim.

742 Llamas Pombo, 2010a, p. 1190.

743 Gómez Ligüerre, 2019, p. 72, con cita STS 10 octubre 2006 (RJ 2006\7705).

744 Pantaleón Prieto, 1993, p. 6. El art. 1093 CC establece que *las* (obligaciones) *que se deriven de actos u omisiones en que intervenga culpa o negligencia no penadas por la ley, quedarán sometidas a las disposiciones del Capítulo II del Título XVI de este Libro.*

745 Gómez Ligüerre, 2019, pp. 74 y 75.

2.2. El actual diseño procesal de las acciones indemnizatorias

En la práctica, el sistema competencial español referido a las jurisdicciones civil y penal lleva a plantear cuatro posibles supuestos[746]:

a) Primer supuesto. Cuando en un proceso penal el damnificado no desiste de la pretensión indemnizatoria ni se la reserva para plantearla con posterioridad ante el orden jurisdiccional civil, entonces el ejercicio de la acción penal comporta el ejercicio de la acción civil[747]. Según la jurisprudencia el proceso penal está presidido por el principio de oficialidad mientras que las pretensiones civiles por los principios dispositivo, de rogación y de congruencia, por lo que el tribunal penal sólo podrá pronunciarse sobre la pretensión civil si existe una petición expresa del propio perjudicado o del Ministerio Fiscal[748].

b) Segundo supuesto. Si el ejercicio de la acción penal comporta también el ejercicio de la acción civil y la sentencia penal es condenatoria, el tribunal penal tiene que pronunciarse sobre la procedencia de la responsabilidad civil, la cuantía de la indemnización y los sujetos civilmente responsables[749]. Los damnificados ya no podrán posteriormente acudir al orden jurisdiccional civil, aunque no se les reconozca en el orden penal derecho a indemnización[750].

c) Tercer supuesto. En el caso que se dicte auto de sobreseimiento o la sentencia penal sea absolutoria, el tribunal penal no podrá pronunciarse sobre la responsabilidad civil, quedando entonces abierta la vía civil para su reclamación[751]. La única excepción a esta regla es que la sentencia penal absolutoria declare que una persona no fue el autor del hecho, o que no existió el hecho del que pudiera nacer la responsabilidad civil; entonces el asunto tiene efecto de cosa juzgada, no resultando posible acudir a la vía civil[752].

En el ámbito penal una persona puede quedar absuelta por la falta de prueba de la existencia del hecho, o porque habiendo existido el hecho no se aprecia culpabilidad o debido a que los elementos del tipo son idénticos. Mientras que en el supuesto de la inexistencia del hecho quedará cerrada la

---

746 Llamas Pombo, 2010b, pp. 41 y ss.; Yzquierdo Tolsada, 2006, pp. 575 y ss.; Roig Torres, 2010, pp. 84 y ss.

747 Ver arts. 112 y 114 LECrim.

748 SSTS 1 septiembre 1999 (RJ 1999\7184) y 15 noviembre 2006 (RJ 2006\8088)

749 STS 21 mayo 1993 (RJ 1993\3722) y STC 78/1986, de 13 junio (RTC 1986\78).

750 STS 19 noviembre 2004 (RJ 2004\7654).

751 Gómez Ligüerre, 2019, pp. 106 y ss.

752 En este sentido, *vid*. Yzquierdo Tolsada, 2014.
Como afirma la jurisprudencia, SSTS 30 marzo 2005 (RJ 2005\2618) y 24 marzo 2010 (RJ 2010\4346), «repugna a los más elementales criterios de la razón jurídica aceptar la firmeza de distintas resoluciones jurídicas en virtud de las cuales resulte que unos mismos hechos ocurrieron y no ocurrieron, o que una misma persona fue su autor y no lo fue».

vía civil, en los demás supuestos podrá recibir una respuesta diferente en el orden civil, sin que ello signifique contradicción con lo declarado en la sentencia penal ni ruptura del principio *non bis in idem*[753]. Que la conducta no sea sancionable con arreglo a la normativa penal no significa que no pueda ser fuente de responsabilidad civil, en su caso[754].

Estas ideas se ven un tanto alteradas en el campo de la responsabilidad civil en la conducción en el que se introduce el elemento del seguro obligatorio. En efecto, si incoado proceso penal por hecho cubierto por el seguro de responsabilidad civil en la circulación de vehículos de motor recayera sentencia absolutoria y el perjudicado no hubiera renunciado a la acción civil ni la hubiera reservado para ejercitarla separadamente, el tribunal penal dictará a instancia de parte auto de cuantía máxima. Esta solución es regulada normativamente en el art. 13 RDLeg 8/2004, de 29 de octubre, por el que se aprueba el Texto Refundido de la LRCSCVM[755].

---

753 En relación con la contradicción entre decisiones judiciales el Tribunal Constitucional viene declarando que no es admisible que unos mismos hechos existan y dejen de existir para los órganos del Estado. En concreto la STC 29 septiembre 2008 (RTC 2008\109) establece que cuando exista «una resolución (judicial) firme dictada en un orden jurisdiccional, otros órganos judiciales que conozcan del mismo asunto...deberán también asumir como ciertos los hechos declarados tales por la primera resolución o justificar la distinta apreciación que hacen de los mismos».
En igual sentido, la STC 31 enero 2008 (RTC 2008\16) indica que «la existencia de pronunciamientos contradictorios en resoluciones judiciales de los que resulte que unos mismos hechos ocurrieron o no ocurrieron, es incompatible con el principio de seguridad jurídica» en cuanto integra la legítima expectativa de quienes son justiciables de obtener para una misma cuestión una respuesta inequívoca, vulnerando por ello la tutela judicial efectiva. No obstante, cabe una distinta apreciación de los hechos siempre que esté motivada y se expongan las razones por las cuales, a pesar de las apariencias, tal contradicción no existe al razonarse los motivos por los que se aparta de aquella primera calificación.

754 Como indica el art. 116 LECrim, «*La extinción de la acción penal no lleva consigo la de la civil, a no ser que la extinción proceda de haberse declarado por sentencia firme que no existió el hecho de que la civil hubiese podido nacer*».

755 Artículo 13. Diligencias en el proceso penal preparatorias de la ejecución.
Cuando en un proceso penal, incoado por hecho cubierto por el seguro de responsabilidad civil de suscripción obligatoria en la circulación de vehículos de motor, recayera sentencia absolutoria, si el perjudicado no hubiera renunciado a la acción civil ni la hubiera reservado para ejercitarla separadamente, el juez o tribunal que hubiera conocido de la causa dictará auto, a instancia de parte, en el que se determinará la cantidad líquida máxima que puede reclamarse como indemnización de los daños y perjuicios sufridos por cada perjudicado, amparados por dicho seguro de suscripción obligatoria y según la valoración que corresponda con arreglo al sistema de valoración del Anexo de esta Ley.
Se procederá de la misma forma en los casos de fallecimiento en accidente de circulación y se dictará auto que determine la cantidad máxima a reclamar por cada perjudicado, a solicitud de éste, cuando recaiga resolución que ponga fin, provisional o definitivamente, al proceso penal incoado, sin declaración de responsabilidad. (...)

En estos casos con un testimonio del auto de cuantía máxima recaído en las diligencias penales que constituirá título ejecutivo suficiente[756], la víctima podrá entablar un proceso ejecutivo civil posterior para cobrar su indemnización, sin necesidad de acudir a un proceso declarativo previo[757].

d) Cuarto supuesto. Cuando la sentencia penal sea absolutoria y el damnificado hubiera hecho expresa reserva de la acción civil, podrá acudir al orden jurisdiccional civil, permaneciendo viva la acción civil por el mismo tiempo que lo esté la acción penal[758].

Al no existir ninguna diferencia sustancial entre la responsabilidad civil de carácter general regulada en el art. 1902 CC y la responsabilidad civil por daños causados por hechos que merecen la calificación de delito[759], es por lo que ambas deberían tener el mismo tratamiento en lo que se refiere a la cuestión de la prescripción de la acción[760]: para el ejercicio de la acción civil de manera separada de la acción penal, el plazo de prescripción debería ser el de un año aplicable en general a la responsabilidad extracontractual[761], siendo indiferente que el resultado del proceso penal haya sido la absolución, el sobreseimiento o la condena[762].

Esta idea de igualdad de tratamiento no es compartida sin embargo por alguna jurisprudencia que considera que la acción civil derivada del delito está sujeta al plazo de prescripción de cinco años previsto para las acciones

---

756 Art. 17 RDLeg 8/2004, de 29 de octubre, por el que se aprueba el Texto Refundido de la LRCSCVM.

757 Abella López, 2012, pp. 21 y ss.
Al objeto de evitar situaciones de inseguridad jurídica, debe entenderse que la causa penal no finaliza hasta que se haya dictado el auto ejecutivo. De esta manera, a efectos del cómputo del plazo de prescripción para la acción declarativa que eventualmente pueda emprender el perjudicado, la formación del título se desarrolla todavía dentro del proceso penal —entendido en sentido amplio—, por lo que el plazo empezará a correr a partir del momento en que el título ejecutivo se notifique a los interesados (REGLERO, 2004, pp. 815 y ss.).

758 Gómez Ligüerre, 2019, pp. 110 y ss.
SSTS 25 abril 1956 (RJ 1956\1611), 18 junio 1968 (RJ 1968\3003), 28 septiembre 1971 (RJ 1971\3653) y 29 mayo 1976 (RJ 1976\2475). El plazo de prescripción para el ejercicio de la acción civil comenzará a computarse desde el día siguiente a la notificación de la sentencia firme o del auto de sobreseimiento que deberá notificarse a los perjudicados, aunque no se hayan personado en el proceso penal. STS 3 octubre 2006 (RJ 2006\6508) y STC 89/1999, 26 mayo.

759 Díez-Picazo, 1999, pp. 275 a 278.

760 Llamas Pombo, 2010a, p. 1191.

761 Art. 1968,2 CC.

762 Juan Sánchez, 2009, p. 11; Gómez Ligüerre, 2019, p. 102.

personales que no tienen señalado un plazo especial[763], no resultando de aplicación el plazo establecido para las acciones nacidas de culpa o negligencia[764]. Según esta línea jurisprudencial el plazo genérico de prescripción de las acciones personales resultaría aplicable cuando exista sentencia penal condenatoria, o cuando exista declaración de hechos punibles en el proceso penal de los que puede nacer responsabilidad civil. Y en aquellos casos en que se dicte sentencia absolutoria o auto de sobreseimiento debería aplicarse el plazo prescriptivo establecido para las acciones nacidas de culpa o negligencia[765].

El fundamento de esta última solución se encuentra en que «aunque la acción civil *ex delicto* no pierda su naturaleza civil por el hecho de ser ejercitada en el proceso penal», al no establecerse ningún plazo de prescripción en las acciones penales[766] resulta «de aplicación el genérico de las acciones personales»[767], pero no se ofrece ningún otro razonamiento sólido que justifique la *transformación* de la acción en función de la terminación del proceso penal[768]. Podría afirmarse que en esta situación la jurisprudencia[769] opta simplemente por la tesis más beneficiosa para el sujeto pasivo de los daños[770].

La distinción normativa entre una responsabilidad civil de carácter general y una forma específica que se define como derivada del delito debería de haber dejado de existir hace tiempo y fue un error del legislador de 1995 haberla perpetuado sin poseer para ello razones consistentes[771]. La citada distinción normativa no resulta eficiente provocando que la responsabilidad civil derivada del delito suponga una excepción a la especialización del sistema judicial español, que persigue que cada tribunal decida sobre las materias legalmente atribuidas a su orden jurisdiccional. Una aplicación coherente

763 La disposición final 1 de la Ley 42/2015, de 5 de octubre, modificó el art. 1964 CC en materia de prescripción, reduciendo el plazo de prescripción de quince a cinco años.

764 *Vid*. art. 1968,2 CC, plazo 1 año.

765 SSTS 6 marzo 2008 (RJ 2008\2938), 12 abril 1999 (RJ 1999\2608), 9 febrero 1998 (RJ 1998\878) y 18 octubre 1995 (RJ 1995\7544).

766 *Vid*. arts. 109 y ss. CP (arts. 19 a 22 y 101 a 111 CP 1973), y arts. 100 y ss. LECrim.

767 STS 30 abril 2007 (RJ 2007\4726).

768 Díez-Picazo, 2011, p. 239.

769 STS 4 julio 2000 (RJ 2000\5924).

770 Juan Sánchez, 2009, p. 11.

771 Todo ello trae consigo que el Derecho de la responsabilidad civil extracontractual se encuentre dividido en dos textos legales diferentes, cuando lo cierto es que eso que el Código Civil ha establecido como dos fuentes autónomas de la obligación, no son en realidad más que una sola. Responsabilidad civil pura y responsabilidad civil derivada del delito son exactamente lo mismo. Como señala Yzquierdo Tolsada (2017, p. 70) «no existe propiamente eso que se da en llamar *responsabilidad civil derivada del delito*».
En relación con la llamada responsabilidad civil dimanante de delito, también *vid*. Díez-Picazo, 1999, p. 273.

del principio de especialización comportaría que el tribunal penal resolviera sobre la responsabilidad penal y que el tribunal civil estableciera la existencia y el alcance de la responsabilidad por daños. Parece que el ordenamiento quiere evitar que la víctima de un delito tenga que acudir a dos procedimientos judiciales, de forma que el mecanismo procesal de la responsabilidad civil derivada de delito tendría su razón de ser en la economía procesal. No obstante, si la razón es esa, no se entiende el motivo por el que se permite a la víctima del delito que se reserve las acciones civiles[772].

3. El conflicto competencial con la jurisdicción contencioso-administrativa

Cuando el personal al servicio de las Administraciones Públicas en el ejercicio de sus funciones incurre en responsabilidad, la competencia para la resolución de la pretensión de reparación de daños podrá corresponder a la jurisdicción civil, a la contencioso-administrativa y, en su caso, a la penal.

3.1. Responsabilidad penal, civil y administrativa

Si el daño se ha causado de forma dolosa o intencional por el personal al servicio de las Administraciones y el comportamiento que lo origina está tipificado en el Código Penal, el orden jurisdiccional competente y único es el penal que se encargará de juzgar la existencia del delito y de condenar al responsable civil a reparar los daños y perjuicios causados en la comisión del ilícito penal[773]. La condición de funcionario de quien cometa el delito acarrea la competencia de los tribunales de lo penal por previsión legal expresa (art. 37 LRJSP) al establecer que: *la responsabilidad penal del personal al servicio de las Administraciones Públicas, así como la responsabilidad civil derivada del delito se exigirá de acuerdo con lo previsto en la legislación correspondiente*, por lo que resulta competente la jurisdicción penal.

Teniendo en cuenta que a efectos penales se considera funcionario público a toda persona que, por disposición de la ley, por elección o por nombramiento de autoridad competente participe en el ejercicio de funciones públicas (art. 24,2 CP), cabe realizar algunas apreciaciones en cuanto a la responsabilidad civil derivada del delito y la responsabilidad patrimonial de la Administración[774]. Y el elemento normativo del que debe partirse en ese análisis es el citado art. 37 de la LRJSP en su párrafo 2. Al establecerse en dicho precepto una remisión a la legislación que corresponda sobre la materia, se posibilita que el perjudi-

772 Gómez Ligüerre, 2019, p. 69.

773 Muñoz Cuesta, 2019; Yzquierdo Tolsada, 1997, pp. 17 y ss.

774 Herrero de Egaña Espinosa de los Monteros, 2004, pp. 18 y ss.

cado pueda acudir al procedimiento administrativo de responsabilidad penal a pesar de que no haya finalizado el proceso penal iniciado con anterioridad: *la exigencia de responsabilidad penal del personal al servicio de las Administraciones Públicas no suspenderá los procedimientos de reconocimiento de responsabilidad patrimonial que se instruyan, salvo que la determinación de los hechos en el orden jurisdiccional penal sea necesaria para la fijación de la responsabilidad patrimonial*. Esta posibilidad de ejercer la acción civil sin esperar a que finalice el proceso penal, a diferencia de lo que ocurre con carácter general[775], en realidad plantea más inconvenientes que ventajas.

Lo que sucede en la práctica es que se disuade al perjudicado para que no ejercite la acción de responsabilidad patrimonial contra el funcionario en el proceso penal, insinuándole que la ejercite en vía administrativa y sólo frente a la Administración, ante la eventual falta de solvencia del funcionario. De esta forma el perjudicado que pretenda reclamar al funcionario una responsabilidad patrimonial en el proceso penal debe demandar además a la Administración Pública[776]. Pero una vez demandada la Administración en vía penal, su responsabilidad deja de ser directa[777] y pasa a ser subsidiaria. En este caso, la obtención de la indemnización pasa por la condena penal y el agotamiento de los bienes del funcionario[778].

Además, debe tenerse en cuenta que el derecho a reclamar prescribirá al año de producido el hecho o el acto que motive la indemnización o se manifieste su efecto lesivo (art. 67,1 Ley 39/2015, de 1 de octubre, del Procedimiento Administrativo Común de las Administraciones Públicas, LPACAP). Cabe entender que, si no se ha interpuesto dentro de plazo la correspondiente acción de responsabilidad frente a la Administración, el ejercicio de la acción penal no permitiría reabrir el plazo para su ejercicio si ya ha prescrito en el momento en la que se inician las acciones penales[779].

---

775 Art. 111 LECrim.

776 Art. 121 CP: «*la pretensión deberá dirigirse simultáneamente contra la Administración o ente público presuntamente responsable civil subsidiario*».

777 Como ocurre de seguirse la vía administrativa.

778 Herrero de Egaña Espinosa de los Monteros, 2004, p. 20.

779 García-Trevijano Garnica, 1998, pp. 166 y ss.
Manifiesta diferente opinión, Busto (2006, p. 1826), al considerar que en el caso de que el daño cuyo resarcimiento se pretende esté ligado a la comisión de un ilícito penal, mientras éste no prescribe, tampoco prescribe la acción de responsabilidad civil, de manera que la vía penal puede servir para intentar obtener una indemnización en aquellos casos en los que ya haya transcurrido el plazo de un año previsto el art. 67,1 LPACAP. En cualquier caso, el inconveniente de esta manera de enfocar las cosas estriba en que, si el procedimiento penal iniciado termina con el sobreseimiento o la absolución del sujeto al servicio de la Administración inculpado, no podrá considerarse iniciado un nuevo plazo anual.
Cuestión distinta es admitir o no que, si la acción penal se ejercita dentro del año siguiente al momento en que se produjo el hecho que motiva la pretensión resarcitoria contra la Administración, queda interrumpida también la prescripción de la acción de responsabi-

Estamos ante un régimen legal artificioso con costes procesales para las víctimas, para las Administraciones Públicas y para el sistema judicial, en el que en ocasiones brilla por su ausencia la seguridad jurídica en materia tan sensible como la responsabilidad de los poderes públicos. La muestra más evidente de la artificiosidad que tiene el ordenamiento español en esta materia radica en las dificultades para definir lo que ha de entenderse por «servicio público» como paradigma de la actividad prestacional de los poderes públicos y en cuya ejecución puede causar daños a sus usuarios. Los arts. 32 a 37 LRJSP no concretan si el «servicio público» merece tal calificativo por su titularidad pública, por la función social que desempeña o por el origen de los fondos que lo financian[780].

3.2. Responsabilidad de la Administración sin responsabilidad penal del personal a su servicio

Dejando al margen el criterio objetivo, relativo a la calificación jurídica de los actos que causaron el daño, que distingue entre actividades delictivas y no delictivas, el problema de la concurrencia de jurisdicciones competentes, como ya hemos apuntado, se plantea también con el criterio subjetivo de atribución jurisdiccional. Como vamos a ver el problema radica en estos casos en la normativa aplicable: el régimen jurídico que resulte de aplicación al eventual responsable del daño será el que acabe determinando la jurisdicción.

3.2.1. En general

Cuando el hecho dañoso no se encuentre tipificado como delito, la jurisdicción competente vendrá determinada por la actividad que ha producido el daño. Si la actividad está sometida a las reglas del Derecho privado, como sucede en el caso de que el causante del daño sea un particular (p. ej. concesionario de obra), el orden jurisdiccional competente es el civil[781]. Si la actividad está sometida a las reglas del Derecho público, como sucede en el caso de que el causante del daño sea un funcionario o un agente al servicio de la Administración Pública, y el daño sea consecuencia del funciona-

lidad frente a la Administración. Frente a esta solución podría argumentarse que la prescripción de ambas acciones es independiente, salvo cuando en el proceso penal se exija conjuntamente la correspondiente responsabilidad patrimonial a la Administración, en cuyo caso la pretensión debería dirigirse simultáneamente contra la Administración. Roca Guillamón, 2000, pp. 489 y ss.; Busto Lago, 2006, p. 1827. En contra, García-Trevijano Garnica (1996, pp. 265 y ss.), por entender que la incoación del proceso penal interrumpe también la prescripción de la acción directa frente a la Administración.

780 Gómez Ligüerre, 2019, p. 133.

781 Arts. 21 y 22 LOPJ.

miento normal o anormal de los servicios públicos, el orden jurisdiccional competente es el contencioso-administrativo[782], no siendo impedimento que a la producción del daño hubieran concurrido sujetos privados o particulares, pudiendo demandarse a la Administración de manera exclusiva o junto con algún particular[783].

De forma global el art. 9,2 LOPJ atribuye a la jurisdicción civil *además de las materias que le son propias, todas aquellas que no estén atribuidas a otro orden jurisdiccional*. Esta regla que recoge la *vis atractiva* de la jurisdicción civil ha venido siendo utilizada por la Sala Civil del TS en defensa de su propia competencia en materia de responsabilidad, en aquellos casos en que junto a una Administración pública es demandado un particular, o cuando realiza una interpretación restrictiva de lo que deba entenderse por funcionamiento de los servicios públicos, o cuando se quiere evitar el «peregrinaje de jurisdicciones»[784], con todas las graves consecuencias que provoca en el perjudicado, como puede ser el quebrantamiento del derecho a un proceso sin dilaciones indebidas[785].

Pero todo este planteamiento es un problema ya no sólo de jurisdicción competente, sino que provoca una cuestión de normativa aplicable pues, dependiendo de los casos, el régimen jurídico aplicable en cuanto a la reparación del daño será también diferente. La jurisdicción civil resuelve con base en un parámetro general de responsabilidad por culpa o negligencia, y la jurisdicción contencioso-administrativa resuelve con arreglo a criterios de responsabilidad objetiva y directa de la Administración pública, por todos los daños causados por el funcionamiento normal o anormal de los servicios públicos[786].

Como se ha explicado en líneas anteriores, en el ámbito de la responsabilidad por daños causados por la Administración Pública, se consideran indemnizables todos los daños derivados del funcionamiento del servicio público, sin distinguir entre funcionamiento normal o anormal del servicio correspondiente (art. 32 LRJSP).

La responsabilidad de la Administración por el funcionamiento de los servicios públicos es directa y objetiva. Es directa ya que frente al administrado responde la Administración y no el funcionario que haya provocado el daño, pues cuando ejerce su cargo no está actuando intereses propios, sino los

782 Art. 9.4 LOPJ, art. 2.e) de la Ley 29/1998, de 13 de julio, de la Jurisdicción ContenciosoAdministrativa, y ATS 8 junio 2018 (RJ 2018\2903).

783 Alegre Ávila, 2005, pp. 191 y ss.

784 Es decir, evitar que el conocimiento de un asunto que ha llegado a la última instancia se atribuya a otro orden jurisdiccional.

785 SSTS 30 enero 2004 (RJ 2004\439), 18 febrero 1997 (RJ 1997\1240), 28 marzo 1990 (RJ 1990\1734), 1 julio 1986 (RJ 1986\4559) y 5 de julio de 1983 (RJ 1983\4068).

786 Gómez Ligüerre, 2019, p. 132. Ver, arts. 32 y 36 LRJSP.

intereses generales a los que sirve la Administración. Además, es objetiva[787] al prescindir de toda idea de ilicitud o culpa, extendiéndose la obligación de indemnizar incluso a los casos en que no haya existido un funcionamiento defectuoso del servicio público correspondiente[788].

La referencia al funcionamiento de los servicios públicos alude a todo hacer o actuar de la Administración como acto de gestión pública[789], por lo que no se precisa ilicitud, dolo, culpa o negligencia, sino que basta con probar la existencia del daño y la relación de causalidad[790]. Sólo se excluye la responsabilidad directa de la Administración cuando el daño proceda de fuerza mayor[791], pero no cuando pudo y debió ser previsto.

Esta caracterización de la responsabilidad civil de la Administración no impide que la misma pueda concurrir con la responsabilidad disciplinaria de un funcionario. Sin embargo, ésta última no puede ser exigida por los ciudadanos, aunque hayan sido directamente afectados por los daños causados[792] porque el procedimiento administrativo sancionador sólo incumbe e involucra a la Administración y al infractor, sin que el ciudadano perjudicado pueda intervenir más allá de la mera denuncia[793]. De ahí que la responsabilidad patrimonial de la Administración también es exclusiva, al suprimirse la acción directa del perjudicado frente a la autoridad o funcionario originadores del daño, pues la posible responsabilidad patrimonial del funcionario, exigible a éstos por la vía de la acción de regreso[794], se configura como una cuestión interna entre la Administración y el empleado público[795].

La falta de sistematización de la que adolece este régimen ocasiona incoherencias jurídicas y un alto grado de ineficacia. Frente a la noción del sistema de responsabilidad patrimonial de la Administración, como una institución perfectamente racional que se asienta sobre la base de principios

787 STS 22 septiembre 2010 (RJ 2010\6715), 7 septiembre 2005 (RJ 2005\8846), 4 julio 2004 (RJ 2004\4850).

788 López Menudo, F., Guichot Reina, E. y Carrillo Donaire, 2005, pp. 29 y ss.

789 SSTS 22 noviembre 1991 (RJ 1991\8844), 15 febrero 1994 (RJ 1994\890), 20 octubre 1997 (RJ 1997\7254), 5 noviembre 1997 (RJ 1997\8298), 23 diciembre 1998 (RJ 1998\10381).

790 Fernández Valverde, 2011, p. 622.

791 Art. 32,1 LRJSP.

792 Art. 27 Real Decreto 33/1986, de 10 enero, por el que se aprueba el Reglamento de Régimen Disciplinario de los funcionarios de la Administración del Estado.

793 Peña López, 2005, pp. 5 y ss.
Son muy claras en tal sentido las SSTS8 abril 2003 (RJ 2003\3685), 26 octubre 2000 (RJ 2000\8582), 19 noviembre 1999 (RJ 2000\2836), 19 mayo 1997 (RJ 1997\3962), 15 marzo 1991 (RJ 1991\2489), 13 marzo 1991 (RJ 1991\1762) y 12 marzo 1991 (RJ 1991\6306).

794 Art. 36,2 LRJSP.

795 Díez Sánchez, 2007, pp. 220 y ss.; Herrero de Egaña Espinosa de los Monteros, 2004, pp. 14 y ss.

generales como la objetividad, la realidad revela un sistema de responsabilidad potencialmente inabarcable, que exige para su operatividad una labor de interpretación judicial caracterizada por su naturaleza restrictiva. La incertidumbre de las posibles soluciones judiciales arrastra consigo una serie de costes indirectos y de externalidades negativas.

Es razonable considerar que el personal al servicio de la Administración, por lo general, no internaliza de manera íntegra el coste de la responsabilidad patrimonial de la Administración a cuyo servicio se encuentran al no sufragar de manera personal las indemnizaciones, ni siquiera cuando concurren los requisitos para que la Administración ejerza contra ellos la acción de regreso, pues casi nunca se ejerce. Los importes empleados en indemnizar a las víctimas y en gestionar los correspondientes litigios también generan costes de oportunidad, pues ya no podrán ser utilizados para sufragar otros proyectos públicos. Además, hay que considerar el coste reputacional para los que han causado los daños. El personal al servicio de la Administración tampoco internaliza siempre todos los costes de las medidas de precaución que toman para prevenir accidentes y eventuales responsabilidades, por lo que las citadas medidas acaban generando externalidades negativas[796].

3.2.2. La acción de regreso y el aseguramiento de la responsabilidad de la Administración

Para completar el panorama de las cuestiones de jurisdicción que se plantean cuando nos encontramos ante actos lesivos de personal al servicio de las Administraciones públicas, es necesario traer a colación dos cuestiones complementarias: la acción de regreso y la existencia de un seguro que cubra la responsabilidad civil de la Administración.

En todos los supuestos en que la Administración hubiera tenido que indemnizar al perjudicado por la actuación del funcionario, aparece en escena la denominada vía de regreso[797]. Como se desprende de líneas anteriores[798], para el ejercicio de la acción de regreso por parte de la Administración frente al funcionario que hubiere incurrido en dolo o culpa graves, con carácter previo los particulares deben haber exigido *directamente a la Administración Pública correspondiente las indemnizaciones por los daños y perjuicios causados por las autoridades y personal a su servicio* (art. 36,1 LRJSP), lo que presupone la existencia de un procedimiento administrativo o jurisdiccional[799],

796 Doménech Pascual, 2022, pp. 95 y 96.

797 Art. 36,2 LRJSP.

798 *Vid supra* 3.2.1. En general.

799 Que el procedimiento sea administrativo o jurisdiccional dependerá de que la Administración haya reconocido la pretensión indemnizatoria en vía administrativa o de que se haya seguido un proceso judicial en el que haya sido condenada.

en el que además de haberse establecido la obligación de la Administración de indemnizar al perjudicado por los daños causados se *hubiere indemnizado a los lesionados* (36,2 LRJSP), precisándose por tanto que se haya procedido al pago de la correspondiente indemnización al tercero perjudicado[800]. Con respecto al requisito relativo a que la Administración hubiese satisfecho la indemnización a los lesionados, resulta del todo lógico que la Administración no pueda ejercitar la vía de regreso contra el empleado público hasta no haber satisfecho la correspondiente indemnización al sujeto perjudicado, ya que el fundamento de dicha acción de repetición es, precisamente, que la Administración obtenga un resarcimiento por el perjuicio económico que ha sufrido al responder por los daños ocasionados por su personal[801]. Si la Administración tuviere concertado un seguro para cubrir este tipo de daños, y es la compañía aseguradora la que ha indemnizado al tercero, no procederá el ejercicio de la acción de regreso[802].

La acción de regreso deberá ejercitarse en un procedimiento administrativo cuyo objeto es determinar la existencia o no de responsabilidad del empleado público. Existirá esta responsabilidad cuando quepa apreciar dolo o negligencia grave, *ponderándose el resultado dañoso producido, el grado de culpabilidad, la responsabilidad profesional del personal al servicio de las Administraciones públicas y su relación con la producción del resultado dañoso* (art. 36,2 LRJSP).

El conflicto de jurisdicciones sólo se producirá en los casos que haya responsabilidad penal del funcionario y responsabilidad civil de la Administración, por lo que este procedimiento administrativo para el ejercicio de la acción de regreso no tiene mucho sentido, ya que si hay sentencia penal condenatoria no es preciso volver a enjuiciar en el procedimiento administrativo de la acción de regreso el grado de dolo o culpa. Debido a los problemas de coordinación y de las incoherencias a la hora de interpretar las normas la Administración pública incurre en unos costes innecesarios, al haberse ya fijado el grado de dolo o culpa en el proceso penal. Costes que en última

800 En este sentido interpreta la STSJ Andalucía 2 diciembre 2015 (JUR 2016\158210), que «debe tenerse también en cuenta que el sistema de responsabilidad patrimonial español encuentra uno de sus pilares básicos en su carácter directo, sin que, por lo tanto, los particulares puedan reclamar la correspondiente a autoridades y funcionarios (al menos en sede civil o contenciosoadministrativa). Según el artículo 145 de la Ley 30/1992, de 26 de noviembre (art. 36 LRJSP), dicha responsabilidad sólo podrá ser exigida por la propia Administración ulteriormente, una vez indemnizados los afectados, siempre que por parte de aquellos hubiera intervenido dolo o culpa grave en su actuación». Puede consultarse también, por ejemplo, entre otras, la STSJ Galicia 21 noviembre 2018 (JUR 2019\17829).

801 *Vid.*, en este sentido, López Gil, 2021, pp. 203 y 204.

802 Art. 36,2 LRJSP y art. 43 LCS. Ver, no obstante, las apreciaciones de Peña López, 2005, pp. 24 y ss., y más ampliamente, 2002, pp. 435 y ss.

instancia provoca externalidades negativas, al implicar un mayor coste para el conjunto de la sociedad[803].

Junto a la acción de regreso, un segundo factor que influye en la determinación de la jurisdicción competente es la existencia de un seguro de responsabilidad civil. Sin embargo, es curioso observar cómo en las reclamaciones frente a las Administraciones Públicas, en general, no se tiene en cuenta la cobertura de ese seguro y no se acostumbra a demandar de manera conjunta a la Administración y a la aseguradora, ni tampoco se ejercita la acción directa contra la aseguradora[804]. En consecuencia, el perjudicado no obtiene la indemnización con inmediatez y, además, no puede solicitar los elevados intereses del art. 20 LCS[805] que, en su caso, podría solicitar[806].

La ventaja del aseguramiento de la responsabilidad patrimonial de la Administración es la posibilidad de ejercicio de la acción directa que favorece que el perjudicado pueda obtener una indemnización rápida y evitar que éste deba acudir a la Administración a través de un procedimiento administrativo. Además, el ejercicio de una acción directa reduciría los costes de gestión de la tramitación de los siniestros porque permite instrumentar la responsabilidad de la Administración a través de la póliza[807].

El problema del ejercicio de la acción directa frente a la compañía aseguradora es de nuevo la determinación de la jurisdicción competente: la civil o la jurisdicción contencioso-administrativa[808], con el consiguiente temor a la condena en costas procesales[809]. En la solución normativa actual es clara la competencia de la jurisdicción contencioso-administrativa dado que el art. 21,1,c) de la Ley 29/1998, de la Jurisdicción Contencioso-Administrativa, al regular la legitimación pasiva, considera parte demandada a *las aseguradoras de las Administraciones públicas, que siempre serán parte codemandada junto con la Administración a quien aseguren*. Y en el mismo sentido el art. 9,4 LOPJ al enumerar las pretensiones atribuidas a los tribunales del orden contenciosoadministrativo establece que *igualmente conocerán de las reclamaciones de responsabilidad cuando el interesado accione directamente contra la aseguradora de la Administración, junto a la Administración respectiva*.

---

803 Fernández Márquez, 2021, p, 150.

804 Busto Lago, 2006, pp. 1767 y ss.

805 Reglero Campos, 2006c, p. 821.

806 STS 11 febrero 2020 (RJ 2020\381).

807 Gómez Ligüerre, 2007, pp. 263 y ss.; Arquillo Colet, 2004, pp. 1 y ss.

808 Busto Lago, 2006, pp. 1786 y ss.; Gómez Ligüerre, 2001, pp. 1 y ss.

809 Tanto en el proceso civil, arts. 394 a 398 LEC, como en el proceso contencioso-administrativo, art. 139 Ley 29/1998, de la Jurisdicción Contencioso-Administrativa, las costas se imponen a la parte que haya visto rechazadas todas sus pretensiones.

Estos preceptos sólo se refieren a los casos en que las compañías aseguradoras sean siempre parte codemandada junto con la Administración a la que aseguren. Si sólo se ejercita la acción directa frente a la aseguradora, sin demandar a la vez a la Administración causante del daño, parece que el orden jurisdiccional competente sería el civil[810], pues al no exigir litisconsorcio pasivo alguno, la acción directa se articula sobre una solidaridad impropia indudablemente peculiar, que tolera el ejercicio autónomo de cada acción procesal[811]. Además, de ejercerse la acción directa frente a la aseguradora ante el orden jurisdiccional de lo contenciosoadministrativo sin codemandar a la Administración, el tribunal debería inadmitir la demanda por defecto de jurisdicción[812].

---

810 En este sentido, *vid*. Blázquez Martín, 2020, pp. 123 y 124.
También el ATS Sala Especial de Conflictos de Competencia de 18 octubre 2004 (JUR 2005\231280), declara competente el orden jurisdiccional civil cuando se ejercita una acción directa del art. 76 de la Ley de Contrato de Seguro. En el mismo sentido, con anterioridad, el ATS Sala Especial de Conflictos de Competencia de 28 junio 2004 (JUR 2005\135730). Y con posterioridad ATS Sala Especial de Conflictos de Competencia de 2 marzo 2022 (JUR 2022\105866), argumentando que el art. 35 LRJSP se refiere a la legislación administrativa aplicable, no al orden jurisdiccional competente.
SSTS 15 octubre 2013 (RJ 2013\6956), 5 junio 2019 (RJ 2019\2213) y 5 noviembre 2019 (RJ 2019\4233), en supuestos de responsabilidad médica, señalan que la jurisdicción civil es la única competente para conocer de la acción directa contra la aseguradora y a ello no obsta que en el procedimiento intervenga voluntariamente la Administración sanitaria.

811 García Garnica, 2020, pp. 47 a 55.

812 Gamero Casado, 2004, pp. 1934 y ss.; García Garnica, 2020, pp. 42 a 44.
«El legislador —señala el TS— quiere que no quede resquicio alguno en materia de responsabilidad patrimonial de las Administraciones Públicas que permita el conocimiento del asunto a otro orden jurisdiccional, razón por la que atribuye a la contenciosoadministrativa tanto el conocimiento de las acciones directas (dirigidas contra la Administración y su aseguradora), como las entabladas contra cualquier otra entidad, pública o privada, aunque las mismas, solo de una forma indirecta, sean responsables, junto a la Administración, de los daños y perjuicios causados, para reconocer una única excepción a este sistema en aquellos supuestos en que los perjudicados, al amparo del art. 76 LCS, se dirijan directa y exclusivamente contra la compañía aseguradora de una Administración pública, de forma que en estos casos el conocimiento de la acción corresponde a los tribunales del orden civil y ello por cuanto *en esta tesitura la competencia ha de corresponder necesariamente a la jurisdicción civil, pues no cabe acudir a los tribunales de lo contenciosoadministrativo sin actuación u omisión administrativa previa que revisar ni Administración demandada que condenar*». Auto de la Sala de Conflictos de Competencia 12 marzo 2013 (JUR 2013\119710).
En un caso de reclamación patrimonial por responsabilidad de médico del sistema público dirigida únicamente frente a la aseguradora de la Administración ejercitando la acción directa del art. 76 LCS, la STS 5 octubre 2013 (RJ 2013\6956) concluye que la competencia será del orden contenciosoadministrativo sólo si se demanda conjuntamente a la Administración, con arreglo a la doctrina contenida en el Auto de la Sala de Conflictos de Competencia de 12 de marzo de 2013, puntualizando que la comparecencia de la Administración en el proceso como interesada en el fracaso de la demanda dirigida únicamente contra la aseguradora, no altera la naturaleza de la acción ejercitada ni el régimen de competencia de la jurisdicción civil.

La obligada convivencia de la responsabilidad patrimonial de la Administración pública, regulada por el Derecho administrativo, y de la acción directa contra la aseguradora, con la naturaleza civil que le confieren los arts. 73 y 76 LCS, es un clásico de los conflictos de jurisdicción. Las dudas que desde siempre han acompañado a esta materia se han ido resolviendo a través de los pronunciamientos de las Salas Primera y Tercera como de la Sala Especial de Conflictos de Competencia del TS[813]. Pero, en paralelo a esta evolución de la jurisprudencia, las sucesivas reformas legales han ocasionado nuevas discordancias normativas, de modo que, todavía en la actualidad, nos encontramos con problemas que no están resueltos por el TS[814].

Una de las posibilidades con las que cuenta el perjudicado para reclamar la responsabilidad de la Administración Pública, es acudir a la vía administrativa, aunque eso no impide que posteriormente pueda si lo desea, ejercitar también la acción directa frente a la aseguradora, debiendo tener en cuenta dos supuestos:

Primer supuesto: Que, una vez declarada en vía administrativa la responsabilidad de la Administración y siendo firme tal declaración, bien por agotar la vía de recursos ante ella o bien por la falta de impugnación por parte del perjudicado, éste ejercite la acción directa contra la aseguradora. En estos casos no resulta posible volver a plantear en este proceso civil, a través de la cuestión prejudicial, los términos o alcance de la responsabilidad patrimonial de la Administración, ya que sobre ésta ya ha recaído resolución administrativa ofrecida por la propia Administración, y ésta ha sido consentida o aceptada por el perjudicado, aunque sea de forma tácita, al no impugnarla pudiendo haberlo hecho[815].

---

813 Muestra de ello son los Autos de la Sala de Conflictos del Tribunal Supremo que se han pronunciado sobre esta cuestión: AATS 27 abril 2022 (JUR 2022\156570), 13 julio 2021 (JUR 2021\251305), 13 abril 2021 (JUR 2021\138749), 14 noviembre 2017 (JUR 2017\288449), 5 diciembre 2014 (JUR 2015\12208) o 5 diciembre 2014 (JUR 2015\12860).

814 Blázquez Martín, 2020, p. 123.

815 En este sentido STS 25 mayo 2021 (RJ 2021\2256) establece que «aunque la acción directa goce de autonomía procesal (al ser posible demandar exclusivamente a la aseguradora ante la jurisdicción civil sin que previamente se sustancie una reclamación en vía administrativa), la aseguradora no pueda quedar obligada más allá de la obligación del asegurado, pues la jurisdicción contenciosoadministrativa es la única competente para condenar a la Administración mientras que la jurisdicción civil sólo conoce de su responsabilidad y consecuencias a efectos prejudiciales en el proceso civil». Además, «dado que igual que sería contrario a la legalidad que se utilizase la acción directa para impugnar el acto administrativo, que se había consentido, a los solos efectos indemnizatorios, también lo sería utilizar la acción directa contra el asegurador para conseguir que la jurisdicción civil declarase la responsabilidad de la Administración sanitaria asegurada —por ser presupuesto para que responda la aseguradora— tras haber devenido firme el acto administrativo que negó la existencia de dicha responsabilidad». Se reafirma así, con esta sentencia, la aplicación de la doctrina jurisprudencial asentada por la Sala Civil en STS de Pleno 5 junio 2019 (RJ 2019\2213), STS 5 noviembre 2019 (RJ 2019\4233), STS de Pleno 17 septiembre 2020, RJ 2020\3259) y STS 5 octubre 2020 (RJ 2020\3771).

Segundo supuesto: Que, una vez, declarada la responsabilidad de la Administración por sentencia firme dictada en la jurisdicción contenciosoadministrativa, el perjudicado ejercite la acción directa exclusivamente contra la aseguradora. De modo similar, pero ahora sí, por el efecto de cosa juzgada incuestionable, tampoco se puede modificar ni tratar de determinar de nuevo la responsabilidad patrimonial de la Administración ante el orden civil, por el hecho de ejercitar la acción directa frente a la aseguradora, pues existe sentencia firme que se pronuncia sobre esta cuestión, y que ha sido dictada por un órgano judicial del orden contenciosoadministrativo, que, además, es el competente en la materia y cuya resolución firme si despliega efecto de cosa juzgada[816].

A los efectos de mayor eficiencia y seguridad jurídica, en cuanto a la jurisdicción competente ante la que formular la pretensión de reclamación por el perjudicado, cabría repensar la normativa del contrato de seguro en los casos que el asegurado tenga naturaleza de Administración Pública, contemplando la posibilidad de eliminar el ejercicio de la acción directa de manera exclusiva frente al asegurador, lo que comportaría la supresión de un derecho autónomo que, con carácter general, está en manos del perjudicado cuando el agente del daño tiene asegurada su responsabilidad civil[817].

Al suscribir las Administraciones Públicas un seguro de responsabilidad civil para cubrir los riesgos derivados de su funcionamiento, como se desprende de líneas anteriores los perjudicados por un hecho lesivo del que debe responder la Administración pueden ejercitar frente a la aseguradora la acción directa (art. 76 LCS), lo que conlleva que surjan las dificultades apuntadas en relación con una serie de cuestiones procesales de gran importancia, como son la jurisdicción competente para conocer de dicha acción, la eficacia y consecuencias del resultado de este proceso o la intervención que en él pueden o deben tener los sujetos responsables o causantes del daño, así como las acciones de repetición que nacen para la aseguradora, tanto frente a la Administración asegurada como frente a los sujetos responsables de la lesión.

Entiendo que estas disfunciones procesales derivadas del ejercicio de la acción directa y de las acciones de regreso en caso de seguro de cobertura de responsabilidad de la Administración Pública han de ser resueltas para poder otorgar una correcta tutela judicial efectiva y cumplir de forma eficaz con los fines del sistema de responsabilidad patrimonial frente a los ciudadanos. Si bien hay argumentos a favor y en contra de uno y otro orden jurisdiccional[818], lo importante y necesario es que se lleve a cabo una reforma

816 Acerca de esta posibilidad de pronunció la STS 25 febrero 2014 (RJ 2014\1155).

817 Jiménez López, 2011, p. 122; Busto Lago, 2006, pp. 1767 y ss.

818 A favor de la jurisdicción contenciosoadministrativa, indica Mir Puigpelat (2003, p. 21) que una posible solución a los problemas planteados consistiría en establecer la obli-

legislativa en uno u otro sentido a fin de proteger al tercero perjudicado debidamente y ahorrarle los costes en tiempo y dinero que conlleva esta falta de una clara determinación del orden jurisdiccional competente cuando la asegurada es una Administración pública.

4. El conflicto competencial con la jurisdicción laboral

4.1. Evolución de la atribución competencial

En las pretensiones indemnizatorias derivadas de daños consecuencia de accidentes laborales, no se ha cuestionado la competencia de la jurisdicción social por parte de la Sala Social del Tribunal Supremo[819]. Como afirmaron hace años Cavanillas y Tapia *la expresión «responsabilidad civil» no significa responsabilidad residenciable ante la jurisdicción civil, sino simplemente responsabilidad no criminal, sin prejuzgar su naturaleza (contractual o extracontractual) ni la jurisdicción competente (laboral o civil)*[820]. En cambio,

gatoriedad de demandar conjuntamente a la Administración y su aseguradora ante el orden jurisdiccional contenciosoadministrativo, ya que «el litisconsorcio pasivo necesario es la única forma de garantizar que todos los implicados (víctima, Administración y aseguradora) estén presentes en el mismo proceso judicial, y sólo su presencia conjunta permite satisfacer de forma adecuada todos los intereses en juego». Argumenta a favor de su propuesta que el litisconsorcio evitaría sentencias contradictorias sobre unos mismos hechos, garantizaría que la víctima perciba en un solo proceso la reparación íntegra del daño sufrido (incluso en el caso de que la suma asegurada sea inferior al daño ocasionado), reforzaría la efectividad del pago de la indemnización (serían dos los patrimonios que responderían del pago), impediría que se declare la responsabilidad de la Administración o de la aseguradora sin que se las escuche, sin que se pronuncien sobre —respectivamente— su responsabilidad extracontractual o contractual y permitiría que todas las cuestiones atinentes al surgimiento de la responsabilidad patrimonial de la Administración y a la cobertura del contrato de seguro, tan estrechamente relacionadas entre sí (el nacimiento de responsabilidad administrativa es presupuesto necesario —aunque no suficiente— para que surja la del asegurador), sean planteadas y dilucidadas en un mismo proceso judicial, evitándose pleitos posteriores y ahorrándose, con ello, costes terciarios o de administración.

A favor de la jurisdicción civil Yzquierdo Tolsada (2019, p. 346), para lo que propone modificar el art. 9.4 de la LOPJ reconociendo la competencia exclusiva del orden jurisdiccional civil cuando las acciones se dirijan de manera exclusiva frente a la aseguradora de la responsabilidad patrimonial de la Administración. Defiende su postura pues entiende que la competencia del orden jurisdiccional civil «se puede afirmar merced a una deducción interpretativa, unido al inequívoco apoyo del art. 42.1 LEC. Una deducción que consiste en decir que, si la ley reside en la jurisdicción contenciosoadministrativa el conocimiento de las reclamaciones contra Administración asegurada y su asegurador, es porque quiere excluir esa competencia cuando se reclama sólo contra este último».

819 Gómez Ligüerre, 2016, p. 14; Martín Casals y Ribot Igualada, 2010, pp. 227 y ss. SSTS 6 octubre 1989 (RJ 1989\7120) y 15 noviembre 1990 (RJ 1990\8575).

820 Cavanillas Múgica, Tapia Fernández, 1995, p. 84.

la Sala Civil del mismo Tribunal ha venido considerando que resulta competente el orden jurisdiccional civil[821]. En ocasiones, esa consideración se ha basado en argumentos de carácter procesal, insinuando la incongruencia en que se podría incurrir al no respetar la relación jurídica formal establecida por las partes, cuando la pretensión se fundamenta en la responsabilidad civil extracontractual[822]. En otras ocasiones, esa línea de pensamiento se ha sustentado en argumentos de carácter sustantivo, al considerar que la responsabilidad civil del empresario por accidente laboral es de naturaleza extracontractual[823], y de que se trataba de sucesos que se encontraban fuera de la rigurosa órbita de lo pactado en el contrato de trabajo[824]. Y, en otras ocasiones, se ha utilizado simplemente el argumento de la *vis atractiva* del orden jurisdiccional civil (art. 9,2 LOPJ)[825].

Este conflicto de jurisdicciones fue el detonante para que en los años 90 del siglo pasado la Sala Especial de Conflictos del TS estableciera el criterio que el orden social era el órgano jurisdiccional competente para conocer de los daños y perjuicios derivados de accidentes laborales[826]. Aunque en resoluciones posteriores el criterio establecido por la Sala de Conflictos se mantuvo[827] y se consolidó[828], el problema de la jurisdicción competente continuó vigente[829] pues al ser resoluciones que no crean doctrina la Sala Civil no modificó su postura[830]. La Sala Social continuó incardinando los accidentes laborales en el orden jurisdiccional social[831], si bien eludiendo el problema de la calificación del tipo de responsabilidad[832].

821 Luque Parra y Ruiz García, 2002, p. 6.

822 SSTS 24 junio 1969 (RJ 1969\3635), 3 noviembre 1976 (RJ 1976\4838) y 5 julio 1983 (RJ 1983\4072).

823 Arts. 1902 y ss. CC.

824 SSTS 5 enero 1982 (RJ 1982\182), 9 marzo 1983 (RJ 1983\1463), 5 julio 1983 (RJ 1983\4072), 21 octubre 1988 (RJ 1988\8265), 8 noviembre 1990 (RJ 1990\8534), 13 julio 1999 (RJ1999\5046) y 4 octubre 2004 (RJ 2004\5981).

825 Gómez Ligüerre, 2019, pp. 258 a 264.

826 ATS 23 diciembre 1993 (RJ 1993\10131).

827 ATS 4 abril 1994 (RJ 1994\3196).

828 ATS 10 junio 1996 (RJ 1996\9676).

829 Díez-Picazo Giménez, 2007, pp. 239 y ss.

830 SSTS 4 diciembre 1995 (RJ 1995\9158), 15 julio 2002 (RJ 2002\5911), 22 abril 2003 (RJ 2003\3545), 12 noviembre 2004 (2004\7230) y 4 octubre 2006 (RJ 2006\6427).

831 SSTS 24 mayo 1994 (RJ 1994\4296), 27 junio 1994 (RJ 1994\5489), 3 mayo 1995 (Rec. 2418/1995), 30 septiembre 1997 (Rec. 22/1997), 2 febrero 1998 (Rec. 124/1997), 1 diciembre 2003 (RJ 2004\1168) y 22 de junio de 2005 (RJ 2005\6765).

832 SSTS 10 diciembre 1998 (RJ 1998\10501), 1 diciembre 2003 (RJ 2004\1168) y 26 junio 2005 (RJ 2005\6765).

No es hasta finales de los años 90 cuando el criterio de la Sala de Conflictos de Competencia del Tribunal Supremo tuvo su repercusión en la Sala Civil, llegándose a establecer una nueva línea jurisprudencial en la que se excluía la competencia de la jurisdicción civil cuando la pretensión resarcitoria se fundaba en el incumplimiento de normas laborales[833]. Sin embargo, la Sala Civil con posterioridad volvió al criterio tradicional de asumir su propia competencia en los supuestos en que el daño se ocasiona fuera de la órbita de lo rigurosamente pactado en el contrato de trabajo[834]. En función del *petitum* de la demanda la Sala Civil reconocía la competencia de la jurisdicción civil si la demanda se fundaba en culpa extracontractual de los empresarios demandados por la vía de los arts. 1902 y 1903 CC[835], y reconocía la competencia de la jurisdicción laboral[836] si la demanda se basaba en la infracción exclusiva de normas laborales[837].

Un paso decisivo para que la Sala Civil reorientara de nuevo su línea decisoria se produjo cuando la Sala de Conflictos, recapitulando anteriores criterios, concluyó en el auto de 28 de febrero de 2007 que la competencia corresponde al orden social de la jurisdicción porque lo verdaderamente importante es que el daño se impute «a un ilícito laboral y no civil, que puede derivar tanto de lo pactado como de lo impuesto por la ley». Cuando el art. 9,5 LOPJ señala que son competentes los jueces y tribunales de lo social para conocer las pretensiones que se promuevan dentro de la rama social del Derecho, tanto en conflictos individuales como colectivos, debe entenderse que si se comete un ilícito laboral nos hallamos dentro de *la rama social del Derecho*. El orden jurisdiccional civil únicamente *opera cuando el daño sobrevenido no se produce con motivo u ocasión del trabajo, sino que se vincula a una conducta del empleador ajena al contenido obligacional del contrato de trabajo*[838].

---

833 SSTS 24 diciembre 1997 (RJ 1997\8905), 26 diciembre 1997 (RJ 1997\9663), 10 febrero 1998 (RJ 1998\979) y 20 marzo 1998 (RJ 1998\1708).

834 SSTS 13 octubre 1998 (RJ 1998\8373), 24 noviembre 1998 (RJ 1998\9694), 30 noviembre 1998 (RJ 1998\8785), 18 diciembre 1998 (RJ 1998\9642), 1 febrero 1999 (RJ 1999\745), 10 abril 1999 (RJ 1999\2607), 13 julio 1999 (RJ 1999\5046), 30 noviembre 1999 (RJ 1999\8287), 2 marzo 2000 (RJ 2000\1306), 26 mayo 2000 (RJ 2000\3497), 8 octubre 2001 (RJ 2001\7551).

835 SSTS 20 julio 2006 (RJ 2006\4740) y 4 octubre 2006 (RJ 2006\6427).

836 STS 11 febrero 2000 (RJ 2000\673); con cita SSTS 19 de julio de 1989 (RJ 1989\5724), 2 de octubre de 1994 (RJ 1994\7442), 26 de diciembre de 1997 (RJ 1997\9663) y 24 de octubre de 1998 (RJ 1998\8236), y Autos de dicha Sala Especial de Conflictos de Competencia de 23 de diciembre de 1993 (RJ 1993\10131) y 4 de abril de 1994 (RJ 1994\3196).

837 SSTS 6 marzo 2006 (RJ 2006\1574), 4 mayo 2006 (RJ 2006\4060) y 28 septiembre 2006 (RJ 2006\6497).

838 ATS, Sala Especial de Conflictos de Competencia, 28 febrero 2007 (RJ 2007\8689).

Este razonamiento lo hizo suyo el Pleno de la Sala Civil, en sentencia de 15 de enero de 2008, posibilitando la aproximación al criterio mantenido por la Sala Social, fijando la doctrina según la cual y en virtud de lo dispuesto en el art. 9 LOPJ, *las reclamaciones por responsabilidad del empresario que sean consecuencia del incumplimiento del contrato de trabajo deben ser competencia de la jurisdicción social*[839].

En definitiva, el criterio fijado por la Sala Civil permite que la jurisdicción social resulte competente para fijar la responsabilidad cuando los daños causados se deben al incumplimiento de normas que obligan al empresario como empleador y cuyo cumplimiento hubiera evitado el accidente. Y permite a la jurisdicción civil ser competente en el resto de los casos, ajenos a la existencia de una relación especial entre causante y víctima[840].

Este cambio de posturas en la línea jurisprudencial de la Sala Primera del TS reconociendo la competencia de uno u otro orden jurisdiccional en función del *petitum* de la demanda es criticable. La Sala Cuarta reconocía su propia competencia para resolver las acciones de reclamación de daños producidos en el seno de una relación laboral, mientras que la Sala Primera reconocía la competencia de la jurisdicción civil si la demanda se fundaba en culpa extracontractual de los empresarios demandados por la vía de los arts. 1902 y 1903 CC, y de la jurisdicción social si la demanda se basaba en la infracción exclusiva de normas laborales[841].

Esta posible elección de jurisdicción provoca un problema de inseguridad jurídica debido a que los criterios que se utilizan para resolver los mismos problemas en la jurisdicción civil y social son diferentes. Así se puso de

839 STS 15 enero 2008 (RJ 2008\1394).

840 GÓMEZ LIGÜERRE (2016, pp. 17 y ss.) aborda el problema de la concurrencia de trabajadores y extraños a la relación laboral, a la luz de la solución propuesta por la sentencia civil del caso «Uralita».

841 GÓMEZ LIGÜERRE, 2019, p. 269; REGLERO CAMPOS, 2006e, pp. 164 y ss.
La vigente Ley 36/2011, de 10 de octubre, reguladora de la jurisdicción social establece en su art. 1, con carácter general, que *«Los órganos jurisdiccionales del orden social conocerán de las pretensiones que se promuevan dentro de la rama social del Derecho, tanto en su vertiente individual como colectiva, incluyendo aquéllas que versen sobre materias laborales y de Seguridad Social, así como de las impugnaciones de las actuaciones de las Administraciones públicas realizadas en el ejercicio de sus potestades y funciones sobre las anteriores materias»*. Y en su art. 2, letra b, concretó el principio general aplicándolo a las reclamaciones de cualquier índole derivadas de una contingencia profesional, al establecer que *«Los órganos jurisdiccionales del orden social, por aplicación de lo establecido en el artículo anterior, conocerán de las cuestiones litigiosas que se promuevan: b) En relación con las acciones que puedan ejercitar los trabajadores o sus causahabientes contra el empresario o contra aquéllos a quienes se les atribuya legal, convencional o contractualmente responsabilidad, por los daños originados en el ámbito de la prestación de servicios o que tengan su causa en accidentes de trabajo o enfermedades profesionales, incluida la acción directa contra la aseguradora y sin perjuicio de la acción de repetición que pudiera corresponder ante el orden competente»*.

relieve en el Informe del CGPJ sobre «Siniestralidad laboral: análisis de la respuesta jurisdiccional», que fue elevado al Pleno del CGPJ el 17 de enero de 2007[842]. Se recogían en este Informe las principales diferencias que se observan en el modo de resolver los asuntos en uno y otro orden jurisdiccional. Así, se destaca que la jurisprudencia de la Sala Primera se decanta en muchas ocasiones por una responsabilidad que denomina cuasiobjetiva, o por aplicar la teoría del riesgo y la inversión de la carga de la prueba[843], mientras que la Sala Cuarta defiende la existencia de responsabilidad basada en la culpa, sin inversión de la carga de la prueba[844]. Pero además las discrepancias afectan al importe de la indemnización, lo que puede comportar un problema de no estimación de costas. La Sala Primera considera que la cuantía total de la indemnización es independiente de las prestaciones de la Seguridad Social, por lo que éstas no deben tenerse en cuenta a la hora de fijar su importe: cabría, pues, la acumulación de indemnizaciones[845]. En cambio, para la Sala Cuarta, estas prestaciones de la Seguridad Social vienen a cubrir el lucro cesante derivado de la pérdida del salario, pero dejan fuera de la cobertura todos los perjuicios que puedan derivarse de otros daños que puedan tener su causa en el accidente. En este sentido, se considera que cuando se ejercita una acción de responsabilidad por daños se deben descontar las prestaciones de la Seguridad Social, aunque distinguiendo de

842 El citado informe del CGPJ, con fecha 21 octubre 2024, se encuentra disponible en (https://www.poderjudicial.es/cgpj/es/Poder-Judicial/Consejo-General-del-Poder-Judicial/Actividad-del-CGPJ/Estudios/Siniestralidad-laboral---analisis-de-la-respuesta-jurisdiccional--Estudio-del-Consejo-General-del-Poder-Judicial-).

843 En este sentido la STS 19 noviembre 2008 (RJ 2008\6931).

844 SSTS 2 febrero 1998 (RJ 1998\3250), 2 octubre 2000 (RJ 2000\9673) y 7 febrero 2003 (RJ 2003\1828).
En concreto en la STS 17 julio 2007 (RJ 2007\8300) se afirma «la doctrina de la Sala ha rechazado el carácter objetivo o cuasiobjetivo de la responsabilidad contractual o aquiliana [base de la singularidad de tratamiento en la indemnización tasada del Texto Refundido de la LRCSCVM], puesto que ese carácter, que imputa los daños a quien obtiene el beneficio con los medios productores del riesgo, y que prácticamente se convierte en objetiva si se le añade la inversión de la carga de la prueba, tiene pleno sentido en el campo civil cuando "se contemplan daños a terceros ajenos al entramado social que se beneficia de este progreso"; pero "la cuestión cambia radicalmente de aspecto" cuando el avance tecnológico y sus beneficios alcanzan tanto al empresario como a los trabajadores", pues al perseguir aquél "su propia ganancia crea un bien social, como son los puestos de trabajo", por lo que "en esta caso la solución es la creación de una responsabilidad estrictamente subjetiva" (...).Lo que ciertamente no excluye —añadimos ahora— la racional aplicación de las normas sobre la carga de la prueba, y más específicamente la relativa a la disponibilidad y facilidad probatoria (art. 217.6 LEC) que ha de evitar situaciones de real desprotección en la defensa de los intereses legítimos de los trabajadores accidentados o de sus causahabientes».

845 Carrancho Herrero, 2010, pp. 269 y ss.

éstas el «recargo de prestaciones» a cargo del empresario, que no puede ser descontado teniendo en cuenta su naturaleza asimilada a una sanción[846].

4.2. Pluralidad de demandantes y de demandados

El problema de la jurisdicción competente para conocer de las reclamaciones por daños no queda zanjado con la cuestión expuesta en el apartado anterior. En primer lugar, porque en los supuestos de concurrencia de demandados el demandante deberá elegir la jurisdicción que vaya a conocer de su pretensión[847]. Así ocurre cuando producido un daño, se demanda al empresario y además a un tercero ajeno a la relación laboral —p. ej. director técnico de la obra—, o a otro trabajador que se ha visto involucrado en el accidente —operario con una máquina—, o a un cliente de la empresa que ha participado en el accidente laboral —piénsese en el supuesto de un vehículo que colisiona contra el lugar del trabajo[848]—. Y, en segundo lugar, se encuentra el tema de la posible concurrencia en un mismo procedimiento contra un mismo empresario de demandantes que fueran trabajadores y con otros que fueran extraños a la relación laboral[849].

4.2.1. Concurrencia de demandados: la vía de un único procedimiento o la jurisdicción electiva

Hay hipótesis en las que en un único accidente laboral pueden verse involucrados diversos sujetos ligados al trabajador (víctima) por relaciones de distinta índole. Un simple criterio de lógica procesal y material hace que la pretensión indemnizatoria frente a los eventuales responsables del daño deba ventilarse en el mismo proceso. Así ocurre en los casos en que un trabajador sufre un accidente laboral debido a que el director técnico de una obra desarrolla sus funciones de manera imprudente, en cuyo caso existirá responsabilidad extracontractual, y el empresario no ha cumplido con las oportunas medidas de seguridad con evidente responsabilidad extracontractual[850].

Dejando de lado la cuestión de la calificación de la responsabilidad contractual o extracontractual, en estos casos el trabajador, como víctima, podría

846 Moliner Tamborero, 2011, pp. 694 y ss.

847 Díaz Moreno y Martín Huertas, 2009, p. 367; Carrancho Herrero, 2010, pp. 94 y ss.; Yzquierdo Tolsada, 2008, pp. 91 y ss.

848 Sempere Navarro, 2008; Molins García-Atance, 2010, p. 18.

849 Como indica Gómez Ligüerre (2016, p. 18) *todos eran víctimas del amianto*.

850 Igualmente, en el caso del empresario que subcontrata todo o parte de su actividad laboral. Los supuestos de contratas y subcontratas tienen en ocasiones una regulación específica, como ocurre en el ámbito de la construcción con la Ley 32/2006 de 18 de octubre, reguladora de la subcontratación en la construcción cuyo art. 7,2 establece en estos casos una responsabilidad solidaria de contratista y subcontratista.

dirigirse sólo contra el director técnico, sólo contra el empresario, o bien contra ambos. Si se opta por acudir a un único orden jurisdiccional, el problema radica en determinar si en estos casos se trata de una acumulación subjetiva de acciones o si se exigirá un litisconsorcio pasivo impropio (sea cual sea el orden jurisdiccional que conozca la pretensión)[851].

A la acumulación subjetiva de acciones se refiere el art. 72 LEC al señalar que *podrán acumularse, ejercitándose simultáneamente, las acciones que uno tenga contra varios sujetos o varios contra uno, siempre que entre esas acciones exista un nexo por razón del título o causa de pedir*, aclarando el precepto que *se entenderá que el título o causa de pedir es idéntico o conexo cuando las acciones se funden en los mismos hechos*. Se admite pues la acumulación de las acciones que se refieren a sujetos activos o pasivos plurales, pero para el ejercicio acumulado de las acciones se exige el requisito de que concurra una cierta conexidad entre las mismas, en cuanto que es necesario que provengan de un mismo título o causa de pedir, entendiéndose que el título o causa de pedir es idéntico o conexo cuando se funde en los mismos hechos[852].

En este mismo sentido la acumulación subjetiva de acciones viene regulada en el art. 25,3 de la vigente Ley 36/2011, de 10 de octubre, reguladora de la Jurisdicción Social, al indicar que *también podrán acumularse, ejercitándose simultáneamente, las acciones que uno o varios actores tengan contra uno o varios demandados, siempre que entre esas acciones exista un nexo por razón del título o causa de pedir. Se entenderá que el título o causa de pedir es idéntico o conexo cuando las acciones se funden en los mismos hechos*[853].

Por su parte, la exigencia del litisconsorcio pasivo se funda en el carácter inescindible de la pretensión ejercitada en el proceso, donde se exige demandar conjuntamente a todos los sujetos involucrados. El art. 12,2 LEC impone el litisconsorcio *cuando por razón de lo que sea objeto del juicio la tutela jurisdiccional solicitada sólo pueda hacerse efectiva frente a varios sujetos*

---

851 Guzmán Fluja y Zafra Espinosa de los Monteros, 2008, pp. 8 y ss.

852 Molins García-Atance, 2010, p. 18.
La admisibilidad de la acumulación de acciones del art. 73 LEC precisa de tres requisitos. En primer lugar, la competencia del tribunal: el tribunal ha de poseer jurisdicción y competencia por razón de la materia o por razón de la cuantía para conocer de la acción acumulada o acciones acumuladas. Dado que ambas jurisdicciones admiten su competencia, en este punto no se plantearían problemas. En segundo lugar, la compatibilidad procedimental de las acciones acumuladas: que las acciones acumuladas no deban, por razón de su materia, ventilarse en juicios de diferente tipo. En tercer lugar, la inexistencia de prohibición legal de acumulación: que la ley no prohíba la acumulación en los casos en que se ejerciten determinadas acciones en razón de su materia o por razón del tipo de juicio que se haya de seguir.

853 Ley de Procedimiento Laboral, aprobada por RDLeg 2/1995, de 7 de abril, en su art. 27,3 ya admitió ésta acumulación subjetiva de acciones, que fue derogada por la disposición derogatoria única de la Ley 36/2011, de 10 de octubre, reguladora de la jurisdicción social.

conjuntamente considerados, todos ellos habrán de ser demandados, como litisconsortes, salvo que la ley disponga expresamente otra cosa.

La vía de la jurisdicción electiva ante una pluralidad de demandados pone sobre la mesa la necesidad de adoptar un régimen coherente en cuanto a los efectos de cosa juzgada cuando existen dos sentencias contradictorias. Hay que tener en cuenta que todas las previsiones relativas a la cosa juzgada formal (art. 207 LEC), y la cosa juzgada material (art. 222 LEC), no tienen encaje si, sobre los mismos hechos con varios demandados implicados en un mismo evento dañoso, existen dos sentencias contradictorias[854].

Para ilustrar esta idea puede resultar muy útil partir del supuesto de la STS de 21 de febrero de 2006 en la que el Tribunal Supremo se pronunció sobre la vinculación de los órganos de la jurisdicción civil al previo pronunciamiento de la jurisdicción laboral sobre el mismo accidente.

Se trataba de una reclamación por daños provocados por el empresario derivados de accidente de trabajo. Los familiares del trabajador fallecido acudieron a la jurisdicción laboral que desestimó sus pretensiones. Con posterioridad acudieron a la jurisdicción civil para exigir responsabilidad por culpa extracontractual. En primera instancia, tras rechazar las excepciones de cosa juzgada y prescripción invocadas por la demandada, se apreció una concurrencia de culpas entre la víctima y la empresa al 50 %. La parte demandada recurrió en apelación y la Audiencia Provincial de Asturias[855] estimó el recurso de apelación y apreció la concurrencia de cosa juzgada en virtud del pronunciamiento anterior procedente de la jurisdicción laboral. Sin embargo, la Sala de lo Civil del Tribunal Supremo acogió el recurso de la parte actora y resolvió de igual forma que el juzgador de primera instancia apreciando una concurrencia culposa entre trabajador y empresario reduciendo en un 50 % la indemnización que estimaba procedente[856].

Admitida la doble competencia jurisdiccional, civil y social, el problema que se plantea el TS surge al determinar la relación entre ambas jurisdicciones, teniendo en cuenta que la actora acudió a la jurisdicción civil después de haberlo hecho ante la social con resultado contrario a sus pretensiones. En tal sentido afirma la sentencia que cuando, como sucede en el presente caso, la prejudicialidad se produce fuera de la órbita asignada al conocimiento del orden jurisdiccional respectivo, su eficacia opera exclusivamente dentro del proceso en que se produce, y no alcanza eficacia de cosa juzgada dentro del orden jurisdiccional al que competa finalmente el examen de la cuestión. La prejudicialidad tiene, como explica la doctrina, un mero valor *incidenter tantum*, esto es, permite ser resuelta de otro modo por la jurisdicción concernida por las normas aplicables. En definitiva, al ser un pronunciamiento

854 MOLINER TAMBORERO, 2011, p. 722.

855 SAP Asturias 4 mayo 1999 (AC 1999\1001).

856 STS 21 febrero 2006 (RJ 2006\2147).

que incumbe en atención a las normas aplicables (arts. 1902 y 1903 CC) a los tribunales de lo civil o en el ejercicio de acciones civiles, cuando se produce en otra jurisdicción esas normas tienen valor dentro del mismo proceso, pero no puede proyectarse más allá de su propio orden jurisdiccional, por lo que, no alcanzan eficacia de cosa juzgada[857].

4.2.2. La concurrencia de demandantes

Frente a la concurrencia de demandados, la de demandantes presenta una problemática diferente. Para ilustrarla partimos del caso conocido como «Uralita» en una reclamación por los daños causados por el amianto[858].

Se trata de la sentencia del Pleno del TS (Sala Civil) de 3 de diciembre de 2015 que sentó una doctrina novedosa en estas hipótesis de pluralidad de demandantes víctimas directas o indirectas de accidentes laborales. Reconoció que la jurisdicción civil no era competente para enjuiciar la reclamación de los trabajadores y sus sucesores contra las empresas demandadas por tener su origen en la relación laboral y en el eventual incumplimiento de

---

857 Este es el criterio que está presente también en la sentencia de 15 de enero de 2008 del Pleno de la Sala de lo Civil del Tribunal Supremo (RJ 2008\1394). Una promotora encarga la construcción de una nave industrial a una empresa constructora que subcontrata parte de la obra con otra auxiliar (subcontratista). Un trabajador empleado por la auxiliar fallece mientras presta su actividad, apreciándose infracción de las más elementales normas de seguridad. La madre demanda a la promotora, a la constructora, a la subcontratista y al director técnico de la obra, reclamando el abono de una indemnización fundamentada en los arts. 1902 y 1903 CC, así como diversos preceptos del Estatuto de los Trabajadores, en la Ley de Prevención de Riesgos Laborales y en normas sobre seguridad constructiva. En esencia, la citada sentencia del TS, estableció que: la solución al caso depende de si el daño se imputa a un incumplimiento de norma laboral o a una conducta ajena al contrato de trabajo. La obligación de seguridad forma parte del contenido contractual, apareciendo como un deber general de diligencia incorporado por ley al contenido del contrato de trabajo; por ello las reclamaciones por responsabilidad del empresario que sean consecuencia del incumplimiento del contrato de trabajo deben ser competencia de la jurisdicción social. Y si se demanda a personas extrañas al contrato de trabajo la jurisdicción civil será la competente para conocer la acción de responsabilidad, pues ante la imposibilidad de dividir la causa de pedir, por tratarse de la misma acción de responsabilidad interpuesta por la demandante por el fallecimiento de su hijo, la *vis atractiva* afecta también a quienes tuvieren una relación laboral con el trabajador fallecido. *Vid*. sobre el particular Sempere Navarro, 2009.

Tres años después de dictarse la STS de 15 de enero 2008 (RJ 2008\1394) la antigua Ley de Procedimiento Laboral fue sustituida por la vigente Ley 36/2011, de 10 de octubre, reguladora de la jurisdicción social, conformando la competencia de la jurisdicción social para este tipo de demandas.

La reforma legal confirmó, indica Gómez Ligüerre (2019, p. 269), el cambio de doctrina de la Sala Primera del Tribunal Supremo convirtiendo «la jurisdicción social en la única competente para resolver las demandas de trabajadores contra empresarios derivadas del incumplimiento de normas de prevención y seguridad en el trabajo».

858 STS 3 diciembre 2015 (RJ 2016\135).

normas de seguridad y salud laboral. Por tanto, en la pretensión de responsabilidad laboral es competente el orden jurisdiccional de lo social y debe ser resuelta conforme a la normativa que disciplina la seguridad laboral y los deberes empresariales en materia de protección de los trabajadores. No obstante sí se consideró competente para el conocimiento de las pretensiones de resarcimiento de las amas de casa que habían contraído alguna de las enfermedades provocadas por el amianto como consecuencia de la inhalación de sus fibras al manipular la ropa de trabajo de sus maridos, por tratarse de una reclamación entre particulares por un daño causado al margen de cualquier relación jurídica que reconozca al demandado un régimen especial de responsabilidad, que debe ser resuelta con arreglo a las normas generales del Código Civil en materia de responsabilidad civil extracontractual[859].

A pesar de que el daño sufrido por todos los demandantes tenía la misma causa y unos mismos potenciales responsables y que las pretensiones ejercidas por los demandantes en el proceso eran diferentes, esta sentencia del año 2015 resolvió el problema de atribución competencial que se le planteaba de manera diferente a la establecida hasta la fecha, al concentrar la competencia judicial por razón de la materia con independencia del régimen o naturaleza legal de los demandados, entendiendo que la diversidad de regímenes venía impuesta por los demandantes y no por los demandados. Esta perspectiva coloca a los tribunales de lo social que hayan de conocer de la reclamación que presenten los demandantes respecto de los que la jurisdicción civil se ha declarado incompetente, en la delicada situación de juzgar unos hechos y determinar unas responsabilidades que ya han sido decididas por la jurisdicción civil[860].

El Tribunal Supremo no examinó si las empresas demandadas incumplieron sus deberes de cuidado respecto de sus trabajadores[861], pero concluyó que el amianto que éstos emplearon en sus puestos de trabajo fue la causa del daño que sufrieron tres amas de casa y que ese daño fuera imputable a las compañías demandadas.

Debe observarse que al no juzgarse la pretensión respecto de la que se ha declarado incompetente, la sentencia civil no es apta para desplegar ninguno de los efectos propios o similares a los de la cosa juzgada. Para los trabajadores afectados y sus sucesores no hay sentencia civil previa que haya declarado nada más que la competencia de la jurisdicción social. No obstante, la conexión de su pretensión con la resuelta por la sentencia civil respecto de las amas de casa es notoria.

---

859 Gómez Ligüerre, 2019, pp. 286 a 293; Asua González, 2016, disponible en base datos Aranzadi (BIB 2020\8074).

860 La concurrencia de demandantes como un nuevo modo de resolver los conflictos de competencia, *vid*. Gómez Ligüerre, 2016, p. 22.

861 Domínguez Martínez, 2016, p. 209.

La jurisdicción laboral que acabe conociendo de la reclamación de los trabajadores y sus sucesores, contra las compañías para las que trabajaron, se encontrará en una posición análoga a la que se encuentran los tribunales de lo civil que han de decidir sobre la responsabilidad civil derivada de delito, en los casos en que la víctima se reservó sus acciones civiles para ejercitarlas ante la jurisdicción civil una vez finalizado el proceso penal que ha decidido sobre la responsabilidad penal del causante del daño. En estos escenarios, el tribunal civil debe decidir sobre la responsabilidad civil derivada de unos hechos que ya han sido probados por el tribunal penal y cuya existencia vincula al tribunal civil que, evidentemente, no puede negar la existencia de lo declarado como probado en un proceso penal anterior entre las mismas partes. En el caso «Uralita», no hay nada parecido a la eficacia de la cosa juzgada, pero a partir del momento en el que declara la responsabilidad de las compañías demandadas vincula su actuación a unos daños que son los mismos y tienen el mismo origen que los daños por los que reclamarán una indemnización los trabajadores y sus sucesores ante la jurisdicción social[862].

La vinculación del tribunal de lo social respecto de las valoraciones y conclusiones del proceso civil previo debería ser completa, pues ambos tribunales valoran si unos mismos hechos dan lugar a una misma pretensión indemnizatoria. Salvo que se considere, como parece que admite la Sala Primera, que la responsabilidad de las compañías demandadas dependerá en lo laboral, no de la efectiva causación de un daño, sino del incumplimiento de normas laborales[863]. Este planteamiento da lugar a un debate de mayor calado que se escapa a las pretensiones de este trabajo, pero supondría el reconocimiento de una responsabilidad por contingencia profesional diferente de la responsabilidad civil general, pues en lugar de buscar la reparación del daño se limitaría a vincular consecuencias al incumplimiento de normas. Algo que es más propio del derecho sancionador que del ámbito que es propio de la responsabilidad civil.

Que las víctimas acaben perdiendo pleitos debido a la incerteza de la jurisdicción que resulta competente para interponer la demanda implica un aumento de costes a la hora de la resolución de los asuntos, tanto en términos monetarios como de duración de los procedimientos. Por el camino se quedan daños sin indemnizar o en el mejor de los casos se indemnicen tarde, en un nuevo pleito posterior, con la pérdida de los intereses devengados que se hubieran podido cobrar desde la interposición por la víctima de la primera demanda, ante el tribunal que acabó declarándose no competente. Para evitar todas estas cuestiones entiendo que las leyes procesales que regulan el Derecho de daños también tienen que regirse por un criterio de eficiencia y de economicidad. El tiempo y el esfuerzo requeridos para que se dicte una

862 Acerca del riesgo de decisiones contradictorias y el efecto de la sentencia civil en el proceso social posterior, *vid.* Gómez Ligüerre, 2016, pp. 26 y ss.

863 Asua González, 2016, disponible en base datos Aranzadi (BIB 2020\8074).

resolución judicial que se pronuncie sobre la indemnización por los daños sufridos deben disminuir. Esta reducción de los costes marginales de la resolución de los asuntos reducirá las externalidades negativas al permitir a los tribunales acortar la duración de los procedimientos, incrementar el número de asuntos resueltos y mejorar el acierto y la calidad de las decisiones judiciales[864].

IV. El seguro de responsabilidad civil

1. El seguro de responsabilidad civil como seguro de patrimonio

Cuando el responsable del daño disponga de un seguro de responsabilidad civil que cubra en todo o en parte la eventualidad del pago, el perjudicado del daño tiene derecho al cobro de la parte de indemnización cubierta en la póliza de responsabilidad civil con cargo a la compañía aseguradora y, en su caso, al cobro de la parte que exceda del importe asegurado con cargo al patrimonio del responsable.

El seguro de responsabilidad civil hace posible muchas actividades que, en su ausencia, o no podrían ser llevadas a cabo por sus titulares, o resultarían extraordinariamente caras o peligrosas para sus usuarios o beneficiarios. A cambio del pago de la prima, el seguro permite a los potenciales responsables desarrollar actividades arriesgadas sin enfrentarse al riesgo del pago de indemnizaciones que podrían superar su capacidad económica. Al mismo tiempo, asegura a las víctimas de los accidentes causados por los tomadores del seguro que verán satisfechas sus pretensiones indemnizatorias con independencia del nivel de solvencia del responsable del daño[865].

Este mecanismo aseguratorio cubre el riesgo de ser condenado al pago de una indemnización por daños, que no son los que sufre el tomador del seguro o el asegurado, sino los que se puedan causar a terceros[866]. Como ya reconoció el Tribunal Supremo en sentencia 15 de junio de 1995 el seguro de responsabilidad civil es un seguro de patrimonio, al señalar que «no se aseguran directamente efectivos daños propios (aunque de modo indirecto se preserva el daño al patrimonio del asegurado, al evitarse tener que abonar las indemnizaciones correspondientes), sino más bien los daños a terceros, que son los verdaderos destinatarios y perceptores de la cobertura econó-

864 DOMÉNECH PASCUAL y MORA-SANGUINETTI, 2015, pp. 10 y 11.

865 SALVADOR CODERCH y GÓMEZ LIGÜERRE, 2002, p. 4.

866 CALZADA CONDE, 2017, disponible en base datos Aranzadi (BIB 2017\3001).

mica que alcanza al seguro concreto»[867]. En sentencias posteriores ha venido reiterando que el seguro de responsabilidad civil *ex* art. 73 LCS[868] trata de proteger y mantener exento el patrimonio del asegurado, cubriendo el riesgo de su minoración dentro de los límites del contrato, cuando el asegurado tenga que indemnizar a terceros, por haberse producido el siniestro pactado. El riesgo que se asegura viene configurado por el nacimiento a cargo del asegurado de una obligación de indemnizar a un tercero por un hecho de cuyas consecuencias sea civilmente responsable[869].

El riesgo cubierto con el seguro de responsabilidad civil se refiere a la indemnidad patrimonial de su tomador, y en ese sentido, es diferente de otros seguros de daños, que cubren riesgos de elementos concretos de un patrimonio[870]. Así la jurisprudencia señala que «a diferencia de lo que sucede en la regulación legal de algunos tipos de seguro, como el de incendio (art. 45 LCS) o el de robo (art. 50 LCS), que contienen una precisa delimitación del riesgo objeto de cobertura, en el seguro de responsabilidad civil la definición legal del riesgo (art. 73 LCS) remite a la disciplina convencional, de manera que la regulación que sobre el particular se contenga en el propio contrato resulta imprescindible para la determinación del contenido de la obligación del asegurador. Es decir, dado que el riesgo cubierto en el seguro de responsabilidad civil es el nacimiento de la obligación de indemnizar derivada del acaecimiento de un hecho previsto en el contrato, será precisa la definición convencional —positiva y negativa— del mencionado evento, a fin de concretar el contenido de la obligación asumida por el asegurador»[871].

2. El aseguramiento de los riesgos

Para entender los beneficios económicos del seguro de responsabilidad civil es imprescindible tomar en consideración el factor de la aversión al riesgo, ya que sin aversión al riesgo el seguro se convierte en un coste evitable. La aversión al riesgo ayuda a comprender el valor de los recursos económicos destinados a la prima: proporcionan al tomador del seguro seguridad y certeza[872].

867 RJ 1995\5295.

868 Art. 73,1 LCS: «*Por el seguro de responsabilidad civil el asegurador se obliga, dentro de los límites establecidos en la Ley y en el contrato, a cubrir el riesgo del nacimiento a cargo del asegurado de la obligación de indemnizar a un tercero los daños y perjuicios causados por un hecho previsto en el contrato de cuyas consecuencias sea civilmente responsable el asegurado, conforme a derecho*».

869 SSTS 22 diciembre 2010 (RJ 2011\1559), 4 diciembre 2007 (RJ 2008\39), 10 mayo 2006 (RJ 2006\2349) y 25 mayo 2006 (RJ 2006\3121).

870 Yzquierdo Tolsada, 2017, p. 670.

871 STS 20 diciembre 2018 (RJ 2018\5493).

872 El grado de aversión al riesgo de una persona depende, como indican Pindyck y Rubinfeld (2009, p. 187), de la naturaleza del riesgo y de la renta de esa persona.

Ahora bien, el grado de aversión al riesgo no es el mismo para todas las personas[873]. Algunas son más propensas a asumir riesgos y pueden asumir de buen grado la contingencia del pago de una indemnización. Otras, aunque acaso prefieran no asumir riesgos, calculan mal las contingencias de responsabilidad a las que se exponen[874]. En uno y otro caso, la demanda de seguro de responsabilidad civil puede ser inferior a la socialmente deseable y ello significa que es posible que algunos titulares de actividades potencialmente peligrosas las desarrollen sin la cobertura de un seguro de responsabilidad civil. En tal situación, la indemnidad de las víctimas de los accidentes que causen dependerá exclusivamente del nivel de solvencia de los agentes no asegurados. Para evitar que esto ocurra, el legislador impone a los titulares de determinadas actividades la obligación de asegurar su responsabilidad civil[875].

2.1. El seguro obligatorio de responsabilidad civil

El paradigma del seguro de responsabilidad civil obligatorio en España, por el número de pólizas contratadas y por su temprana implantación legal, es el seguro de circulación de vehículos a motor por los daños a terceros causados a consecuencia de la conducción. Todo propietario de vehículos a motor que tenga su estacionamiento habitual en España estará obligado a suscribir y mantener en vigor un contrato de seguro por cada vehículo de que sea titular[876].

Este seguro de responsabilidad civil permite a los asegurados conducir un vehículo a motor sin asumir el riesgo económico de las consecuencias dañosas de su conducción. A la vez, asegura una indemnización a las víctimas de los accidentes, y lo hace con independencia de la solvencia del causante material del perjuicio. Sin embargo, ni la garantía ni la cobertura son ilimitadas. Como es usual en los seguros obligatorios de responsabilidad civil, la norma que los impone limita el ámbito de su cobertura. Esta limitación de las responsabilidades asociadas al seguro tiene la finalidad

873 Arruñada Sánchez, 2009, p. 73.

874 Pindyck y Rubinfeld, 2009, p. 188.

875 La interacción entre la responsabilidad civil extracontractual *(tort law)* y el seguro de responsabilidad civil *(liability insurance)* es un problema complejo que es difícil de tratar. Wagner (2006, pp. 277 y ss.) proporciona una visión general al distinguir dos enfoques o modelos. Uno es el modelo de disuasión en el que la responsabilidad civil extracontractual toma el papel principal, mientras que el seguro es un dispositivo auxiliar y, a veces, problemático. El enfoque alternativo es el modelo de compensación en el que la responsabilidad civil extracontractual y el seguro cambian de roles para proporcionar una compensación óptima a los necesitados.

876 Reglero Campos, 2007, p. 10. *Vid*. art. 2,1 RDLeg 8/2004, de 29 de octubre, por el que se aprueba el Texto Refundido de la LRCSCVM.

de facilitar la contratación del seguro y, a la vez, promover la existencia de un mercado que los ofrezca[877].

A lo largo del tiempo muchas otras normativas han impuesto la contratación obligatoria de un seguro de responsabilidad civil ante el riesgo que ante una determinada actuación se deba responder por los daños producidos. Esa obligación se desenvuelve en sectores de muy variada índole en los que de una u otra manera el agente asume un riesgo de daños a terceros que el legislador considera necesario cubrir mediante la herramienta del seguro[878].

El establecimiento por normativa de la contratación obligatoria de un seguro de responsabilidad civil no implica que deje de ser una transacción voluntaria entre asegurado y asegurador, en la que ambas partes deben estar convencidas de que los beneficios que ganan son superiores a las pérdidas que asumen[879]. La aseguradora ofrecerá pólizas siempre que los ingresos netos obtenidos sean superiores a las indemnizaciones que deba afrontar, y los particulares las contratarán siempre que el importe de la póliza sea inferior o igual a los daños que prevén causar o a las sanciones con las que se les amenaza[880]. Sin embargo, las asimetrías informativas en la contratación de seguros pueden alterar estos parámetros e incidir en un correcto desenvolvimiento de las conductas de los implicados en el seguro[881].

---

877 Reglero Campos, 2007, p. 10; Pintos Ager, 2003, pp. 4 y ss. *Vid*. art. 4,2 RDLeg 8/2004, de 29 de octubre, por el que se aprueba el Texto Refundido de la LRCSCVM.

878 Estos son algunos ejemplos: el seguro obligatorio del cazador previsto en el art. 52 de la Ley 1/1970, de 4 de abril, de Caza; en el ámbito del seguro aéreo los arts. 126 y ss. de la Ley 48/1960, de 21 de julio, de Navegación Aérea; los daños materiales de la construcción en el art. 19,1 de la Ley 38/1999, de 5 de noviembre, de Ordenación de la Edificación; art. 131 del Texto Refundido de la LGDCU, aprobado por RDLeg 1/2007, de 16 de noviembre; en el ámbito de la energía nuclear el art. 45 Ley 25/1964, de 29 de abril, sobre energía nuclear y el art. 12,2,a de la Ley 12/2011, de 27 de mayo, de Responsabilidad civil por daños nucleares o producidos por materiales radiactivos; art. 61,1 de RDLeg 1/2015, de 24 de julio, de garantías y uso racional de los medicamentos y productos sanitarios; art. 27 de la Ley 22/2015, de 20 de julio, de Auditoría de cuentas; art. 14,2 de la Ley 45/2015, de 14 de octubre, de Voluntariado; art. 67,1 del Texto Refundido de la Ley Concursal, aprobado por RDLeg 1/2020, de 5 de mayo; art. 11,3 de la Ley 5/2012, de 6 de julio, de mediación en asuntos civiles y mercantiles.

879 Rodríguez Cachón, 2020, p. 73; Rahdert, 1995, p. 42.

880 Oferta y demanda, el equilibrio microeconómico de la competencia y el monopolio. *Vid*. Schäfer y Ott, 2022, p. 67.

881 Además del contrato de seguro están previstos otros mecanismos para cubrir las responsabilidades por daños derivados de actividades arriesgadas o potencialmente peligrosas. En este sentido, en algunas normas, se obliga a la constitución de garantías suficientes que, en la práctica, son cubiertas mediante la contratación de un seguro. De todos modos, el tenor legal obliga a garantizar no a hacerlo necesariamente a través de un contrato de seguro. Entre otras, el art. 61,1 de RDLeg 1/2015, de 24 de julio, de garantías y uso racional de los medicamentos y productos sanitarios, establece que con carácter previo a la realización de ensayos clínicos deben asegurarse los daños que puedan derivarse mediante la contratación de un seguro o la constitución de otra garantía financiera. En el mismo sentido, el art.

2.2. Los efectos del seguro de responsabilidad civil

2.2.1. Seguro obligatorio y riesgo moral

El seguro obligatorio de responsabilidad civil en materia de accidentes de tráfico se enfrenta al problema del riesgo moral al que hemos hecho referencia[882]. Si el asegurado puede influir con su conducta en la probabilidad de que ocurra el siniestro objeto de la póliza, el hecho mismo de la cobertura aseguradora afecta negativamente a los incentivos del asegurado para reducir tal probabilidad. Un conductor que se sabe a cubierto por el seguro del pago de las indemnizaciones por los daños que cause, tiene menores incentivos que otro no asegurado a adoptar medidas que reduzcan la probabilidad de accidente, al menos de aquéllos no susceptibles de afectar a su propia integridad física[883].

Para paliar la problemática que comporta el riesgo moral en los sistemas de obligatoriedad del seguro, el asegurador puede adoptar varias medidas: aplicar franquicias a la cobertura, ofrecer una cobertura parcial, tomar en consideración el grado de precaución del conductor *ex post* del accidente y no asumir el coste de los daños ocasionados (como cuando el conductor ebrio que ocasiona un accidente supera el nivel de alcohol en sangre o no ha superado la Inspección Técnica de Vehículos). Pero la medida prevalente es analizar el historial de siniestralidad del asegurado a efectos del cálculo de la prima, incentivando a los conductores mediante el establecimiento de primas más baratas o evitando una más alta al año siguiente[884].

Con todo, resulta difícil pensar que la eliminación del riesgo moral en la responsabilidad civil del automóvil pueda llegar a ser completa, pues el

---

12 de la Ley 12/2011, de 27 de mayo, de Responsabilidad civil por daños nucleares o producidos por materiales radiactivos, contempla como procedimientos válidos para el establecimiento de la cobertura de la responsabilidad civil nuclear: la contratación de una póliza de seguro, cualquier otra garantía financiera con una entidad autorizada o una mezcla de ambas. Igualmente, el art. 27 de la Ley 22/2015, de 20 de julio, de Auditoría de cuentas, no limita al seguro los medios de cobertura de la responsabilidad civil en que los auditores puedan incurrir frente a terceros. En otras normas, incluso se contempla, de manera alternativa, la posibilidad de suscribir una póliza de seguro u otra garantía financiera directamente por la norma, como sucede con el art. 14,2 de la Ley 45/2015, de 14 de octubre, de Voluntariado, cuando fija la obligación de las entidades de voluntariado en relación con el aseguramiento de los riesgos para la salud de los voluntarios.

882 Cap. segundo, IV.1, 1.2. Problemas de asimetría de información: selección adversa y riesgo moral, 1.2.2. El riesgo moral.

883 Cuando una persona está totalmente asegurada y no puede ser controlada totalmente por una compañía de seguros que posee una información limitada, puede comportarse de una manera que aumenten las probabilidades de que sufra un accidente o una lesión. *Vid.* PINDYCK y RUBINFELD, 2009, p. 727.

884 SHAVELL, 1987, pp. 210 y ss.

nivel de precaución de los conductores y, por tanto, el daño esperable de los accidentes de circulación se ven negativamente afectados por el seguro de responsabilidad civil. Los conductores dan por sentado que cualquier coste adicional de los accidentes en que incurran se repartirá entre un gran número de asegurados, por lo que sólo le afectará a cada uno de ellos una proporción insignificante de ese coste adicional. Pero el riesgo moral no altera solamente la conducta, también crea ineficiencia económica: el asegurado cree que el coste o el beneficio de la actividad es diferente del verdadero coste o beneficio social[885].

Aun así, la previsible reducción de los incentivos a la prevención en la conducción no es en sí misma motivo suficiente para condenar la eficiencia del seguro obligatorio de responsabilidad civil. Si suponemos que los perjudicados, con base al principio de reparación íntegra, son compensados de manera plena por los daños sufridos y que asegurado y asegurador mejoran su posición al acordar el traslado del riesgo, el seguro obligatorio de responsabilidad civil supone una mejora en la situación de bienestar social, al no empeorar la situación de utilidad de nadie al tiempo que elevará el bienestar de al menos un individuo[886].

Si el seguro de responsabilidad civil provoca un aumento de los accidentes por efecto del riesgo moral, las víctimas potenciales resultan perjudicadas como consecuencia del seguro de responsabilidad civil, resultando socialmente menos deseable. Sin embargo, estimo que la solución no ha de ser la prohibición del seguro de responsabilidad civil. El Estado y el sistema jurídico tienen a su alcance otros mecanismos capaces de llevar los niveles de probabilidad de accidente a los que se darían de no existir el seguro de responsabilidad civil. El empleo de sanciones administrativas y penales para castigar los comportamientos negligentes de los conductores puede conseguir ese resultado, sin sacrificar al tiempo la ganancia de eficiencia que supone transferir el riesgo de pagar la indemnización de los conductores adversos al riesgo a las aseguradoras. Esta ganancia, además, es especialmente notable en actividades relativamente peligrosas y difundidas socialmente, como es la circulación de vehículos de motor[887].

2.2.2. Seguro obligatorio y solvencia patrimonial

Si se tiene en cuenta la solvencia patrimonial limitada de los conductores para hacer frente al pago de eventuales indemnizaciones por daños, la imposición del seguro como obligatorio aparece como una medida atractiva. Aun-

885 PINDYCK y RUBINFELD, 2009, p. 728.

886 Con relación a ¿qué es el bienestar social? y problemas de elección social; *vid*. SCHÄFER y OTT, 2022, p. 21 y ss.

887 SCHÄFER y OTT, 1991, pp. 107 y 108.

que la aversión al riesgo es de por sí apta para generar demanda de seguro de responsabilidad civil automovilística, la obligación legal de contratar un seguro viene justificada por la insolvencia o solvencia limitada de una parte importante de propietarios de vehículos que potencialmente pueden causar daños y en los efectos negativos que la insolvencia provoca para la prevención, el aseguramiento y la compensación a las víctimas[888].

Si se supone que el nivel de daño es único y que el seguro obligatorio impone una cobertura al menos igual a la diferencia entre el daño y la solvencia del conductor (Cobertura ≥ Daño – Solvencia), el nivel de cuidado de los conductores no será inferior al que habría en ausencia de seguro[889].

En este sentido, conductores y víctimas adversas al riesgo estarán mejor con seguro obligatorio que sin seguro de ningún tipo. Con todo, cuanto mayor es la parte del daño sufrido que queda sin cubrir por la indemnización, menos deseable resulta ser el seguro de responsabilidad civil. Y, a su vez, las consecuencias negativas de esta menor compensación del daño serán todavía mayores en el ámbito de la circulación en el cual, por imposición legal o por demanda social, tiene una mayor incidencia el seguro de responsabilidad civil. El aumento de la probabilidad de accidentes que el seguro de responsabilidad civil en la circulación de vehículos a motor trae consigo, refuerza las distorsiones a la prevención y a la compensación propias de un sistema de responsabilidad civil que no cubre todo el daño producido[890].

Dado que no todos los conductores disponen de un patrimonio suficiente para hacer frente a los daños que causen, las consecuencias o efectos negativos que pueden derivarse ante la solvencia insuficiente de los conductores consistirán, según Shavell, por un lado, en que la insolvencia actúe como límite a la indemnización esperada a cargo del conductor, por lo que su conducta no será eficiente. Adoptará un nivel de precaución que se situará por debajo del que corresponde al daño que realmente puede derivarse de su actividad. Además, al no hacer frente al verdadero coste social de su actividad —puede causar daños que excedan de su solvencia y que no recaen sobre él como coste privado—, su decisión de realizar o no la actividad de conducir un vehículo, y hasta qué punto realizarla, no es eficiente desde el punto de vista del bienestar social.

888 Gómez Pomar y Arquillo Colet, 2000, pp. 4 a 5.

889 *Ibidem*, pp. 6 y ss.

890 En este sentido Pintos Ager (2000, pp. 1 a 3) indica que cuando la víctima de daños corporales sufre secuelas irreversibles, disminuye su capacidad para disfrutar de los bienes y servicios que el dinero permite adquirir —un joven que ha sufrido un accidente que le ha dejado parapléjico pierde posibilidades de gastar dinero, y sobre todo de disfrutar al hacerlo—: el accidente ha desplazado a la víctima desde su función histórica de utilidad a otra inferior cuya utilidad marginal es menor. Salvador Coderch y Ruiz García, 1999, p. 433.

Por otro lado, otra consecuencia negativa relacionada con la insolvencia de los conductores consistirá en que los incentivos al aseguramiento por parte del conductor adverso al riesgo no serán los más apropiados. Y es que por debajo de un cierto umbral de solvencia el conductor optará por renunciar a contratar un seguro de responsabilidad civil, y preferirá asumir el riesgo —limitado, desde luego, por su escasa solvencia— de pagar la indemnización a la víctima. Y ello a pesar de que, por ser adverso al riesgo, sería eficiente que trasladara el riesgo de pagar la indemnización a la víctima a una compañía mediante un contrato de seguro. Y, finalmente, la insolvencia del responsable incide de forma negativa sobre las posibilidades de compensación de las víctimas[891].

La solución adoptada para afrontar estas consecuencias negativas derivadas de la insolvencia de los conductores de vehículos ha sido establecer el seguro obligatorio de responsabilidad civil, que cubra hasta un importe razonablemente significativo los daños que puedan causarse por la actividad generadora de riesgo, como es el uso de vehículo a motor. Con el seguro obligatorio se consiguen eliminar las ineficiencias del insuficiente aseguramiento de los conductores adversos al riesgo, a la par que reduce el riesgo de no compensación a la víctima a través de un Consorcio de Compensación de Seguros que cubre los daños provocados por conductores que han transgredido la obligación de contratar un seguro. Además, si suponemos que las primas de seguro pueden hacerse depender de los niveles de actividad practicados, y consideramos que el seguro obligatorio ofrece una cobertura total del daño esperado, desaparece la posibilidad de decisiones ineficientes acerca del desarrollo o no de la actividad peligrosa y del nivel de ésta.

Es evidente que el mero hecho de la obligatoriedad del seguro no hace desaparecer ni disminuir los problemas de riesgo moral porque el asegurador no puede influir ni controlar el nivel de precaución de los asegurados. Es más, el seguro obligatorio de responsabilidad civil incluso resultará más ineficiente porque reducirá los niveles de precaución de los conductores por debajo de los niveles de precaución ya adoptados por los conductores insolventes e inducirá a unos porcentajes de precaución inferiores a los que habría con una cobertura de seguro parcial —solvencia limitada— libremente elegida por los conductores o con un régimen de prohibición del seguro de responsabilidad civil. Incluso, si la exigencia legal del seguro es absoluta, es decir, la cobertura forzosa ha de cubrir el máximo daño resultante de la actividad, el nivel de cuidado que elegiría un conductor sobreasegurado de este modo sería precisamente cero[892].

Si sopesamos los beneficios del seguro obligatorio frente a posibles ineficiencias, probablemente resulte más eficiente la imposición del seguro, a pesar de las ineficiencias detectadas.

---

891 SHAVELL, 1987, pp. 240 y ss.

892 SHAVELL, 2000a, p. 20.

3. Las condenas solidarias en los seguros de responsabilidad civil

3.1. La solución jurisprudencial de la solidaridad impropia entre la aseguradora y el causante del daño

Con el objeto de facilitar el pago extrajudicial de la prima y agilizar los trámites de cobro de la indemnización, la Ley de Contrato de Seguro (LCS) otorga —como se analiza más adelante— una acción directa al perjudicado contra la aseguradora del daño y, para el caso que de manera no justificada dilate el pago de la indemnización, penaliza a la aseguradora con elevados intereses de demora[893]. Si no se atiende la condena recaída en la acción directa, el perjudicado deberá exigir judicialmente a la aseguradora el pago de la prima del responsable del perjuicio y, en el importe no cubierto, el pago del exceso con cargo al causante del perjuicio.

La LCS no contiene ninguna previsión respecto a una demanda conjunta contra la aseguradora y el presunto responsable del daño, que posibilite al perjudicado ventilar en un mismo proceso las cuestiones relativas al contrato de seguro que puedan afectar a la reclamación y a las posibles excepciones que la aseguradora puede oponer, tanto a la petición de cobertura de su asegurado como a la demanda de reparación por parte de la víctima. Con una demanda conjunta se evita un doble proceso al perjudicado: uno para obtener sentencia condenatoria contra el responsable del daño, y otro para exigir a la aseguradora —extrajudicial o judicialmente— el pago de la prima. En un mismo proceso se lograría decidir acerca de la responsabilidad del agente causante del daño y probar la obligación de pago de la prima por parte de la aseguradora.

A pesar de ese silencio, es habitual que la demanda de responsabilidad civil se formule de manera conjunta contra el presunto responsable de un daño y su compañía aseguradora. El argumento usualmente empleado para justificar la demanda conjunta es el de la protección de la víctima del daño ante el peligro de la insolvencia del presunto responsable de un daño. No obstante, desde el momento en que el Derecho español de daños reconoce la acción directa de la víctima contra la aseguradora del causante del daño, no hay motivo para el planteamiento de una demanda conjunta frente al asegurado —causante del perjuicio— y la aseguradora. La víctima que ya ha cobrado la parte del daño cubierta por la aseguradora sólo podrá demandar,

893 Cuando la aseguradora no cumple con lo dispuesto en el art. 7,2 LRCSCVM, que le impone la obligación de contestar afirmativa o negativamente a la reclamación efectuada y siempre de forma motivada, es sancionada con el pago de altos porcentajes de intereses moratorios, que de conformidad con art. 20 LCS se cuantifican con arreglo al tipo del interés legal del dinero más el 50 % los dos primeros años, transcurridos los cuales se devengarán al tipo del 20 %. *Vid.* SSTS 2 marzo 2020 (RJ 2020\740) y 9 junio 2020 (RJ 2020\1583).

en su caso, el pago de la parte de la compensación no cubierta por la póliza y esa acción debería dirigirse exclusivamente contra el responsable del perjuicio y por la parte no cubierta por el seguro de responsabilidad civil[894].

Por eso, una demanda conjunta sólo tiene sentido en los casos en que la aseguradora se ha negado a pagar tras el ejercicio de la acción directa contra ella por oponer, por ejemplo, que no quedan claras las circunstancias que permiten afirmar la responsabilidad de su asegurado.

Sin embargo, el Tribunal Supremo español ha introducido un determinado instrumento jurídico desvirtuando y, en cierta forma, deformando este planteamiento. Se trata de la exigencia de solidaridad entre deudores que resulta extraña a la naturaleza del seguro y provoca algunos efectos indeseables. Cuando en una acción de resarcimiento planteada por la víctima o persona perjudicada, ésta plantea la demanda frente a la aseguradora y al asegurado, el Tribunal Supremo opta por imponer un sistema de condena solidaria. Y ante una condena solidaria de aseguradora y asegurado es previsible que el perjudicado por el daño decida exigir el pago íntegro de la indemnización a la aseguradora, por ser presumiblemente más solvente que su asegurado. Así, la aseguradora —como corresponsable solidario— se expone al pago íntegro de la indemnización, sin que pueda oponer al perjudicado los límites de la póliza que le une con el causante material del daño. La aseguradora tendría que ejercitar una acción de regreso para exigir el exceso en virtud de la relación interna entre corresponsables solidarios, una vez satisfecha la indemnización de forma íntegra a la víctima del perjuicio.

Este es el planteamiento de la jurisprudencia reiterada de la Sala Primera del Tribunal Supremo que suma a la aseguradora a la condena del responsable o responsables del perjuicio y convierte a la aseguradora en la corresponsable solidaria —en pie de igualdad con el resto de los responsables solidarios— del pago de la indemnización reconocida a la víctima del daño[895]. El propio Tribunal Supremo reconoce que esta solución de solidaridad impropia se impone «por razones de eficiencia y justicia»: aunque la conexión de la aseguradora con los hechos que revelan el daño sea débil o casi inexistente[896] se acoge la condena solidaria con el inconfesado propósito de ampliar la cobertura del crédito indemnizatorio de la víctima del daño[897],

894 Como indica Veiga Copo (2022b, p. 588), «el tercero perjudicado tiene dos derechos frente a dos obligados: contra el aseguradocausante del daño y contra el asegurador».

895 Véanse en este sentido las SSTS 13 de abril de 2016 (RJ 2016\1492), 6 marzo 2015 (RJ 2015\836), 4 noviembre 2010 (RJ 2010\7988) y 18 junio 2010 (RJ 2010\5025).

896 Como ocurrió en los casos resueltos por las SSTS 4 diciembre 2007 (RJ 2008\251) y 13 de junio de 2007 (RJ 2007\3509).

897 Legaz Alfonso, 2008, pp. 1207 y ss.
SSTS 13 de abril de 2016 (RJ 2016\1492), 6 marzo 2015 (RJ 2015\836), 4 noviembre 2010 (RJ 2010\7988) y 18 junio 2010 (RJ 2010\5025).

incluso, en ocasiones, por daños que no están cubiertos en la póliza ni son causados por uno de sus asegurados[898].

La solidaridad impuesta por la jurisprudencia de la Sala Civil del Tribunal Supremo a la aseguradora y al causante del daño, debido a la falta de delimitación precisa entre la garantía que presta el seguro y la que procede de la solidaridad, ha reemplazado de manera injustificada y a un mayor coste a la acción directa prevista en la normativa del seguro[899].

Como previsiblemente el importe de la cobertura del seguro sea inferior al daño, podría alegarse que la demanda conjunta y la condena solidaria evitan que la víctima vea restringidas sus expectativas de cobro. No obstante, este argumento en defensa de la condena solidaria carece a mi juicio de fundamento. Por un lado, porque nada imposibilita a la víctima que, una vez ejercitada la acción directa contra la aseguradora, demande al causante del siniestro por el importe en que estima que su daño excede lo pactado en la póliza entre responsable y aseguradora. Y, por otro, porque en cualquier caso la víctima puede demandar de manera conjunta a causante y aseguradora, pero no ha de comportar en todo caso la condena solidaria de ambos.

A ello se añade que la obligación de pago de los intereses de demora (art. 20 LCS) desde la producción del siniestro[900] tiene como efecto incentivar a las compañías aseguradoras a atender las acciones directas que ejerciten los perjudicados. De hecho, el elevado número de condenas a las aseguradoras que les imponen, además, el pago de los intereses de demora confirma que la jurisprudencia considera injustificado, en muchos casos, que la compañía no haya pagado antes de iniciarse el proceso judicial. Dicho de otro modo, se confirma que, en la mayoría de los casos, la víctima podría haber ejercitado con éxito la acción directa[901]. La doctrina de la solidaridad entre causante y aseguradora no incentiva a las compañías a cumplir con lo previsto en el contrato de seguro hasta que no recaiga sentencia condenatoria firme[902].

3.2. El contrato de seguro no es una fianza que garantice el pago de la indemnización

La solidaridad pasiva se ha asociado tradicionalmente a una función de garantía, al garantizar a la víctima o perjudicado el cobro de la indemnización, mediante la suma del patrimonio del asegurado y de la aseguradora, así como por la cobertura mutua de la insolvencia de aseguradora o asegurado.

898 Ángel Yagüez, 2007, pp. 7 y ss.

899 Díaz de Lezcano Sevillano, 1997, p. 92.

900 STC 14 enero 1993 (RTC 1993\5).

901 Yzquierdo Tolsada, 1997, p. 231 y ss.

902 Reglero Campos, 2006d, pp. 993 y ss.

La solución jurisprudencial de la solidaridad impropia entre la aseguradora y el causante del daño viene a asimilar la relación jurídica derivada del contrato de seguro con una especie de fianza o garantía por la que la aseguradora estaría obligada por la deuda en que incurrió su asegurado, provocando confusión entre la garantía de la solidaridad y la de la fianza. Pero el contrato de seguro no es una fianza que garantice el pago de la indemnización en caso de no hacerlo el responsable. La fianza es un contrato de garantía por el que el fiador se compromete a pagar en lugar del deudor principal, pudiendo asumir la obligación de manera subsidiaria si el deudor es insolvente, o de manera solidaria con el deudor principal (art. 1822 CC).

A diferencia de lo que ocurre en la condena solidaria de aseguradora y asegurado, así como en todos los supuestos de solidaridad pasiva, el fiador no es deudor de la deuda que afianza[903]. El fiador es deudor de su propia deuda, por lo que cuando paga cumple con su propia obligación y no con la del deudor principal, a pesar de que al cumplir con su obligación satisfaga el interés del acreedor, titular de la obligación garantizada. En definitiva, el fiador es un verdadero obligado, no un mero responsable por deuda ajena, y la fianza una obligación accesoria que, en garantía de la deuda ajena, asume el fiador y debe cumplir subsidiariamente en defecto de cumplimiento de la obligación fiada[904]. La fianza es una obligación de refuerzo por la que el fiador se obliga a cumplir por el deudor, pero no asume ninguna deuda adicional a la que ya existe entre acreedor y deudor principal[905].

La fianza es una obligación subsidiaria que une a acreedor y deudor afianzado. El fiador paga en caso de no hacerlo el deudor (art. 1822 CC), siempre que el acreedor haya agotado la solvencia del deudor principal (art. 1830 CC), con arreglo al beneficio de excusión que asiste al fiador. Es un remedio al incumplimiento del deudor afianzado y el acreedor no dispone de la posibilidad, prevista para el acreedor solidario (art. 1144 CC), de demandar sucesivamente a uno —deudor— o a otro —fiador—. El acreedor de una deuda afianzada debe dirigirse primero al deudor principal y, una vez incumplida la deuda por éste, reclamar el pago del fiador[906].

903 La afirmación de que la fianza mercantil se presume solidaria carece de apoyo legal, desde el momento en que tampoco existe una regla favorable a la solidaridad a las deudas mercantiles en general. Pero además del apoyo legal, carece de cualquier justificación razonable, pues no existe fundamento alguno para hacer responder de modo solidario a un fiador que no es necesariamente profesional del crédito ni de las garantías. *Vid.* Carrasco Perera, Cordero Lobato y Marín López, 2015, p. 87.

904 Rubio Garrido, 2002; Guilarte Zapatero, 1991, p. 1782.

905 Las normas que regulan las relaciones entre el acreedor común y el fiador, aunque no lo afirman de manera expresa, el Código Civil supone que se trata de una simple obligación de pago de una cantidad de dinero. *Vid.* Carrasco Perera, Cordero Lobato y Marín López, 2015, p. 81.

906 La subsidiariedad es elemento típico de la fianza, en el sentido de que el fiador, en principio, sólo debe cumplir su obligación en caso de que el deudor incumpla la suya. Al servicio de

La posición jurídica de un deudor solidario es muy diferente. Así, el beneficio de excusión no opera en los casos de solidaridad pasiva entre aseguradora y asegurado, pues todos los codeudores son deudores por el todo. Sólo en el caso que el fiador pacte la solidaridad con el deudor principal pierde el beneficio de excusión y asume que el acreedor pueda exigirle el pago de la deuda sin necesidad de que el deudor principal haya manifestado su insolvencia. Sin embargo, incluso en esos casos, opera la subsidiariedad de la fianza, que la define y la aleja de la solidaridad pasiva[907].

Que la fianza solidaria se rija por las normas de la solidaridad de deudores no permite afirmar que toda solidaridad pasiva pueda explicarse como un supuesto de afianzamiento de deuda ajena[908].

La solidaridad no es un contrato de garantía, ni en su forma ni en su fundamento. Parece forzado asimilar la solidaridad pasiva que se da en las condenas de aseguradora y asegurado a la prenda, la fianza o la hipoteca, por citar algunos de los negocios jurídicos que garantizan adicionalmente el cumplimiento de una obligación. Todos ellos son mecanismos adicionales a la responsabilidad patrimonial del deudor principal. En la solidaridad, la situación cambia. Cada deudor solidario —aseguradora y asegurado— es deudor principal de una misma deuda frente al acreedor común —víctima o perjudicado—. Sólo puede decirse que la solidaridad pasiva es una garantía del crédito en un sentido amplio de la expresión que entienda que es garantía cualquier mecanismo que tienda a hacer más segura la posición del acreedor. La solidaridad es una estipulación que proporciona una garantía superior a la normal pero que no supone un contrato típico de garantía[909].

La relación entre la acción directa y las excepciones posibles que frente a la misma puede oponer la aseguradora a la víctima provoca como veremos en líneas ulteriores una concepción peculiar de la solidaridad entre aseguradora y asegurado.

En el ordenamiento jurídico español, el principio general en materia de obligaciones con pluralidad de sujetos es la división del crédito o la deuda

---

dicha subsidiariedad está el denominado beneficio de excusión y orden, en virtud del cual el acreedor no puede compeler al fiador al pago *sin hacerse antes excusión de todos los bienes del deudor* (art. 1830 CC). Pero siendo de esencia en la fianza dicha subsidiariedad (como resulta con claridad del propio art. 1820 CC, pues el fiador se obliga *a pagar o cumplir por un tercero, en el caso de no hacerlo este*), de forma que el incumplimiento del deudor es presupuesto necesario para el ejercicio del derecho de reclamación del acreedor frente al fiador, por el contrario el citado beneficio de excusión es renunciable por el fiador. Así lo prevé expresamente el art. 1831 CC cuando establece que «*La excusión no tiene lugar: 1.º Cuando el fiador haya renunciado expresamente a ella*». *Vid*. STS 27 enero 2020 (RJ 2020\145).

907 La fianza es una institución que no afecta, una vez prestada, a la relación jurídica principal entre acreedor y deudor. *Vid*. Carrasco Perera, Cordero Lobato y Marín López, 2015, pp. 82 y 83.

908 Gullón Ballesteros, 1964, p. 446.

909 Lacruz Berdejo, 1981, pp. 709 y ss.

entre los sujetos que concurran en la parte activa o pasiva de la obligación. No hay motivos para alejarse de ese principio general en sede de obligaciones extracontractuales.

No resulta justificado el recurso a la solidaridad entre corresponsables como un medio para proteger el crédito indemnizatorio de la víctima a través de condenas solidarias. La garantía del crédito es una función que pueden cumplir las responsabilidades directa o subsidiaria sin necesidad de trasladar al Derecho de daños los problemas anudados a la parca regulación de la solidaridad de los arts. 1137 y ss. CC y sin modificar los incentivos a la prevención propios del principio de responsabilidad individual. La garantía del crédito puede asegurarse o imponerse mediante la previsión o imposición de responsabilidades directas o subsidiarias.

Es criticable, por tanto, la jurisprudencia civil que declara la responsabilidad solidaria del causante del daño con su compañía aseguradora, en contra de la responsabilidad directa prevista en el art. 76 LCS.

4. La acción directa de la víctima

4.1. Planteamiento

En sus inicios en el sistema tradicional de imputación de la responsabilidad civil basado en la culpa difícilmente encajaba la institución del seguro, ya que se entendía que tanto la aleatoriedad e incertidumbre que exige el riesgo, como el respeto a la moral y al orden público impedían el aseguramiento de las conductas culpables[910]. El creciente interés por mejorar la protección de la víctima de un daño, y el abandono de la culpa aquiliana en favor de criterios objetivos, fueron lo que permitió el desarrollo del seguro de responsabilidad civil.

Ahora bien, el hecho de que existiera un seguro, aunque fuera de carácter obligatorio, no constituía una garantía de cobro para la víctima más allá de la solvencia del asegurado, pues su reclamación en todo caso debía ser atendida por éste quien, tras el pago, se resarciría del daño sufrido en su patrimonio con el asegurador, por ser esa pérdida precisamente el riesgo que se amparaba con el contrato de seguro. De este modo, no existía medio alguno de articular algún tipo de relación entre la víctima y el asegurador que implicara concederle a aquélla el beneficio de contar con un deudor más solvente que el causante del daño, más allá del recurso a remedios alternativos clásicos del ámbito del Derecho contractual, como serían la acción de enriquecimiento injusto o la acción subrogatoria, cuyas limitaciones dificultaban su efectiva indemnidad[911].

910 Soto Nieto, 1997a, pp. 19 y ss.

911 Sánchez Calero, 2005, p. 1391.

Esta situación cambiaría con el convencimiento de que la función del seguro de responsabilidad civil tenía que orientarse más hacia la prevención de daño que hacia su reparación[912], por lo que resultaba preciso encontrar algún mecanismo que garantizase que la indemnización que abonaría el asegurador se dirigiría efectivamente al resarcimiento del tercero perjudicado, máxime cuando el riesgo que la aseguradora asumía por contrato, no era tanto el daño derivado de la reclamación al patrimonio del asegurado, como la propia reclamación del tercero perjudicado[913].

El legislador, haciéndose eco de la senda iniciada por la jurisprudencia[914] que había ido reconociendo la expectativa del tercero de cobro de la indemnización, como un derecho que formaría parte de la cobertura del contrato[915], introdujo la acción directa con la Ley 122/1962, de 24 de diciembre, sobre uso y circulación de vehículos de motor, y con posterioridad, se generalizó a toda modalidad de seguro de responsabilidad civil, con la LCS en su art. 76:

> El perjudicado o sus herederos tendrán acción directa contra el asegurador para exigirle el cumplimiento de la obligación de indemnizar, sin perjuicio del derecho del asegurador a repetir contra el asegurado, en el caso de que sea debido a conducta dolosa de éste, el daño o perjuicio causado a tercero. La acción directa es inmune a las excepciones que puedan corresponder al asegurador contra el asegurado. El asegurador puede, no obstante, oponer la culpa exclusiva del perjudicado y las excepciones personales que tenga contra éste. A los efectos del ejercicio de la acción directa, el asegurado estará obligado a manifestar al tercero perjudicado o a sus herederos la existencia del contrato de seguro y su contenido[916].

Con los límites de la cobertura pactada en la póliza, esta acción posibilita a la víctima que pueda reclamar del asegurador del causante la indemnización del daño sufrido[917], generalizando la solución que con anterioridad ya existía en algunos regímenes especiales de responsabilidad[918]. Evita al

912 Calzada Conde, 2017, disponible en base datos Aranzadi (BIB 2017\3001).

913 Sánchez Calero, 2005, p. 1298; Álvarez Olalla, 2021, p. 110.

914 La solidaridad entre los varios responsables de un daño había venido imponiéndose en la jurisprudencia civil como una forma de proteger a la víctima de daño y así, ejemplarizante fue la STS 3 de noviembre 1966 (Rec. 4838), que en términos similares a las SSTS 4 noviembre 1932 (Ar. 1264) y 25 noviembre 1969 (Ar. 5508), ya estimaba que «*la propia virtualidad y vinculación al contrato de seguro confieren a la víctima perfecta legitimación*».

915 Garrigues Díaz-Cañabate, 1982, pp. 386 y 390; Olivenza Ruiz, 1982, p. 900.

916 Señala Baillo Morales-Arce (2000, pp. 1728 y ss.) que, si bien el reconocimiento legal de la acción directa pondría fin al problema de la naturaleza jurídica del derecho del tercero, al no poderse encuadrar en ninguna institución de las preexistentes, crearía el problema de determinar los límites de su contenido.

917 STS 11 septiembre 2018 (RJ 2018\3829).

918 Los regímenes especiales de responsabilidad que señala Yzquierdo Tolsada (2017, p. 705) son: automóviles, caza y energía nuclear.

perjudicado los riesgos de insolvencia o impago del causante del daño, así como los inconvenientes de pleitos dobles al tener que demandar luego a la aseguradora[919]. No obstante, es algo más que un simple remedio procesal; es un derecho propio de la víctima[920], y por ello es posible su ejercicio extrajudicial[921].

4.2. La acción directa y el dolo del asegurado

El art. 19 LCS reconoce con carácter general que *el asegurador estará obligado al pago de la prestación, salvo en el supuesto de que el siniestro haya sido causado por mala fe del asegurado*. Por otro lado, el art. 76 LCS establece una acción de regreso contra el asegurado doloso en los casos en que la compañía haya satisfecho la prima a la víctima que ejerció la acción directa. Así, ante una acción directa del perjudicado, de conformidad con lo establecido en el art. 76 LCS, la aseguradora no puede oponer al perjudicado como excepción el dolo del asegurado[922], lo que sí podrá hacer es recuperar lo pagado en tales casos mediante una acción de regreso[923].

Ante esta contradicción entre los arts. 19 y 76 LCS alguna doctrina[924] y alguna jurisprudencia[925] entienden de una manera radical que hay argumentos para pensar que la normativa ha optado por la exclusión de cobertura del dolo. Pero frente a esta lectura restrictiva de la LCS, se ha ido formando una doctrina jurisprudencial favorable a la posibilidad de ejercicio de la acción directa por entender que la *exceptio doli ex* art. 19 LCS sólo exonera al asegurador de indemnizar a su propio asegurado los daños derivados de la con-

919 STS 4 marzo 2015 (RJ 2015\714). La acción directa implica «un derecho propio —sustantivo y procesal— del perjudicado frente al asegurador, con el propósito, de una parte, de un resarcimiento más rápido (...) y, de otra parte, de eludir la vía indirecta en virtud de la cual el perjudicado habría de reclamar al causante del daño y éste al asegurador, lo que provocaba una innecesaria litigiosidad».

920 Se trata de algo que constituye, en términos del ATS 35/2013 de 19 diciembre (Recurso 31/2013), Sala Especial de Conflictos de Competencia (ECLI:ES:TS:2013:12345A), «un pilar de nuestro sistema en relación con el contrato de seguro, emparentado con la tutela judicial efectiva y con la voluntad del legislador de proteger a los perjudicados».

921 Si bien Yzquierdo Tolsada (2001, p. 513 y 514) considera conveniente que la víctima demande de manera conjunta a aseguradora y asegurado.

922 García Mosquera, 2003, disponible en base datos Aranzadi (BIB 2003\615).

923 Como indica Veiga Copo (2022b, p. 593), «la no cobertura del dolo es precisamente lo que le da derecho (a la aseguradora) a repetir frete al asegurado».

924 Soto Nieto, 1997a, pp. 19 y ss.; 1997b, pp. 1885 y ss.; así como en la ponencia presentada por Soto Nieto en el Congreso constituyente de la Asociación Española de Abogados especializados en Responsabilidad Civil y Seguro: «Daños dolosamente causados en la circulación de vehículos de motor. Polémica sobre su cobertura», disponible y consultada el 22 octubre 2020 en (http://www.asociacionabogadosrcs.org/ponencias/pon3.pdf).

925 STS 10 julio 1995 (RJ 1995\5438).

ducta dolosa de su asegurado, pero no de indemnizar los daños causados por la conducta dolosa de su asegurado a terceros, pues el art. 76 LCS no prevé esta excepción a la acción directa del perjudicado, sin perjuicio del derecho de repetición frente al asegurado que para este supuesto de conducta dolosa consagra expresamente el propio precepto[926].

El Tribunal Supremo ha terminado por inclinarse decididamente por la tesis que considera inoponible a la víctima o persona perjudicada la producción intencionada del siniestro por parte del asegurado[927]. Eso sí, una vez satisfecha la correspondiente indemnización, el asegurador podrá repetir lo pagado contra quien corresponda, sea su propio asegurado (art. 76 LCS) o sea, además, otro tercer responsable del daño (art. 48 LCS), sin que la falta de éxito del derecho de repetición, debido a la eventual insolvencia de su propio asegurado o del tercero responsable, sea motivo de exclusión de la cobertura de los daños dolosamente causados frente a la víctima[928]. Con razón señala BAILLO que, de ese modo, se está admitiendo la asegurabilidad del dolo, ya que, desde el punto de vista práctico, es evidente la escasa eficacia del derecho de repetición[929].

El argumento de fondo que late tras la interpretación jurisprudencial es el de que el seguro obligatorio de responsabilidad civil no constituye tanto un mecanismo de protección del patrimonio del asegurado cuanto un instrumento de tutela de los intereses de los terceros perjudicados. Además, el propio tenor literal del art. 117 CP[930], al establecer la responsabilidad civil directa de los aseguradores, no discrimina según el carácter intencional o no del evento que determine el riesgo asegurado, cuestión ajena al perjudicado y en atención a la cual el propio precepto preserva el derecho de repetición del asegurador contra quien corresponda[931]. Así, en el ámbito penal, la cláusula general del contrato que excluye de la cobertura el dolo o hechos cons-

---

926 STS 20 julio 2005 (RJ 2005\5099).

927 YZQUIERDO TOLSADA, 2013, pp. 55 a 111.

928 TAPIA HERMIDA, 2015, pp. 36 y 37.
SAP Barcelona 17 septiembre 2014 (JUR 2014\266706), no admite que la «insolvencia del asegurado o de sus herederos y la previsible esterilidad de la acción de repetición» sean argumentos válidos para denegar la acción directa de terceros perjudicados por delitos dolosos.

929 BAILLO MORALES-ARCE, 2000, pp. 1728 a 1730.

930 Art. 117 CP: «*Los aseguradores que hubieren asumido el riesgo de las responsabilidades pecuniarias derivadas del uso o explotación de cualquier bien, empresa, industria o actividad, cuando, como consecuencia de un hecho previsto en este Código, se produzca el evento que determine el riesgo asegurado, serán responsables civiles directos hasta el límite de la indemnización legalmente establecida o convencionalmente pactada, sin perjuicio del derecho de repetición contra quien corresponda*».

931 FERNÁNDEZ ARÉVALO, 2007, disponible en base datos Aranzadi (BIB 2007\1292).
En este sentido, y a modo de ejemplo acerca de la doctrina de la inmunidad de la acción directa en los casos de mala fe del asegurado, por lo que no quedan excluidos de su

titutivos de delito por el asegurado no resulta oponible a los perjudicados, al tratarse de una cláusula limitativa de responsabilidad de la compañía aseguradora, la cual se aplica sólo en el ámbito de la relación entre aseguradora y asegurado[932].

La procedencia de la acción directa en los supuestos en que el daño por el que se ejercita ha sido causado con dolo, refuerza la concepción de la acción directa como un derecho propio de la víctima y no como una extensión de los derechos que el contrato de seguro reconoce a su tomador. Un derecho propio de la víctima que se asimila más a una acción de cumplimiento del contrato que a una acción indemnizatoria reconocida en aquél[933]. Así lo acredita la vigencia de la acción directa en los casos de mala fe del asegurado y a pesar de la cláusula general de prohibición de aseguramiento del dolo (art. 19 LCS), la transmisión de la acción a los herederos de la víctima y la inmunidad de la acción a las excepciones que la compañía aseguradora tuviera contra su asegurado[934].

Cuando se ejercite la acción directa, los problemas que la aseguradora tenga con su asegurado no deberían afectar al perjudicado. Se comprenden, desde la perspectiva de las aseguradoras, sus reticencias a admitir la acción directa en los casos de daños causados con dolo. En esos supuestos posiblemente lo más grave para la aseguradora a la que se dirige el perjudicado no es el pago de la indemnización, sino que la aseguradora, una vez satisfecha la víctima, asume el riesgo de insolvencia de su asegurado[935].

En definitiva, aunque la cobertura de los daños intencionadamente causados por el asegurado se encuentra excluida respecto de éste (no respecto de la víctima), en el fondo ese asegurado doloso puede verse favorecido cuando se intenta contra él una acción de regreso y ésta fracasa por la insolvencia del demandado.

---

cobertura los daños ocasionados por acciones dolosas *vid.* SSTS 24 octubre 1997 (RJ 1997\7768) y 29 mayo 1997 (RJ 1997\3637), si bien en esta última, con voto particular del Magistrado Francisco Soto Nieto.

932 SAP Madrid 1 diciembre 2016 (JUR 2017\6929).

933 Basozábal Arrue, 2003, p. 105.

934 En un intento de atropello de la víctima con vehículo a motor con seguro voluntario en el que la compañía aseguradora alega la cláusula de exclusión del dolo, indica la STS 26 mayo 2020 (RJ 2020\1501), que «la referida cláusula que cita la entidad aseguradora no puede oponerse frente a la víctima o el tercero perjudicado. Su ámbito de eficacia ha de circunscribirse a las relaciones internas entre el asegurador y el asegurado, pero no con respecto a las terceras personas que resultaron perjudicadas por el siniestro, las cuales tienen derecho a reclamar directamente a la compañía aseguradora, sin perjuicio de que esta después repercuta el pago contra el asegurado o contra la persona causante del siniestro con su conducta dolosa».

935 Veiga Copo, 2022b, p. 599; Gómez Ligüerre, 2007, pp. 266 y ss.

4.3. Exclusión del dolo pactada en el contrato de seguro. La culpa grave

El aseguramiento del dolo del asegurado causante de un daño no es lo más idóneo para incentivar la adopción de medidas de precaución para evitarlo, por lo que la exclusión de cobertura del dolo ha sido y es una cláusula habitual en los contratos de seguro[936]. Ante la doctrina jurisprudencial de la inoponibilidad del dolo del asegurado a la víctima o persona perjudicada en el seguro de responsabilidad civil, la práctica ha impuesto la exclusión convencional en las pólizas de la cobertura de los daños dolosamente causados[937]. La funcionalidad de la referida exclusión residiría en constituirse en un medio de defensa a utilizar por el asegurador frente a la reclamación de la víctima o persona perjudicada, pues respecto del asegurado —por imperativo legal— no puede producirse la cobertura de los daños que el mismo haya originado dolosamente (art. 19 LCS), siendo irrelevante a estos efectos que dicha exclusión se encuentre o no prevista en el contrato[938]. A pesar del derecho legal de repetición del que dispone la aseguradora contra el asegurado cuando ha satisfecho a la víctima o persona perjudicada una indemnización debida a una conducta dolosa de aquél (art. 76 LCS), los intereses de la aseguradora pueden verse afectados negativamente por dilaciones y gastos, así como por la insolvencia del asegurado. Ante estas eventualidades se comprende fácilmente que las compañías aseguradoras pretendan cerrar tajantemente el paso a las reclamaciones basadas en daños dolosamente originados por el asegurado mediante la expresa previsión en la póliza de la pertinente exclusión de la cobertura.

Por consiguiente, de haberse pactado la no cobertura del dolo, semejante exclusión sería alegable a la víctima, de conformidad con la asentada jurisprudencia[939] por cuya virtud el asegurador puede oponer al perjudicado todas aquellas condiciones establecidas en el contrato y relativas a su contenido que podría haber opuesto al asegurado en el caso de que fuera este quien hubiera efectuado la reclamación[940].

936 Gómez Pomar y Arquillo Colet, 2000, p. 2.

937 En cuanto a la exclusión absoluta de la cobertura de los daños dolosamente causados es pionero el voto particular del Magistrado Francisco Soto Nieto (ya apuntado unas notas *ut supra*) que introdujo, para un caso de asesinato y lesiones, en la STS 29 mayo 1997 (RJ 1997\3637), al considerar que si quedan excluidos de su cobertura los daños ocasionados por acciones dolosas. Al citado voto particular se adhirió el Magistrado José Luis Manzanares Samaniego.

938 Yzquierdo Tolsada, 2017, pp. 711 y ss.; Veiga Copo, 2013, p. 182; Roncero Sánchez, 2005, p. 19.

939 Por ejemplo, SSTS 22 noviembre 2006 (RJ 2007\297), 12 noviembre 2013 (RJ 2013\7865) y 20 mayo 2014 (RJ 2014\3761).

940 Clavero Ternero, 1995, pp. 20 y 21; Carro del Castillo, 1982, pp. 960 y 962.

Este planteamiento de exclusión convencional de la cobertura del dolo ha sido rechazado de plano por el Tribunal Supremo al primar la tutela de la víctima[941] y decantarse por la prevalencia de la función social y tuitiva del seguro de responsabilidad civil[942]. Así, cualquier cláusula de exclusión de la cobertura cuyo fundamento descanse en la especial gravedad del comportamiento dañoso del asegurado resultará inoponible a la víctima por considerarse constitutiva de una excepción puramente personal, no de carácter objetivo[943].

941 STS 17 abril 2015 (RJ 2015\1199) señala que «al establecer el art. 76 de la LCS que la acción directa es inmune a las excepciones que puedan corresponder al asegurador frente al asegurado, se ha configurado una acción especial, que deriva no solo del contrato sino de la ley, que si bien permite a la aseguradora oponer al perjudicado que el daño sufrido es realización de un riesgo excluido en el contrato, no le autoriza oponer aquellas cláusulas de exclusión de riesgos que tengan su fundamento en la especial gravedad de la conducta dañosa del asegurado, como es la causación dolosa del daño, «sin perjuicio del derecho del asegurador a repetir contra el asegurado»; derecho de repetición que sólo tiene sentido si se admite que el asegurador no puede oponer al perjudicado que el daño tuvo su origen en una conducta dolosa precisamente porque es obligación de la aseguradora indemnizar al tercero el daño que deriva del comportamiento doloso del asegurado» (F.J. 2.°).
La doctrina sentada por el Tribunal Supremo tiene como precedentes principales: STS 22 noviembre 2006 (RJ 2007\297) que circunscribe la norma contenida en el art. 76 de la LCS de inoponibilidad de excepciones por el asegurador frente a la acción directa a las excepciones personales o subjetivas y no a las objetivas; STS 8 marzo 2007 (RJ 2007\1527) que excluye de aquella regla de inoponibilidad de excepciones las objetivas que delimitan el riesgo asegurado y, por consiguiente, la cobertura del seguro y su precio o prima; y STS 23 abril 2009 (RJ 2009\3164) que consolida la posibilidad del asegurador de oponer las denominadas «excepciones impropias» o hechos impeditivos objetivos.

942 SSTS 20 marzo 2013 (RJ 2013\8070) y 25 julio 2014 (RJ 2014/4165).

943 Pantaleón Prieto, 1985, pp. 2336 y 2337; Ángel Yagüez, 1993, p. 40; Atienza Navarro, 2015, p. 620; Reyes Vargas, 2015, pp. 51 y 52; Tapia Hermida, 2015, p. 37.
Al efecto se ha señalado que resultará indiferente, por ejemplo, que el estado de embriaguez o de drogadicción del asegurado sean la causa del daño, o que las cláusulas de exclusión de dichas conductas cumplan o no los requisitos de incorporación previstos para las cláusulas limitativas (art. 3 LCS), ya que, en cualquier caso, resultarán inoponibles por el asegurador frente a la víctima, al tratarse de excepciones personales. Pero dicha tesis debe matizarse, pues cabe la posibilidad de que convencionalmente se establezcan motivos de exclusión de la cobertura basados en la conducta del asegurado no susceptibles de ser reconducidos al ámbito de la causación dolosa del daño, en cuyo caso su incorporación al contrato podría requerir la observancia del régimen señalado a las cláusulas limitativas (art. 3 LCS), de llegar a estimarse, de acuerdo con la doctrina general sentada sobre la materia, que restringen derechos reconocidos al asegurado en la parte de la póliza que negoció (condiciones particulares), o cuando contienen exclusiones infrecuentes o inusuales; entre otras, SSTS 18 mayo 2009 (RJ 2009\2924), 15 julio 2009 (RJ 2009\4707), 1 octubre 2010 (RJ 2010\7306), 30 noviembre 2011 (RJ 2012\3519), 27 junio 2013 (RJ 2013\4985), 15 octubre 2014 (RJ 2014\5809) y 22 abril 2016 (RJ 2016\3846). En la tesitura descrita, el incumplimiento de los mencionados requisitos de inclusión cerraría el paso al ejercicio de la acción de repetición del asegurador contra el asegurado.

Estas ideas resultan extensibles al supuesto de exclusión convencional de la cobertura en el caso de culpa grave, que representa el otro supuesto paradigmático en que el siniestro se origina por causa de un comportamiento severamente censurable del asegurado. Aunque en este último caso el grado de reproche no llega a alcanzar la cota máxima del dolo del asegurado (que se sustancia en la provocación consciente e intencionada del siniestro) parece indiscutible que la total ausencia de la diligencia mínima exigible a cualquier persona o la actuación extremadamente imprudente tendrán que considerarse como un comportamiento dañoso del asegurado caracterizado por su especial gravedad, por más que el siniestro no haya sido provocado voluntariamente[944], y en consecuencia cualquier exclusión convencional de la cobertura por tal motivo resultará inoponible a la víctima, según la doctrina sentada al efecto por el Tribunal Supremo[945].

De no sostenerse este tratamiento de la culpa grave, se acabaría sosteniendo la inoponibilidad del dolo a la víctima, a pesar del pacto expreso acordado para su exclusión, al tiempo que se estaría postulando la oponibilidad de la culpa grave so pretexto de que el acuerdo de las partes entrañaría una delimitación convencional del riesgo objeto de cobertura esgrimible frente a terceros. Por consiguiente, de admitirse la tesis propuesta, si se estableció en la póliza la ausencia de cobertura de la culpa grave, el asegurador, todo lo más, podrá repetir al asegurado la indemnización que se haya visto obligado a satisfacer al perjudicado (*ex* art. 76 LCS).

La aplicación de la tesis expuesta debe quedar exceptuada en los supuestos en que la condición de perjudicado recaiga en el tomador y el seguro de responsabilidad civil hubiera sido concertado por cuenta ajena[946]. Si la póliza contuviese una expresa exclusión de la cobertura de los daños dolosamente causados por el asegurado, no parece lógico que el tomador pueda invocar, en cuanto perjudicado, la inoponibilidad de la mencionada exclusión (*ex* art. 76 LCS) porque en estos casos el tomador es plenamente conocedor de la citada cláusula de exclusión y además es responsable de su incorporación al contrato, toda vez que ha sido pactada entre el mismo tomador y el asegurador[947].

La cuestión del dolo y de la culpa grave del asegurado conecta con otro de los problemas que ha planteado tradicionalmente la admisión de la acción directa: las excepciones que la aseguradora puede oponer al perjudicado que ejercita la acción directa.

---

944 Que es la nota que permite defender, al cabo, que la culpa grave constituye un riesgo perfectamente asegurable, a diferencia de lo que acontece con el dolo, *ex* art. 19 LCS.

945 *Vid*. Tapia Hermida, 2015, pp. 31 y 32.

946 Como ocurre en el caso de los administradores y directivos, en los que la cualidad de contratante suele corresponder a la propia sociedad, respecto de lo cual puede plantearse con relativa asiduidad la hipótesis aquí examinada, ver arts. 236 a 240 Texto Refundido de la Ley de Sociedades de Capital, aprobado por el RDLeg 1/2010, de 2 de julio.

947 Roncero Sánchez, 2005, p. 10; y STS 29 julio 2002 (RJ 2002\6357).

4.4. Las excepciones de la aseguradora

El art. 76 LCS reconoce que la acción directa es inmune a las excepciones que puedan corresponder a la aseguradora contra su asegurado. Esa inmunidad de la acción del perjudicado se refiere a las excepciones personales que pueda tener el asegurador frente al asegurado. Así pues, el asegurador no podrá excepcionar frente al perjudicado los incumplimientos personales en que haya incurrido el asegurado en relación con los deberes y obligaciones que derivan de su contrato de seguro. Los ejemplos de excepciones inoponibles al perjudicado son de distinta tipología: cláusulas de exclusión de riesgos por la especial gravedad de la conducta dañosa del asegurado como es la causación dolosa[948]; la suspensión de cobertura del seguro por impago de la prima[949]; el impago de la prima del tomador cuando el asegurador no prueba que el contrato ha quedado resuelto ni acredita que la prima ha resultado impagada ni que sea imputable al tomador[950]; el dolo o mala fe del asegurado en caso de siniestro cuando el perjudicado es un tercero[951]; el incumplimiento del deber del asegurado de comunicar el siniestro[952] o el riesgo[953], etc.

No obstante, la aseguradora puede oponer al perjudicado que ejercita la acción directa las excepciones personales que podría haber opuesto a su asegurado[954] en el caso de que éste fuera quien hubiera reclamado[955]. Así, la aseguradora puede oponer todos aquellos hechos impeditivos que deriven de la ley y del propio contrato. Conforme al art. 73 LCS el asegurador responde dentro de los límites establecidos en la ley y en el contrato, por lo que el derecho del perjudicado debe estar dentro de la cobertura del seguro. El límite cuantitativo de cobertura del contrato de responsabilidad civil es un requisito necesario y definitorio de la delimitación del riesgo pactado que puede ser oponible frente al tercero[956]. Igualmente, el asegu-

---

948 STS 17 abril 2015 (RJ 2015\1199).

949 STS 30 enero 2017 (RJ 2017\448).

950 SAP Las Palmas 22 marzo 2016 (JUR 2016\136040).

951 SAP Ourense 2 diciembre 2014 (JUR 2015\53782).

952 SAP Guipúzcoa 1 septiembre 2010 (AC 2010\1698).

953 SAP Granada 29 noviembre 2000 (JUR 2001\53632).

954 Pantaleón Prieto, 1982, pp. 929 y ss.
En cambio, Carro del Castillo (1982, p. 969), entiende que «el asegurador puede oponer al perjudicado tanto la compensación de culpas con éste, como la concurrencia de culpas o culpa exclusiva de terceros, el caso fortuito, la fuerza mayor y cualquier otra excepción que pudiera derivarse de la obligación del asegurado de resarcir los daños causados».

955 SSTS 23 abril 2009 (RJ 2009\3164) y 22 noviembre 2006 (RJ 2007\297).

956 STS 12 noviembre 2013 (RJ 2013\7865).

rador podrá oponer al perjudicado la existencia, vigencia o alcance de un contrato de seguro de responsabilidad civil válido[957].

Dentro de las excepciones oponibles por parte del asegurador ante la pretensión del tercero perjudicado cabe hacer una distinción. Por un lado, las excepciones basadas en la relación entre el asegurado y el tercero; así p. ej. la culpa exclusiva del perjudicado, ya que es indudable que en la hipótesis de que se pruebe que el daño se ha debido a la culpa exclusiva del perjudicado, aparece un hecho impeditivo de la obligación del presunto causante del daño. Por otro lado, se encuentran las excepciones personales entre el asegurador y el tercero perjudicado, como son el pago, la prescripción y la compensación o remisión de la deuda (art. 76. LCS).

La eficacia de estas excepciones personales frente al perjudicado contemplada en el art. 76 LCS ha significado para la jurisprudencia[958] y gran parte de la doctrina[959] la confirmación legal del fundamento de la acción directa en el carácter solidario de la responsabilidad entre aseguradora y asegurado por los daños que causa este último[960]. Y es ese vínculo solidario el que posibilita que la compañía aseguradora (que nada tiene que ver con el perjudicado) pueda oponerle a la víctima las excepciones que sean propias de su asegurado. La transmisión de excepciones se produciría, de esta manera, en virtud de lo dispuesto en el art. 1148 CC que prevé que el codeudor solidario demandado por la víctima podrá hacer uso de las excepciones personales que correspondan a los demás codeudores solidarios «*en la parte de deuda de que* éstos *fueren responsables*». De esta forma, y en virtud de la solidaridad existente entre aseguradora y asegurado, la aseguradora puede oponer a la víctima que ejerce la acción directa todas las excepciones que su asegurado tuviera contra el perjudicado[961].

En este sentido, si se considera que el art. 76 LCS proporciona un ejemplo de solidaridad impuesta legalmente, es preciso distinguir las condiciones de ejercicio del derecho del tercero perjudicado (referidas a la existencia del contrato o a su vigencia y, por supuesto, a la realidad de la producción del

957 Díez-Picazo, 1999, p. 201; Yzquierdo Tolsada, 1997, pp. 205 y 206. STS 20 mayo 2014 (RJ 2014\3761).

958 La jurisprudencia ha declarado de manera reiterada que existe solidaridad impropia en los casos de responsabilidad extracontractual entre copartícipes del hecho ilícito o entre ellos y sus aseguradores, entre otras, SSTS 28 mayo 1982 (RJ 1982\2606), 20 octubre 1982 (RJ 1982\5567), 17 febrero 1982 (RJ 1982\743), 8 mayo 1986 (RJ 1986\2669), 22 septiembre 1986 (RJ 1986\4781), 24 enero 1989 (RJ 1989\120), 7 junio 1993 (RJ 1993\3464).

959 Arroyo Martínez, Boet Serra, Miquel Rodríguez y Morral Soldevila, 2009; Hill Prados, 1995; Font Serra, 1990; y parece que admite también la solidaridad, Boquera Oliver, 1982.

960 Puerta Luis, 1997, p. 193.

961 Basozábal Arrue, 2003, p. 111.

daño), de las excepciones en sentido estricto oponibles por el asegurador y que son las que, en virtud del art. 1148 CC, éste tendría en común con su asegurado y las que el asegurado tendría en común con el perjudicado por razón del daño causado[962]. De acuerdo con esta división, la compañía aseguradora puede oponer al perjudicado, la concurrencia de culpas con el asegurado, la culpa concurrente de un tercero, la existencia de una causa de exoneración de la responsabilidad y, también las excepciones derivadas del contrato, la falta de pago de la prima por parte del asegurado causante del daño o la prescripción del seguro.

En contra de la opinión mayoritaria, cabe entender que la concesión al perjudicado de una acción directa contra la aseguradora no significa necesariamente que haya de existir una relación de solidaridad entre asegurado y compañía aseguradora. Si el objetivo del contrato de seguro es cubrir la responsabilidad del asegurado, carece de sentido afirmar la solidaridad de asegurador y asegurado ante la víctima: la garantía ya viene impuesta por el contrato de aseguramiento y la responsabilidad directa contra la compañía aseguradora —hasta el límite de la cobertura— que se reconoce al perjudicado. Además, la acción directa del perjudicado contra la aseguradora del causante del daño se resolverá, en la mayoría de los casos, entre las propias aseguradoras: la aseguradora de la responsabilidad civil abonará directamente a su asegurado el importe de los daños, asumiendo la reclamación a la aseguradora del causante del daño. La eficacia de estos convenios de indemnización directa puede explicar, en parte, el descenso de litigios en la materia durante los últimos años[963].

No obstante, la práctica judicial ha venido a complicar como se ha visto anteriormente la aparente simplicidad de la acción directa, al considerar a la aseguradora de la responsabilidad civil corresponsable solidaria del condenado por la causación del daño. Así, la relación entre aseguradora y perjudicado ya no se plantea en el marco de la acción directa del art. 76 LCS, sino en el definido por el art. 1137 CC, mucho más amplio, conforme al cual cada uno de los deudores debe proporcionar el importe íntegro de la prestación[964].

962 Sánchez Calero (1985, p. 661) reconoce, sin embargo, que la distinción entre excepciones comunes y personales del asegurado frente al tercero no resulta siempre clara.

963 Gómez Ligüerre, Camí Campamà y Sánchez Álvarez, 2003, pp. 15 y ss.

964 En virtud de la acción directa que al perjudicado reconoce el art. 76 LCS, (a la que hace igual referencia en forma específica en sede de accidentes de tráfico el art. 7 LRCSCVM), se crea una situación de solidaridad pasiva entre el asegurador y el asegurado frente a las víctimas o perjudicados. La conexidad de ambos obligados, como señala a la vista de la práctica judicial Sánchez Gálvez (2020, pp. 33 y ss.), resulta de su condición de deudores solidarios de una misma prestación que cumplen la misma función de resarcir al perjudicado.

5. Desajustes en la acción de regreso entre la aseguradora y el asegurado. La prueba de las respectivas contribuciones al daño

Lograda la condena solidaria, el perjudicado por el daño puede exigir el importe íntegro de la indemnización de cualquiera de los condenados, y una vez extinguida la obligación solidaria, el deudor que ha pagado puede reclamar de cada codeudor solidario la parte de la deuda que le corresponde a través de la denominada acción de regreso o de reembolso (art. 1145, párr. 2.º, CC). Sin embargo ¿cómo plantear este reembolso en los supuestos de varios causantes de un daño?

La distribución de la responsabilidad ente los corresponsables solidarios comporta un problema práctico de la prueba de las respectivas contribuciones al daño. Ahora bien, si el tribunal que conoció el proceso en el que se declaró la responsabilidad no pudo individualizar las cuotas de responsabilidad, resultará en gran manera improbable que los corresponsables solidarios puedan en un proceso posterior identificar las cuotas de responsabilidad que no pudieron individualizarse en el proceso anterior.

Los desajustes se producen cuando el régimen legal de la solidaridad, previsto de manera excepcional en el Código Civil y asociado a la exigencia de pacto expreso, se aplica al Derecho de daños ante la ausencia de una regulación específica para la solidaridad entre los responsables de un daño, que solvente los problemas que no regula la solidaridad de origen negocial. Cuando varios deudores acuerdan serlo de manera solidaria ante un acreedor común lo normal es que prevean la distribución de la responsabilidad en la relación interna entre ellos. De esta manera, satisfecho el crédito por cualquiera de ellos, el derecho de crédito de quién pagó se ejecutará en el patrimonio del resto en el porcentaje acordado.

Pero lógicamente no cabe acuerdo previo entre quienes serán declarados responsables solidarios del daño (a no ser que nos hallemos ante un supuesto de actuación dolosa y realizada de común acuerdo para causar el daño que sufre la víctima). Si la actuación realizada de común acuerdo para causar un daño está tipificada como delito y la distribución de la responsabilidad solidaria en la relación interna (art. 116 CP) depende de la calificación penal de la participación de cada agente en el delito la distribución puede ser más clara (ver, arts. 28 y 29 CP). La jurisprudencia, en el caso de dos autores, o bien dos cómplices, con participación ejecutiva idéntica, admite que las cuotas sean iguales, de tal manera que en las cuotas de los autores se contribuya al 50 por 100, y lo propio en el caso de los cómplices. Aunque pueden no serlo, si hay elementos para su diferenciación[965].

---

965 En relación con la fijación de la responsabilidad civil, STS 19 mayo 2020 (RJ 2020\1302); con cita STS 10 marzo 2016 (RJ 2016\830), que a su vez cita la STS 12 diciembre 2007 (RJ 2009\6614).

Debe observarse que el problema práctico va más allá de la prueba de las respectivas contribuciones al daño pues, en ausencia de contrato o pacto previo, los corresponsables solidarios a quienes la víctima no exigió el pago de la indemnización carecen de incentivos para reconocer que su contribución al daño fue superior a la que les corresponde afrontar en aplicación de la división a prorrata de la responsabilidad en la relación interna. La propia dinámica de la solidaridad posibilita a la víctima del daño ejecutar la condena sobre el corresponsable más solvente, como sucede con las aseguradoras, a pesar de que su contribución al daño causado haya sido inferior a la del resto de corresponsables. Cuando esto ocurre, la víctima traslada a ese corresponsable el riesgo de insolvencia de algún otro también responsable y los costes de reclamar de cada uno de ellos la cuota de responsabilidad que se corresponde con las respectivas contribuciones al daño indemnizado.

Así las cosas, con frecuencia, la única solución que le queda al corresponsable que indemnizó íntegramente a la víctima es plantear un nuevo pleito contra el resto de corresponsables solidarios que hubieran sido demandados y su responsabilidad civil se fijó en la sentencia para probar las cuotas de responsabilidad, y así poder exigir de cada corresponsable que pague en función del daño efectivamente causado. En este sentido, y con la finalidad de proteger el derecho de reembolso que el Código Civil reconoce al corresponsable que pagó por entero la indemnización[966], la jurisprudencia de la Sala Primera del Tribunal Supremo había afirmado de manera reiterada que un segundo pleito entre corresponsables solidarios, para determinar el importe de las respectivas cuotas de responsabilidad, se presentaba como un supuesto normal[967].

La necesidad de interponer un segundo pleito entre corresponsables solidarios, para determinar el importe de las respectivas cuotas de responsabilidad, no deja de ser una ineficiencia en el sistema de responsabilidad civil como consecuencia de la aplicación del régimen legal de la solidaridad al Derecho de daños.

Ahora bien, cuando el que indemnizó íntegramente a la víctima reclama contra quien no fue demandado ni condenado no cabría hablar de una acción de regreso y si de una acción de responsabilidad por daños debiendo probarse en este otro pleito el criterio de imputación en virtud del cual el ahora demandado debe responder igualmente de los daños causados[968].

Esta sucesión de pleitos de nuevo provoca un incremento de los costes directos para las partes en tiempo y dinero (costes terciarios o de adminis-

966 SSTS 6 octubre 1992 (RJ 1992\7527) y 22 septiembre 1994 (RJ 1994\6982).

967 SSTS 9 junio 1989 (RJ 1989\4417) y 8 mayo 1991 (RJ 1991\3585).

968 Ataz López, 2006, p. 26.

tración), así como externalidades negativas al ser la sociedad la que vía indirecta mediante tributos sufraga los costes de los recursos humanos de la Administración de justicia[969].

969 A propósito de los problemas que plantea la distribución desigual de cuotas de responsabilidad en el procedimiento de repetición, indica Blanco Martín (2021, p. 299) que «la sucesión de pleitos sería interminable, con un alto coste tanto económico como de recursos humanos de la Administración de Justicia».

CAPÍTULO QUINTO

HACIA LA OPTIMIZACIÓN DEL DERECHO DE DAÑOS

I. Introducción

1. Las aportaciones de la ciencia económica

Frente a la dogmática jurídica tradicional en la que el objeto esencial de la ciencia jurídica es la descripción de las normas del Derecho positivo, una nueva dogmática más funcional del Derecho de daños ha de tener en cuenta dos temas fundamentales: la racionalidad y la eficacia.

La Economía puede contribuir a la reflexión jurídica con la racionalidad individual propia de esta ciencia que considera al hombre como un individuo racional y egoísta que intenta satisfacer su interés con el mínimo coste posible[970]. El criterio de racionalidad del hombre no es exclusivo del campo económico. Si la racionalidad es una característica de la conducta social, entonces el aparato conceptual construido por los economistas para explicar la conducta del mercado puede ser utilizado igualmente para explicar la conducta fuera del mercado. Los economistas tratan de estudiar el Derecho desde esta perspectiva[971].

Pero también hay que tener en cuenta que la racionalidad puede entenderse de manera paramétrica o estratégica[972]. La racionalidad jurídica de la dogmática tradicional conjeturaba una situación paramétrica en la cual

---

970 En cuanto a la racionalidad individual, en general, indica Bullard González (2018, pp. 55 y ss.), los beneficios motivan a las personas a desarrollar conductas que los generan y los costes desalientan a desarrollar conductas que los ocasionen.

971 Posner, 1983. p. 2

972 Una decisión es paramétrica cuando el agente enfrenta restricciones externas que ya están dadas. El agente primero estima las restricciones y luego decide qué hacer. Por el contrario, en una situación estratégica se da una interdependencia de las decisiones de distintos agentes.

lo sustancial era si la norma concordaba con un principio fundamental de justicia. Eso daba como resultado la creencia en la autonomía del Derecho en el sentido de que cambiando el Derecho se cambiaba la sociedad. Sin embargo, la realidad nos enseña que los cambios sociales no se originan exclusivamente por el cambio de las normas. La racionalidad jurídica no es una racionalidad paramétrica, sino estratégica. Las personas destinatarias de las normas reaccionan de manera estratégica frente a las normas. El acatamiento de la norma no está garantizado por el mero hecho de su formulación por eso las normas deben incentivar su cumplimiento. El poder legislativo ha de pronosticar las posibles conductas de las personas destinatarias y tomarlas en consideración integrando ese factor en el momento de elaborar normas[973]. Los destinatarios entienden las normas como un dato y no como la conducta a seguir; hacen sus cálculos y, en ocasiones, las normas incentivarán el incumplimiento puesto que los beneficios que se lograrán con su incumplimiento serán superiores a los perjuicios de la sanción[974].

Desde este punto de vista la validez de la norma —entendida como legalidad de la formulación— no es suficiente para que una norma esté bien hecha. Si nos planteamos el problema desde la perspectiva del proceso de producción de normas, la validez es condición necesaria pero no suficiente de una buena norma y se precisan para valorar una norma la integración de datos externos a la misma. Desde la perspectiva de la ciencia de la legislación, la racionalidad estratégica es indispensable y, sobre eso, la ciencia económica tiene alguna cosa que decir, por ser la rama más avanzada de la teoría de la elección racional[975].

Junto con la racionalidad, las normas también deben ser efectivas y eficaces. La función de las normas no es la de declarar sólo principios morales o de justicia, sino que tienen funciones directivas y deben conseguir los objetivos que pretenden, en ese caso ser efectivas. Una norma estará bien elaborada si la mayoría de los destinatarios la acatan de manera espontánea. En suma, podría decirse que una norma válida compatible con el ordenamiento

973 En este sentido ALFARO ÁGUILA-REAL (2007, p. 7) señala que valores como la predictibilidad de la decisión o de la interpretación de una norma son de la máxima importancia en la aplicación de las normas y del máximo valor económico también.
También entiende MERCADO PACHECO (2013, p. 86) que no sólo es importante lo que dicen las normas sino lo que consiguen, resultando necesario conocer si el comportamiento de sus destinatarios se acomoda o no a sus previsiones, cuáles son sus consecuencias y efectos, y cuál es el coste de la consecución de sus objetivos.

974 En este sentido GONZÁLEZ AMUCHÁSTEGUI (1994, p. 933) indica que las personas reaccionan ante las normas, y por eso hay que prever cuál va a ser su comportamiento a la hora de elaborar la norma.

975 La teoría del bienestar social y la teoría de la elección racional intentan explicar en qué relación se encuentran los objetivos sociales con las preferencias de los miembros individuales de una sociedad y cómo es posible tomar una decisión social partiendo de preferencias individuales dadas. *Vid.* SCHÄFER y OTT, 2022, pp. 21 y ss.

jurídico y creada legalmente —válida— que no se acate ni se aplique —que no sea eficaz— estará mal diseñada[976].

Este criterio de eficacia es un criterio útil —aunque no el único— en el momento de elaborar las normas y resulta ser esencial para saber si estamos ante una buena norma la prueba de la eficacia permite comprobar la calidad legislativa. Adviértase que cuando se habla de eficacia se hace referencia sólo a si la norma es acatada y/o aplicada. Ahora bien, una norma puede ser eficaz —es decir, acatada— y, sin embargo, no alcanzar el objetivo que se pretendía. En este caso la norma tampoco está bien diseñada puesto que es eficaz pero no resulta efectiva[977].

2. Las mejoras de la ciencia jurídica

Schäfer y Ott pusieron de manifiesto en su *Análisis económico del Derecho civil*[978] que utilizar el criterio de eficiencia para el estudio de problemas jurídicos puede servir para ampliar el universo del discurso jurídico y soslayar el reduccionismo normativista. Si el legislador se plantea el problema de una nueva decisión, la dogmática jurídica tradicional sólo le puede ofrecer —en el mejor de los casos— una técnica puramente jurídica, es decir, de cómo se deben articular e integrar las normas en el conjunto del ordenamiento. Pero ésta es sólo una variable significativa que determinaría la solución. El legislador también deberá plantearse si esa medida es justa o injusta. En este caso comparará el texto de la norma con un ideal, con un valor y la norma será el instrumento que sirve para alcanzar esos objetivos. Pero no se estudia si ese instrumento es el adecuado para conseguir los citados objetivos.

Y ese es un inconveniente esencial de la ciencia de la legislación. Actualmente los métodos jurídicos se basan —de ordinario— en una intuición de la justicia y son una declaración de principios junto con una construcción normativa intuitiva del ordenamiento jurídico. Pero lo cierto es que en ocasiones los resultados de la norma, o sea, la conducta social de los destinatarios, no concuerdan con los objetivos de la norma. Se presupone que la norma es buena porque corresponde a un ideal de justicia, pero no se considera que los individuos que están sometidos a esta norma pueden reaccionar con conductas diferentes y contrarias a los objetivos de la norma.

La interacción entre la norma y la persona a la que va destinada la norma no es tomada en cuenta como un dato relevante y en ocasiones parece como

976 Como nos recuerda González Amuchástegui (1994, p. 934) las normas deben ser efectivas y eficientes, por lo que deben ayudar a alcanzar los fines que persiguen con los medios más adecuados y menos costosos.

977 En cuanto a las cualidades deseables de una teoría científica explicativa, *vid*. Doménech Pascual, 2019, p. 6.

978 *Vid*. Schäfer y Ott, 2022, *The Economic Analysis of Civil Law*.

si las normas no tuvieran el objetivo de dirigir la conducta de las personas a las que van destinadas, sino meramente de asignarles objetivos morales. En otras ocasiones las normas se acatan de manera mayoritaria y, no obstante, no son efectivas ya que no están bien diseñadas o porque el instrumento legislativo es inadecuado para alcanzar la finalidad[979].

Los conceptos de efectividad y eficacia pueden suministrar una singular ayuda a una renovada concepción de la ciencia de la legislación tradicionalmente basada en la intuición subjetiva. Una buena norma no es aquella que marca unos objetivos justos, sino aquella que además los logra. La tarea de dirección social no se puede reducir a declaración de buenas intenciones; la primera condición que debe tener en cuenta el legislador es incentivar a los destinatarios a su cumplimiento (eficacia). Ulteriormente debe analizar si la norma en cuestión es un medio adecuado para alcanzar el fin que se ha propuesto (efectividad) y, por último, este medio debe ser el menos costoso (eficiencia)[980].

La dogmática jurídica tradicional no ha tenido en cuenta ni la eficacia ni la eficiencia como los valores esenciales a considerar en el momento de elaborar las normas y eso provoca que la conducta social, la reacción de las personas en suma, pueda anular las buenas intenciones del legislador. Lo importante de una norma no es sólo lo que pretende, sino lo que consigue[981].

II. Un nuevo enfoque para el Derecho de daños

1. Cuestiones previas

Evidenciadas en los capítulos anteriores algunas ineficiencias estructurales del sistema de responsabilidad civil y su repercusión sobre ámbitos concretos del Derecho de daños, resulta oportuno rediseñar fines, objetivos y

979 En este sentido SCHÄFER y OTT (2022, pp. 53 y ss.), pues si con el nombre de ciencia económica se designa aquella ciencia social que se ocupa de saber cómo satisface sus necesidades una sociedad, el análisis de las normas jurídicas también forma parte del objeto de la ciencia económica. Los problemas que pertenecen al núcleo de la disciplina jurídica, como el dolo, la culpa, la responsabilidad por productos, los delitos y las penas, la legislación sobre el divorcio y la protección de las minorías pueden ser analizados con conceptos e hipótesis económicas.

980 Las soluciones eficientes, afirma BULLARD GONZÁLEZ (2018, p. 27), «utilizan un análisis costebeneficio en el que se busca que en cada situación se generen más beneficios de lo que cuesta y que esa relación sea superior a otras alternativas».

981 Una de la hipótesis menos discutida es la suposición de que los hombres persiguen sus propios intereses, la mayoría de las veces de manera egoísta, y que actúan racionalmente para la consecución de este objetivo. Pero aun no sabiendo lo que el hombre racional quiere, lo que sí sabemos es que, sea lo que fuere, maximizará ese deseo. *Vid*. SCHÄFER y OTT, 2022, pp. 102 y ss.

principios para facilitar la determinación de manera eficiente del responsable del daño y a quién debe la sociedad asignarle el coste de los daños[982].

Este replanteamiento debe llevarse a cabo en términos de atribución de responsabilidad, identificando no sólo a quien debe responder por el daño causado —problema individual y moral y cuestión de justicia correctiva—, sino también asignando los costes de los daños mediante el establecimiento de quien debe soportar el coste de los daños —problema social y político y cuestión de justicia distributiva[983]—.

Ahora bien, la capacidad de previsión y anticipación del método económico no deja de ser restringida porque la inexorable realidad social impide conocer de forma exacta e inequívoca las consecuencias en términos de coste/beneficio de una conducta humana. En consecuencia, el análisis económico no puede confeccionar el Derecho y operar al margen de las normas jurídicas, debiendo ser utilizado fundamentalmente como método en la tarea jurídica de interpretación y comprensión de las normas. Las propuestas que se formulen a partir del Análisis Económico del Derecho de daños se deben entender como herramientas de apoyo a tener en consideración en la interpretación de las normas, y no como pretensiones de sustituir a las normas jurídicas con fuerza vinculante.

La ciencia jurídica tradicional concibe el Derecho de daños básicamente desde la vertiente privada y considera que los daños que se reparan son puramente particulares, sin prestar atención a los componentes públicos y sociales igualmente presentes[984]. Cuando se causa un daño, si bien se produce una implicación de intereses particulares, los intereses comprometidos no son únicamente los de la víctima que sufre el daño y el del agente causante que puede obtener un beneficio. El agente y la víctima están inmersos en la sociedad y en un entramado de relaciones complejas. Por ello, el posible beneficio del agente y el daño de la víctima de alguna manera repercute en el resto de los miembros de la sociedad porque se infringe un orden social y de asignación de recursos previamente establecido.

La solución que adopten las normas de responsabilidad civil acabarán produciendo efectos en la sociedad en su conjunto y ello hace que deban ponderarse los costes sociales que comporta la reparación del daño (p. ej., la investigación del responsable, la transacción del perjuicio o la aplicación forzosa de la solución), los efectos sociales de reasignación de recursos provocados por el daño y su eventual reparación que no quedan jurídicamente atribuidos (las externalidades), así como los incentivos que puedan generar

982 Coleman, 2001, p. 201.

983 Fabra Zamora, 2015, p. 2580.

984 Como ya apuntaban Quintero, Cavanillas y de Llera (2002, pp. 16 y ss.), piénsese en el caso de la responsabilidad civil *ex delicto* (arts. 109 y ss. CP) en el que no resulta fácil diferenciar entre los efectos privados y los efectos públicos de los actos dañosos.

en la futura conducta social de los causantes de los daños y víctimas. Estamos ante efectos públicos o sociales de reasignación de recursos producidos por el daño que resultan burlados cuando la responsabilidad civil por daños se concibe como asunto solamente privado[985].

Ilustrando esta idea con el ejemplo propuesto por POSNER, si suponemos que un cazador durante una jornada de caza lesiona a una persona al confundirlo con una res de caza mayor y, como consecuencia de las heridas sufridas pierde un ojo, para las teorías tradicionales el problema se limitaría al cazador y la víctima. Evidentemente, esto es parte del problema, pero el problema íntegro no se circunscribe al cazador y a la víctima. Hay consecuencias económicas y sociales cuando la norma adopta una decisión. La pérdida del ojo ya es un apartado cerrado en términos de bienestar social; y ya nada puede reparar realmente el daño causado. Si la cuantía indemnizatoria sirviera para la reparación integral del daño[986] sólo compensaría a la víctima. El cazador y su familia pasarían a ser las nuevas víctimas al verse obligados a soportar el daño, pues al tener que indemnizar por el daño producido tendrán menos recursos para cubrir sus necesidades. Aunque el daño se haya trasladado a otro lugar se ha producido una pérdida que repercute en toda la sociedad[987].

Todo diseño de un régimen de responsabilidad civil ha de ser adecuado y eficiente y ha de adoptar una visión global de los problemas que surgen una vez que se ha producido un daño. Esta perspectiva global posibilita solventar las tensiones que se producen entre los causantes y las víctimas de los daños, entre la responsabilidad individual y el bienestar de la sociedad, entre la eficiencia y la equidad, entre la justicia correctiva y la justicia distributiva. Al mismo tiempo proporciona incentivos para la consecución de un equilibrio óptimo entre la seguridad jurídica y la estabilidad de las normas frente a las nuevas realidades a las que tuvieran que aplicarse[988].

Adoptar un sistema jurídico que no preste atención a las consecuencias de su aplicación es como diseñar un edificio sin examinar si su estructura será lo suficientemente sólida y estable o por el contrario colapsará por fallos estructurales. El Derecho no sólo es la norma y su aplicación, es también sus efectos y consecuencias, pero la ciencia jurídica tradicional se entretiene en cuestiones dogmáticas y no se plantea estos temas. El Análisis Económico del Derecho intenta ser una teoría de conductas y es un intento para tratar

985 BULLARD GONZÁLEZ, 2006, pp. 46 y 47; LLAMAS POMBO, 2011, pp. 31 y ss. y PAPAYANIS, 2012, pp. 703 y ss.

986 Así, por ejemplo, si pudiera adquirir un nuevo ojo, hipótesis que de por sí no resulta posible.

987 POSNER, 2007, pp. 58 y 59.

988 Un replanteamiento del Derecho de daños requiere de un debate detallado y concienzudo, y como indica FABRA ZAMORA (2015, pp. 2584 a 2586), «la filosofía, aunque no soluciona todas las preguntas, es un elemento fundamental del debate al hacer claras las preguntas, además de los conceptos y los supuestos que informan las soluciones».

de responder a cuestiones conceptuales relevantes utilizando el método y aproximación de la Economía y ello posibilita descubrir aspectos de las normas que, paradójicamente, no pueden ser descubiertos utilizando sólo el Derecho[989].

2. Una teoría jurídico funcional de la responsabilidad por daños

Considero que es una idea compartida que el Derecho de daños ha de ser concebido en términos de utilidad y de eficiencia social y no sólo en términos de justicia o legalidad. Ha de ser capaz de ofrecer soluciones adecuadas para las personas y para la sociedad en su conjunto.

Si los principios y las normas jurídicas formalizadas constituyen la referencia y el límite inexcusable en un análisis jurídico del ordenamiento jurídico, la averiguación del fin de las normas y del sistema jurídico, así como del análisis de las consecuencias que pueden comportar, resulta esencial para concebir soluciones eficaces para el sistema de responsabilidad civil por daños[990]. Se precisa un enfoque más funcional y menos alambicado del Derecho de daños[991].

Las normas jurídicas son la manifestación de las preferencias de la sociedad en cuanto a la manera de resolver los problemas de convivencia social de sus miembros[992]. Por eso cabe presumir que son útiles en orden a la consecución del objetivo de la maximización del bienestar y convivencia social. El Derecho de daños debe construirse en conexión con la realidad social a la que van destinadas las normas, prevaleciendo la perspectiva de la aplicación de la norma sobre la perspectiva de su elaboración[993], teniendo en cuenta que las personas son agentes que buscan maximizar su bienestar dentro de las limitaciones que el ordenamiento jurídico pone a sus pretensiones[994].

Detrás de toda decisión jurídica hay un problema de escasez y de elección. No existe una racionalidad propia o diferente del sistema jurídico respecto del sistema económico. Asumiendo como premisa básica del sistema jurídico la racionalidad, la elección de decisiones jurídicas ha de realizarse sobre la base de un análisis de las consecuencias, medidas en costes y beneficios,

989 Siendo el Derecho un sistema de regulación de la conducta humana, si no se construye en conexión con la realidad será un Derecho alejado del ser humano. Como indica Bullard González (2018, pp. 13 y 14), «será un Derecho disfuncional».

990 Posner, 1979, p. 110.

991 Posner, 2007, p. 23.

992 Posner, 2010, p. 129.

993 Llamas Pombo, 2011, p. 24.

994 Calsamiglia Blancafort, 1989, p. 122; Díez-Picazo, 1999, p. 205; Mercado Pacheco, 1995, p. 725; Pindyck y Rubinfeld, 2009, p. 77.

por ser la manera más eficaz para la resolución de los problemas prácticos a los que debe hacer frente el Derecho de daños[995].

La renovación del Derecho de daños ha de basarse en la claridad y en la consistencia que la racionalidad económica de los costes y beneficios suministra, y no puede seguir siendo una teoría basada en instituciones y en particularismos[996]. Ha de estar dotado de técnicas de análisis que posibiliten la comprobación empírica de las predicciones de quienes formulan las políticas jurídicas. Y ha de dar respuesta a las nuevas realidades que van surgiendo, como ocurre con la reparación de los daños causados por prestadores de servicios de la información, por el uso de datos personales o por la utilización de la robótica y de la inteligencia artificial[997].

Pero hay que advertir que la exclusiva utilización de la racionalidad económica de los costes y beneficios nos proporcionaría una argumentación tan falaz y reductora de la realidad como la de la dogmática jurídica tradicional. Reducir la complejidad de la realidad a la argumentación obtenida a partir de un individuo entendido sólo como *homo economicus*, dejaría fuera un conjunto de principios, valores y factores fundamentales de «lo jurídico» y supondría sintetizar la sociedad entendiéndola como un extenso mercado dónde el Derecho y la política son objeto de racionalización[998].

Centrando esta idea en el Derecho de daños, podría decirse que analizar la realidad y tomar decisiones normativas en este campo excluyendo todo lo que no está dentro del mercado y todo lo que no pertenece al orden del cálculo económico significaría afirmar que la única forma en la que la conflictividad social se representa es a través de la externalidad y de los costes de transacción en la que la identificación de los individuos se reduce a su posición en el mercado.[999].

---

995 Schäfer y Ott, 2022, 79 y ss.; Mercado Pacheco, 1995, p. 728; Calsamiglia Blancafort, 1989, p. 114.

996 Sobre los límites de la utilización de los argumentos económicos en la justificación racional de las normas indica Mercado Pacheco (2013, p. 102) que la contribución del AED al movimiento de mejora de calidad de la ley «no implica por sí mismo que la generalización de la evaluación económica *ex ante* y *ex post*, y la utilización sistemática del análisis coste/beneficio se conviertan en la panacea de una mejor justificación racional de la legislación».

997 Apunta Álvarez Olalla (2021, p. 35) que «en ocasiones estas nuevas realidades resultan aún carentes de regulación como consecuencia de su carácter novedoso»; mientras que los juristas, señala Ataz López (2020, pp. 199 y ss.) «estamos todavía adaptando nuestros esquemas legales (y mentales)» a los cambios del desarrollo tecnológico.

998 Sobre este particular Mercado Pacheco (2013, p. 102) alerta del reduccionismo de las premisas del AED, «en la visión estrecha de los problemas sociales que nos proporcionaba una metodología basada en la hipótesis del comportamiento racional del *homo economicus*, en la sacralización de las soluciones del mercado y en la preferencia otorgada —al menos en la versión posneriana— a las razones de eficiencia».

999 En todo caso Díez-Picazo (1999, p. 359) considera que es un mérito del AED, la relación establecida entre diligencia y negligencia con los costes de prevención necesarios para la evitación de los daños.

3. El objetivo social de la responsabilidad por daños

En el ámbito del Derecho de daños la búsqueda de la finalidad de las normas jurídicas a través del descubrimiento de la influencia que tienen con la realidad que regulan, así como la articulación de soluciones jurídicas adecuadas para los daños producidos, revelan que hay un objetivo social de asignación eficiente de los recursos. Este objetivo no ha de ser sorteado en una sociedad con bienes escasos donde resulta primordial la maximización de la riqueza y del bienestar social. Y ante la disyuntiva de soluciones jurídicas diferentes a un mismo problema en términos de bienestar y utilidad social hay que decantarse por la solución más eficiente[1000]. Dentro de los límites de respeto a los principios y a las normas jurídicas, una asignación eficiente de recursos escasos posibilita explicar y solucionar algunos de los desajustes que presenta en la actualidad el Derecho de daños en el marco de una filosofía exclusivamente resarcitoria[1001].

Contemplar a los agentes jurídicos no sólo como sujetos de Derecho, sino también como sujetos racionales que intercambian recursos[1002], permite que las normas de responsabilidad civil por daños se puedan contemplar como mecanismos de solución de los problemas de asignación de recursos que se producen cuando un sujeto, transgrediendo el orden inicial de distribución de los bienes, utiliza o destruye un recurso ajeno causando un daño. Y el tipo de solución, así como los incentivos que ofrezcan las normas a los agentes para motivar su conducta, han de juzgarse en términos de maximización de la riqueza y del bienestar de los sujetos involucrados —el causante y la víctima— de terceros y de la sociedad en su conjunto[1003].

Las reglas de responsabilidad civil han de tener en cuenta que los recursos en la sociedad ya se encuentran distribuidos con arreglo a un orden de partida estimado como correcto (aunque no resulte acreditado que esa distribución de los recursos sea óptima). De hecho, con objeto de obtener un orden de distribución más eficiente, la distribución de los recursos se encuentra sometido a un proceso incesante de cambio en el que los bienes son objeto de reasignaciones continuadas[1004].

1000 Posner, 2007, pp. 23 y ss. y Papayannis, 2009, pp. 469 y ss.

1001 Papayannis, 2009, p. 472.

1002 Posner, 2007, p. 11.

1003 Indica Alfaro Águila-Real (2007, pp. 4 y 5) que «las instituciones jurídicas están al servicio de los fines de los particulares y, por tanto, que su diseño y la interpretación y aplicación de sus reglas debe hacerse sin perder de vista tal función. En tal caso, no resulta difícil concluir que estas tareas han de ser realizadas (por juristas, en buena medida), tratando de maximizar el bienestar de la sociedad en su conjunto de manera que podamos explotar los enormes beneficios que se derivan del intercambio».

1004 Reasignaciones originadas de manera imprevista y espontánea en el caso de los daños, o bien calculadas y determinadas previamente en el caso de los contratos.

Una concepción dinámica de la distribución de recursos que más allá de considerar siempre y en todo caso como solución idónea el restablecimiento del orden inicial de distribución de los bienes, nos llevaría a instaurar un Derecho de daños que considere el desajuste distributivo como una oportunidad para adoptar nuevas soluciones de asignación de los bienes más ventajosas. Cuando se causa un daño, las propuestas de reasignación optimizada de recursos han de admitir la posibilidad de implementar o dar soporte a soluciones provechosas para quienes intercambian recursos, al tiempo que permitan ser útiles también (o por lo menos no dañinas) para los miembros de la sociedad en su conjunto[1005].

Entiendo que la reasignación optimizada de recursos permite implementar o dar soporte a soluciones no estricta ni necesariamente reparatorias una vez producido el daño.

4. La repercusión social de los daños

4.1. Los daños como cambio en la asignación de recursos

Los daños no sólo son la vulneración de un derecho o la pérdida de un bien, sino también un cambio en la asignación de recursos. Esta visión posibilita explicaciones que quedan fuera del alcance de la argumentación jurídica habitual de la que no puede prescindirse si lo que se pretende es explicar el verdadero sentido de los criterios que rigen en el Derecho de daños[1006].

La contemplación de los daños como ocasiones forzadas para la implementación de nuevas soluciones optimizadas de asignación de recursos encuentra su fundamento en que los daños no sólo tienen un componente social innegable, sino que su reparación de forma íntegra resulta aparte de muy costoso en ocasiones imposible, de modo que sólo se pueden saldar con pagos compensatorios, y eso acaba convirtiendo a los daños en auténticos cambios no queridos[1007].

Más allá del componente particular de los daños privados (de afectación a las partes directamente involucradas: causante y víctima), una visión funcional del Derecho de daños permite poner en evidencia cómo estas situaciones de alteración imprevista y espontánea del orden de asignación de recursos

1005 POSNER, 2007, p. 22.

1006 SALVADOR CODERCH y GÓMEZ LIGÜERRE, 2005, p. 8.

1007 La obligación de compensar a cargo del agente dañador no puede rectificar en una sola operación las pérdidas y las ganancias injustas. Por consiguiente, indica PAPAYANNIS (2012, p. 694) que la justicia correctiva parece incapaz de explicar la mayoría de los casos de responsabilidad por daños.

presentan una dimensión o efecto social al afectar de manera indirecta también a terceras personas y a la sociedad en su conjunto. Ese coste social de los daños es incuestionable en aquellos supuestos en los que se produce la destrucción material de bienes (daños destructivos) que son propiedad de una institución, empresa o persona, pues la pérdida de estos bienes en cuanto activos de la sociedad en su conjunto ineludiblemente comporta una mengua de la riqueza total del conjunto de la sociedad *(costes primarios)*[1008].

A este daño social hay que añadir el que se produzca por el modo de imputación de la responsabilidad que comporte la reparación, pues en función de los recursos de los sujetos a los que se cargue el daño (capacidad para soportar un pago), o de cómo se distribuya (concentración o dispersión del pago), el perjuicio social del daño podrá aumentar o disminuir *(costes secundarios)*[1009].

Por último, hay que señalar que las repercusiones sociales negativas del daño han de quedar cuantificadas también en los costes que para su reparación ha de asumir no sólo quien lo haya causado sino todo el aparato institucional que deba ponerse en funcionamiento a tales efectos: identificar al causante, transacción del importe indemnizable, negociación de las partes, actuación judicial, etc. *(costes terciarios)*[1010].

Este esquema de costes sociales —primarios, secundarios y terciarios— no es trasladable en su integridad a los supuestos en los que no se produce una destrucción material de bienes y sólo se altera el orden de distribución de recursos (daños de reasignación), como ocurre cuando una persona varía los lindes de una finca rústica o se apodera de un bien o derecho de otra persona. En estos supuestos no existen costes sociales primarios en la medida de que la pérdida es experimentada por la víctima, pero no por la sociedad es su conjunto al continuar perteneciendo el bien a uno de sus miembros[1011]. Aun así, sí

1008 Schäfer y Ott, 1991, p. 99.

1009 Detrás de esta categoría de costes opera el principio de utilidad marginal decreciente. Haciendo propio el argumento de Papayannis (2014, p. 11), es evidente que hacer recaer un daño de 500 sobre 5 personas con capacidades contributivas similares reduce el bienestar social menos que hacerlo recaer sobre una de ellas. Asimismo, hacer recaer la pérdida de 500 sobre una persona que gana el salario mínimo impacta en su bienestar mucho más de lo que impactaría sobre el bienestar de una persona extremadamente rica.

1010 En cuanto a la cuantificación de los daños Bullard González (2006, pp. 708 y 709) analiza la distinción de Calabresi entre los costes sociales primarios, secundarios y terciarios de los accidentes.
Los objetivos de la responsabilidad extracontractual, considera Keren Paz (2016, p. 128), deberían ser reducir los efectos negativos de las pérdidas por accidentes en quienes los soportan (costes secundarios de los accidentes), en lugar de reducir solamente el volumen de dichas pérdidas (costes primarios de los accidentes.

1011 Como señala Posner (2007, p. 15), en estos casos habrá un coste privado, pero no un coste social; un coste social disminuye la riqueza de la sociedad, mientras que un coste privado sólo redistribuye esa riqueza.

se originan costes sociales secundarios y terciarios si se procede a la reparación del daño que la víctima ha experimentado al verse privada del bien.

Y en el caso que no se proceda a la reparación de los daños de reasignación también se producen costes sociales. Por un lado, costes de trivialización del ordenamiento jurídico, pues todo daño comporta la ruptura de un orden de asignación previamente establecido, y en consecuencia atenta la valoración social primeramente realizada por la sociedad[1012]. Por otro lado, el coste de incentivo para la causación de daños futuros, pues la falta de reparación incentiva la causación de daños y la obtención de beneficios sin tener que inquietarse por las consecuencias del daño[1013]. A los mencionados efectos sociales de los daños hay que añadir los costes de oportunidad y en su caso las externalidades que provocan[1014].

Son costes sociales que quedan ocultos cuando el Derecho de daños se concibe como asunto sólo privado, pero que no obstante se han de tener en cuenta para organizar y configurar jurídicamente la responsabilidad civil. Sólo así se logra comprender el alcance de las implicaciones del daño y así como las soluciones de regulación que han de ofrecer las normas y la jurisprudencia en relación con el Derecho de daños.

4.2. La ruptura del orden social

La producción de daños por actos humanos no ha de ser vista como la ruptura de un orden normativo de derechos y obligaciones que ha de ser reparado de manera individualizada en todo caso. El daño ha de ser visto como una ruptura potencialmente beneficiosa de un orden social de distribución de bienes previamente establecido. Al abrirse la oportunidad para experimentar un nuevo orden de asignación de recursos mejor que el original, cabe la posibilidad que la citada ruptura resulte socialmente beneficiosa por lo que no necesariamente será lo más eficiente la restauración del estado previo al daño, si de ello derivara por ejemplo el efecto de impedir un uso socialmente más provechoso del bien[1015].

1012 Llamas Pombo, 2011, pp. 31.

1013 Como indican Salvador Coderch y Gómez Ligüerre (2005, p. 20) «si quien puede causar un daño sabe que siempre habrá de compensarlo hasta el último céntimo, y que, por tanto, habrá de internalizar los costes generados por el daño mismo y pagar además por los costes terciarios de gestión de la reclamación, actuará en consecuencia: se conducirá con cuidado. Por la cuenta que le trae».

1014 Casi cualquier cosa que hagamos genera beneficios o costes para terceros: un accidente de tráfico, pérdida de tiempo porque el vehículo que va delante nuestro se detiene a recoger pasajeros, el ruido que genera un avión supersónico. Como advierte Bullard González (2006, p. 152), a las externalidades también se les denomina «efectos no contratados».

1015 Como sostiene Papayannis (2012, pp. 703 y ss.) «las reglas de responsabilidad distribuyen recursos entre los miembros de la comunidad», y según su tesis «distribuyen derechos y deberes de indemnidad».

La consideración de los daños privados como oportunidades con relevancia social ha sido asumida de manera tácita por el Derecho de daños que nunca ha formulado una prohibición absoluta de causación de daño —ni siquiera cuando se conoce su carácter completamente irreparable (p. ej., actividades peligrosas como la fabricación y manipulación de explosivos o actividades donde intervienen productos químicos, que comporten riesgos para la salud o la vida)—, y ha establecido un sistema de valoración de la responsabilidad tasada y limitada para los casos en que el daño se produzca. Se asume que existen situaciones en las que resulta más beneficioso para el conjunto de miembros de la sociedad reparar de manera parcial el daño que restablecer íntegramente la situación previa al daño o prohibirlo, por lo que tan sólo habrá que pagar una cantidad que puede ser menor al beneficio obtenido por el causante del perjuicio y al valor del daño, y seguramente al beneficio que la sociedad obtiene de la nueva asignación de recursos, que es lo que determina la tolerancia social con la producción del daño irreparable[1016].

Todo esto sin tener en cuenta que los ya mencionados costes sociales de reparación del daño también sugieren soluciones alternativas que ponen en evidencia que la reparación íntegra no es la solución más eficiente. Así, es razonable entender que no se debe garantizar la reparación de los daños cuando su importe sea pequeño en relación con el coste social que haya que asumir para dar satisfacción al interés de la víctima.

4.3. La reasignación de pérdidas

La contemplación funcional del Derecho de daños también permite la comprensión de por qué si la imputación del daño a la víctima es lo más eficiente en términos de coste social de los daños, no aparece sin embargo esta solución como regla general en el ordenamiento jurídico. Con excepción del propietario de los bienes que deba cargar con los daños por poder asumir el cuidado diligente de los bienes a más bajo coste, o en los casos de daños pequeños o de menor cuantía, la explicación es que socialmente es más caro dejar los daños sin reparar que repararlos, en la medida en que incentivaría conductas negligentes obligando a las víctimas a cargar con costes desmedidos para prevenir daños en sus bienes[1017].

1016 PAPAYANNIS, 2009, p. 464; BULLARD GONZÁLEZ, 2006, pp. 315 y ss.; GÓMEZ POMAR, 2002, pp. 32 y ss.

1017 Argumenta PAPAYANNIS (2014, p. 13) que «sin duda el sistema más económico en cuanto a la administración es uno de no responsabilidad, pero supone que las víctimas no tendrán éxito en su reclamación contra el agente del daño (salvo que éste desease compensarlas voluntariamente). El efecto inmediato, no obstante, sería el incremento de los costes primarios por dos razones: en primer lugar, los agentes no tendrán razón para limitar los riesgos que imponen a otros, excepto cuando ellos mismos puedan resultar dañados por la actividad que realizan. En segundo lugar, ante la falta de compensación, las potenciales víctimas adoptarán medidas de autoprotección excesivas, cuya efectividad además será insuficiente para mantener los daños en un nivel razonable».

Entiendo que tanto la decisión de si procede la reparación del daño, como la manera y el alcance en que ha de llevarse a cabo, obedece por un lado a razones económicas y, por otro, de coste de vulneración de la norma y de los derechos que impone el orden original de asignación de recursos, y en todo caso a los incentivos que una u otra solución comportan para que las personas adopten determinadas conductas[1018].

Una regulación de la responsabilidad en que los daños no fueran respondidos de manera adecuada con indemnizaciones o, en su caso, con sanciones públicas, estaría realmente priorizando el sistema de cambio por responsabilidad extracontractual frente al sistema de cambio contractual como fórmula de reasignación de recursos (al agente le saldría más económico quitarle el bien al propietario que comprárselo), lo que no parece la mejor solución desde el punto de vista de coordinación de los intereses de las personas ni de la maximización de la riqueza social. Resulta evidente que desde el prisma de la eficiencia es mejor que la reasignación de bienes se lleve a cabo mediante negocios bilaterales y voluntarios y que no venga impuesta de manera unilateral por alguna de las partes, ya sea la víctima o el causante del daño, que sin quererlo y sin posibilidad de anticiparse a los acontecimientos, se verá privada de manera sorpresiva de un bien que podría estar destinado a un fin más valioso[1019].

Más allá del aspecto social del Derecho de daños, con la ayuda de herramientas económicas se puede descubrir el motivo por el cual no resulta posible la reparación íntegra. En esencia porque la reparación íntegra casi nunca equivale al beneficio obtenido por quien lo ha producido y tampoco suele estar en exacta correspondencia con la magnitud del daño. Y es que, con la excepción de los casos, más bien excepcionales, en que resulte viable la plena restitución de la situación anterior a la ruptura del orden social[1020], como quiera que la compensación suele darse en equivalente, nunca existirá la efectiva coincidencia entre la dimensión del daño, el importe de la reparación y el beneficio del causante del perjuicio.

1018 Es por esto por lo que, cuando los daños son de poco importe, pero muy abundantes, por afectar de manera masiva a varias personas, los sistemas de responsabilidad habilitan mecanismos especiales de reclamación como las acciones colectivas o de clase, pues debe incentivarse la prevención de daños que aun siendo pequeños individualmente pueden resultar muy relevantes en su conjunto o desde un punto de vista social; *vid.* SALVADOR CODERCH y GÓMEZ LIGÜERRE, 2005, p. 20.

1019 Como afirma POSNER (2007, p. 166) el ordenamiento debe «alentar el mercado —y por tanto el acuerdo— antes de recurrir a vías legales siempre que ello sea posible».

1020 Como puede suceder en los supuestos de reparación en especie, si bien ni siquiera en estos supuestos es posible la plena restitución, pues la utilidad de los bienes nunca es la misma, al resultar alterada por el paso del tiempo.

III. Las reglas de atribución de la responsabilidad civil

1. La adopción de medidas de precaución

Las normas de responsabilidad civil que regulan el Derecho de daños han de ser capaces de incentivar a las personas para que adopten conductas tendentes a la minimización de los daños. Desde un prisma positivo o descriptivo, el Derecho de daños ha de ser capaz de ofrecer respuesta a la cuestión relativa a los efectos de las normas jurídicas en las conductas y a los resultados que se logran una vez aplicada la norma. Y desde el punto de vista normativo, o del deber ser, ha de posibilitar reflexionar sobre el beneficio social de la norma a la vista de los resultados obtenidos[1021].

Un Derecho de daños más funcional será el que sea capaz de promover que las personas internalicen los costes que generen sus conductas, estableciendo reglas de responsabilidad que resulten socialmente convenientes[1022]. Para conseguir que se adopten medidas de precaución óptimas, las reglas de responsabilidad han de concebirse primero como herramientas de generación de incentivos para internalizar el coste social de los daños y, en segundo lugar, como herramientas de la justicia capaces de alcanzar la función resarcitoria[1023].

Si se parte de este enfoque —el de que la responsabilidad civil ha de cumplir el objetivo de internalizar los costes del daño a fin de cumplir con las funciones disuasiva, preventiva y resarcitoria—, la atención prioritaria del jurista se centrará en los efectos de las reglas de responsabilidad civil aplicables producido un daño, así como en la cuantificación de la reparación del daño con el objetivo de minimizar los costes. Los pilares sobre los que sustentar un nuevo Derecho de daños son la racionalidad en la toma de decisiones normativas, la generación de equilibrios a través de la conducta de los agentes racionales que pretenden maximizar su bienestar individual y la neutralidad al riesgo[1024].

1021 Como indica COLEMAN (1988, p. 1233) «the economic analysis of tort law, like the economic analysis of law generally, has both positive and normative dimensions. Positive economic analysis seeks to explain tort law by rationally reconstructing it: in other words, by demonstrating how and to what extent existing doctrines further economic efficiency. Normative economic analysis can be understood as making either of two claims».

1022 En este sentido, *vid*. la obra de LANDES y POSNER (1987). *The Economic Structure of Tort Law*, el Working Paper de SHAVELL, S. (2003). *Economic Analysis of Accident Law*, así como en los artículos de EPSTEIN, 1973, pp. 151 a 204 y POLINSKY, 1980, pp. 363 a 367.

1023 PARISI y DARI MATTIACCI, 2003, p. 1 y ss.

1024 Considera COLEMAN (1988, p. 1237) que «Rational cooperation consists in agreement upon and general compliance with norms that act as constraints on individually rational strategies. To be rational, these normative constraints must themselves be efficient. In the case of certain norms rational compliance requires the coercive enforcement of a legal

La conducta preventiva de un sujeto depende fundamentalmente del nivel de precaución que esté dispuesto a asumir. Y el sujeto cifrará ese nivel teniendo en cuenta la probabilidad de que el daño se produzca y el coste de los daños esperados. Con arreglo a esta argumentación, tanto en los supuestos de precaución bilateral como en los de precaución unilateral se puede conseguir maximizar el bienestar social a través de la generación de incentivos para la adopción de medidas de precaución óptimas[1025]. No obstante, este planteamiento de adopción de medidas de precaución debe mejorarse con una mayor atención al comportamiento real de las personas, pues resulta cuestionable la capacidad de las personas para tomar racionalmente decisiones que generen resultados eficientes, así como su neutralidad al riesgo[1026].

Un nuevo enfoque del Derecho de daños con pretensiones de eficiencia ha de ser capaz de arbitrar mecanismos que tengan en consideración que la estimación de las probabilidades de que se produzca un daño, así como el establecimiento de la negligencia o culpa del agente causante del daño, divergen de manera significativa cuando se observa el riesgo de un daño con anterioridad a que se haya producido y cuando se observa cuando ya se ha producido[1027]. No es justo que cuando el daño ya se haya producido, la valoración de la conducta indebida del agente causante del daño, así como las probabilidades de su producción, por lo general, tiendan a elevarse más allá del óptimo social[1028]. Esta valoración *a posteriori* distorsiona las soluciones a adoptar.

Finalmente, las normas de responsabilidad civil que regulan el Derecho de daños han de tomar en consideración la aversión a las pérdidas. Y es que las valoraciones que las personas otorgan respecto de unos mismos daños difieren en función de si se perciben como una ganancia o como una pérdida[1029].

---

order. Thus, given the assumption of individual rationality, the legal norms that emerge in society will tend to be efficient. For similar reasons, the norms that prevail will tend to be efficient. For whenever a pattern of norms exists that is inefficient, there exists an alternative pattern capable (by definition) of making everyone better off. Over time, efficient and enforceable norms will drive out inefficient ones. Therefore, tort law, like law generally, will converge on optimality».

1025 Cooter y Ulen, 2016, pp. 275 y ss.

1026 Como indican Jolls, Sunstein y Thaler (1998, p. 1471) «economic analysis of law usually proceeds under the assumptions of neoclassical economics. But empirical evidence gives much reason to doubt these assumptions».

1027 En relación con la estimación de las probabilidades de que se produzca un daño Halbersberg y Guttel (2014, p. 10) indican que «the hindsight bias (...) distorts people's ex post assessments of the *ex ante* probability and predictability of an event, given that this event has already happened».

1028 Afirma Rachlinski (1998, pp. 571 y ss.) al inicio de su trabajo que «nothing is so easy as to be wise after the event».

1029 En este sentido Jolls, Sunstein y Thaler (1998, p. 1484) indican que «the idea that losses are weighted more heavily than gains».

Esta desviación en la valoración de los daños comporta que a la hora de calcular el importe de la indemnización la valoración del daño es mayor cuando se realiza desde una perspectiva *ex ante* pues, al no conocerse la pretensión de la víctima, su cómputo se basa en la estimación de las pérdidas, que cuando se cuantifica *ex post*, pues al conocerse la pretensión del perjudicado su cómputo se percibe como una ganancia[1030].

2. El diseño normativo de la responsabilidad civil

La redacción imprecisa y la falta de concreción de las reglas de responsabilidad civil obliga a que los tribunales en ocasiones introduzcan en sus resoluciones criterios no previstos legalmente para poder determinar cuándo existe negligencia o culpa de alguna de las partes implicadas en la producción de un daño. Cuando los costes de prevención son superiores al valor del daño posible esperado descontado de la probabilidad de que se produzca, resulta razonable considerar que al agente generador del daño no se le imponga la obligación de adoptar medidas de precaución[1031].

Aunque el diseño normativo de la responsabilidad civil pudiera inducir tanto al potencial agente que genera el daño como a los posibles perjudicados a adoptar medidas de precaución eficientes, el Derecho de daños ha de lograr además que las normas de responsabilidad civil cumplan con su objetivo de hacer responder por el daño causado. Para tal finalidad ha de tenerse en cuenta que los tribunales —tanto en la responsabilidad objetiva como en la subjetiva— precisan información adicional en relación con la negligencia o culpa de una de las partes, ya sea para exonerar de responsabilidad bajo reglas objetivas o, ya sea para responsabilizar al agente causante del daño bajo reglas subjetivas. Sin perjuicio de las medidas que puedan resultar adecuadas para mitigar las desviaciones que se produzcan en la asignación y concreción de la responsabilidad, la concienciación de estas desviaciones y la constante práctica para corregirlas han de ser de utilidad para mejorar el proceso de elaboración legislativa y de valoración de los tribunales[1032].

1030 En relación con la desviación en la valoración de los daños Halbersberg y Guttel (2014, pp. 27 a 29) consideran que «in an influential experiment, McCaffery, Kahneman, and Spitzer (1995) requested law students and laypersons to determine pain and suffering damages in several hypothetical tort scenarios. Participants were divided into three major groups: no instructions, instructions applying the *ex post* approach, and instructions applying the *ex ante* approach. Interestingly, the results showed that the control group (no instructions) awarded the lowest compensation, suggesting that any instruction that makes jurors put themselves in the victims' shoes is likely to increase the compensation. In addition, the results showed that the *ex post* group awarded nearly half the amount awarded by the *ex ante* group».

1031 *Vid*. Cap. Primero, epígrafe III, punto 4. El Derecho como estímulo de conductas y Cap. Segundo, epígrafe II, punto 2. La interpretación económica de la negligencia.

1032 En este sentido Weinstein (2003, p. 792) indica que «empirical work suggests that we can

Es razonable considerar que las normas que regulan la responsabilidad civil han de posibilitar que las reglas de atribución de responsabilidad civil ofrezcan incentivos adecuados para que tanto los potenciales agentes causantes del daño como los posibles damnificados tomen medidas de precaución óptimas que aminoren el coste social de los daños. Sin embargo, resulta necesario reflexionar sobre los problemas que surgen cuando la toma de decisiones se producen *ex post* a la producción del daño. Un Derecho de daños más eficiente debe diseñarse para favorecer la adopción de medidas que reduzcan las desviaciones en el cálculo de la probabilidad de un siniestro, en el nivel de reprochabilidad del demandado y en la determinación de la indemnización.

IV. Culpabilidad y causalidad en una hipótesis óptima de responsabilidad

1. Las funciones de la responsabilidad civil

Para poder abordar con éxito los problemas detectados en líneas precedentes en relación con la causalidad y la culpabilidad[1033] a la luz de los costes de reparación, el Derecho de daños ha de afrontar esas exigencias de causalidad y culpabilidad con criterios de imputación flexibles que estén dirigidos a conseguir la óptima asignación de recursos y la maximización de la riqueza social. Tales criterios de imputación tienen que ser susceptibles de desactivarse (al menos relativamente) siempre que la consecución de este objetivo así lo requiriera, y no como estrictas exigencias de justicia[1034].

Imputar a un sujeto el coste de reparación del daño a quien realmente lo ha causado no es un imperativo de justicia retributiva, sino que ha de ser entendido como un efecto disuasorio. Este efecto disuasorio no podría alcanzarse si la responsabilidad se imputase de manera difusa a varias personas o bien a alguien que por no ser su causante personal no estuviera en condiciones de poder controlar los factores que determinan su producción. Con esta lógica también se consigue explicar cómo en los casos en los que la

improve our judgment if we are conscious of our cognitive biases and practice correcting them. The studies also show that it can be difficult for even trained, careful professionals to identify and completely correct for the way our minds work».

1033 Como pueden ser los de especificación del origen del daño en la confusa cadena causal o la ausencia de causa y dispersión de la responsabilidad que se produce en ciertos supuestos (conductas de omisión, responsabilidad objetiva, actuaciones en nombre de otro, responsabilidad solidaria, etc.), a los que se unen las enredadas teorías que ha tenido que confeccionar para abordar los citados problemas (causalidad adecuada, presunción de causa, imputación por riesgo, etc.).

1034 Papayannis, 2009, p. 476; Álvarez Olalla, 2021, p. 31.

exigencia de causación personal del daño se matiza, lo que se pretende es no frenar de manera radical actividades irremediablemente dañosas pero consideradas beneficiosas para la sociedad, asumiendo los daños como efectos colaterales, en todo caso ineludibles.

Así en actividades de riesgo o peligrosas —p. ej., circulación de vehículos de motor, industria petroquímica, etc.—, la causación personal del daño es reemplazada por otros criterios de imputación que desplazan el coste de su reparación del agente del daño, con el propósito de no inhibirle en el desarrollo de la actividad que ha causado el daño, asumiendo así que la actividad produce más beneficios para la sociedad que perjuicios para quien resulte responsable para asumir sus costes o para la víctima.

Teniendo en consideración que es necesario permitir actividades con un determinado potencial dañoso por el mayor beneficio social que proporcionan, es por lo que ha de resultar posible que el Derecho de daños permita descargar de manera total o parcial al agente del resarcimiento de los daños que provocan para no desincentivarlas. Pero lógicamente, el coste del daño no se ha de trasladar a las víctimas para que incrementen su diligencia preventiva, pues ello no produciría efecto útil ninguno en la medida en la que cabe presumir que ya han maximizado su diligencia preventiva, dado el carácter intrínsecamente peligroso de las actividades con potencial de causar daño.

Lo que se debería hacer es socializar el coste del daño, es decir, dispersarlo entre la sociedad que, a la postre, se beneficia de las actividades de riesgo o peligrosas[1035]. Esta socialización o dispersión social del coste del daño se puede llevar a la práctica mediante diversos cauces tributarios (difuminando en la sociedad el coste del daño); garantizando la cobertura del riesgo mediante seguros obligatorios para actividades de riesgo, dispersando su coste entre los asegurados; o mediante la repercusión de los costes de reparación en el precio del producto o servicio con posibilidad de causar daño, distribuyéndolo entre sus usuarios[1036].

1035 Como nos recuerda Díez-Picazo (1999, pp. 159 y 160) hasta finales del siglo XVIII y principios del siglo XIX la actividad económica continuaba siendo principalmente agrícola y artesanal, estructurándose las relaciones sociales de manera individual. Si existía o no deber de indemnizar y cuál era el importe de tal deber era un asunto que se ventilaba exclusivamente entre el causante del daño y el perjudicado. Sin embargo, con posterioridad se produjo una desindividualización y socialización en el Derecho de daños. El mantenimiento de actividades organizadas generadoras de daños, en especial cuando se insertan en el proceso económico de producción o distribución de bienes o de servicios, que producen un beneficio social y existe, de algún modo, una culpa social en los daños que ese mantenimiento pueda producir, posibilita deducir que el coste de esos daños y de la forma de hacer frente a tales costes, no es, porque no puede serlo, un asunto estrictamente individual, sino un asunto que incumbe a la comunidad entera.

1036 En cuanto a las maneras en que puede lograrse la dispersión de los daños, *vid*. Papayannis, 2014, pp. 11 y 12.

Cuando se limita la responsabilidad civil dispersando el coste del daño en la sociedad, se logra minimizar el impacto del daño y se posibilita la continuidad de una actividad peligrosa que no se pretende prohibir ni desincentivar debido a los beneficios que aporta a la sociedad. Esa distribución del coste de los daños ha de adoptar un criterio que consiga realmente minimizar el impacto social de los daños. Con arreglo al principio económico de utilidad marginal, el coste se debe asumir en mayor medida por quien esté en mejores condiciones para poder asimilarlo experimentando el menor perjuicio posible. El coste debe ser en especial soportado por quien disponga de mayores recursos, pues él será quien menos sufra el efecto de privación económica que comporta la asunción del coste[1037].

El Derecho de daños también tiene que ofrecer una justificación que explique de manera eficaz las razones por las cuales una persona ha de ser declarada responsable en virtud de conductas de mera omisión o bien por actos de varias personas que contribuyen a causar un daño como sucede en los casos de responsabilidad solidaria.

En los supuestos de omisión de las conductas como posible origen de un daño lo importante no es realmente causar el daño sino estar en una posición que permita controlar su producción y por tanto evitarlo. Por eso en estos casos, lo más eficiente es que el Derecho de daños establezca un criterio que posibilite identificar quién estaba en condiciones de controlar y evitar la producción del daño para poder atribuirle el coste de reparación. Y este criterio ha de tener como objetivo incentivar a quienes están en posición de controlar y evitar el daño, de adoptar las medidas eficientes para prevenirlo porque son conocedores de que en otro caso serán declarados responsables. Este criterio cuenta con la ventaja de fomentar conductas positivas de carácter preventivo en quien tiene el pleno control de una actividad. Se presume que él estará en mejores condiciones para conseguir evitar daños y que lo hará a costes más bajos, lo que justificaría la imputación de responsabilidad por conductas omisivas, pues en todos los casos se trata de cargar la responsabilidad a quién controla las condiciones en qué el daño se produce y puede así prevenirlo con menores costes[1038].

1037 Argumenta Huerta de Soto (2020, pp. 26 y ss.) que el coste es un concepto subjetivo: «Siempre que el actor se da cuenta de que desea un cierto fin y descubre y selecciona unos determinados medios para alcanzar ese fin, simultáneamente renuncia a lograr otros fines distintos que para él *ex ante* tienen un valor menor, y que cree que podrían alcanzarse utilizando alternativamente estos mismos medios a su disposición". Por lo que el coste es el "valor subjetivo que el actor da a los fines a los que renuncia cuando decide seguir y emprender un determinado curso de acción».
Para un estudio detallado de la trascendencia de la teoría del valor, *vid*. Benegas Lynch, 2011, pp. 79 y ss.

1038 Como se desprende de los argumentos de Schäfer y Ott, 2022, pp. 228 y 372, en ocasiones tiene sentido preguntarse quien habría podido evitar la producción del daño con el gasto más bajo, en caso de que se produjera un evento dañoso, si el causante, el per-

Por lo que se refiere a los casos de responsabilidad solidaria motivada por la contribución de varias personas en la causación del daño, recuérdese que en nuestro sistema acaba respondiendo una persona por la totalidad de los daños por el mero hecho de formar parte del grupo de personas, sin que exista una vinculación singular o concreta[1039]. Pues bien, un criterio razonable para conseguir una mejor comprensión de este fenómeno estriba en considerar que lo que se debe perseguir es que aflore información de lo ocurrido. En situaciones de causación de daños en grupo, es este el que controla toda la información del evento dañoso y por ello sus miembros están en condiciones de forzar un mutismo de camaradería que los beneficie a todos (p. ej., varios amigos que causan daños en un local de ocio, o varios sujetos que atentan contra la intimidad de un sujeto en los medios de comunicación, etc...). En cambio, el miembro del grupo que conoce lo ocurrido y sabe que no es culpable, ante la eventualidad de ser declarado responsable por la totalidad del daño, se verá incentivado a romper el silencio haciendo aflorar la información que dispone[1040]. En definitiva, se trata de responsabilizar a quién controlando la información y las pruebas, no facilita los datos relevantes por considerar que puede ser entendido como causante del daño, en la medida en la que su conducta obstructiva únicamente puede entenderse presumiendo que la información no se facilita porque acabaría desvelando su participación en la producción del daño[1041].

2. La relación de causalidad desde el marco de las conductas socialmente deseables

Los desajustes que en la práctica se producen en relación al nexo de causalidad deberían hacer sospechar que la relación de causa a efecto entre una acción y un daño, por sí misma, no juega un papel determinante en la imputación de la responsabilidad civil. Además, en una sociedad donde la información es por lo general imperfecta, resulta más eficiente que sólo se impute un resultado dañoso a una conducta cuando la realización de esta

judicado o un tercero. Esta persona *(cheapest cost avoider)* tendría que haber previsto un gasto de prevención o defensa e invocar el resarcimiento de daños y perjuicios.

1039 Gómez Calle, 2006a, pp. 482 y ss.

1040 Indica Ataz López (2006, pp. 19 y ss.) que con el litisconsorcio pasivo necesario se posibilita que la persona inocente que resulte acusada se defienda revelando lo que conoce acerca de quien ha causado el daño.

1041 En relación con los daños causados por miembro indeterminado de grupo Díez-Picazo (1999, pp. 163 y ss.) aborda la problemática de determinar si existen vías para establecer responsabilidad de los miembros del grupo o si la imposibilidad de la identificación del causante puede hacer fracasar cualquier acción que por esta vía se intente.

incrementa *ex ante* la probabilidad de que el daño se produzca. Lo decisivo ya no es haber causado un daño, sino haber creado un determinado riesgo de que éste se produjera[1042].

SHAVELL observó ya hace décadas que la exigencia de causalidad produce el efecto inmediato de limitar el alcance de la responsabilidad[1043]. Los agentes sólo tienen la obligación de reparar algunos de los daños que son consecuencia de sus acciones, y ello puede ser positivo por dos motivos. Por un lado, porque limitar el ámbito de la responsabilidad reduce los costes administrativos, es decir, aquellos asociados con el uso del proceso judicial para cobrar una indemnización. Y, por otro lado, porque la limitación de responsabilidad puede traer efectos económicos deseables cada vez que una responsabilidad más amplia genere incentivos para no abandonar actividades socialmente beneficiosas.

Pero junto a estas apreciaciones debe tenerse en cuenta también que esa limitación del ámbito de la responsabilidad hace que el agente dañador pierda motivación o incentivos para comportarse diligentemente y que no tenga ninguna razón para evitar ciertos daños que, en otras circunstancias, evitaría. A fin de cuentas, que sea eficiente reducir el alcance de la responsabilidad de esta manera dependerá de que la magnitud de los daños generados por la medida no supere al ahorro en costes administrativos. Un sistema óptimo debería tender a lograr un equilibrio entre estos dos factores.

El establecimiento de la esfera óptima de responsabilidad —el conjunto de daños de los que una persona debe responder— debería llevarse a cabo ponderando los costes y los beneficios de excluir o incluir un daño en esa esfera. Como explica DOMÉNECH, incluir un determinado tipo de daño en la esfera óptima de responsabilidad civil resultará acertado si eso acarrea la adopción de precauciones que permitan reducir el riesgo de que el daño se produzca. La causalidad material constituye un requisito previo de la citada inclusión, pues una medida preventiva que no hubiera evitado cierto tipo de daños no reduce el riesgo de que éstos tengan lugar. De ahí también que aquellos daños causados de hecho por una negligencia que, sin embargo, no incrementó *ex ante* la probabilidad de ocasionar daños de ese tipo tampoco deban de incluirse dentro de la referida esfera de responsabilidad. En ambos casos, dicha inclusión podría desincentivar a los potenciales causantes de realizar actividades socialmente beneficiosas.

1042 DOMÉNECH PASCUAL, 2005, p. 69.

1043 Indica SHAVELL (1980, pp. 463 y ss.) que cuando «one person harms. For the victim to succeed in a suit in tort against the injurer, he must establish two things. He must show that the accident in which he suffered harm in within the scope of liability —that it is not of a type which certain legal principles, notably "casual" in nature, make ineligible for further consideration—. And, assuming the accident is within the scope of liability, he must also demonstrate that the injurer is obligated to pay him damages under an applicable rule of liability».

Si pudiera establecerse con precisión el estándar de diligencia óptimo y exigible, el requisito de la causalidad carecería de trascendencia. Efectivamente, en un sistema de responsabilidad por culpa, los potenciales causantes de daños actuarían diligentemente y nunca responderían. Con arreglo a la regla de la responsabilidad por culpa sin causalidad, si la conducta no fuese diligente se respondería por todos los daños, incluso los que se hubiesen podido evitar de haber adoptado una conducta diligente. En cambio, en virtud de la regla de la responsabilidad por culpa con causalidad, sólo se responderá por los daños que se hubieran podido evitar de haber actuado diligentemente, y no por los daños que no se han podido evitar a pesar de haber actuado de manera diligente[1044].

En la realidad práctica actual, la información sobre la posibilidad de que se produzcan daños es imperfecta y no se sabe con certeza cuál es el estándar de diligencia óptimo y exigible, las cosas son diferentes[1045]. En este contexto la aplicación de la regla de responsabilidad por culpa sin causalidad nos llevaría a comportamientos excesivamente diligentes, sin ningún beneficio y sin grandes costes. Se aumentaría la diligencia hasta el punto en que se considere que el coste de la mayor diligencia iguala al beneficio derivado de reducir el riesgo y la responsabilidad civil por cualquier daño.

Por el contrario, un comportamiento que no alcanzase la diligencia óptima comportaría responder por todos los daños, tanto los que se hubiesen podido evitar, como todos aquellos que también se hubieran producido a pesar de haber adoptado la precaución exigible. Por este motivo, de aplicarse la regla de responsabilidad por culpa sin causalidad, el potencial causante tratará de evitar sobre todo conductas que considere que no alcanzan la diligencia óptima y exigible, para lo cual tenderá a tomar medidas de precaución demasiado costosas e ineficientes[1046].

En cambio, la regla de la responsabilidad por culpa con causalidad distorsiona en menor medida los incentivos de los potenciales causantes para que adopten la diligencia óptima y exigible. Efectivamente, en el supuesto que la conducta no alcance la diligencia óptima y exigible sólo se responsabiliza al demandado de los daños que hubiera podido evitar adoptando el estándar de diligencia exigible. La asimetría entre los errores por defecto y por exceso se elimina o al menos se reduce de manera considerable. Manteniéndose constantes el resto de las variables, ambos tipos de errores tienen el mismo coste, por lo que los potenciales causantes no tienen incentivos para tomar de manera sistemática precauciones demasiado costosas e ineficientes con

1044 Estima Doménech Pascual (2019, pp. 16 y 17) que «el AED explica mejor el significado y el papel de la relación de causalidad en la práctica real que las categorías y teorías usualmente empleadas en el discurso del Derecho de daños».

1045 Schäfer y Ott, 1991, p. 239.

1046 Doménech Pascual, 2019, pp. 17 y 18.

el fin de evitar, sobre todo, los errores por defecto. Cuando en este sistema de responsabilidad por culpa sin causalidad la diligencia adoptada es inferior a la considerada óptima, no se responderá por todos los daños y sólo se responderá de los daños que se produzcan entre la diligencia adoptada y la considerada óptima. Si la diligencia adoptada es superior a la considerada óptima cabe entender que el coste esperado de la eventual responsabilidad es muy próximo al que comporta la elevación de la diligencia por encima de la socialmente deseable[1047].

A modo de reflexión considero que el significado y el cometido de la relación de causalidad tiene una mejor comprensión desde el marco de las conductas socialmente deseables que desde las teorías y categorías empleadas usualmente en el discurso del Derecho de daños. Es preciso que las reglas de responsabilidad distingan entre causalidad y negligencia, pues un concepto no implica el otro. En una sociedad cada vez más robotizada y con más riesgos, la regla de la responsabilidad por culpa con causalidad resulta más eficiente que la de la responsabilidad por culpa sin causalidad.

3. La imputación probabilística de la causalidad

La prueba del nexo causal es necesariamente un razonamiento probabilístico y, por tanto, no puede suponerse que sus resultados garanticen la certeza absoluta sino tan sólo un cierto grado de probabilidad. Esto significa únicamente que lo más que puede decirse es que con un juicio de probabilidad lo que se concluye es una hipótesis, es decir, un enunciado que aceptamos como verdadero, aunque no sabemos con certeza si lo es o no y que el grado de probabilidad nos suministrará el criterio para su justificación[1048].

Separándose de la lógica binaria tradicional del todo o nada en virtud de la cual se imputa la responsabilidad por entero o se exonera de la misma, la responsabilidad basada en la probabilidad es una solución a la incertidumbre causal porque distribuye el peso de las dudas entre el agente y la víctima, reduce el coste social de los accidentes y maximiza la utilidad del dinero sin aumentar de manera apreciable el coste social derivado de los errores ni los costes administrativos[1049].

1047 *Ibidem*, 2019, p. 19.

1048 El que la prueba de la causalidad corresponda al demandante no significa, como indica Yzquierdo Tolsada (2017, p. 241), que haya que pedirle un especial rigor probatorio pues cabrán, por ejemplo, las presunciones. Así la STS 12 mayo 1986 (RJ 1986\2452) se refiere a los «cursos causales no verificables, como hipótesis en que la causalidad posible existente ente dos hechos: un comportamiento humano en forma de acción u omisión y la ocurrencia de un resultado lesivo o dañoso, no sea susceptible de demostración científiconatural».

1049 Indica Medina Alcoz (2018, pp. 116 y 117) que la responsabilidad proporcional es una solución defendida por la doctrina mayoritaria, si bien reconoce que Martín Casals y Solé

La responsabilidad basada en la probabilidad acepta la incertidumbre, por lo que tiene un acercamiento más próximo a la realidad y su indiscutible complejidad, a diferencia de la dogmática jurídica tradicional que se basa en absolutos que podrían no coincidir con esa realidad. Por ejemplo, en el caso de un paciente que hubiera recibido una indemnización total por causación de daños médicos habiendo mediado falta de consentimiento informado, la responsabilidad proporcional habría permitido que se probara el porcentaje de participación del médico en el daño[1050]. En consecuencia, la indemnización del 100 %, que no correspondía completamente al médico, que pudo ser de 60 %, 70 %, 80 % o incluso 90 %, dependiendo de cómo se haya presentado el caso, no permite la distribución de errores[1051].

La determinación de unas cuotas ideales de aporte causal en atención a las concretas circunstancias concurrentes en cada caso litigioso requiere valorar las conductas de los distintos sujetos intervinientes en el proceso desencadenante del evento dañoso producido, tanto individualmente como en su conjunto, para determinar la concreta contribución de cada uno de ellos en su génesis y correlativo deber de reparación proporcional del daño[1052].

La responsabilidad basada en la probabilidad responde a una lógica de dispersión o distribución de errores y permite que no sea exclusivamente una u otra parte la que asuma el daño, en caso de incertidumbre. Esta lógica difiere de la teoría de la imputación objetiva, la cual distribuye el riesgo al agente causante del daño si es responsable, o a la víctima si no se declara la responsabilidad. Por lo tanto, el criterio de la probabilidad se presenta como una solución equitativa, que permite un reparto más adecuado de los infortunios. Si contemplamos el supuesto, por ejemplo, de que una persona falleciera por la caída de una maceta de un balcón, el infortunio se hubiera distribuido

---

Feliu han manifestado su oposición a la incorporación de la responsabilidad proporcional como criterio general (2018, pp. 106 y 107).

1050 Según Taruffo (2013, p. 27) que el carácter relativo de la verdad procesal se describe a menudo haciendo referencia al concepto de probabilidad: se dice, en otras palabras, que la verdad procesal, como no puede ser absoluta, es necesariamente probable.

1051 Gascón Abellán, 2017, p. 93; Medina Alcoz, 2018, p. 49.

1052 En este sentido la STS 28 octubre 2021 (RJ 2021\4877), en un caso de daños ocasionados por el incendio en un oficina causado durante la instalación de las líneas de telefonía, al caérsele al operario una hoja de sierra por el hueco que recorre verticalmente la edificación por donde discurren los tubos y cables del edificio, llegando hasta el interior del cuadro eléctrico ubicado en el cuarto de contadores que adolecía de la protección adecuada, generando el cortocircuito que provocó el incendio, establece la responsabilidad de la sociedad propietaria del inmueble por la desprotección del cuadro eléctrico en un 80 % y la responsabilidad del operario por infracción del deber genérico de cuidado al no sujetar debidamente el instrumento cortante que portaba en un 20 %. Considera que son conductas negligentes cofavorecedoras de la producción del daño, sin que una de ellas constituya una causa próxima que excluya a la otra por su consideración de remota o independiente.

de manera más equitativa si no se hubiera asumido que la víctima tendría un ingreso mínimo aparentemente cierto. Eso se debe a que ese ingreso depende de un número indeterminado de variables. Lo más equitativo en ese caso habría sido determinar la probabilidad de que la víctima consiga al menos el salario básico durante su etapa productiva, e indemnizar con base en aquello. Es decir, determinar el porcentaje de la participación de la caída de la maceta en el daño patrimonial que implica no recibir ya alguna remuneración en el futuro[1053].

Esta idea tiene una consecuencia determinante en la finalidad del Derecho de daños. Esta rama del Derecho existe para indemnizar daños que una persona ha causado a otra. Sin embargo, las reglas de indemnización de daños no sólo buscan esa finalidad, sino también tienen un propósito disuasivo tendiendo a que la conducta de las personas busque la evitación de los daños[1054]. Y la teoría de la imputación objetiva puede no cumplir la referida finalidad disuasoria. El AED nos ofrece precisamente esa visión de que la regla absoluta de que «la causalidad es o no es» genera o un desincentivo para que las personas tomen las medidas necesarias para evitar causar daños, o, por el contrario, la adopción de medidas excesivas para evitar los daños, volviéndose una matriz ineficiente[1055].

3.1. El grado de probabilidad

Sostener que un hecho está probado equivale a afirmar que, a la vista de los datos disponibles y de las indagaciones, está justificado aceptar como verdadero ese hecho. Ahora bien, como el resultado de esa prueba es siempre probabilístico, para poder afirmar que el nexo causal entre una actuación y un daño está probado habrá que acreditar que la probabilidad de que esa actuación sea la causa del daño es mayor que la probabilidad de que el daño se deba a otras causas; así como que dicha probabilidad es suficiente para aceptar como verdadera esa relación de causalidad[1056].

Lo relevante para poder aceptar como verdadero el nexo causal es saber cuál es el grado de probabilidad suficiente, es decir, cuál es el estándar de prueba que se precisa. Los estándares de prueba del nexo causal son los criterios que establecen qué grado de probabilidad se requiere para aceptar como verdadero un hecho. Diferentes estándares de prueba del nexo causal expresan distintos niveles de exigencia para considerar probado un hecho.

1053 MEDINA ALCOZ, 2018, p. 63.

1054 Indica ÁLVAREZ OLALLA (2021, p. 48) que sin perjuicio de la función preventiva que pueda desempeñar la responsabilidad civil, la función primordial es la reparadora o indemnizatoria a favor de la víctima del daño que otro le ha causado.

1055 MEDINA ALCOZ, 2018, p. 77; TARUFFO, 2013, p. 34.

1056 ÁLVAREZ OLALLA, 2021, p. 31; MEDINA ALCOZ, 2018, p. 84.

La opción por un estándar de prueba u otro es una cuestión de elección política o valorativa que depende en esencia de lo tolerante que el sistema sea ante estas dos situaciones en materia probatoria: aceptar como no probado lo que es verdadero y aceptar como probado lo que es falso. La elección por uno u otro estándar de prueba dependerá de en qué medida uno de ellos es preferible o más asumible y en qué grado estamos dispuestos a asumirlo[1057]. Y en esa tesitura podrían darse los siguientes supuestos:

A. Aceptar como no probado lo que es verdadero se considera menos tolerable que aceptar como probado lo que es falso. Aquí el estándar de prueba será poco exigente y podrá valer una probabilidad por debajo de la probabilidad prevalente.

B. Aceptar como probado lo que es falso se considera menos tolerable que aceptar como no probado lo que es verdadero. En este caso el estándar de prueba será especialmente exigente. Esta es la razón por la que en el proceso penal (donde la situación A implica la condena de inocentes) se exige una probabilidad muy cualificada para imponer una condena y que suele expresarse con la fórmula del «más allá de toda duda razonable».

C. Y, por último, si tanto aceptar como no probado lo que es verdadero como aceptar como probado lo que es falso se consideran situaciones igual de asumibles o tolerables, entonces el estándar de prueba no será particularmente exigente y la probabilidad prevalente puede ser suficiente[1058].

En contraste con lo que ocurre en los procesos penales, donde se impone un estándar especialmente exigente, en el resto de los procesos la probabilidad prevalente es el estándar de prueba habitualmente exigido. Con arreglo a este estándar una hipótesis sobre un hecho resultará probada cuando sea más probable que cualquiera de las hipótesis alternativas sobre ese mismo hecho y siempre que dicha hipótesis resulte más probable que su correlativa hipótesis negativa[1059]. Ahora bien, pese a que la probabilidad prevalente no es un estándar particularmente exigente, la esencial incertidumbre que caracteriza a la prueba de la causalidad hace que en ocasiones se presenten dificultades en el momento de decidir si ese grado de probabilidad exigido por el estándar de prueba del nexo causal se ha alcanzado[1060].

1057 Los estándares de prueba, según Gascón Abellán (2017, p. 87), son los criterios que indican cuando se ha conseguido la prueba de un hecho, o sea cuando está justificado aceptar como verdadera la hipótesis que lo describe.

1058 Gascón Abellán, 2005, p. 131.

1059 Medina Alcoz, 2018, pp. 27 y 28.

1060 La posibilidad de aplicar un criterio racional de decisión que se puede definir como el de la probabilidad prevalente, en términos generales significa que en presencia de más hipótesis relativas a la existencia o no existencia de un hecho es racional escoger la que, con base en las pruebas, adquirió el grado relativamente más elevado de confirmación lógica. El criterio de la probabilidad prevalente indica Taruffo (2013, p. 45) que en realidad incluye dos reglas: la de «más probable que no» y la de «la prevalencia relativa de la probabilidad».

La incertidumbre es consustancial a la prueba de la causalidad porque un daño puede deberse a causas concurrentes o a causas diferentes y no siempre resulta fácil precisar los daños derivados de un primer daño ya producido, o los daños que son consecuencia de actividades irremediablemente dañosas pero consideradas beneficiosas para la sociedad (p. ej. centrales nucleares o petroquímicas). Pero la incertidumbre, en los procesos de responsabilidad por daños, tiene consecuencias de importancia en términos de justicia.

La causalidad no siempre resulta probada o no probada y son muy frecuentes los casos de incertidumbre con un significativo margen de error, o aquellos en los que no resulta fácil decidir si, de acuerdo con el estándar probatorio, la actuación enjuiciada ha sido o no la causa del daño. Una propuesta para corregir este eventual resultado injusto ligado a la incertidumbre puede articularse a través del establecimiento de un nuevo estándar de prueba.

3.2. La ponderación de las oportunidades perdidas como estándar de prueba

Aunque no pueda probarse que una actuación incorrecta causó un daño porque la probabilidad de ese nexo causal no alcanza el estándar de prueba exigido, si al menos puede probarse que esa actuación hizo que se perdiera una oportunidad real y seria de evitarlo (sin que conste acreditado que el daño se debiera a otras causas), entonces debe imputarse responsabilidad al agente y obtenerse por ello una indemnización proporcional a las expectativas de éxito de la oportunidad que se perdió. Sobre la base de las oportunidades perdidas se consigue un remedio resarcitorio para casos de incertidumbre que goza de fundamento empírico, facilita la prueba a la parte perjudicada rebajando el estándar de prueba y es asimismo un criterio para el cálculo de la indemnización[1061].

La ponderación de las oportunidades perdidas puede configurarse como un remedio normativo resarcitorio para casos de incertidumbre que posibilita el cálculo de la indemnización, al incidir sobre la prueba del nexo causal estableciendo una presunción *iuris tantum* que facilita la prueba a la parte perjudicada. Esta ponderación rebaja el estándar de prueba o el grado de probabilidad y logra corregir la injusticia que conlleva la denegación de toda indemnización como consecuencia de la especial dificultad que supone para el damnificado probar el nexo causal[1062].

1061 Gascón Abellán, 2017, pp. 90 y 91.

1062 Medina Alcoz, 2018, p. 16.
La STS 18 octubre 2005 (RJ 2005\8530), en relación con la exigencia del nexo de causalidad, considera que basta la certidumbre manifiesta de que el conjunto de circunstancias ha repercutido en el daño sufrido para estimar responsabilidad.

Cuando no existe suficiente certeza de la existencia o de la inexistencia de la relación de causalidad y se demuestra que hubo una posibilidad de evitar el daño, posibilidad que se perdió a causa de la actuación incorrecta, la herramienta de la ponderación de las oportunidades perdidas permitiría una imputación de la responsabilidad y en consecuencia el reconocimiento de la indemnización. Es un remedio normativo resarcitorio que resulta de utilidad para gestionar la inseguridad causal a efectos indemnizatorios[1063].

Con este remedio normativo resarcitorio el nexo causal entre la actuación y el daño producido resulta acreditado con una probabilidad que es directamente proporcional a la probabilidad de que al actuar correctamente se hubiera evitado el daño, e inversamente proporcional a la probabilidad de que el daño se haya debido a otras causas. En definitiva, probar que con el comportamiento del agente se perdió una posibilidad significativa de evitar el daño atribuye una cierta probabilidad a la existencia del nexo causal, probabilidad que se refuerza con el hecho de que no está probado que el daño se debiera a otras causas[1064].

La ponderación de las oportunidades perdidas consigue facilitar la prueba del nexo causal a la parte perjudicada porque rebaja el estándar de prueba normalmente exigido. Es un modo de facilitar la prueba de quien reclama una indemnización en la medida en que esa prueba resulta aliviada en relación con la situación ordinaria, ya que lo que se debe probar no es que el comportamiento incorrecto causó el daño, sino tan sólo que hizo que se perdiera una posibilidad significativa de evitarlo. Aunque en la mayoría de los casos de daños no será posible demostrar que la falta de diligencia fue la causa del daño, si será posible acreditar que la negligencia privó la oportunidad de evitar el daño[1065].

Y esa facilitación de la prueba consiste en demostrar simplemente que había una probabilidad significativa de haber evitado el daño para que pueda darse por probado el nexo causal y se impute responsabilidad. Resulta suficiente que el porcentaje de probabilidad requerido para dar por probado el nexo causal sea inferior al normalmente exigido por el estándar vigente. En

1063 En cuanto a la atribución de responsabilidad por pérdida de oportunidad, *vid*. Asua González, 2013, pp. 155 y ss.

1064 Gascón Abellán, 2017, pp. 91 y 92.

1065 Así, como propone Luna Yerga (2005, p. 3), si suponemos un caso en que el facultativo no diagnostica que el paciente sufre un cáncer sino cuando ya ha devenido inoperable y que, aún detectado a tiempo, el paciente sólo hubiera tenido un 30 % de probabilidades estadísticas de sobrevivir. Una aproximación racional permitiría al demandante una compensación por la pérdida de oportunidad. Si bien en la mayoría de los casos no será posible demostrar que la negligencia médica fue la causa de la muerte o del empeoramiento de la salud del paciente, sí será posible acreditar que dicha negligencia le privó de una oportunidad de curarse igual al 30 %.

definitiva, basta con que el nexo causal sea significativamente probable. Esto es un modo de rebajar el estándar de prueba del nexo causal, y no de prescindir de esta[1066].

Puesto que lo que se acredita no es si la actuación enjuiciada causó el daño, sino únicamente que esa actuación hizo perder una oportunidad de evitarlo, el agente responderá por la probabilidad de haber evitado el daño si hubiera actuado de manera diligente, y no por el daño real producido. En consecuencia, la indemnización ha de ser inferior a la que correspondería por el daño, y en todo caso será proporcional a las expectativas de la oportunidad que se perdió (p. ej. curación). Otra cuestión es que no sea tarea fácil proceder al cálculo preciso de esa probabilidad y por lo tanto de la indemnización. Con todo, en esta posibilidad de reconocer el nexo causal y luego tasar la indemnización es donde reside la potencialidad aplicativa de esta propuesta de ponderar la oportunidad perdida[1067].

3.3. Presupuestos para la aplicación de la propuesta de ponderación

Es preciso sin embargo poner de manifiesto que este remedio probatorio de la ponderación de oportunidades comporta unos determinados riesgos si se realiza una inadecuada aplicación o utilización del mismo. El mayor riesgo es que puede acabar siendo aplicada con razón o sin ella, instaurando una inaceptable práctica de sustitución por sistema de las reglas y requisitos tradicionales de la prueba del nexo causal. Para evitar este riesgo conviene tener claro cuáles son los requisitos o presupuestos que justifican el recurso puntual a esta propuesta de ponderación[1068].

Para que pueda aplicarse válidamente ha de concebirse como un remedio subsidiario a la prueba del nexo causal al que exclusivamente puede recurrirse en casos de incerteza del nexo causal, esto es, cuando no está pro-

---

1066 En esta perspectiva, indica Taruffo (2013, p. 101), la prueba cumple con su función epistémica poque se configura como el instrumento procesal que típicamente es útil a los tribunales para descubrir y conocer la verdad en torno a los hechos de la causa. Específicamente, la prueba es el instrumento que provee a los tribunales la información que necesitan para establecer si los enunciados sobre los hechos se fundan en cimientos cognoscitivos suficientes y adecuados al fin de que se consideren como verdaderos.

1067 Apunta Gascón Abellán (2017, p. 93) que la potencialidad aplicativa de la teoría de la oportunidad perdida y la facilitación de la prueba que supone hacen que este remedio probatorio comporte el riesgo de terminar aplicándose con razón o sin ella. Y en especial pueda acabar estableciendo una inadmisible sustitución sistemática de las reglas tradicionales de la prueba del nexo causal. Por eso es necesario evitar este riesgo, y para ello conviene tener claro cuáles son los presupuestos o requisitos de su aplicación, es decir, los que justifican el recurso puntual a esta técnica.

1068 Medina Alcoz, 2007, p. 49.

bado que la actuación incorrecta causó el daño, pero tampoco está probado que el daño se debiera a otras causas[1069]. También resulta necesario que la probabilidad de haber evitado el daño con una actuación diligente sea una probabilidad relevante o significativa, y no una mera expectativa abstracta, especulativa o excepcional[1070].

La propuesta formulada de ponderación de las oportunidades perdidas como alternativa a la prueba del nexo causal no resulta de aplicación cuando se utiliza de manera arbitraria y sin motivo alguno; así, cuando está adecuadamente probado el nexo causal y se pretende utilizar con el único fin de rebajar de manera indebida la indemnización, usurpando a la víctima su derecho a la indemnización total para reconocerle sólo un resarcimiento parcial. Tampoco es procedente cuando a pesar de no estar adecuadamente probada la inexistencia del nexo causal, se utiliza la ponderación con el único fin de proporcionar de manera indebida alguna indemnización a quien dice haber sufrido un daño; en tal caso, se estaría favoreciendo a la supuesta víctima concediéndole una indemnización que no le corresponde[1071]. De igual modo no resultaría de aplicación cuando no se acredita que existía una probabilidad relevante o significativa de evitar un resultado dañoso. Contemplar la posibilidad a la indemnización siempre y en todos los casos cuando la probabilidad atribuida a la oportunidad perdida en la evitación del daño sea muy reducida es un despropósito, pues cabe razonablemente entender que el requisito del nexo causal se diluye y se estará condenando por el mero incremento del riesgo, por pequeño que este sea[1072].

V. Responsabilidad por el hecho de otro

1. La responsabilidad de la organización

El sistema de responsabilidad por daños de una sociedad compleja en la que las personas interactúan para la consecución de intereses diferentes y, por lo general, contrapuestos ha de asentarse en la imputación de daños con base en la titularidad de actividades o relaciones y no mediante criterios más o menos estrictos de causalidad o evitabilidad. En el ordenamiento jurídico español el responsable por el hecho de otro no es ajeno a la causación del daño, al presumirse su participación a través de una conducta negligente

1069 Luna Yerga, 2005, p. 2.

1070 Medina Alcoz, 2007, pp. 87 y 94.

1071 Medina Alcoz, 2018, p. 143.

1072 Luna Yerga (2005, p. 7) considera que es necesario establecer unos límites en la aplicación de la doctrina de la pérdida de oportunidad que contengan su ámbito de aplicación y eviten la sustitución sistemática y arbitraria de las reglas tradicionales de la causalidad y su prueba.

consistente en no haber evitado, debiendo hacerlo, el daño. Dando por sentado que nadie responde por otro si no hay previsión legal al respecto, cabe razonablemente considerar que no existe responsabilidad por hecho ajeno sino, más bien, un auténtico caso de responsabilidad de la organización de la que se es titular, es decir, responsabilidad por hecho propio[1073].

En el actual panorama social y económico la responsabilidad por hecho ajeno no ha de ser contemplada como un mecanismo de reproche sino como una garantía en favor de las víctimas que asume el agente que decide participar en el tráfico conforme a alguno de los roles previstos legalmente. La concepción clásica de la responsabilidad por el hecho de otro, como un régimen en el que un principal responde por un agente a quien encarga la realización de una actividad, pierde la claridad y precisión de sus perfiles o contornos cuando pretendemos aplicarla a un agente que desempeña sus funciones en una organización compleja, en la que las funciones de control y supervisión están diluidas en una infinidad de relaciones de agencia.

La responsabilidad por el hecho de otro ha de ser contemplada como un coste más de la actividad empresarial, como una prima que paga el empresario en favor de las víctimas potenciales de daños causados por la actividad propia de la empresa. Un seguro obligatorio que la ley concede a las víctimas de daños causados por las organizaciones. El empresario no es más que un codeudor que asume el riesgo de la insolvencia de sus colaboradores y los costes de identificación de la víctima. En la responsabilidad de la organización, el paradigma ya no es la relación principalagente, sino hacerse cargo con arreglo a criterios objetivos de la responsabilidad por todos los daños derivados de la actividad de la organización de la que se es titular o de los bienes que componen el propio patrimonio. De esta manera confluyen las reglas de responsabilidad de las organizaciones privadas con las de la mayor empresa de servicios: la Administración pública.

Los regímenes de la responsabilidad por el hecho de otro de organizaciones públicas y empresarios privados conceptualmente no son diferentes, pues pretenden los mismos objetivos: distribuir de manera eficiente los incentivos, evitar la insolvencia del responsable y ofrecer a la víctima del daño un régimen eficaz de protección. Ambas organizaciones, de Derecho privado y de Derecho público, pasan de la responsabilidad por hecho ajeno a la responsabilidad de la organización[1074].

1073 El sistema de responsabilidad por hecho ajeno instaurado por el Código Civil, como sostiene Álvarez Olalla (2021, p. 95), en principio, puede considerarse cuasiobjetivo, es decir, basado en la culpa, pero con inversión de la carga de la prueba.

1074 Indican Salvador Coderch y Gómez Ligüerre (2002, p. 5) que «es preferible un sistema que desplace la responsabilidad hacia quien está tanto en mejores condiciones de asegurarla como de controlar los riesgos que pueden causarnos daños».

2. El criterio de atribución de la responsabilidad

En garantía de los administrados la Administración pública responde por los actos de sus autoridades o empleados públicos. En el caso de los dependientes de una empresa la responsabilidad por hecho de otro se basa en un criterio de riesgo creado, y en consecuencia la imputación de responsabilidad sólo es excusable si media una causa extraña (p. ej., culpa de la víctima). En el caso de los menores o de las personas con discapacidad la base de la responsabilidad es la culpa *in vigilando*, por lo que los padres, tutores o curadores pueden llegar a exonerarse de responsabilidad por los hechos de los menores sujetos a patria potestad o tutela, o por una persona con discapacidad bajo la curatela de su curador con representación plena cuando acreditan que no les ha sido posible impedir el daño.

La justificación de esta distinción entre las diferentes justificaciones de la responsabilidad por el hecho de otro puede hacerse por la distinta aversión al riesgo de las personas implicadas. El comportamiento del personal al servicio de la Administración estaría sesgado por su aversión al riesgo ante la posibilidad de tener que responder por los daños producidos en el desempeño de sus funciones. Quienes tienen dependientes a su cargo (en especial si se trata de personas jurídicas) son en principio personas dedicadas a una actividad empresarial que se supone que tienen una aversión al riesgo menor. Los padres, tutores y curadores, en cambio, son personas físicas cuyo nivel de aversión al riesgo no tiene por qué ser menor que el promedio de la población. Como los sistemas basados en la responsabilidad objetiva tienden a asignar el riesgo a los potenciales agentes que generan el daño y los sistemas basados en la culpa tienden a asignárselo a las víctimas, la regla vigente para daños causados por dependientes y por directores o administradores de personas jurídicas puede explicarse como un mecanismo propenso a lograr que el riesgo lo asuma un agente económico relativamente neutral a él (que es quien contrata al dependiente, director o administrador). Pero esta lógica no se puede aplicar a los representantes de los menores o discapacitados, cuya situación se asimila en cierto modo a la atribución de responsabilidad subjetiva por hechos propios, debiendo el presunto responsable probar el empleo de toda la diligencia exigible para acreditar la ausencia de culpa, y en definitiva para poder eximirse de responsabilidad.

En los supuestos de responsabilidad por el hecho de otro, cuando los daños causados tienen lugar en situaciones en las cuales resulta más importante la precaución bilateral que el nivel de actividad de las partes en la generación de los costes sociales de los daños, considero que es más eficiente un criterio fundado en la responsabilidad subjetiva. En cambio, cuando el daño se produce por el riesgo de las cosas entiendo que resulta más eficiente que se adopte un criterio fundado en la responsabilidad objetiva, que posibilitará tener en consideración el nivel de precaución y de actividad que el dueño de la cosa este llevando a cabo.

En los supuestos de actividades de alto riesgo que pueden provocar daños muy elevados —p. ej., central nuclear o industria química— pienso que lo eficiente es que el criterio de atribución que establezcan las normas que regulan el Derecho de daños sea el de la responsabilidad objetiva con ausencia de culpa propia y exención por culpa ajena, con el objeto de asegurar doblemente un nivel de precaución adecuado por parte del potencial agente causante del daño, a pesar de que cuando se produzca el daño se ocasionen mayores costes administrativos.

En ocasiones resulta ineludible definir el concepto de culpa a efectos de determinar la existencia de responsabilidad civil por parte de un agente económico. En tales casos, en lugar de utilizar pautas ligadas con la costumbre, el conocimiento y las condiciones propias en las que se desenvuelven las actividades de las personas, resultaría más eficiente emplear criterios que tengan en cuenta el impacto de las acciones de las partes sobre la probabilidad de los daños y sobre el coste de evitarlos. Estas consideraciones —habituales en la jurisprudencia norteamericana que se relacionan con la llamada «regla de Hand»— son de utilidad para la elaboración en nuestro ordenamiento jurídico de un Derecho de daños en el que se postule que la culpa se ha de identificar con una situación en la cual el beneficio social de incrementar la precaución (que depende de la probabilidad de causar un daño y del monto de dicho daño) sea superior que el coste social que dicho incremento comporta.

3. Una propuesta funcional

3.1. La atribución de la responsabilidad al principal

Una nueva configuración del Derecho de daños ha de ser capaz de revelar que la responsabilidad por el hecho de otro tiene por objeto establecer una solución de imputación de responsabilidades que reduzca el coste social de los daños creando incentivos para que las personas se comporten de una manera más eficiente, llegando a considerar incluso que el daño producido pueda resultar de utilidad para determinar una reasignación de recursos que maximice la riqueza agregada de la sociedad[1075].

Un análisis de la responsabilidad civil por los daños causados por otros ha de partir de la evidencia de que se trata de situaciones en las que es muy habitual que nos hallemos ante escenarios de concurrencia de culpas y en las que resulta complejo descifrar qué parte del daño corresponde a las autoridades

1075 Consideran Salvador Coderch, y Gómez Ligüerre (2002, pp. 19 y 20) que el Derecho de daños de una sociedad compleja en la que los individuos interactúan para la consecución de intereses diferentes (y, a menudo, contrapuestos) evoluciona irremediablemente hacia la imputación de daños con base en la titularidad de actividades o relaciones y no mediante criterios más o menos estrictos de causalidad o evitabilidad.

o empleados públicos, a los dependientes o a los menores o personas con discapacidad y qué parte a la Administración pública, a los empresarios o a los padres, tutores o curadores. La persona que se encuentra en una situación de dependencia puede ser considerada agente del daño que ha causado y sujeto responsable del mismo, pero la nota de la dependencia posibilita implicar al principal en el proceso de causación del daño y asimismo en la responsabilidad que se derive. Sobre la base de este problema de separación de las causas del daño, la solución más lógica es asignar la responsabilidad al principal, por ser la solución que minimiza en mayor grado el coste social de los daños producidos y la que mejores incentivos genera para que los agentes económicos (principales, dependientes, potenciales víctimas) adopten un comportamiento eficiente al objeto de maximizar su propio beneficio como el beneficio agregado de la sociedad[1076].

La atribución por regla general de la responsabilidad al principal por los actos de otros, excluyendo en principio a quien ha causado el daño, provoca una respuesta rápida a la situación conflictiva que tiende a favorecer una reducción de los costes que comporta diferir la resolución del conflicto, así como una reducción significativa de los costes de gestión que comporta individualizar y concretar las causas y sujetos causantes del daño. Al mismo tiempo facilita la comprensión de que la atribución de la responsabilidad al principal no precise siempre y en todo caso la necesidad de individualizar y concretar cómo se ha provocado el daño. Causado un daño se presume que la responsabilidad civil ha de ser asumida por el principal, dada su condición de Administración pública, empresario, padre, tutor o curador.

En el supuesto que el principal considere que el sujeto que realmente ha causado el daño ha sido la autoridad o empleado público, el dependiente o el menor o persona con discapacidad, se podrá liberar de responsabilidad mediante la acción de repetición, acreditando que los daños causados «por otros» se produjeron al margen de la ajenidad y la dependencia, o mediante la exoneración, probando que ha adoptado la máxima diligencia. No obstante, esta posibilidad del principal de liberarse de responsabilidad comporta unos costes, por lo que sólo tendrá incentivos para liberarse de la responsabilidad cuando las posibilidades de éxito resulten claras, por lo que las reclamaciones que pueda plantear siempre serán menos y estarán en todo caso calculadas, reduciendo de esta manera los costes asociados a las reclamaciones imprudentes.

Atribuir por regla general la responsabilidad al principal por los actos de otros entiendo que encuentra justificación desde una explicación funcional del Derecho de daños. Es útil porque concreta la responsabilidad e incentiva las conductas preventivas de quienes pueden asumirlas a costes más bajos. En cambio, fraccionar la responsabilidad a través de su dispersión entre las

1076 Posner, 2007, p. 182.

personas que han causado el daño, además de generar desorbitados costes de gestión desincentivaría la prevención de los daños porque desaparecería el efecto de sensibilización que frente a las consecuencias del daño provocaría tener que asumir únicamente una pequeña fracción del total de la responsabilidad. Un Derecho de daños que quiera incentivar las conductas de prevención ha de concentrar la responsabilidad en el principal, aunque sea liberando a las autoridades o empleados públicos, a los dependientes o a los menores o personas con discapacidad de la responsabilidad que en principio pudiera corresponderles, pues únicamente cuando alguien percibe que tendrá que asumir un alto porcentaje de responsabilidad internalizará el coste de prevención del riesgo. Un Derecho de daños menos dogmático considero que ha de favorecer que la responsabilidad se atribuya por defecto al principal y no a los agentes que han causado el daño, pues por su condición de principal está en mejor posición estratégica para poder evitar los daños a costes más bajos, por lo que se le debe incentivar para que adopte medidas preventivas y conductas diligentes[1077].

La atribución de la responsabilidad al principal por los actos de las autoridades o empleados públicos, los dependientes o los menores o personas con discapacidad entiendo que también encuentra justificación desde una explicación funcional del Derecho de daños, en la medida en que permite afrontar los costes que pueda comportar la responsabilidad en mejores condiciones. Una persona con más recursos tiene más capacidad para asumir una pérdida económica imprevista, ya que en términos de utilidad marginal el mismo coste causa menos perjuicio, a diferencia de la persona con menos recursos que tendría que utilizar parte de los destinados a su subsistencia. La concentración del mayor peso de la responsabilidad por daños en el principal, liberando de manera relativa a los agentes causantes del daño (arts. 1903 y 1904 CC y 120,4 CP), encuentra su justificación en la minimización del coste social de los daños, evitando que la imputación a los agentes causantes del daño pudiera acarrear su empobrecimiento por su falta de solvencia y por un deterioro irreversible de su capacidad económica. Por otra parte la concentración del grueso de la responsabilidad por el hecho de otro en el principal, por ser la parte económicamente más solvente, posibilita el aprovechamiento de ventajas estratégicas o «efectos de escala», como puede ser la facilidad para acordar contratos de aseguramiento de los riesgos, o incluso para ejercer presión al objeto de trasladar el coste de los daños a la sociedad en su conjunto, sea repercutiendo el coste de los daños en el precio de los servicios y bienes, sea forzando su difusión social vía tributos[1078].

1077 Álvarez Olalla, 2021, pp. 95 y 137; Coloma, 1999, pp. 87 y ss.

1078 Solé Feliu, 2012, pp. 157 y 158.

3.2. El papel de las víctimas y de los causantes de los daños

Evidentemente hay que ser conscientes de que trasladar la responsabilidad por los daños producidos por las autoridades o empleados públicos, los dependientes o los menores o personas con discapacidad al principal desincentiva a las personas que han causado el daño así como a las potenciales víctimas para adoptar conductas diligentes y medidas preventivas, al ser conocedores que será en cualquier caso el principal quien cargará con las consecuencias de los daños causados, por lo que ni las personas causantes de los daños ni las víctimas han de quedar totalmente exonerados de responsabilidad. Por supuesto, las víctimas que sufran un perjuicio tendrán que cargar con su coste cuando el daño se haya producido por fuerza mayor, al no resultar posible imputar causalmente el daño a ningún agente. Ello hace que las posibles víctimas adopten conductas diligentes y medidas preventivas de cuidado de sus bienes. En cuanto al agente causante material del daño, tendría que asumir la responsabilidad cuando le sea imputable por no haber actuado de manera diligente o más allá de las funciones encomendadas o asignadas[1079]. De esta manera se puede llegar a concienciar al potencial agente causante del daño que la completa falta de diligencia en el desempeño de las actividades pueden hacerle incurrir en responsabilidad, incentivando así conductas preventivas que pueden minimizar el impacto social de los daños a costes más reducidos[1080].

En términos de coste social agregado también es importante que el Derecho de daños garantice la indemnización a la víctima. En los supuestos en que pueda verse frustrada la indemnización de la víctima por falta de solvencia del agente causante del daño, trasladar la responsabilidad por hecho de otro al principal evita una dinámica de causar daños y además incentiva que las medidas de prevención sean adoptadas por quienes al controlar el desarrollo de las actividades pueden asumir la prevención a costes más bajos, favoreciendo de esta manera la reducción del coste social de los daños[1081]. Por estos motivos considero que resulta más eficiente que la responsabilidad por el hecho de otro se imponga con carácter general de manera imperativa al principal, sin consentir que los potenciales agentes causantes de los daños puedan estipular o asumir en exclusiva la respon-

---

1079 Como evidencian reglas como la de exoneración de responsabilidad empresarial en caso de acreditar la diligencia de un buen padre de familia (art. 1903 CC *in fine*), la posibilidad de repetir contra el empleado tras pagar el daño a la víctima (art. 1904 CC) o en todo caso el carácter meramente subsidiario de la responsabilidad civil del empleador en supuestos de ilícito penal del trabajador (art. 120,4 CP), que convierte al trabajador en responsable principal por los daños causados.

1080 Salvador Coderch, Gómez Ligüerre, Ruiz García, Rubí Puig y Piñeiro Salguero, 2002, pp. 9 y ss.

1081 Posner, 2007, p. 179; Salvador Coderch, Gómez Ligüerre, Ruiz García, Rubí Puig y Piñeiro Salguero, 2002, pp. 7 y ss.

sabilidad con exoneración de la Administración pública, empresario, padre, tutor o curador, por ser la parte débil del contrato.

Una vez adoptada la visión funcional de las normas de responsabilidad civil por el hecho de otro en términos de establecimiento de incentivos para la práctica de conductas preventivas y de minimización del coste social de los daños, también merecen una explicación los supuestos de exoneración de responsabilidad del principal cuando se acredita la utilización de *toda la diligencia de un buen padre de familia para prevenir el daño* (art. 1903 *in fine* CC).

En los supuestos de exoneración de responsabilidad por el empleo de toda la diligencia debida no resulta preciso que el principal actúe de manera diferente, pues su conducta se encuadra dentro de los parámetros de la diligencia debida. En cambio, existiendo en alguna medida falta de diligencia del principal por la conducta todavía más negligente y reprochable del agente causante del daño, la acción de repetición o regreso permite que se le reasigne en última instancia la responsabilidad por el daño causado.

La acción de repetición (art. 1904 CC) operaría en situaciones de concurrencia de culpa grave del agente causante del daño y leve del principal[1082] y comportaría que en estas situaciones el principal participaría de la responsabilidad —solidariamente— en función de la cuota de participación de cada parte y de la solvencia de las personas que han causado el daño con la posterior posibilidad de reclamación al causante material del daño, quedando establecido de tal modo un orden de incentivos eficaz para estimular las conductas de prevención de daños a costes más reducidos[1083]. Sin embargo, ni la Administración pública, ni los empresarios ni los padres, tutores o curadores acostumbran a entablar acciones de repetición frente a las personas causantes de los daños, probablemente porque al estar bajo su órbita y control no promueven que las situaciones de actuación parcialmente culposa del potencial agente causante del daño se produzcan[1084].

VI. El seguro y la prevención

1. El seguro y la responsabilidad civil

Las materias de responsabilidad civil y seguros están estrechamente relacionadas y la evolución de la regulación de la responsabilidad civil ha incidido de manera significativa en el seguro y, a la inversa, dicha evolución no se hubiera producido sin un paralelo desarrollo de la institución del seguro[1085].

1082 El Derecho español exige la total falta de culpa del empleador (art. 1903 *in fine* CC).

1083 Posner, 2007, pp. 181 y 182.

1084 Salvador Coderch y Gómez Ligüerre, 2002, p. 8.

1085 Álvarez Olalla, 2021, p. 27; Alonso Soto, 2000, pp. 193 y ss.

Las consecuencias económicas de las diferentes reglas de atribución de la responsabilidad civil por daños son susceptibles de sufrir modificaciones cuando el potencial agente causante del daño suscribe un seguro de responsabilidad civil o el posible perjudicado contrata un seguro contra accidentes, al objeto de asegurarse contra los riesgos derivados de dichos daños.

La lógica económica para la contratación de un seguro guarda relación con la existencia de riesgo y, en esencia, se produce en contextos en los cuales los potenciales agentes causantes del daño o los posibles perjudicados son aversos al riesgo. No obstante, la contratación de seguros además está influenciada por las reglas de atribución que resulten de aplicación para imputar la responsabilidad civil. En resumidas cuentas, un ordenamiento jurídico asentado en la regla de la responsabilidad subjetiva no incentiva la suscripción de seguros de responsabilidad civil y, en cambio, sí incentivará la contratación de seguros por daños. En cambio, en un sistema asentado en la regla de la responsabilidad objetiva habrá una mayor tendencia a contratar seguros de responsabilidad civil y una menor tendencia a contratar seguros por daños. Esto se debe a que los sistemas de responsabilidad implican asignaciones del riesgo que en ocasiones recaen sobre el posible perjudicado y en otras recaen sobre el potencial agente causante del daño, generando así estímulos diferentes para que los potenciales agentes y los posibles perjudicados se aseguren[1086].

Esta última idea no comporta que los seguros de responsabilidad civil no sean necesarios en los sistemas jurídicos fundados en el criterio de responsabilidad subjetiva, ni que no sean necesarios los seguros por daños en los sistemas jurídicos asentados en el criterio de responsabilidad objetiva. En estas situaciones la intervención de las compañías aseguradoras es de utilidad en primer lugar para desempeñar la función de mandatarios de los agentes causantes del daño y de los perjudicados en el proceso de negociación para el establecimiento de la responsabilidad civil por los daños causados. Además, la compañía de seguros desempeña la función de financiar a los perjudicados al adelantar el pago de la indemnización que, en el caso de no existir seguro, únicamente recibirían después de negociar extrajudicialmente o pleitear. El seguro de responsabilidad civil cumple en todo caso la función de garantía de que el potencial agente causante del daño va a tener la capacidad financiera suficiente para afrontar la indemnización que corresponda al eventual perjudicado[1087].

En los seguros por daños resulta de utilidad la figura de la subrogación para agilizar y facilitar la reparación de los daños. Esa subrogación posibi-

1086 Basozabal, 2014, p. 63; Papayannis, 2014, pp. 17 y 18.

1087 Indica Álvarez Olalla (2021, p. 110) que el seguro de responsabilidad civil limita el riesgo de insolvencia de los titulares de actividades potencialmente peligrosas y a la vez cubre a las víctimas de los daños causados por actividades peligrosas del riesgo de la insolvencia o solvencia limitada de sus titulares lita que el asegurador del perjudicado pueda demandar al agente que ocasionó los daños hasta el importe de la indemnización previamente abonada. Gracias a la subrogación la acción judicial de reparación de daños puede interponerse por la compañía aseguradora, que previsiblemente operará de manera más eficiente que la propia víctima. La existencia de un seguro de responsabilidad civil también posibilita que el asegurado sea auxiliado por la aseguradora en los procesos judiciales y extrajudiciales. En el ordenamiento jurídico español no sólo se establece la facultad subrogatoria con carácter general en los arts. 1111 CC y 43 LCS, sino que también se establece que la garantía prevista en los seguros de responsabilidad civil se extienda al pago de los gastos y costas judiciales y extrajudiciales para combatir las pretensiones de la víctima (art. 74 LCS)[1088].

Las ventajas de la existencia de un seguro no pueden ocultar sin embargo los eventuales desajustes que el mismo puede ocasionar. Una posible consecuencia no deseable que repercute sobre la eficiencia económica que tienen en principio los seguros es que pueden ocasionar problemas de riesgo moral. Esta cuestión de riesgo moral asociado a los seguros se puede afrontar con un Derecho de daños que contemple la posibilidad de incluir cláusulas en los contratos de seguros que exoneren a las compañías aseguradoras de asumir el compromiso de cobertura del riesgo en determinadas hipótesis[1089]. También se puede afrontar mediante incentivos que tengan por objeto recompensar marginalmente al asegurado por los niveles adicionales de precaución que adopte, como puede ser mediante la inclusión de bonificaciones por ausencia de daños. En todo caso el Derecho de daños no puede soslayar que las aseguradoras que intervienen en la determinación de los daños y en la delimitación de la responsabilidad de las partes reducen los costes de administración del sistema judicial, supliendo actuaciones y diligencias que de otro modo tendrían que llevarse a cabo ante los tribunales.

El Derecho de daños ha de tener en cuenta que la existencia de mercados de seguros de responsabilidad civil y de seguros por daños tiene de manera añadida o agregada la capacidad de transformar ciertos derechos derivados de relaciones extracontractuales en algo más parecido a derechos de propiedad que pueden comprarse y venderse. Al fin y al cabo, en un sistema jurídico sustentado en el criterio de responsabilidad objetiva, cuando un

1088 Álvarez Olalla, 2021, p. 114.

1089 En este sentido el art. 19 LCS estableció que «*el asegurador estará obligado al pago de la prestación, salvo en el supuesto de que el siniestro haya sido causado por mala fe del asegurado*», por lo que se logra que el asegurado no tenga derecho a ser indemnizado cuando medie dolo o culpa grave de su parte, quedando la aseguradora exonerada de asumir el compromiso de cobertura del riesgo.
El eje central del seguro de daños es la integridad total o parcial del patrimonio del asegurado ante el surgimiento de deudas de responsabilidad. La obligación del asegurador tiene como destinatario único al asegurado, no al tercero, pues el seguro de daños es un seguro a favor del asegurado y no de la víctima. *Vid.* Veiga Copo, 2022b, pp. 464 y 465.

potencial agente generador de daños suscribe un seguro de responsabilidad civil en realidad lo que está haciendo es comprar el derecho a causar daños sin necesidad de negociar con las posibles víctimas. Lo mismo ocurre con la posible víctima que contrata un seguro de daños en un sistema jurídico presidido por la regla de la responsabilidad subjetiva. Lo que la posible o potencial víctima está adquiriendo es un derecho que aumenta el valor de un activo que posee y que está sujeto a riesgo de daños, y el seguro le permite adquirirlo sin necesidad de negociar con los potenciales agentes que puedan causar el daño[1090].

2. La configuración del seguro como instrumento de prevención

La sociedad del bienestar y el desarrollo industrial demandan una especial protección contra los efectos perjudiciales de las innovaciones tecnológicas y en virtud de este requerimiento se debe redefinir el ámbito de la responsabilidad civil y optimizar el mecanismo aseguratorio[1091].

El principal reto al que nos enfrentamos en este punto es el de que el seguro contribuya al fomento de conductas negligentes y poco previsoras. Y es que la imposición del seguro de responsabilidad civil y su entendimiento como seguro en favor de las víctimas, no favorece conductas diligentes por parte del asegurado. El tradicional parámetro regulador de la responsabilidad civil se asentaba por un lado en el estímulo de la conducta diligente de la persona que operaba el riesgo para prevenir la aparición de nuevos daños y, por otro lado, con la configuración de la indemnización de daños y perjuicios como una especie de pena privada o de sanción para el que actuaba con negligencia o culpa. Pero frente a ese diseño, estamos presenciando el fenómeno del incremento de las conductas negligentes y a la falta de preocupación por la prevención, con el consiguiente aumento de la siniestralidad[1092].

Pero paulatinamente el sistema de seguros y el mercado de los mismos ha ido introduciendo mecanismos de corrección con el fin de no potenciar

1090 Álvarez Olalla, 2021, pp. 48 y 110; Coloma, 1999, p. 86.

1091 Frente al tradicional parámetro regulador de la responsabilidad civil que se basaba en el estímulo de la diligencia de la persona que manejaba el riesgo para prevenir la aparición de nuevos daños, de modo que la indemnización de daños y perjuicios se configuraba, como una especie de sanción o de pena privada para el que actuaba con culpa o negligencia, como ya indicó Alonso Soto (2000, p. 204), estamos asistiendo al fenómeno de la despreocupación por la prevención y al aumento de las actuaciones negligentes (como la no adopción de medidas de seguridad o la utilización de procesos técnicos no suficientemente experimentados) tanto por parte de los empresarios como por parte de los particulares expuestos al riesgo y el incremento exagerado de la siniestralidad por estas causas.

1092 Mora-Sanguinetti, 2021, pp. 68 y 69; Díez-Picazo, 1999, pp. 182 y 360 y ss.

actuaciones negligentes[1093]. En esta línea se enmarca la intervención del Estado y de las aseguradoras para incentivar la prevención, llegando incluso a imponerla en algunos casos, como puede ser en el caso de las normas sobre el doble casco en los buques petroleros o sobre aviación civil y la obligación del casco en los motoristas o del uso del cinturón de seguridad en los automóviles. Asimismo, son herramientas correctivas la utilización de fórmulas de encarecimiento o de desprotección del seguro para poder seguir disfrutando de él, como pueden ser las franquicias, la extensión del derecho de repetición del asegurador contra el asegurado o el denominado sistema de bonus/malus. Una tercera vía de no incentivar conductas negligentes es la de cambiar las pautas de diligencia exigibles en el mundo empresarial, pasándose del parámetro del *bonus pater familiae* al del profesional competente o del ordenado comerciante[1094].

VII. La peregrinación jurisdiccional

1. La fijación del nivel óptimo de especialización

Como hemos visto al tratar los desajustes que se producen con la fijación de los criterios de atribución jurisdiccional, la pretensión indemnizatoria de las víctimas es resuelta por tribunales pertenecientes a jurisdicciones diferentes y conforme a normas materiales también diferentes propias de cada una de las jurisdicciones[1095].

No puede ponerse en duda que la especialización judicial favorece la reducción de los costes marginales en la medida en que se acorta la duración de los procedimientos y hace que se incremente la calidad técnica de las resoluciones judiciales. Además, una mayor especialización judicial promueve un mejor conocimiento del Derecho por parte de los jueces y magistrados que

1093 Como ya observó ALONSO SOTO (2000, p. 204), lo que no deja de resultar paradójico es que la ampliación de la cobertura del seguro está generando una cierta desprotección del asegurado.
En materia de responsabilidad por daños, especialmente cuando se trata de responsabilidad por culpa, considera DÍEZ-PICAZO (1999, p. 361) que, sólo se responde de aquéllos que hubieran podido y debido preverse. De este modo, la previsibilidad es una condición de la responsabilidad y, a la inversa, la imprevisibilidad es un factor de exoneración.

1094 Como nos recuerda VEIGA COPO (2020, p. 123), las aseguradoras han utilizado tradicionalmente para desincentivar comportamientos típicos de riesgo moral, «las franquicias, imputación al asegurado de la asunción o autoasunción parcial del daño, así como planes de bonificaciones, o métodos de clasificación de riesgos en el sentido de excluir de cobertura y fijar un importe de prima más alto para el caso de comportamientos especialmente arriesgados».

1095 En este sentido *supra vid.* Cap. Cuarto, epígrafe III, punto 1. Eventuales responsables y jurisdicciones competentes.

fomentará la coherencia interna y la uniformidad de la jurisprudencia emanada por los órganos jurisdiccionales especializados[1096].

Pero la especialización judicial —como señalan entre otros GÓMEZ LIGÜERRE— trae consigo determinados efectos negativos con los que es preciso contar: a) acarrea costes de gestión por la creación y puesta en funcionamiento de nuevos órganos jurisdiccionales —así, Sala Especial de Conflictos del Tribunal Supremo—, para resolver los problemas que ocasionen los casos de dudosa asignación; b) reduce la diversidad jurisprudencial dificultando la rectificación de las doctrinas erróneas y obstaculiza su progreso; c) induce a la pérdida de atractivo de ciertos destinos de la carrera judicial; d) genera costes derivados de la dificultad de deslindar las competencias de los órganos especializados; e) comporta la pérdida de proximidad geográfica del justiciable respecto de la Administración de justicia; f) ocasiona problemas de adaptación de la estructura judicial para hacer frente a las fluctuaciones de la demanda; g) da pie a que los jueces y magistrados incurran en prejuicios y adopten resoluciones estereotipadas; h) provoca un incremento de la complejidad del Derecho; i) tolera incoherencias y contradicciones que afecten a las doctrinas emanadas por diferentes tipos de órganos jurisdiccionales sobre problemas análogos; j) permite la influencia indeseable de ciertos sesgos e intereses espurios sobre las decisiones de los jueces y magistrados así como la comisión de irregularidades por parte de los mismos[1097].

Un sistema de responsabilidad civil con pretensiones de eficiencia ha de verificar los ámbitos del Derecho para los que la especialización presenta ventajas comparativas respecto del modelo del tribunal generalista, y además comprobar la intensidad de la especialización ponderando si la fragmentación está justificada por las ventajas asociadas con la especialización de las jurisdicciones y, en su caso, de los tribunales[1098]. Pero es que a ello debe sumarse que es preciso establecer el nivel óptimo de especialización examinando si los beneficios marginales de la medida son superiores a sus costes[1099]. La especialización resultará más beneficiosa cuanto mayor sea la

1096 GÓMEZ LIGÜERRE, 2019, p. 324 y DOMÉNECH PASCUAL y MORA-SANGUINETTI, 2015, pp. 10 y ss.

1097 DOMÉNECH PASCUAL y MORA-SANGUINETTI, 2015, pp. 12 y ss. y GÓMEZ LIGÜERRE, 2019, p. 325.

1098 El debate sobre la especialización es mucho más amplio y complejo que los criterios que proporciona el art. 9 LOPJ cuando distribuye asuntos entre órdenes jurisdiccionales. Como considera GÓMEZ LIGÜERRE (2019, p. 326), la tensión entre especialización y generalidad se plantea dentro de cada orden jurisdiccional. Los juzgados de primera instancia, por ejemplo, a pesar de pertenecer al orden jurisdiccional civil, tienen asignados asuntos de una variedad suficientemente amplia como para que sean considerados tribunales generales. De hecho, así se conceptúan respecto de los juzgados de lo mercantil, también pertenecientes al orden jurisdiccional civil, aunque especializados por razón de la materia en asuntos empresariales o concursales. De igual modo ocurre con las especialidades en materia de reparto que posibilita, por ejemplo, que existan juzgados de primera instancia especializados en asuntos de familia (art. 98 LOPJ).

1099 Resulta difícil que existan tribunales o jueces absolutamente generalistas o especializados, pues como señalan DOMÉNECH PASCUAL y MORA-SANGUINETTI (2015, p. 10) «lo normal es que se sitúen en algún lugar del espacio continuo que va de un extremo al complejidad técnica y la similitud de los asuntos a resolver, así como la necesidad de resolverlos de manera uniforme y ágil. Por el contrario, la especialización no resultará tan beneficiosa cuanto mayor sea la lejanía geográfica respecto de los justiciables, o mayor sea el riesgo de captura y activismo judicial[1100].

La división entre órdenes de la jurisdicción y su especialización únicamente tendrá sentido en un Derecho de daños con pretensiones de eficiencia si las normas de atribución garantizan la exclusividad en una determinada materia y que a la vez goce de una unidad en sí misma, la cual a su vez genere el suficiente volumen de asuntos que justifique el establecimiento de tribunales especializados para resolver todos los pleitos que se susciten[1101].

2. El establecimiento de criterios de atribución exclusivos y unívocos

En el Derecho español de daños, como se ha señalado *supra*, la distribución de competencias entre órdenes jurisdiccionales no atiende a las víctimas, sino a los posibles responsables de los daños[1102]. Las diferencias entre órdenes jurisdiccionales dependen del régimen jurídico que sea de aplicación al potencial responsable. Las diferencias únicamente desaparecen cuando el daño es consecuencia de un ilícito penal. En ese caso, la atribución de competencia no obedece a la naturaleza de la pretensión indemnizatoria ejercitada por la víctima del daño, sino a la presunta naturaleza criminal de los comportamientos que causaron los daños. Puede decirse por tanto que, en cuanto a la distribución de competencias entre órdenes jurisdiccionales, el

---

otro, que sus competencias estén más o menos limitadas, que el número de órganos que conocen de ciertos tipos de casos sea superior a uno e inferior al infinito, que los conocimientos específicos de los jueces encargados de resolverlos sean más o menos amplios y profundos».

1100 Se comprende igualmente, indican Doménech Pascual y Mora-Sanguinetti (2015, pp. 25 y ss.), que la reducción de la variedad de los casos aumenta la probabilidad y la medida en que los conocimientos obtenidos por un tribunal al resolver un caso pueden aprovechar luego para pronunciarse sobre otros. En cambio, la especialización judicial perderá atractivo por el riesgo de que los tribunales adopten posturas sesgadas en favor de determinados intereses. Ello puede ocurrir, por ejemplo, porque se trata de materias ideológicamente controvertidas en las que los tribunales toman de manera regular decisiones impregnadas de altas dosis de subjetividad, o porque los litigantes que sostienen determinadas posiciones tienen una mayor capacidad de influencia sobre los tribunales que los que defienden posturas antagónicas.

1101 Con más detalle sobre la especialización judicial, *vid*. Doménech Pascual y Mora-Sanguinetti, 2015, p. 7; Gómez Ligüerre, 2019, p. 327.

1102 Gómez Ligüerre, 2016, p. 4.

Derecho español de daños es un Derecho de responsables, debido a que en ningún caso se atiende a la pretensión de la víctima[1103].

Y a la vista del criterio de distribución de competencias entre órdenes jurisdiccionales puede suceder que distintas víctimas que hayan sufrido idéntico daño sigan procedimientos diferentes ante jurisdicciones diferentes, con la aplicación de normas materiales determinadas que regulan la pretensión indemnizatoria de la víctima de modo diferente. Que una misma pretensión sea considerada de forma diferente por distintos sectores del ordenamiento cuya aplicación corresponde a los tribunales especializados por razón de la materia plantea la duda sobre la conveniencia de la especialización judicial en materia de Derecho de daños[1104].

La exclusividad de la atribución y la unidad de su contenido, como señala Gómez Ligüerre, pueden materializarse atribuyendo la especialización por razón de la materia o por razón del demandante. El problema del Derecho español de daños es que combina ambos criterios cuando trata de la misma pretensión indemnizatoria. La especialización judicial en Derecho de daños comporta que pretensiones indemnizatorias materialmente idénticas sean resueltas por diferentes tribunales y con arreglo a reglas procesales y materiales diferentes.

En materia de daños en el Derecho español realmente no hay especialización judicial en el sentido de que se atribuya la asignación exclusiva y excluyente de un determinado tipo de asuntos a una categoría especial de jueces. En el actual Derecho español de daños la especialización no se produce por razón de la materia, salvo en aquellos casos en que el daño sea consecuencia de un delito cuya pena ha sido decidida por un tribunal de lo penal y siempre que la víctima no se haya reservado las acciones civiles[1105].

1103 De esta forma, apunta Gómez Ligüerre (2019, pp. 328 y 329), dos víctimas que hayan sufrido un mismo daño pueden haber de seguir procedimientos diferentes ante jurisdicciones diferentes en función de si el daño es consecuencia de un hecho tipificado como delito o de la naturaleza legal o régimen jurídico al que está sujeto el potencial responsable. El problema no es —únicamente— procedimental, pues como ya se ha apuntado, la competencia a un tribunal de un determinado orden jurisdiccional supone la aplicación de unas normas materiales determinadas —diferentes— que regulan la pretensión indemnizatoria de la víctima de modo diverso.

1104 Nos recuerda Mora-Sanguinetti (2021, pp. 68 y 69) que los conflictos que llegan al sistema judicial español pueden ser resueltos por cuatro jurisdicciones distintas (civil, penal, social y contenciosoadministrativa), y analiza la eficacia del sistema judicial en su jurisdicción civil específicamente.

1105 Indica Gómez Ligüerre (2019, p. 330), cuando el daño ha sido causado por un servicio público, el tribunal de lo contencioso será el competente. Y si el daño es imputable a un empleador, lo será el tribunal de los social. En otro caso, corresponderá la competencia al tribunal de lo civil, con la salvedad de las reclamaciones que tengan su rigen en materias atribuidas a los tribunales de lo mercantil.

Para que la especialización judicial que derivaría de la existencia de varios órdenes jurisdiccionales no pierda sentido, considero que los criterios de atribución han de ser exclusivos y unívocos, para evitar que una misma pretensión sea conocida por tribunales pertenecientes a cualquiera de los órganos jurisdiccionales, conforme a normas materiales diferentes y en procesos regidos por normas distintas, pues el contenido de la pretensión siempre es el mismo: el resarcimiento del daño.

Desde la perspectiva de la víctima, la diversidad de regímenes legales de responsabilidad civil no tiene justificación. Pensemos en una actividad dañosa realizada por un particular; producidos los daños, la víctima ha de probar la culpa del responsable y, en cambio, en una actividad materialmente idéntica la víctima se beneficia del carácter objetivo de la responsabilidad cuando ésta se exige a la Administración, titular de la actividad que causó el daño. Lo razonable es que las víctimas de daños idénticos han de estar sometidas a las mismas reglas materiales y procesales con independencia de que el causante del daño sea un particular o una Administración pública.

La especialización de los órdenes jurisdiccionales por razón de la materia que la ley atribuye a cada orden de manera exclusiva tiene su lógica, desde la perspectiva de la jurisdicción especializada, en la función de cada una de las salas del Tribunal Supremo. Cada una de ellas resuelve recursos fundados en las normas procesales o materiales que se hayan aplicado para resolver el asunto en las instancias inferiores proyectando su doctrina jurisprudencial en el sector del ordenamiento cuya aplicación tiene encomendada. Sin embargo, la compartimentación de la jurisprudencia carece de sentido cuando todos los órdenes jurisdiccionales manejan conceptos comunes a la pretensión indemnizatoria que han de resolver y que plantea la víctima en todos los supuestos en que acude a los tribunales[1106].

A mi juicio, la dispersión normativa del Derecho español de daños tiene su manifestación más característica en su dispersión jurisdiccional. En aras de la seguridad jurídica, igualdad e imparcialidad u objetividad debería existir una doctrina jurisprudencial común sobre los aspectos centrales de la pretensión indemnizatoria del daño, para así lograr evitar o minimizar el peregrinaje jurisdiccional en los pleitos de responsabilidad civil. Al fin y al cabo, la relación de causalidad, la relevancia que haya de tener el carácter antijurídico de la conducta del responsable, la imputación objetiva de sus consecuen-

1106 Indican Doménech Pascual y Mora-Sanguinetti (2015, p. 15) que la especialización favorece la uniformidad y la coherencia internas de la doctrina emanada por cada grupo de órganos a los que se asigna el conocimiento exclusivo de una determinada clase de asuntos, pero también dificulta la reciprocidad de doctrinas entre los tribunales pertenecientes a distintas esferas competenciales propiciando que se den respuestas diferentes a lo que no son sino las mismas cuestiones y necesidades.

cias, el modo de evaluar la diligencia y, en fin, la valoración de los daños, fundamentan la pretensión de todas las víctimas de daños, con independencia de la jurisdicción ante la que deban ejercitarla[1107].

1107 Naturalmente, apunta Ferreres Comella (2010, pp. 44 a 46), la seguridad jurídica, igualdad e imparcialidad u objetividad están en riesgo en mayor o menor medida cuanta mayor indeterminación haya en el sistema jurídico, al ser mayor es la probabilidad de que surjan discrepancias entre los tribunales.

CONCLUSIONES

PRIMERA. Los beneficios sociales de enfocar las normas hacia el cambio de comportamiento de los sujetos son significativos.

La adopción de un enfoque de la tarea legislativa basado en incentivos provoca en general un impacto positivo en el comportamiento humano. Para el Derecho de daños, ese enfoque implica además lograr el efecto preventivo de daños eventuales. El establecimiento de normas que desincentiven conductas negligentes o dañinas y promuevan comportamientos seguros, evita costes y sufrimientos innecesarios para las víctimas y para la sociedad en general.

Una nueva perspectiva del Derecho de daños debe superar la visión tradicional que se limita a la compensación de las víctimas y centrarse en la prevención de daños y en la promoción de la responsabilidad social, adoptando medidas proactivas para evitar que se produzcan los daños e impulsar una conducta responsable en todos los sujetos involucrados, en lugar de simplemente reaccionar después de que se hayan producido. Se consigue así evitar o mitigar los impactos negativos en las personas, las empresas y la sociedad en general, generando un entorno más seguro, justo y sostenible.

SEGUNDA. Para lograr la eficiencia y la seguridad jurídica, las normas jurídicas (y en concreto el sistema de responsabilidad civil) deben adaptarse a la realidad.

El desequilibrio entre el mundo dogmático y abstracto de las teorías del Derecho con el mundo de las decisiones y de lo practicado, pone en evidencia algunas ineficiencias en diversos aspectos de la responsabilidad civil en el ámbito del Derecho de daños. Entendiendo el Derecho como un sistema de regulación de la conducta humana racional y la responsabilidad civil como un mecanismo para distribuir cargas y beneficios entre los miembros de la sociedad, se facilitaría la creación de un «nuevo» Derecho de daños que, superando los enfoques tradicionales dogmáticos y abstractos, ayudase a minimizar las ineficiencias, problemas y patologías del «actual» Derecho de daños, asignando costes y atribuyendo responsabilidades de manera más eficiente.

TERCERA. El Derecho no es un mero instrumento técnico de control social.

El Análisis Económico del Derecho pone de relieve cuestiones y problemas que afectan de modo inmediato a la estructura, funcionamiento y eficacia de organismos e instituciones del sistema jurídico que el elaborador de las normas debe conocer y tomar en consideración. En este sentido es una herramienta que ofrece óptimos resultados tanto en su aplicación al estudio de la vida negocial privada como de la política y la Administración pública. Sin embargo, debe evitarse el riesgo de caer en un «reduccionismo economicista» al intentar comprender, explicar y valorar la estructura y funcionamiento de la sociedad y del Derecho en función exclusiva de las categorías propias de la Economía y, de modo especial, de acuerdo con las exigencias del principio de «eficiencia económica».

Es preciso huir de una concepción del Derecho como un mero instrumento técnico de control social, y asumir que el Derecho es también un sistema de normas al servicio de unos fines éticossociales, al que corresponde, como función parcial de su tarea ordenadora e integradora de la vida social, el desarrollo de una ineludible función educadora del ciudadano.

La solución justa, eficaz y, en último término, humana de los conflictos entre visiones aparentemente opuestas del análisis del Derecho exige una tarea de armonización de principios y valores encontrados. El adecuado planteamiento y solución de dichos conflictos exige previamente ver en los mismos, un problema técnico además de un problema ético.

CUARTA. El análisis de los desajustes e ineficiencias del Derecho de daños en España desde un punto de vista económico.

Cuando se toman en consideración los costes y las externalidades asociados a los daños, es cuando resulta posible identificar las áreas en las que se requieren reformas enfocadas a la eficiencia en la compensación de daños. Los costes directos (como los gastos médicos y de rehabilitación), los costes legales y administrativos, y los costes de oportunidad para las víctimas, no pueden ser obviados en la tarea legislativa y deben ser tenidos en cuenta al diseñar un sistema de compensación efectivo.

Asimismo, las externalidades negativas —como los impactos económicos y sociales más amplios derivados de los daños— deben ser utilizadas especialmente para evaluar la magnitud total de los costes involucrados. El análisis económico proporciona una perspectiva valiosa porque posibilita la identificación de las ineficiencias del sistema actual y ofrece fórmulas de maximización del bienestar social.

QUINTA. Las personas responden a incentivos económicos y su comportamiento cambia en función de cómo se diseñen las normas.

Una de las primeras consecuencias que se produce cuando se involucran en las decisiones legales los incentivos y las consecuencias económicas de las normas, es la de anticipar el modo en que las personas se adaptarán al nuevo régimen o eludirán las regulaciones. Esto permite a los legisladores y a los responsables formular políticas de integración de los efectos secundarios y diseñar así normas realmente efectivas. El examen no sólo de los costes directos del cumplimiento de las normas, sino también de los costes y beneficios indirectos que pueden surgir como resultado de las regulaciones ayuda a comprender la manera en que las normas pueden afectar el comportamiento de los sujetos y si los beneficios justifican los costes asociados.

SEXTA. Las personas actuarán de manera diligente y cuidadosa siempre y cuando los beneficios esperados de tomar precauciones superen los costes asociados con esas precauciones.

Con arreglo al principio de racionalidad económica, los individuos tomarán decisiones que maximicen su bienestar, incluyendo en el estudio de su elección los costes y los beneficios que se involucran en cada opción. En el caso de la negligencia, las personas evalúan los riesgos y los costes de tomar precauciones para evitar causar daño a otros: si el beneficio esperado de evitar el daño supera el coste de tomar esas precauciones, el comportamiento esperado será el de una actuación enteramente diligente y de la adopción de las medidas adecuadas.

Sin embargo, es importante tener en cuenta que este supuesto de racionalidad económica no siempre se cumple en la práctica. Las personas pueden experimentar limitaciones cognitivas, información imperfecta o incentivos distorsionados que pueden afectar su capacidad para tomar decisiones completamente racionales. A ello se une que los juicios de negligencia en el ámbito legal también pueden involucrar consideraciones éticas, sociales y normativas que van más allá de un análisis puramente económico.

SÉPTIMA. El desarrollo de las nuevas tecnologías comporta multitud de nuevos riesgos no resultando en ocasiones bastante la regla de la responsabilidad por culpa.

Hay actividades beneficiosas para el desarrollo de la sociedad que son al mismo tiempo generadoras de riesgos, por lo que su ejercicio debe someterse al control preciso para reducir esos riesgos a lo mínimo indispensable y que de esta manera resulten aceptables. Si bien frente a la regla de la responsabilidad subjetiva ha surgido la regla de la responsabilidad objetiva, con frecuencia los razonamientos culposos y objetivos se entrecruzan en perjuicio de ambas reglas. La responsabilidad por culpa acude al «agotamiento de la diligencia» para declarar la responsabilidad, deformando los límites razonables de la responsabilidad por culpa. Y la responsabilidad objetiva, por su parte, a duras penas logra emanciparse de la responsabilidad por culpa y no desarrolla su potencial beneficio de simplicidad y celeridad en la reclamación y en la tramitación.

En los nuevos tiempos «tecnológicos» en los que el poder del hombre ha alcanzado una dimensión y unas implicaciones hasta ahora inimaginables, si el Derecho quiere seguir siendo un pilar básico de los sistemas jurídicos como mecanismos de regulación de conductas en la sociedad, debe adaptarse. Debe plantearse un nuevo modelo de responsabilidad que contemple la atribución de responsabilidad y la asignación de costes para conseguir una percepción global de los problemas que surgen tras la producción de un accidente. Y, si se nos permite un apunte más filosófico que jurídico, se requiere una concienciación ética. Frente a la posibilidad de destruir —energía atómica— o alterar la vida —investigación genética— se hace preciso que el «ilimitado» poder de la ciencia vaya acompañado de un sistema de responsabilidad que nos salvaguarde de «nuevas» amenazas.

OCTAVA. La imposición del principio de reparación integral desincentiva la adopción de medidas preventivas si no se considera el nivel de diligencia adoptado por el responsable.

Si la carga económica de la indemnización es demasiado elevada y no se tiene en cuenta el comportamiento diligente del responsable, se genera una percepción de injusticia y de desequilibrio en el sistema de responsabilidad civil. Una solución es la de considerar al determinar la responsabilidad y el monto de la indemnización, el nivel de diligencia adoptado por el responsable. Si se demuestra que el responsable actuó con precaución y tomó medidas razonables para prevenir el daño, debe limitarse su responsabilidad o incluso eximirlo de ella en algunos casos. Además, se debe tener en cuenta la viabilidad económica de los responsables al fijar los montos de indemnización. Establecer cargas económicas excesivas conlleva consecuencias negativas, como la quiebra de empresas o la imposibilidad de continuar con ciertas actividades. Por lo tanto, se debe considerar la capacidad económica del responsable al determinar las indemnizaciones, con el fin de evitar consecuencias desproporcionadas o injustas.

Un nuevo diseño del sistema de responsabilidad civil ha de promover un equilibrio entre la justicia para las víctimas y la viabilidad económica de los responsables para reducir la conflictividad y los pleitos, consiguiendo una mayor confianza en la equidad del sistema e incentivando la adopción de medidas preventivas por parte de los responsables. Esto implica evaluar de manera justa el alcance de los daños y proporcionar una compensación proporcional a las pérdidas sufridas. La justicia para las víctimas debe ser un objetivo primordial.

NOVENA. La asunción del coste de los daños por los actos propios de otros es un supuesto de responsabilidad por hecho propio.

Los supuestos de responsabilidad civil en que una persona responde por los daños causados por otra evidencian no sólo una dispersión de criterios y de constante evolución, sino también que ese modo de funcionamiento debe ser analizado desde el punto de vista de las disfunciones que provoca.

En el sistema español de responsabilidad por hecho de otro el responsable no es ajeno a la causación del daño. Al contrario, la ley presume su participación en la causación del daño a través de una conducta negligente consistente en no haber evitado, debiendo hacerlo, el daño. En realidad, no existe responsabilidad por hecho ajeno sino, más bien, un verdadero caso de responsabilidad por hecho propio.

La responsabilidad por hecho ajeno no es un reproche sino una garantía legal en favor de las víctimas que asume quien debe hacer frente el coste de los daños conforme a alguno de los roles previstos legalmente. Se ha convertido en un seguro obligatorio que la ley otorga a las víctimas de daños causados.

DÉCIMA. La reorientación del modelo de responsabilidad en los supuestos de los actos de otros por falta de control o supervisión adecuada sobre su conducta.

Es fundamental reconocer que no siempre es justo o razonable responsabilizar a una parte por los actos de otra si no tenía control directo sobre su conducta o si no pudo ejercer una supervisión adecuada para prevenir el daño causado. En estos casos, se deben tener en cuenta varios factores para determinar la responsabilidad, como la naturaleza de la relación entre las partes, el grado de control, la influencia que una parte podría ejercer sobre la otra y la capacidad de supervisión. Esto puede aplicarse en diferentes contextos legales, como la responsabilidad de los empresarios por los actos de sus empleados, la responsabilidad de los padres sobre los actos de sus hijos o la responsabilidad de una Administración por los actos de su personal y de sus autoridades.

Cuando una persona o entidad no tiene la capacidad real de influir en las decisiones o acciones de otra, a pesar de tener algún tipo de relación o vínculo con esa persona, ha de reorientarse el modelo de responsabilidad para establecer límites razonables a la responsabilidad legal y evitar situaciones en las que una parte sea considerada responsable por acciones sobre las cuales no tenía un control o una supervisión efectiva.

Entiendo que esta reorientación de la responsabilidad por hecho ajeno para atribuir de manera objetiva la responsabilidad a los sujetos que tengan la obligación de controlar o supervisar la conducta de quien causó el daño, encuentra justificación en varios factores: la mayor solvencia y capacidad de afrontar los costes de transacción de quien ha de responder en lugar del causante del daño, la aversión al riesgo, la capacidad de los principales para controlar la conducta de los agentes, los incentivos que los agentes pueden tener para adoptar medidas de precaución en ausencia de responsabilidad personal, o la contratación de un seguro de responsabilidad civil por quien está en mejor condición de hacerlo.

En función de la evaluación de la negligencia en el control o supervisión, se debe asignar una proporción de la responsabilidad tanto al causante del daño como a la persona responsable por la falta de control o supervisión adecuada. Esto implica que ambas partes deben ser consideradas responsables en diferentes grados, dependiendo de su contribución al daño.

UNDÉCIMA. La función del seguro de responsabilidad civil como instrumento de prevención en el ámbito de la responsabilidad civil.

El seguro de responsabilidad civil no reemplaza la necesidad de tomar medidas de prevención adecuadas y ejercer la debida diligencia en la gestión de riesgos. Sin embargo, es un valioso instrumento complementario que promueve la adopción de prácticas seguras y ayuda a prevenir daños y reclamaciones de responsabilidad.

Por un lado, los asegurados, al cumplir los requisitos y estándares establecidos por las aseguradoras, incrementan la diligencia debida ayudando a prevenir los accidentes y minimizar los riesgos. Las aseguradoras por su parte, al evaluar los riesgos asociados con la actividad del asegurado, disponen de información para que los asegurados adopten medidas proactivas de mitigación de los riesgos y de elusión de posibles reclamaciones. Finalmente, las partes afectadas están más inclinadas a buscar una solución amistosa sabiendo que el asegurado tiene la capacidad de compensar los daños, ayudando a prevenir costosos y prolongados litigios, beneficiando tanto a las partes involucradas como al sistema judicial en general.

DUODÉCIMA. La división entre órdenes de la jurisdicción y su especialización únicamente tiene sentido si las normas de atribución garantizan la exclusividad en una determinada materia con unidad en sí misma.

La dispersión normativa del Derecho español de daños tiene su manifestación más característica en la dispersión jurisdiccional que provoca. En función de la jurisdicción ante la que se plantee la demanda las consecuencias son diferentes puesto que los tribunales de los diferentes órdenes no resuelven con arreglo a los mismos criterios. El problema se agrava cuando dos órdenes jurisdiccionales diferentes pretenden atraer hacia sí la competencia para resolver determinados asuntos, o cuando, de hecho, ambos asumen directamente su competencia.

En aras de la seguridad jurídica, igualdad y objetividad resulta imprescindible fijar el nivel óptimo de especialización, así como establecer criterios de atribución exclusivos y unívocos para que las víctimas de daños idénticos estén sometidas a unas mismas reglas materiales y procesales con independencia de quien sea el responsable del daño. La construcción de una doctrina jurisprudencial común sobre los aspectos centrales de la pretensión indemnizatoria del daño es lo único que puede erradicar el lamentable peregrinaje jurisdiccional que sufren las víctimas para resolver esa pretensión. Al fin y al cabo, la relación de causalidad, la relevancia que haya de tener el carácter antijurídico de la conducta del responsable, la imputación objetiva de sus consecuencias, el modo de evaluar la diligencia y, en fin, la valoración de los daños, fundamentan la pretensión de todas las víctimas de daños, con independencia de la jurisdicción ante la que deban ejercitarla.

DECIMOTERCERA. La «responsabilidad proporcional» como solución a la incertidumbre causal.

La regla de la responsabilidad proporcional distribuye en los supuestos de causalidad dudosa el peso de la incertidumbre en beneficio de las partes implicadas: los agentes responden en proporción a la probabilidad causal para que dejen de abonar las indemnizaciones totales que el sistema binario les exige o, lo que es lo mismo, las víctimas obtienen indemnizaciones parciales acomodadas a la probabilidad de que hubieran dejado de padecer el daño de no haber mediado el hecho ilícito que el sistema binario les niega.

Esta regla es un criterio eficiente que pretende afrontar el problema de la incertidumbre causal en todo el ámbito de la responsabilidad civil o patrimonial, a excepción de los supuestos en los que rigen reglas probatorias especiales destinadas a sobreproteger unos intereses determinados en detrimento de otros, como sucede con la responsabilidad medioambiental, donde rige el sistema binario del todo o nada fundado en un umbral de certidumbre que permite afirmar la conexión causal de daños ecológicos con facilidad.

DECIMOCUARTA. Los juicios de proporcionalidad y la teoría de la causalidad adecuada.

La probabilidad entendida como «frecuencia de la relación entre dos clases de eventos» es un dato a tener en cuenta a la hora de establecer relaciones causales. No puede perderse de vista la importante función que los juicios de probabilidad tienen en la vida cotidiana, pues las consecuencias probables de una acción sirven de fundamento para valorar la acción como útil o como peligrosa.

Cuando el Derecho tiene por objeto la prevención de acciones dañosas sancionará aquellas acciones que no sólo han sido condiciones *sine qua non* de daños, sino que también aparecen como acciones idóneas para producirlos porque aumentan en una medida importante la probabilidad de que se verifiquen. Para imponer a un sujeto la obligación de reparar el daño sufrido por otro, no es suficiente que el hecho haya sido condición imprescindible del daño, sino que es necesario además que en virtud de los referidos juicios de probabilidad resulte una causa adecuada para ello.

DECIMOQUINTA. La «asegurabilidad» como criterio de distribución del daño.

La generalización de los seguros de responsabilidad civil, en un gran número de ámbitos y actividades, conduce al necesario planteamiento de la posible existencia de la denominada responsabilidad por asegurabilidad. La existencia de un seguro puede ser un título de imputación de responsabilidad que determine que un sujeto sea responsable de un daño cuando la circunstancia determinante del daño o la compleja actividad en la que tal hecho se encuadre fuera susceptible de ser asegurada.

Bajo esta premisa la asegurabilidad de un interés obligaría a resarcir los daños que, en el marco de una actividad se haya producido en la esfera jurídica de terceros, porque se pudo y debió fácilmente asegurarse y porque si no se hizo, la omisión le es imputable al sujeto en cuestión.

DECIMOSEXTA. La acción directa del tercero perjudicado en los seguros de responsabilidad civil.

La acción directa prevista en el art. 76 LCS permite al perjudicado o a sus herederos reclamar directamente a la aseguradora el cumplimiento de la obligación de indemnizar, sin tener que demandar primero al asegurado responsable de un daño o accidente, y con independencia de que el daño sea debido a una conducta dolosa del asegurado. La consagración de la acción directa en este caso de dolo, si bien es una solución encaminada a la protección del tercero perjudicado, es contraria a la naturaleza del seguro de responsabilidad civil.

Cuando una persona asegurada actúa de manera intencional para causar daño a otra persona o propiedad, entiendo que esa intención deliberada no puede ser asegurada, pues de lo contrario se desincentivan conductas diligentes. En los supuestos de daños dolosos el Derecho de daños no debe contemplar la posibilidad de que el asegurador resulte obligado a indemnizar al tercero perjudicado los daños causados de manera intencional por su asegurado.

Considero que un «nuevo» Derecho de daños ha de establecer que el tercero perjudicado ha de reclamar su indemnización directamente del responsable del daño. Con esta previsión normativa se incentivan conductas diligentes tendentes a disuadir daños futuros, comportando una reducción de la conflictividad potencial, así como de los costes de gestión, al liberar al asegurador de la necesidad de interponer un pleito para ejercer la acción de regreso contra su asegurado. Y lo que también se consigue es que la aseguradora no repercuta la eventual insolvencia de sus asegurados en las primas de las futuras pólizas.

BIBLIOGRAFÍA

Abel Piris, C. (2012). «Hacia una nueva dogmática jurídica entre análisis económico y la filosofía moral». *Revista de la Facultad de Ciencias Económicas, Universidad Nacional del Nordeste*, (9), 117-139.

Abella López, J. (2012). «La ejecución del auto de cuantía máxima». *Tráfico y Seguridad Vial*, (163/164), 21-40.

Abril Campoy, J. M. (2003). «La responsabilidad de los padres por los daños causados por los hijos», *Revista Crítica de Derecho Inmobiliario*, (675), 11-54.

Acciarri, H. A. (2006). «El Análisis Económico del Derecho. Elementos para una aproximación». *Lexis Nexis Jurisprudencia Argentina*, número especial sobre «Derecho y Economía», 295-329.

Acciarri, H. A. (2015). *Elementos de Análisis Económico del Derecho de daños*. Buenos Aires: La Ley.

Acciarri, H. A. (2019): «Análisis Económico del Derecho de daños». En H. A. Acciarri (Dir.), *Derecho, Economía y ciencias del comportamiento* (pp. 39-69). Argentina: Sistema Argentino de Información Jurídica.

Acciarri, H. A. y **Castellano, A.** (2000). «El Análisis Económico del Derecho de daños». *Iuris Dictio*, *1*(1), 73-75.

Acciarri, H., **Castellano, A.** y **Barbero, A.** (2006). «Daños y Costos Sociales: El problema de los *Judgment Proof* como una alternativa de Elección». *Buenos Aires: X Conferencia de la Asociación Latinoamericana y del Caribe de Derecho y Economía*.

Acciarri, H. A., **Barbero, A.** y **Castellano, A.** (2009). «Seguro obligatorio de responsabilidad civil. Ensayo sobre instituciones en mercados imperfectos». *Estudios Económicos*, 26(52), 1-28.

Acevedo Prada, R.D. (2013). «Una mirada a la responsabilidad civil española: el régimen subjetivo». *Revista Científica Guillermo de Ockham*, 11(2), 79-88.

Alastuey Dobón, C. (2010). «Comentario a los arts. 109 a 122 del Código Penal». En M. Gómez Tomillo (Dir.), *Comentarios al Código Penal*. Valladolid: Lex Nova.

Alegre Ávila, J. M. (2005). «La responsabilidad civil extracontractual de la Administración Pública y la Jurisdicción Contencioso-Administrativa». *Revista española de Derecho Administrativo*, (126), 191-216. Disponible en base datos Aranzadi (BIB 2005\846).

Alfaro Águila-Real, J. (2007). «Los juristas —españoles— y el Análisis Económico del Derecho». *Revista InDret*, (1).

Alma, C. (2002). «Asymmetric Information and Learning in the Automobile Insurance Market». *Harvard Law School, Economics and Business Discussion Paper Series*. Paper 371.

Alonso Soto, R. (2000). «Responsabilidad civil y seguro», *Anuario de la Facultad de Derecho de la Universidad Autónoma de Madrid*, (4), 193-204.

Álvarez Olalla, P. (2021). *Manual de Derecho de daños*. Cizur Menor: Aranzadi.

Ángel Yágüez, R. (1988). *La Responsabilidad Civil*. Bilbao: Universidad de Deusto.

Ángel Yagüez, R. (1993). *Tratado de responsabilidad civil*. Madrid: Civitas.

Ángel Yágüez, R. (1995). *Algunas previsiones sobre el futuro de la responsabilidad civil (con especial atención a la reparación del daño)*. Madrid: Civitas.

Ángel Yagüez, R. (2007). «¿Responde el asegurador de asistencia sanitaria por la culpa de los médicos incluidos en sus listas?» *Revista Española de Seguros*, (129-130), 7-50.

Ángel Yagüez, R. (2012). *Daños Punitivos*. Cizur Menor: Civitas.

Arcos Vieira, M. L. (2005). *Responsabilidad civil: nexo causal e imputación objetiva en la jurisprudencia*. Cizur Menor: Aranzadi.

Arquillo Colet, B. (2004). «Seguro y responsabilidad patrimonial de la Administración Pública Sanitaria», *Revista InDret*, (1).

Arquillo Colet, B. (2008). *Seguro y responsabilidad de la Administración pública*. Barcelona: Atelier.

Arroyo Martínez, I., Boet Serra, E., Miquel Rodríguez, J. y **Morral Soldevila, R.** (2009). *Ley de contrato de seguro*. Madrid: Tecnos.

Arruñada Sánchez, B. (2009). «Naturaleza humana y análisis institucional». *Revista asturiana de Economía*, (44), 67-89.

Artigot Golobardes, M. y **Gómez Pomar, F.** (2009). «Contributory and Comparative Negligence». En M. Faure (ed.), *Encyclopedia of Law and Economics*, vol. 1, *Tort Law and Economics* (pp. 46-79). Cheltenham: Edward Elgar.

Asua González, C. I. (2013). «Infracción de deberes de información y obligación de indemnizar en el ámbito sanitario». *Revista CESCO de Derecho de Consumo*, (8), 147-161.

Asua González, C.I. (2016). «Daños causados por amianto. Reclamación de trabajadores, de familiares y de amas de casa que manipularon la ropa. Cambio de doctrina jurisprudencial sobre la jurisdicción competente». *Cuadernos Civitas de Jurisprudencia Civil*, (101). Disponible en base datos Aranzadi (BIB 2016\4045).

Asua González, C.I. (2020). «Incertidumbre causal y pérdida de oportunidad». *Cuadernos Civitas de Jurisprudencia Civil*, (112), 207-226. Disponible en base datos Aranzadi (BIB 2020\8074).

Ataz López, J. (2006). «La llamada solidaridad impropia en la jurisprudencia del Tribunal Supremo. Cáceres. VI Congreso». *Asociación abogados responsabilidad civil*. Disponible en (https://www.asociacionabogados-rcs.org/congreso/6congreso/).

Ataz López, J. (2020). «Daños causados por las cosas: una nueva visión a raíz de la robótica y de la inteligencia artificial». En M. J. Herrador Guardia (Dir.), *Derecho de daños (cuestiones actuales)* (pp. 199-236). Madrid: Francis Lefebvre.

Atienza Navarro, M. L. (2015). «Sentencia de 17 de abril de 2015. El asegurador no puede oponer, frente a la acción directa entablada por el perjudicado, la cláusula de exclusión contenida en la póliza, basada en la conducta dolosa del asegurado, al tratarse de una excepción personal a la que es inmune dicha acción». *Cuadernos Civitas de jurisprudencia civil*, (99), 605-624.

Atienza Navarro, M. L. (2000). *La responsabilidad civil por los hechos dañosos de los alumnos menores de edad*. Granada: Comares.

Atienza Navarro, M. L. (2001). «Acerca de la conveniencia de que la Administración responda objetivamente de los daños derivados del funcionamiento normal de los servicios públicos. Especial referencia al servicio público educativo». *Revista de Derecho Privado*, (85), 317-341.

Atienza Rodríguez, M. (1989). «Contribución para una teoría de la legislación». *Revista Doxa*, (6), 385-403.

Baillo Morales-Arce, J. (2000). «La acción directa en el seguro obligatorio de responsabilidad civil automovilística». *La Ley*, (2), 1728-1730.

Barbera Sández, S. (1978). «Justicia, Equidad y Eficiencia». *Hacienda Pública*, (51), 213-248.

Barcelona Llop, J. (2000). «La acción de regreso en la Ley de Régimen Jurídico de las Administraciones Públicas y del Procedimiento Administrativo Común», *Revista Española de Derecho Administrativo*, (105), 37-57.

Barcelona Llop, J. (2011). «Privación de la propiedad y expropiación forzosa en el sistema del Convenio Europeo de Derechos Humanos». *Revista de Administración Pública*, (185), 49-87.

Basozábal Arrue, X. (2003). «El artículo 76 LCS: una invitación a legislar». *Revista Española de Seguros*, (113-114), 87-115.

Basozábal Arrue, X. (2015). *Responsabilidad extracontractual objetiva: parte general*. Madrid: Agencia Estatal Boletín Oficial del Estado.

Becker, G. S. (1957). *The economics of discrimination*. Chicago-London: The University of Chicago Press.

Becker, G. S. (1962). «Investment in Human Capital: A Theoretical Analysis». *The Journal of Political Economy*, 70, (5), 9-49.

Becker, G. S. (1980). «El enfoque económico del comportamiento humano». *Información Comercial Española, ICE: Revista de Economía*, (557), 11-18.

Beluche Rincon, I. (2010). «La responsabilidad civil del empresario por los hechos de sus dependientes». *Revista de Derecho Patrimonial*, (25), 207-219.

Beluche Rincón, I. (2011). «Consideraciones sobre la responsabilidad empresarial del 1903 CC». En VV. AA., *Cuestiones actuales en materia de responsabilidad civil*, XV Jornadas de la Asociación de Profesores de Derecho Civil, A Coruña, 8 y 9 de abril de 2011 (pp. 387-392). Murcia: Editum.

Ben-Shahar, O. (2009). «Causation and Foreseeability». En M. Faure (ed.), *Encyclopedia of Law and Economics*, vol. 1, *Tort Law and Economics*. Cheltenham: Edward Elgar.

Benegas Lynch, A. (2011). *Fundamentos de Análisis Económico*. Panamá: Ediciones Sociedad Abierta.

Blanco Martín, P. (2021). «Tres problemas esenciales que origina la solidaridad impropia». *Revista de Derecho Civil Notarios y Registradores, VIII* (2), 271-306.

Blázquez Martín, R. (2020). «Criterios relevantes de la Sala Primera del Tribunal Supremo sobre el proceso judicial de daños: jurisdicción, competencia, capacidad, legitimación, arquitectura de la demanda, contenido de la audiencia previa, prueba, efectos prejudiciales y acceso a los recursos extraordinarios». En M. J. Herrador Guardia (Dir.), *Derecho de daños (cuestiones actuales)* (pp. 121-161). Madrid: Francis Lefebvre.

Boquera Oliver, V. (1982). «Nota al artículo 76 de la nueva Ley de Contrato de Seguro». *Revista General de Derecho*, (453), 863-879.

Botero, M. P. y **Zarama, S.** (2010). «La Economía conductual: tendencia actual en el Análisis Económico del Derecho». *Revista Universitas Estudiantes*, (7), 215-234.

Bourdieu, P. (2001). *Poder, Derecho y clases sociales*. Bilbao: Desclée de Brouwer.

Brown, J. P. (1973). «Toward an Economic Theory of Liability». *The Journal of Legal Studies*, *2*(2), 323-349.

Bullard González, A. (2006). *Derecho y Economía. El análisis económico de las instituciones legales*. Lima: Palestra editores.

Bullard González, A. (2012). «Análisis Económico del Derecho: herramienta para hacer mejores regulaciones». *Boletín de Estudios Legales*, (134), 1- 12.

Bullard González, A. (2018). *Análisis Económico del Derecho*. Lima: Fondo Editorial Pontificia Universidad Católica del Perú.

Bunge, M. (1985). *La investigación científica: su estrategia y su filosofía*. Barcelona: Ariel.

Busto Lago, J. M. (2006). «La responsabilidad civil de las Administraciones públicas». En L. F. Reglero Campos (Coord.), *Tratado de responsabilidad civil* (pp. 1709-1848). Cizur Menor: Aranzadi.

Cabieses Crovetto, G. (2012). «El carácter interdisciplinario del Derecho y la utilidad de la Economía en su estudio». *Revista de Derecho Thémis*, (62), 11-25.

Cabrillo Rodríguez, F. y **Albert López-Ibor, R.** (2011). «El Análisis Económico del Derecho en la encrucijada». *Revista vasca de Economía, «Ekonomiaz»*, (77), 200-221.

Calabresi, G. (1961). «Some thoughts on risk distribution and the law of torts». *The Yale Law Journal*, *70*(4), 499-553.

Calabresi, G. (1970). *The Costs of Accidents. A legal and Economic Analysis*. New Haven: Yale University Press. Traducción española a cargo del Prof. Joaquim Bisbal (1984): *El coste de los accidentes. Análisis económico y jurídico de la responsabilidad civil*. Barcelona: Ariel.

Calsamiglia Blancafort, A. (1989). «Justicia, eficiencia y optimización de la legislación». *Documentación Administrativa*, (218-219), 113-151.

Calvo Soler, R. (2003). *Uso de normas jurídicas y toma de decisiones*. Barcelona: Gedisa.

Calzada Conde, M. A. (2017). *El seguro voluntario de responsabilidad civil*. Disponible en base datos Aranzadi (BIB 2017\3001).

Carrancho Herrero, M. T. (2010). *Responsabilidad civil del empresario en el* ámbito *de los riesgos laborales*. Madrid: La Ley.

Carrasco Perera, A., Cordero Lobato, E. y **Marín López, M. J.** (2015). *Tratado de los derechos de garantía*, tomo I. Cizur Menor: Aranzadi.

Carro del Castillo, J. A. (1982). «La acción directa del perjudicado contra el asegurador de responsabilidad civil en la Ley de Contrato de Seguro». En E. Verdera Tuells (Coord.), *Comentarios a la Ley de Contrato de Seguro*, vol. I (pp. 957-976). Madrid: Colegio Universitario de Estudios Financieros.

Casino Rubio, M. (1999). «El Derecho sancionador y la responsabilidad patrimonial de la Administración», *Revista Documentación Administrativa*, (254-255), 339-388.

Cavanillas Múgica, S. (1987). *La transformación de la responsabilidad civil en la jurisprudencia*. Pamplona: Aranzadi.

Cavanillas Múgica, S. (1988). «Responsabilidad civil; relación de causalidad». *Cuadernos Civitas de Jurisprudencia Civil*, (17), 379-388.

Cavanillas Múgica, S., Tapia Fernández, I. (1995), *La concurrencia de responsabilidad contractual y extracontractual. Tratamiento sustantivo y procesal*. Madrid: Centro de Estudios Ramón Areces.

Chambliss, E. (2008). «When Do Facts Persuade? Some Thoughts on The Market for "Empirical Legal Studies"». *Law and Contemporary Problems*, *71*(2), 17-39.

Chiang, A.C. y **Wainwright, K.** (2006). *Métodos fundamentales de Economía matemática*. México: Mc Graw-Hill.

Clavero Ternero, M. (1995). *La acción directa del perjudicado contra el asegurador de responsabilidad*. Madrid: Tecnos.

Coase, R. H. (1937). «The Nature of the Firm». *Economica*, 4(13), 386-405.

Coase, R. H. (1960). «The Problem of Social Cost». *The Journal Law and Economics*, (3), 1-44.

Coase, R. H. (1988). *The Firm, the Market and the Law*. Chicago: University of Chicago Press.

Coase, R. H. (2002). «El análisis económico en Chicago». *Revista de Derecho Thémis*, (44), 7-16.

Coleman, J. L. (1988). «The Economic Structure of Tort Law». *The Yale Journal*, *97*(6), 1233-1253.

Coleman, J. L. (2001). «Tort Law and Tort Theory: Preliminary Reflections on Method». En G. Postema (Eds.), *Philosophy and the Law of Torts* (pp. 183-213). Cambridge: Cambridge University Press.

Colina Garea, R., *La responsabilidad civil de los dueños, poseedores y usuarios de animales*, Reus, Madrid, 2014.

Coloma, G. (1999). «Apuntes para el Análisis Económico del Derecho Privado Argentino». *CEMA Working Papers: Serie Documentos de Trabajo*, (156).

Concepción Rodríguez, J. L. (2009). *Derecho de daños*. Barcelona: Bosch.

Cooter, R. y **Acciarri, H. A.** (2012). «Introducción. La Economía, el Derecho y sus consecuencias (Capítulo I) y el Análisis Económico del Derecho de Propiedad (Capítulo II)». En R. Cooter y H. A. Acciarri (Dirs.). *Introducción al Análisis Económico del Derecho* (pp. 1-44). Madrid-Santiago de Chile: Civitas.

Cooter, R. D. y **Porat, A.** (2014). *Getting Incentives Right: Improving Torts, Contracts, and Restitution*. Princeton; Oxford: Princeton University Press.

Cooter, R. D. y **Ulen, T.** (1998, 2002, 2016). *Derecho y Economía*. México: Fondo de Cultura Económica.

Cooter, R. D. y **Ulen, T.** (2011). *Law and Economics*. Boston: Pearson.

Cosialls Ubach, A.M. (2012). «La responsabilidad civil derivada de sustancias nucleares y radiactivas en España». *Revista InDret*, (4).

Cossío Corral, A. (1966). «La causalidad en la responsabilidad civil: estudio del Derecho español». *Anuario de Derecho Civil*, *19*(3), 527-554.

Cueto Pérez, M. (1997). *Responsabilidad de la Administración en la asistencia sanitaria*. Valencia: Tirant lo Blanch.

Cueto Pérez, M. (2000). «Avances y retrocesos en la responsabilidad de las Administraciones públicas tras la reforma de la Ley 30/92». *Revista de Administración Pública*, (152), 269-287.

Debreu, G. (1986). «Theoretic Models: Mathematical Form and Economic Content». *Econometrica*, *54*(6), 1259-1270.

Delgado Moral, C. (2019). «Procedimiento administrativo en vía de regreso: consideraciones sobre su (in)aplicación práctica en el ámbito de la enseñanza pública». *Revista de Derecho UNED*, (24), 93-115.

Díaz Alabart, S. (2000) «La responsabilidad de los centros docentes por los hechos dañosos de sus alumnos menores de edad». En S. Díaz Alabart y C. Asúa González, *Responsabilidad de la Administración en la Sanidad y en la Enseñanza*. Madrid: Montecorvo.

Díaz de Lezcano Sevillano, I. (1997). *La no presunción de solidaridad en las obligaciones*. Madrid: Marcial Pons.

Díaz Moreno, A. y **Martín Huertas, M. A.** (2009). «Los criterios de imputación de la responsabilidad civil en los accidentes de trabajo: Comentario a la Sentencia del TS de 15 de enero de 2008 (RJ 2008, 1394)», *Revista de Derecho Patrimonial*, (22), 355-371.

Díez-Picazo Giménez, G. (2007). *Los riesgos laborales. Doctrina y jurisprudencia*. Madrid: Civitas.

Díez-Picazo Giménez, G. y **Arana de la Fuente, I.** (2009). *El desbordamiento del Derecho de daños*. Cizur Menor: Civitas.

Díez-Picazo y **Ponce de León, L.** (1999). *Derecho de daños*. Madrid: Civitas.

Díez-Picazo y **Ponce de León, L.** (2008). *Fundamentos de Derecho Civil Patrimonial. Las relaciones obligatorias*, tomo II. Madrid: Civitas.

Díez-Picazo y **Ponce de León, L.** (2011). *Fundamentos del Derecho Civil Patrimonial. La responsabilidad civil extracontractual*, tomo V. Cizur Menor: Civitas.

Díez-Picazo y **Ponce de León, L.** y **Gullón Ballesteros, A.** (1998). *Instituciones de Derecho Civil*, vol. I/2. Madrid: Tecnos.

Díez Sánchez, J. J. (2007). «Las acciones de regreso contra autoridades y funcionarios públicos». En J. A. Moreno Martínez (Coord.), *La responsabilidad civil y su problemática actual* (pp. 205-234). Madrid: Dykinson.

Doménech Pascual, G. (2004). «Los experimentos jurídicos». *Revista de Administración Pública*, (164), 145-187.

Doménech Pascual, G. (2005). «La responsabilidad patrimonial de la Administración derivada de la adopción de medidas cautelares». *Revista española de Derecho Administrativo*, (125), 65-99.

Doménech Pascual, G. (2008). «Por qué la Administración nunca ejerce la acción de regreso contra el personal a su servicio». *Revista InDret*, (2).

Doménech Pascual, G. (2008b). «La perniciosa influencia de las retribuciones variables de los jueces sobre el sentido de sus decisiones». *Revista InDret*, (3).

Doménech Pascual, G. (2009). «¿Deberían las autoridades y los empleados públicos responder civilmente por los daños causados en el ejercicio de sus cargos?» *Revista de Administración Pública*, (180), 103-159.

Doménech Pascual, G. (2009b). «Principios jurídicos, proporcionalidad y análisis económico». En L. I. Ortega Álvarez y S. de la Sierra Morón (Coord.), *Ponderación y Derecho Administrativo* (pp. 159-186). Madrid: Marcial Pons.

Doménech Pascual, G. (2010). «Responsabilidad patrimonial de la administración por actos jurídicos ilegales ¿Responsabilidad objetiva o por culpa?» *Revista de Administración Pública*, (183), 179-231.

Doménech Pascual, G. (2012a). «Cómo distinguir entre una expropiación y una delimitación de la propiedad no indemnizable». *Revista InDret*, (1).

Doménech Pascual, G. (2012b). «Ni más ni menos. El principio de indemnidad y sus excepciones». *Revista Española de Derecho Administrativo*, (156), 59-86.

Doménech Pascual, G. (2014). «Por qué y cómo hacer Análisis Económico del Derecho». *Revista de Administración Pública*, (195), 99-133.

Doménech Pascual, G. (2019). «Sobre el poder explicativo del Análisis Económico del Derecho. En especial, del Derecho de daños». *Revista InDret*, (2).

Doménech Pascual, G. (2022). «De nuevo sobre la responsabilidad patrimonial de la Administración por actos ilegales. A favor de la doctrina del margen de tolerancia». *Revista de Administración Pública*, (219), 59-106.

Doménech Pascual, G. y **Mora-Sanguinetti, J. S.** (2015). «El mito de la especialización judicial». *Revista InDret*, (3).

Domínguez Martínez, P. (2016). «Daños provocados por el amianto: jurisdicción competente y responsabilidad civil». *Revista CESCO de Derecho de Consumo*, (17), 192-212.

Durán Lalaguna, P. (1992). *Una aproximación al Análisis Económico del Derecho*. Granada: Comares.

Durany Pich, S. (2000a). «Padres y maestros». *Revista InDret*, (1).

Durany Pich, S. (2000b). «Las reglas de responsabilidad civil en el nuevo Derecho Penal de menores». *Revista InDret*, (2).

Eisenberg, T. (2011). «The Origins, Nature and Promise of Empirical Legal Studies and a Response to Concerns». *Cornell Law Faculty Publications*, (paper 974), 1713-1738.

Epstein, R-A. (1973). «A Theory of Strict Liability». *Journal of Legal Studies*, (151), 151-204.

Epstein, L. y **King, G.** (2002). «The Rules of Inference». *University of Chicago Law Review*, *69*(1), 1-133.

Escuin Palop, V. (2008). *Comentarios a la Ley de Expropiación Forzosa*. Disponible en base de datos Aranzadi (BIB 2008\2053).

Eslava Arcila, L. F. (2002). «Aproximación metodológica al Análisis Económico del Derecho. Un marco para el estudio de la escasez, el tráfico y el mercado de órganos». *Revista Con-texto*. (15), 8-57.

Fabra Zamora, J. L. (2015). «Filosofía de la responsabilidad extracontractual: un llamado al debate». En J. L. Fabra Zamora (coord.), A. Núñez Vaquero (coord.), *Enciclopedia de Filosofía y Teoría del Derecho*, vol. 3, cap. 67 (pp. 2533-2618). México: Universidad Nacional Autónoma de México, Instituto de Investigaciones Jurídicas.

Fernández Arévalo, A. (2007). «Régimen de la obligación de indemnizar los daños derivados de delitos dolosos en el ámbito de la circulación de vehículos de motor. Doctrina del Tribunal Supremo y la denominada Jurisprudencia Menor». *Revista de Derecho Patrimonial*, (19). Disponible en base datos Aranzadi (BIB 2007\1292).

Fernández Gregoraci, B. (2008). «Recargo de las prestaciones de las prestaciones de la Seguridad Social: un supuesto específico de *punitive damage*». *Anuario de Derecho Civil*, 61(1), 113-146.

Fernández Márquez, O. (2021). *Derecho de daños y responsabilidad vicaria del empleador*. Madrid: Dykinson.

Fernández Valverde, R. (2011). «Alcance de la responsabilidad objetiva de las Administraciones Públicas». En M. J. Herrador Guardia (Coord.), *Derecho de Daños* (pp. 613-680). Madrid: Sepin.

Ferreres Comella, V. (2010). «Sobre la posible fuerza vinculante de la jurisprudencia». En V. Ferreres Comella y J. A. Xiol Ríos, *El carácter vinculante de la jurisprudencia* (pp. 43-80). Madrid: Fundación coloquio jurídico europeo.

Fischman, R. y **Barbash-Riley, L.** (2018). «Empirical Environmental Scholarship». *Ecology Law Quarterly*, 44(4), 767-807.

Font Serra, E. (1990), «La oposición del asegurador a la acción directa del artículo 76 de la Ley 50/1980, de Contrato de Seguro». *Revista General de Derecho*, (552), 6309-6345.

Fortes González, A.I. (2014). *La responsabilidad patrimonial de las autoridades y personal al servicio de las administraciones públicas*. Madrid: Instituto Nacional de Administración Pública.

Frank, R. H. (2005). *Microeconomía y conducta*. Madrid: McGraw Hill.

Friedman, D. D. (1986, 1990). *Price Theory: An Intermediate Text*. USA: South Western Publishing Co.

Friedman, D. D. (2000). *Law's Order. What Has to do Law with Economics and Why it matters?* New Jersey: Princeton University Press.

Friedman, M. (1953). «The methodology of positive economics». En M. Friedman, *Essays in Positive Economics* (pp. 3-43). Chicago: University of Chicago Press.

Gamero Casado, E. (2004). «Los seguros de responsabilidad patrimonial de la Administración: recientes pactos y reformas». *La Ley*, (3), 1934-1939.

Garberí Llobregat, J. (2008). *Jurisdicción y competencia de los juzgados y tribunales civiles*. Cizur Menor: Aranzadi.

García Amado, J. A. (2012). «Sobre la antijuridicidad como requisito para la responsabilidad de la Administración por daño contractual». *Blog Dura Lex*, de 1 de mayo. Disponible en (https://garciamado.blogspot.com/).

García Amado, J. A. (2013). «Sobre algunos mitos del Derecho de daños: Causas que no causan e imputaciones objetivas bastante subjetivas». En M. Herrador Guardia (Dir.), *Derecho de daños* (pp. 65-142). Cizur Menor: Aranzadi.

García Amado, J. A. (2015). «Sobre causalidad y otros mitos doctrinales en la responsabilidad por daño extracontractual». *Blog Almacén de Derecho*. Disponible en (https://almacendederecho.org/).

García Garnica, M. C. (2020). «Las vías para reclamar ante una negligencia médica». *Revista de Derecho Civil Notarios y Registradores*, *7*(1), 31-68.

García-Ripoll Montijano, M. (1999a). «Comentario al artículo 118». En M. Cobo del Rosal (Dir.), *Comentarios al Código Penal*, tomo IV. Madrid: Edersa.

García-Ripoll Montijano, M. (1999b). «Comentario al artículo 120». En M. Cobo del Rosal (Dir.), *Comentarios al Código Penal*, tomo IV, Madrid: Edersa.

García-Ripoll Montijano, M. (2008). *Imputación objetiva, causa próxima y alcance de los daños indemnizables*. Granada: Comares.

García Mosquera, M: (2003). «La responsabilidad civil directa del asegurador frente al perjudicado en supuestos de delitos dolosos: cuestiones suscitadas y recientes criterios jurisprudenciales». *Sentencias de TSJ y AP y otros Tribunales*, (5). Disponible en base datos Aranzadi (BIB 2003\615).

García-Trevijano Garnica, E. (1996). «¿Interrumpe el ejercicio de acciones penales el plazo de prescripción para exigir la responsabilidad patrimonial de la Administración?: Sobre el alcance del artículo 146.2 de la Ley 30/1992». *Revista de Administración Pública*, (141), 265-270.

García-Trevijano Garnica, E. (1998). *Plazo para exigir la responsabilidad extracontractual de las Administraciones Públicas*. Madrid: Civitas.

García Vicente, F., Soto Nieto, F., de Lamo Rubio, J. y **Guillén Soria, J. M.** (1998). *Responsabilidad civil, consecuencias accesorias y costas procesales. Extinción de la responsabilidad criminal*. Barcelona: Bosch.

García Villegas, M. (2014). *La eficacia simbólica del Derecho. Sociología política del campo jurídico en América Latina*. Bogotá: IEPRI.

Garoupa, N., Gili, M. y **Gómez Pomar, F.** (2012). «Political Influence and Career Judges: An Empirical Analysis of Administrative Review by the Spanish Supreme Court». *Journal of Empirical Legal Studies*, *9*(4), 795-826.

Garrido Falla, F. (2002). *Tratado de Derecho administrativo*, tomo II. Madrid: Tecnos.

Garrigues Díaz-Cañabate, J. (1982). *El contrato de seguro terrestre*. Madrid: Aguirre.

Gascón Abellán, M. (2005). «Sobre la posibilidad de formular estándares de prueba objetiva». *Revista Doxa*, (28), 127-139.

Gascón Abellán, M. (2011). «Prueba de la causalidad en pleitos de daños y "pérdida de oportunidad"». En M. J. Herrador Guardia (Coord.), *Derecho de daños* (pp. 195-226). Madrid: Sepín.

Gascón Abellán, M. (2017). «Valoración de la prueba y causalidad jurídica». *Ciencia forense*, (14), 77-96.

Gascón Abellán, M. y **Medina Alcoz, L.** (2009). «¿Pueden declararse responsabilidades por daños sin la prueba del nexo causal? (debate en torno a la teoría de la pérdida de oportunidad)». *Teoría y derecho: revista de pensamiento jurídico*, (6), 191-226.

Ginsburg, T. y **Miles, J. M.** (2011). «Empiricism and the Rising Incidence of Coauthorship in Law». *University of Illinois Law Review*, (5), 1785-1826.

Gladwell, M. (2000). *The Tipping Point. How Little Things Can Make a Big Difference*. New York: Little, Brown and Company.

Gómez Calle, E. (2006a). «Los sujetos de la responsabilidad civil. La responsabilidad por hecho ajeno». En L. F. Reglero Campos (Coord.), *Tratado de Responsabilidad Civil* (pp. 461-538). Cizur Menor: Aranzadi.

Gómez Calle, E. (2006b). «Responsabilidad de padres y centros docentes». En L. F. Reglero Campos (coord.), *Tratado de Responsabilidad civil* (pp. 1233-1332). Cizur Menor: Aranzadi.

Gómez Calle, E. (2015). «Víctimas vulnerables y Derecho de daños». *Anuario de Derecho Civil*, *68*(4), 1197-1310.

Gómez Ligüerre, C. (2001) «Sobre la posibilidad de que la víctima ejercite la acción directa contra la compañía aseguradora de la Administración pública». *Revista InDret*, (3).

Gómez Ligüerre, C. (2007). *Solidaridad y Derecho de Daños. Los límites de la responsabilidad colectiva*. Madrid: Civitas.

Gómez Ligüerre, C. (2009). «Problemas de jurisdicción competente y de derecho aplicable en pleitos de responsabilidad civil extracontractual». *Revista InDret*, (2).

Gómez Ligüerre, C. (2016). «Responsabilidad civil y responsabilidad laboral derivadas de una misma contingencia profesional. De nuevo sobre la jurisdicción competente. La sentencia civil del caso Uralita». *Revista InDret*, (1).

Gómez Ligüerre, C. (2019). *Derecho aplicable y jurisdicción competente en pleitos de responsabilidad civil extracontractual*. Madrid: Marcial Pons.

GÓMEZ LIGÜERRE, C. I., CAMÍ CAMPAMÀ, M. y **SÁNCHEZ ÁLVAREZ, V.** (2003). «Ciclomotores y seguro. Daños personales causados por ciclomotores y seguro obligatorio». *Revista InDret*, (3).

GÓMEZ POMAR, F. (2000a). «Daño Moral». *Revista InDret*, (1).

GÓMEZ POMAR, F. (2000b). «Coches y accidentes (II): algunos problemas del seguro de responsabilidad civil del automóvil». *Revista InDret*, (3).

GÓMEZ POMAR, F. (2002). *Previsión de daños, incumplimiento e indemnización*. Madrid: Civitas.

GÓMEZ POMAR, F. (2004). «Responsabilidad por hecho ajeno e incertidumbre sobre la autoría». *Revista InDret*, (193).

GÓMEZ POMAR, F. y **ARQUILLO COLET, B.** (2000). «Daños dolosos y seguro». *Revista InDret*, (3).

GÓMEZ POMAR, F. y **PASTOR PRIETO, S.** (1990). «El Derecho de accidentes y la responsabilidad civil: un análisis económico y jurídico». *Anuario de Derecho Civil*, 43(2), 495-538.

GONZÁLEZ AMUCHÁSTEGUI, J. (1994) «El Análisis Económico del Derecho: algunas cuestiones sobre su justificación». *Revista Doxa*, (15-16), 929-944.

GUERRERO ZAPLANA, J. (2004). *Las reclamaciones por la defectuosa asistencia sanitaria*. Valladolid: Lex Nova.

GUILARTE GUTIÉRREZ, V. (1991). «La superación del empobrecimiento de la víctima como medida indemnizatoria frente a la responsabilidad extracontractual». *Revista de Derecho Privado*, (12), 1021-1037.

GUILARTE ZAPATERO, V. (1991). «Comentario al artículo 1822 CC». En R. BERCOVITZ RODRÍGUEZ-CANO *et al.*, *Comentarios del Código Civil*. Madrid: Ministerio de Justicia, Secretaría General Técnica.

GULATI, M. y **SANCHEZ, V.** (2002). «Giants in a World of Pygmies? Testing the Superstar Hypothesis with Judicial Opinions in Casebooks». *Iowa Law Review*, (87), 1141-1212.

GULLÓN BALLESTEROS, A. (1964). *Curso de Derecho civil. Contratos en especial. Responsabilidad extracontractual*. Madrid: Tecnos.

GUZMÁN FLUJA, V. C. (2008). «La responsabilidad civil en el proceso penal de menores». En E. GONZÁLEZ PILLADO (Coord.), *Proceso penal de menores* (pp. 283-336). Valencia: Tirant lo Blanch.

GUZMÁN FLUJA, V. C. y **ZAFRA ESPINOSA DE LOS MONTEROS, R.** (2008). «Comentarios prácticos a la Ley de Enjuiciamiento Civil. La acumulación de acciones: Arts. 71 a 73 LEC». *Revista InDret*, (3).

Halbersberg, Y. y **Guttel, E.** (2014). «Behavioral Economics and Tort Law». *Hebrew University of Jerusalem Legal Studies Research Paper*, (2-15), 1-49.

Hartmann, S. y **Sprenger, J.** (2011). «Mathematics and Statistics in the Social Sciences». En I. C. Jarvie y J. Zamora Bonilla (Eds.), *The SAGE Handbook of the Philosophy of Social Sciences* (pp. 594-612). London: Sage Publications.

Heise, M. (2002). «The Past, Present, and Future of Empirical Legal Scholarship: Judicial Decision Making and the New Empiricism». *University of Illinois Law Review*, (4), 819-850.

Heise, M. (2011). «An Empirical Analysis of Empirical Scholarship Production, 1990-2009». *University of Illinois Law Review*, (5), 1739-1752.

Herrero de Egaña Espinosa de los Monteros, J. M. (2004). «La responsabilidad patrimonial de las autoridades y del personal al servicio de las Administraciones Públicas», *Revista InDret*, (4).

Hill Prados, M. C. (1995). «Reflexiones en torno a la acción directa en el seguro voluntario de responsabilidad civil». En VV. AA., *Estudios jurídicos de Derecho mercantil en homenaje al profesor Manuel Broseta Pont*, vol. II (pp. 1729-1758). Valencia: Tirant lo Blanch.

Holmes, O. W. (1975). *La senda del Derecho*. Buenos Aires: Abeledo Perrot.

Huergo Lora, A. (2003). «El seguro de responsabilidad civil de las Administraciones Públicas». *Revista InDret*, (3).

Huerta de Soto, J. (2020). *Estudios de Economía política*. Madrid: Unión Editorial.

Hurtado Martínez, J. A. (2001). «Responsabilidad objetiva patrimonial de la Administración sanitaria: doctrina legal del Consejo de Estado y del Tribunal Supremo». *Boletín de la Facultad de Derecho de la UNED*. núm. 18, 299-322.

Hylton, K. N. (2008). «A positive Theory of Strict Liability». *Review of Law and Economics*, *4*(1), 153-181.

Hylton, K. N. (2014). «Information and Causation in Tort Law: Generalizing the Learned Hand Test for Causation Cases». *Journal of Tort Law*, *7* (1-2), 35-64.

Innes, R. (1999). «Optimal Liability With Stochastic Harms, Judgement-Proof Injurers and Asymmetric Information». *International Review of Law and Economics*, *19*(2), 181-203.

Jansen, N. (2003). «Estructura de un Derecho europeo de daños. Desarrollo histórico y dogmática moderna». *Revista InDret*, (2).

Jiménez López, M. N. (2011). *Los procesos por responsabilidad civil médico-sanitaria*. Madrid: Tecnos.

Jolls, C., Sunstein, C. y **Thaler, R.** (1998). «A Behavioral Approach to Law and Economics». *Stanford Law Review*, *50*(5), 1471-1550.

Juan Sánchez, R. (2009). «Nueva doctrina constitucional sobre la prescripción del delito y su incidencia en el ejercicio de la acción por responsabilidad civil *ex delicto*». *Revista InDret*, (1).

Katz, A. W. y **Sanchirico, C. W.** (2010). «Fee Shifting in Litigation: Survey and Assessment». University of Pennsylvania Law School. *Institute for Law & Economics*. Research Paper núm. 10-30. Disponible en (https://scholarship.law.columbia.edu/faculty_scholarship/1667).

Kaye, D. (1982). «The Limits of the Preponderance of the Evidence Standard: Justifiable Naked Statistical Evidence and Multiple Causation». *American Bar Foundation Research Journal*, *7*(2), 487-516.

Keren Paz, T. (2016). *Derecho de daños, igualdad y justicia distributiva*. Madrid: Marcial Pons.

Korobkin, R. B. y **Ulen, T. S.** (2000). «Law and Behavioral Science: Removing the Rationality Assumption from Law and Economics». *California Law Review*, *88*(3), 1053-1144.

Kreps, D.M. (1990). *A course in Microeconomic Theory*. Princeton: Princeton University Press.

Lacruz Berdejo, J. L. (1981). «La causa en los contratos de garantía». *Revista Crítica de Derecho Inmobiliario*, (544), 709-755.

Landes, W. M. (2003). «The Empirical Side of Law and Economics». *University of Chicago Law Review*, 70(1), 167-180.

Landes, W. M. y **Posner, R. A.** (1987). *The Economic Structure of Tort Law*. Cambridge, Mass.: Harvard University Press.

Lasarte Álvarez, C., López Peláez, P. y **Moretón Sanz, M. F.** (2007). *La responsabilidad civil en el* ámbito *de los centros docentes*. Madrid: Dykinson.

Legaz Alfonso, E. (2008). «Comentario a la Sentencia de 4 de diciembre de 2007». *Cuadernos Civitas de Jurisprudencia Civil*, (78), 1207-1233.

Letelier Wartenberg, R. (2001). «La Falta de Servicio en España». *Revista de Derecho, Consejo de Defensa del Estado*, (3), 63-79.

Levmore, S. (1990). «Probabilistic Recoveries, Restitution, and Recurring Wrongs». *Journal of Legal Studies*, 19(2), 691-726.

Lewis, T. R. y **Sappington, D. E. M.** (1999). «Using Decoupling and Deep Pockets to Mitigate Judgment-proof Problems». *International Review of Law and Economics*, *19*(2), 275-293.

Llamas Pombo, E. (2010a). «Comentario al art. 1092 CC». En A. Domínguez Luelmo (Dir.), *Comentarios al Código Civil*. Valladolid: Lex Nova.

Llamas Pombo, E. (2010b). *Reflexiones sobre Derecho de daños: casos y opiniones*. Madrid: La Ley.

Llamas Pombo, E. (2011). *Los problemas actuales de la responsabilidad civil*. Bogotá: Consejo Superior de la Judicatura.

López Beltrán de Heredia, C. (1988). *La responsabilidad civil de los padres por hechos de sus hijos*. Madrid: Tecnos.

López Gil, M. (2021). «Paradojas procesales que plantea el ejercicio de la acción de regreso en el ámbito de la responsabilidad sanitaria». *Justicia: Revista de Derecho procesal*, (1), 175-222.

López Menudo, F., **Guichot Reina, E.** y **Carrillo Donaire, J. A.** (2005). *La responsabilidad patrimonial de los poderes públicos*. Valladolid: Lex Nova.

Luna Yerga, A. (2005). «Oportunidades perdidas. La doctrina de la pérdida de oportunidad en la responsabilidad civil médico-sanitaria». *Revista InDret*, (2).

Luque Parra, M. y **Ruiz García, J. A.** (2002). «Accidentes de trabajo, responsabilidad civil y competencia de jurisdicción Comentario de la STS, 1.ª, 8.10.2001». *Revista InDret*, (3).

Mankiw, N. G. (2002). *Principios de Economía*. Madrid: McGraw-Hill.

Maqueo Ramírez, M. S. (2020). «La responsabilidad civil extracontractual desde la perspectiva del Análisis Económico del Derecho y la Economía del comportamiento». *Revista Ius*, 14(46), 105-108.

Marco Cos, J. M. (1995). «Aspectos generales del seguro contra daños en las cosas». *Cuadernos de Derecho Judicial, Derecho de seguros*, (19), 81-180.

Marcos Fernández, F. (2009). «Calidad de las normas jurídicas y estudios de impacto normativo». *Revista de Administración Pública*, (179), 333-365.

Marín Castán, F. (2020). «Jurisprudencia consolidada y vigente del Tribunal Supremo en los pleitos por daños». En M. J. Herrador Guardia (Dir.), *Derecho de daños (cuestiones actuales)* (pp. 17-51). Madrid: Francis Lefebvre.

Martín Casals, M. y **Ribot Igualada, J.**, (2003). «La responsabilidad objetiva: supuestos especiales versus cláusula general». En S. Cámara Lapuente (Coord.), *Derecho privado europeo* (pp. 827 a 856). Madrid: Colex.

Martín Casals, M. y **Ribot Igualada, J.** (2010). «Technological Change and the Development of Liability for Fault in Spain». En M. Martin Casals (Ed.). *The Development of Liability in Relation to Technological Change*, vol. 4. Cambridge: Cambridge University Press.

Medema, S. G. y **Zerbe, R.O.** (2000). «The Coase Theorem». En B. Bouckaert y G. De Geest (Eds.) *Encyclopedia of Law and Economics*. Bélgica: Edward Elgar/Universidad de Gante (pp. 836-892).

Medina Alcoz. L. (2005). *La responsabilidad patrimonial por acto administrativo*. Madrid: Civitas.

Medina Alcoz, L. (2007). *La teoría de la pérdida de oportunidad*. Cizur Menor: Civitas.

Medina Alcoz, L. (2012). «Mitos y ficciones en la responsabilidad patrimonial de las Administraciones públicas». *Revista Española de Derecho Administrativo*, (153), 153-182.

Medina Alcoz, L. (2018). *La responsabilidad proporcional como solución a la incertidumbre causal*. Cizur Menor: Aranzadi.

Medina Alcoz, L. (2020). «Propuestas sobre la responsabilidad como solución a la incertidumbre causal: fundamento, ámbito de aplicación y posición del juez ante la llamada responsabilidad por oportunidad perdida, causa anónima y cuota de mercado». En M. J. Herrador Guardia (Dir.), *Derecho de daños (cuestiones actuales)* (pp. 631-633). Madrid: Francis Lefebvre.

Medina Alcoz, M. (2003). *La culpa de la víctima en la producción del daño extracontractual*. Madrid: Dykinson.

Medina Crespo, M. (1999). *La valoración civil del daño corporal. Bases para un tratado*, tomo I. Madrid: Dykinson.

Mercado Pacheco, P. (1994). *El Análisis Económico del Derecho, Una reconstrucción teórica*. Madrid: Centro de Estudios Constitucionales.

Mercado Pacheco, P. (1995). «Respuesta a la profesora Paloma Durán». *Anuario de filosofía del Derecho*, (12), 719-734.

Mercado Pacheco, P. (2013). Calidad de la ley, evaluación de impacto normativo y argumentos económicos. *Anales de la Cátedra Francisco Suárez*, (47), 85-108.

Mir Puigpelat, O. (2002). «Funcionaris responsables. La responsabilitat civil del personal al servei de l'Administració», *Revista Jurídica de Catalunya*, (4), 1023-1058.

Mir Puigpelat, O. (2003). «La jurisdicción competente en materia de responsabilidad patrimonial de la Administración: una polémica que no cesa», *Revista InDret*, (3).

Mir Puigpelat, O. (2008). «Responsabilidad objetiva vs. funcionamiento anormal en la responsabilidad patrimonial de la Administración sanitaria». *Revista Española de Derecho Administrativo*, (140), 629-652.

Moliner Tamborero, G. (2011). «La culpa como criterio de imputación en accidentes de trabajo. La delimitación de responsabilidades». En M. J. Herrador Guardia (Coord.), *Derecho de Daños* (pp. 681-725). Madrid: Sepin.

Molins García-Atance, J. (2010). «La elección del orden jurisdiccional en las acciones indemnizatorias derivadas de accidentes laborales». *Práctica Derecho de Daños*, (86), 17-21.

Montés Penadés, V. L. (1996). «Comentario art. 118». En T. S. Vives Antón (Coord.) *Comentarios al Código Penal de 1995*, vol. I. Valencia: Tirant lo Blanch.

Montoro Ballesteros, A. (1999): «Incidencia del Análisis Económico del Derecho en la teoría jurídica: la reducción del Derecho a regla técnica». *Persona y Derecho*, (40), 425-444.

Mora-Sanguinetti, J. S. (2021). «Justicia y Economía: la eficiencia del sistema judicial en España y sus impactos económicos». *Papeles de Economía Española* (128), 66-77.

Moreno Marín, M. D. (2019). *El daño moral causado a las personas jurídicas*. Madrid: Dykinson.

Moreno Martínez, J. A. (2000). «Responsabilidad civil en los centros de enseñanza no superior por daños de sus alumnos (al amparo de la Ley del menor y últimas reformas administrativas)». En J. A. Moreno Martínez (Coord.), *Perfiles de la Responsabilidad civil en el nuevo mileno* (pp. 399-438). Madrid: Dykinson.

Muñoz Cuesta, J. (2019). «La responsabilidad civil por el hundimiento y vertidos del Prestige», *Revista Aranzadi Doctrinal*, (3). Disponible en base datos Aranzadi (BIB 2019\1477).

Navarro Michel, M. (1998). *La responsabilidad civil de los padres por los hechos de sus hijos*. Barcelona: Bosch.

Nino, C. S. (2003). *Introducción al análisis del Derecho*. Buenos Aires: Astrea.

Nourse, V. y **Shaffer, G** (2009). «Varieties of New Legal Realism: Can a New World Order Prompt a New Legal Theory?» *Cornell Law Review*, 95(paper 09-17), 61-137.

Olivenza Ruiz, M. (1982). «Seguros de caución, crédito, responsabilidad civil y reaseguro (arts. 68 a 79)». En E. Verdera Tuells (Coord.), *Comentarios a la Ley de Contrato de Seguro*, vol. I (pp. 865-914). Madrid: Colegio Universitario de Estudios Financieros.

Olmedo Peralta, E. (2014). «Daños derivados de la subida de precios bajo el paraguas de un cártel (umbrella pricing)». *Revista de Derecho de la competencia y la distribución*, (15), 107-130.

Ortiz De Urbina Gimeno, I. (2006). «El Análisis Económico del Derecho: ¿método útil o ideología nefasta? (cap. XIII)». En Christian Courtis (Coord.), *Observar la ley. Ensayos sobre metodología de la investigación jurídica* (pp. 321-348). Madrid: Trotta.

Pantaleón Prieto, A. F. (1982). «Notas sobre la nueva Ley de Contrato de Seguro». En E. Verdera Tuells (Coord.), *Comentarios a la Ley de Contrato de Seguro*, vol. I (pp. 927-942). Madrid: Colegio Universitario de Estudios Financieros.

Pantaleón Prieto, A. F. (1985). «Responsabilidad civil extracontractual. Accidente de circulación. Seguro voluntario de responsabilidad civil. Excepciones oponibles por el asegurador al perjudicado». *Cuadernos Civitas Jurisprudencia Civil*, (7), 2327-2338.

Pantaleón Prieto, A. F. (1990). «Causalidad e imputación objetiva: criterios de imputación». En VV. AA. *Centenario del Código Civil*, vol. II (pp. 1561 a 1591). Madrid: Centro de Estudios Ramón Areces.

Pantaleón Prieto, A. F. (1993). «"Perseverare diabolicum" (¿Otra vez la responsabilidad civil en el Código Penal?)». *Jueces para la democracia*, (19), 6-10.

Pantaleón Prieto, A. F. (1993b). «Comentario al artículo 1902 CC». En C. Paz-Ares, L. Díez-Picazo, R. Bercovitz, P. Salvador, *Comentario del Código Civil*. Madrid: Ministerio de Justicia, Secretaría General Técnica, Centro de Publicaciones.

Pantaleón Prieto, A. F. (2000) «Cómo repensar la responsabilidad civil extracontractual (También la de las Administraciones públicas)». *Anuario de la Facultad de Derecho Universidad Autónoma de Madrid*, (4), 167-191.

Papayannis, D. M. (2009). «El enfoque económico del Derecho de daños», *Revista Doxa*, (32), 459-496.

PAPAYANNIS, D. M. (2012). «Derechos y deberes de indemnidad». *Revista Doxa*, (35), 691-716.

PAPAYANNIS, D. M. (2014). «La responsabilidad civil como asignación de pérdidas». *Revista InDret*, (1).

PAPAYANNIS, D. M. (2018). «El valor intrínseco de la responsabilidad civil». *Anuario de Filosofía del Derecho*, (34), pp. 119-148.

PARADA VÁZQUEZ, J. R. (2000). «Justicia administrativa e irresponsabilidad de los servidores públicos». *Revista de Administración Pública*, (123), 71-90.

PAREDES CASTAÑÓN, J. M. (1998). «Función de control de riesgos y responsabilidad penal por imprudencia: la responsabilidad personal de los altos cargos de la Administración en el "Caso de la Colza". Sentencias de TSJ y AP y otros Tribunales». Disponible en base datos Aranzadi (BIB 1998\1067).

PARISI, F. y **DARI MATTIACCI, G.** (2003). «The Economics of Tort Law: A Précis». *Discussion Paper Series 03-13, Tjalling C. Koopmans Research Institute*. Utrecht School of Economics. Utrecht University.

PARRA LUCÁN, M. A. (1997). «Comentario a la STS de 5 de marzo de 1997. Responsabilidad civil por los daños causados por enfermo mental no incapacitado; responsabilidad civil "derivada de delito"; responsabilidad de los padres por no incapacitar al dañante». *Cuadernos Civitas de jurisprudencia civil*, (44), 775-792.

PASTOR PRIETO, S. (1989). *Sistema jurídico y Economía, (Una introducción al Análisis Económico del Derecho)*. Madrid: Tecnos.

PASTOR PRIETO, S. (1998). «Sistema jurídico y ciencias sociales: Análisis Económico del Derecho y jurimetría». En M. J. AÑÓN ROIG (coord.), *Derecho y Sociedad* (pp. 273-290). Valencia: Tirant lo Blanch.

PAZ-ARES RODRÍGUEZ, J.C. (1981). «La Economía política como jurisprudencia racional (aproximación a la Teoría Económica del Derecho)». *Anuario de Derecho Civil*, (3), 601-707.

PEÑA LÓPEZ, F. (2002). *La culpabilidad en la responsabilidad civil extracontractual*. Granada: Comares.

PEÑA LÓPEZ, F. (2004). «La extensión de la responsabilidad a sujetos distintos del autor material del hecho dañoso: la responsabilidad por hecho ajeno. La responsabilidad de los padres y guardadores, empresarios y centros docentes». En J. M. PENA LÓPEZ (Dir.), *Derecho de responsabilidad civil extracontractual* (pp. 146-157), Barcelona: Cálamo.

Peña López, F. (2005) «La vía de regreso: un medio a disposición de la Administración Pública (y su aseguradora) para exigir responsabilidad civil a su personal». *Práctica de Derecho de Daños*, (30), 5-29.

Peña López, F. (2011). *Dogma y realidad del Derecho de daños: Imputación objetiva, causalidad y culpa en el sistema español y en los PETL*. Cizur Menor: Aranzadi.

Pindyck, S. y **Rubinfeld, D.L.** (2009). *Microeconomía*. Madrid: Pearson.

Pintos Ager, J. (2000). «Baremos». *Revista InDret*, (1).

Pintos Ager, J. (2003). «Efectos de la baremación del daño sobre la litigiosidad». *Revista InDret*, (2).

Polinsky, A.M. (1980). «Strict Liability versus Negligence in a Market Setting». *The American Economic Review*, 70(2), 363-367.

Ponce Solé, J. (2009). «¿Mejores normas?: Directiva 2006/123/CE, relativa a los servicios en el mercado interior, calidad reglamentaria y control judicial». *Revista de Administración Pública*, (180), 201-243.

Popper, K. (1991). *Conjeturas y refutaciones. El desarrollo del conocimiento científico*. Barcelona: Paidós.

Porat, A. y **Stein, A.** (1997). «Liability for Uncertainty: Making Evidential Damage Actionable». *Cardozo Law Review*, 18, 1891-1960.

Posner, R. A. (1979). «Utilitarianism, Economics and Legal Theory». *The Journal of Legal Studies*, 8(1), pp. 103-140.

Posner, R. A. (1983). *The Economics of Justicie*. Cambridge: Harvard University Press. Cambridge.

Posner, R. A. (1998, 2007). *El Análisis Económico del Derecho*. México: Fondo de cultura económica.

Posner, R. A. (2010). «Hayek, ley y cognición». *Foro Jurídico*, (10), 121-133.

Posner, R. A. (2002). «El movimiento del Análisis Económico del Derecho: desde Bentham hasta Becker». *Revista de Derecho Thémis*, (44), 37-54.

Posner, E. A. (2008). «Derecho y emociones». *Revista de Derecho Público de la Facultad de Derecho de la Universidad de los Andes*, (21), 3-41.

Prevot, J. M. (2010). «El problema de la relación de causalidad en el Derecho de la responsabilidad civil». *Revista Chilena de Derecho Privado*, (15), 143-178.

Puerta Luis, L. R. (1997). *La solidaridad del responsable civil y de su compañía aseguradora frente al perjudicado*. Madrid: Montecorvo.

Quintero Olivares, G., Morales Prats, F. y **Prats Canut, J. M.** (2000). *Manual de Derecho Penal, Parte General*. Cizur Menor: Aranzadi.

Quintero Olivares, G., Cavanillas Múgica, S. y **de Llera Suárez-Bárcena, E.** (2002). *La responsabilidad civil ex delicto*. Cizur Menor: Aranzadi.

Rachlinski, J. J. (1998). «A Positive Psychological Theory of Judging in Hindsight». *University of Chicago Law Review*, (65), 571-625.

Ranchordás, S. (2013). «The Whys and Woes of Experimental Legislation». *Theory and Practice of Legislation*, 1(3), pp. 415-440.

Rahdert, M. C. (1995). *Covering Accident Costs. Insurance, Liability, and Tort Reforms*. Philadelphia: Temple University Press.

Rebollo Puig, M. (2004). «Sobre la reforma del régimen de responsabilidad patrimonial de la Administración». En F. Sainz Moreno (Dir.), *Estudios para la reforma de la Administración pública* (pp. 215-244). Madrid: Instituto Nacional de Administración Pública.

Reglero Campos, L. F. (2004). *Accidentes de circulación: responsabilidad civil y seguro*. Cizur Menor: Aranzadi.

Reglero Campos, L. F. (2006a). «Los sistemas de responsabilidad civil». En L. F. Reglero Campos (Coord.), *Tratado de responsabilidad civil* (pp. 211-248). Cizur Menor: Aranzadi.

Reglero Campos, L. F. (2006b). «El nexo causal. Las causas de exoneración de la responsabilidad: culpa de la víctima y fuerza mayor. La concurrencia de culpas». En L. F. Reglero Campos (Coord.), *Tratado de responsabilidad civil* (pp. 339-549). Cizur Menor: Aranzadi.

Reglero Campos, L. F. (2006c). «El seguro de responsabilidad civil». En L. F. Reglero (Coord.), *Tratado de Responsabilidad Civil* (pp. 721-844) Cizur Menor: Aranzadi.

Reglero Campos, L. F. (2006d). «Responsabilidad civil y seguro en la circulación de vehículos de motor». En L. F. Reglero (Coord.), *Tratado de Responsabilidad Civil* (pp. 847-1151) Cizur Menor: Aranzadi.

Reglero Campos, L. F. (2006e). «Conceptos generales y elementos de delimitación». En L. F. Reglero (Coord.), *Tratado de Responsabilidad Civil* (pp. 63-210) Cizur Menor: Aranzadi.

Reglero Campos, L. F. (2007). «La Ley 21/2007, de 11 de julio, de reforma de la Ley de Responsabilidad Civil y Seguro en la Circulación de Vehículos a Motor: transposición de la Quinta Directiva». *Revista InDret*, (4).

Revuelta Pérez, I. (2014). «Análisis del impacto normativo y control judicial de la discrecionalidad reglamentaria». *Revista de Administración Pública*, (193), 83-126.

Reyes Vargas, C. (2015). «El derecho de repetición del asegurador. Supuestos generales previstos en el TRLRCSCVM y en el contrato de seguro». *Revista de la Asociación Española de Abogados Especializados en Responsabilidad Civil y Seguro*, (56), 41-66.

Roca Guillamón, J. (2000). «La responsabilidad del Estado y de las Administraciones Públicas por delitos de sus funcionarios». En J. A. Moreno Martínez (Coord.), *Perfiles de la responsabilidad civil en el nuevo milenio* (pp. 489-532). Madrid: Dykinson.

Roca Trías, E. (1998). «La acción de repetición prevista en el artículo 1904 del Código Civil». *Anuario de Derecho Civil*, 51(1), 7-40.

Roca Trías, E. (2003). *Derecho de daños*. Textos y materiales. Valencia: Tirant lo Blanch.

Rodríguez Cachón, T. (2020). *Relaciones contractuales de la cadena alimentaria: Estudio desde el Análisis Económico del Derecho*. Madrid: Dykinson.

Rodríguez Jiménez, A. y **Pérez Jacinto, A. O**. (2017). «Métodos científicos de indagación y de construcción del conocimiento». *Revista Escuela de Administración de Negocios*, (82), 1-26.

Roig Torres, M. (2010). *La responsabilidad civil derivada de los delitos y faltas*. Valencia: Tirant lo Blanch.

Roncero Sánchez, A. (2005). «El seguro de responsabilidad civil de los administradores». *Revista InDret*, (1).

Rubio Garrido, T. (2002). *Fianza solidaria, solidaridad de deudores y cofianza*. Granada: Comares.

Ruda González, A. (2003). «La responsabilidad por cuota de mercado a juicio». *Revista InDret*, (3).

Ruda González, A. (2006). *El daño ecológico puro. La responsabilidad civil por el deterioro del medio ambiente*. Universidad de Girona: Tesis doctoral. Disponible en (www.tdx.cat/TDX-0630106-114151).

Salas Carceller, A. (2006). Responsabilidad derivada de accidentes de trabajo. Efectos de la Sentencia dictada por la Jurisdicción Laboral en un posterior proceso iniciado por culpa extracontractual. *Repertorio de Jurisprudencia*, (11). Disponible en base datos Aranzadi (BIB\2006\882).

Salvador Coderch, P. y **Castiñeira Palou, M. T.** (1997). *Prevenir y Castigar*. Madrid: Marcial Pons.

Salvador Coderch, P. (2000). «Punitive damages». *Revista InDret*, (1).

Salvador Coderch, P. (2021). «Estructuración del discurso legal y fundamentos analíticos del remedio indemnizatorio en el Derecho español de daños». *Revista InDret*, (1), 7-46.

Salvador Coderch, P. y **Fernández Crende, A.** (2006). «Causalidad y responsabilidad». *Revista InDret*, (1).

Salvador Coderch, P. y **Gómez Ligüerre, C. I.** (2002). «Respondeat Superior II. De la responsabilidad por hecho de otro a la responsabilidad de la organización». *Revista InDret*, (3).

Salvador Coderch, P. y **Gómez Ligüerre, C.** (2005). «El Derecho de daños y la minimización de los costes de los accidentes». *Revista InDret*, (1).

Salvador Coderch, P., Gómez Ligüerre, C.I., Ruiz García, J. A., Rubí Puig, A. y **Piñeiro Salguero, J.** (2002). «Respondeat Superior I». *Revista InDret*, (2).

Salvador Coderch, P. y **Ramos González, S.** (2008). «Relaciones de complacencia y deberes para con los invitados», *Revista InDret*, (2).

Salvador Coderch, P. y **Ramos González, S.** (2008). «Principios generales de la responsabilidad civil del fabricante». En P. Salvador Coderch y F. Gómez Pomar (eds.), *Tratado de responsabilidad civil del fabricante* (pp. 75-104). Cizur Menor: Civitas.

Salvador Coderch, P. y **Ruiz García, J. A.** (1999). «Problemas de la responsabilidad civil en Derecho español». *Europa e Diritto privato*, (2), 401-444.

Salvador Coderch, P. y **Ruiz García, J. A.** (2001). «Prevención y Derecho de Daños». *Revista InDret*, (2).

Sánchez Calero, F. (1985). «Comentario al artículo 76 LCS». En M. Motos y M. Albadalejo García (Dir.) XXIV, vol. 2.°, *Comentarios al código de Comercio y legislación mercantil especial* (pp. 619-676). Edersa: Madrid.

Sánchez Calero, F. (2005). *Ley de Contrato de Seguro. Comentarios a la Ley 50/1980, de 8 de octubre, y a sus modificaciones*. Cizur Menor: Aranzadi.

Sánchez Gálvez, F. (2020). «Jurisprudencia sobre la solidaridad impropia en la responsabilidad civil extracontractual». *Revista Acta Judicial*, (5), 10-35.

Sánchez Hernández, C. (2008). «Responsabilidad del empresario: relación de dependencia y perjuicios causados con ocasión de sus funciones». *Revista de Derecho Patrimonial*, (21). Cizur Menor: Aranzadi. Disponible en base datos Aranzadi (BIB 2008\1656).

Sánchez Morón, M. (2006). *Derecho administrativo. Parte general*. Madrid: Tecnos.

Santos Briz, J. (1993). *La responsabilidad civil. Derecho sustantivo y Derecho procesal*. Madrid: Montecorvo.

Schäfer, H. B. y **Müller-Langer, F.** (2008). *Strict liability versus negligence*. Disponible en (https://ssrn.com/abstract=2062787).

Schäfer, H. B. y **Ott, C.** (1991). *Manual de Análisis Económico del Derecho civil*. Madrid: Tecnos.

Schäfer, H. B. y **Ott, C.** (2022). *The Economic Analysis of Civil Law*. Cheltenham (Glos) y Northampton (Massachusetts): Edward Elgar Publishing.

Schneider, C.E. y **Teitelbaum, L. E.** (2006). «Life's Golden Tree: Empirical Scholarship and American Law». *Utah Law Review*, (1), 53-106.

Schwartz, A. (2011). «Two Culture Problems in Law and Economics». *University of Illinois Law Review*, (5), 1531-1549.

Sempere Navarro, A. V. (2008). «¿Cuál es la jurisdicción competente para determinar la responsabilidad civil del empresario derivada de accidente de trabajo?» *Aranzadi Social*, (1). Disponible en base datos Aranzadi (BIB 2008\494).

Sempere Navarro, A. V. (2009). «Accidentes laborales y jurisdicción civil». *Actualidad Jurídica Aranzadi*, (779). Disponible en base de datos Aranzadi (BIB 2009\821).

Seuba Torreblanca, J.C., **Farnós Amorós, E.** y **Fernández Crende, A.** (2004). «Daños causados por personas con trastornos mentales». *Revista InDret*, (2).

Shavell, S. (1980). «An Analysis of Causation and the Scope of Liability in the Law of Torts». *Journal of Legal Studies*, 9(3), 463-516.

Shavell, S, (1982). «Suit, Settlement, and Trial: A Theoretical Analysis Under Alternative Methods for the Allocation of Legal Costs». *Journal of Legal Studies*, *11*(1), 55-81.

Shavell, S. (1987). *Economic Analysis of Accident Law*. Cambridge: Harvard University Press.

Shavell, S. (1998). «The Allocation of Risk and the Theory of Insurance». En Avery Wiener Katz (Ed.). *Foundations of the Economic Approach to Law* (pp. 189-194). New York/Oxford: Oxford University Press.

Shavell, S. (2000a). «On the Social Function and the Regulation of Liability Insurance» (3). *Faculty Discussion Paper* 278. Disponible en (http://www.law.harvard.edu/programs/olin_center/).

Shavell, S. (2000b). «Economic Analysis of Law. Harvard Law School», (6). *Faculty Discussion Paper* 283. Disponible en (http://www.law.harvard.edu/programs/olin_center/).

Shavell, S. (2003). «Economic Analysis of Accident Law». *National Bureau of Economic Research*, Working Paper 9694. Disponible en (https://www.nber.org/papers/w9694).

Shavell, S. (2004). *Foundations of Economic Analysis of Law*. Cambridge: Harvard University Press.

Sierra Pérez, I, (1997). *Responsabilidad del empresario y relación de dependencia*. Madrid: Montecorvo.

Signes Pascual, M. (1992). «La responsabilidad de los educadores según el artículo 1903 del Código Civil, tras su reforma por Ley de 7 de enero de 1991». *La Ley*, (1).

Solé Feliu, J. (2012). *La responsabilidad extracontractual del principal por hechos de sus auxiliares: principios y tendencias*. Madrid: Reus.

Soto Nieto, F. (1997a). «El seguro de responsabilidad civil general y el dolo. Solución a un tema conflictivo». *Revista Española de Seguros*, (92), 19-50.

Soto Nieto, F. (1997b). «Daños dolosamente causados con vehículos de motor». *La Ley*, (3), 1885-1897.

Suárez González, C. (1997). «Comentario al artículo 118». En G. Rodríguez Mourullo (Dir.) y A. Jorge Barreiro (Coord.), *Comentarios al Código Penal*, Madrid: Civitas.

Suchman, M. C. y **Mertz, E.** (2010). «A New Legal Empiricism? Assessing Legal Studies and New Legal Realism». *Annual Review of Law and Social Science*, 6(univ. Wisconsin Legal Studies Research paper 1141), 555-579.

Súmar Albújar, O. (2012). «Cinco errores frecuentes en la justificación de proyectos legislativos: una perspectiva económica». *Revista Thémis*, (62), 27-42.

Stigler, G. J. (1971). «The Theory of Economic Regulation». *Bell Journal of Economics and Management Science*, 2(1), pp. 3-21.

Tapia Hermida, A. J. (2015). «El seguro de responsabilidad civil de administradores y directivos de sociedades (D&O) ante las novedades legislativas y jurisprudenciales». *Revista de la Asociación Española de Abogados Especializados en Responsabilidad Civil y Seguro*, (54), 29-44.

Tapia Trueba, A. (2016). «La incidencia de la sucesión de empresas en el recargo de prestaciones de la seguridad social en los supuestos de exposición de amianto». *Revista Española de Derecho del Trabajo*, (185). Disponible en base datos Aranzadi (BIB 2016\916).

Taruffo, M. (2013). *Verdad, prueba y motivación en la decisión sobre los hechos*. México: Tribunal Electoral del Poder Judicial de la Federación.

Tenreiro Busto, E. (2021). «Análisis del fin de las incapacitaciones judiciales: reforma efectuada por la Ley 8/2021, de 2 de junio». *Revista Jurídica Colex*, (21), 4-8.

Tetaz, M.A. (2008). *Economía para Abogados y Estudiantes de Derecho*. La Plata: EDULP.

Tetaz, M. A. (2014). *Psychonomics. La Economía está en tu mente*. Buenos Aires, Ediciones B Argentina.

Thaler, R. H. (2017). *Portarse mal. El comportamiento irracional en la vida económica*. Buenos Aires: Paidós.

Tirado Acero, M. y **Bedoya Chavarriaga, J.C**. (2018). «Análisis Económico del Derecho aplicado a la enseñanza del Derecho: Una aproximación al uso de la Teoría de Juegos». *Revista Civilizar, Universidad Sergio Arboleda*, 18(34), 13-32.

Tolosa, P. (2019): «Análisis Económico del Derecho de los contratos». En H. A. Acciarri (Dir.), *Derecho, Economía y ciencias del comportamiento* (pp. 71-94). Argentina: Sistema Argentino de Información Jurídica.

Tomás Martínez, G. (2015). «La sustitución del "buen padre de familia" por el estándar de la "persona razonable": reforma en Francia y valoración de su alcance». *Revista de Derecho Civil Notarios y Registradores*, 2(1), 57-103.

Torré, A. (2003). *Introducción al Derecho*. Buenos Aires: Abeledo-Perrot.

Torres López, J. (1987). *Análisis Económico del Derecho*. Madrid: Tecnos.

Tirado Suárez, F. J. (1990). «Anotaciones al deber de declaración del riesgo: el contrato de seguro». *Revista Española de Seguros*, (61), 129-140.

Ulen, T. S. (2004). «The Unexpected Guest: Law and Economics, Law and Other Cognate Disciplines, and the Future of Legal Scholarship». *Chicago-Kent Law Review*, 79(2), 403-429.

Vaquer Aloy, A. (2001) «La responsabilidad civil en la Ley orgánica de responsabilidad penal de los menores: una propuesta de interpretación». *La Ley*, (1), 1632-1638.

Veiga Copo, A. B. (2007). «El seguro de dependencia». *Revista cuatrimestral de las Facultades de Derecho y Ciencias Económicas y Empresariales, icade*, (71), 235-266.

Veiga Copo, A. B. (2013). *La acción directa del tercero perjudicado en los seguros de responsabilidad civil*. Cizur Menor: Aranzadi.

Veiga Copo, A. B. (2020). *Seguro y tecnología. El impacto de la digitalización en el contrato de seguro*. Cizur Menor: Civitas/Aranzadi.

Veiga Copo, A. B. (2022a). *Función social del contrato de seguro*. Madrid: Reus.

Veiga Copo, A. B. (2022b). *Tratado del contrato de seguro. Seguros contra daños y de responsabilidad civil*, tomo II, vol. I. Cizur Menor: Civitas-Thomson Reuters.

Veiga Copo, A. B. (2022c). *Tratado del contrato de seguro. Seguros contra daños y de responsabilidad civil*, tomo II, vol. II. Cizur Menor: Civitas-Thomson Reuters.

Vicente Domingo, E. (2006). «El daño». En L. F. Reglero Campos (Coord.), *Tratado de Responsabilidad Civil* (pp. 249-337). Cizur Menor: Aranzadi.

Viney, G. y **Jourdain, P.** (2001). *Traité de Droit Civil. Les effects de la responsabilité*. Paris: Librairie Générale de Droit et de Jurisprudence.

Visscher, L. T. (2009). «Tort Damages». En M. Faure (ed.), *Encyclopedia of Law and Economics, Tort Law and Economics*, vol. 1. Cheltenham: Edward Elgar.

Von Wright, G. H. (1970). *Norma y acción: una investigación lógica*. Madrid: Tecnos.

Wagner, G. (2006). «Tort Law and Liability Insurance». *The Geneva Papers on Risk and Insurance. Issues and Practice*, (31), 277-292.

Warren, E. (2002). «The Market for Data: The Changing Role of Social Sciences in Shaping the Law». *Wisconsin Law Review*, (1), 1-42.

Weinrib, E.J. (2017). *La idea de Derecho privado*. Madrid: Marcial Pons.

Weinstein, I. S. (2003). «Don't Believe Everything You Think: Cognitive Bias in Legal Decision Making». *Clinical Law Review*, 9(2), 783-834.

Yáñez de Andrés, A. (2000). «Responsabilidad e indemnización. Tres niveles de exigencia y reparación». *Revista General de Derecho*, (670-671), 9013-9018.

Yzquierdo Tolsada, M. (1990). «El perturbador artículo 1092 del Código Civil: cien años de errores». En *Libro conmemorativo del Centenario del Código Civil*, vol. II (pp. 2109-2135). Madrid: Asociación de Profesores de Derecho civil.

Yzquierdo Tolsada, M. (1993). *La responsabilidad civil contractual y extracontractual*. Madrid: Reus.

Yzquierdo Tolsada, M. (1997). *Aspectos civiles del nuevo Código Penal*. Madrid: Dykinson.

Yzquierdo Tolsada, M. (2001). *Sistema de responsabilidad civil contractual y extracontractual*. Madrid: Dykinson.

Yzquierdo Tolsada, M. (2006). «La responsabilidad civil en el proceso penal». En L. F. Reglero Campos (Coord,), *Tratado de responsabilidad civil* (pp. 539-619). Cizur Menor: Aranzadi.

Yzquierdo Tolsada, M. (2008) «Comentario a la STS de 15 de enero de 2008. Competencia jurisdiccional en materia de responsabilidad civil por accidente de trabajo». En M. Yzquierdo Tolsada (Dir.), *Comentarios a las Sentencias de unificación de doctrina* (Civil y Mercantil), vol. 2, (pp. 59-98). Madrid: Dykinson.

Yzquierdo Tolsada, M. (2013). *El seguro de responsabilidad civil ante los daños causados intencionadamente*. Cizur Menor: Civitas.

Yzquierdo Tolsada, M. (2014). «La responsabilidad civil en el proceso penal». En L. F. Reglero Campos y J. Manuel Busto Lago (Coord.), *Tratado de Responsabilidad civil*, vol. 1 (pp. 1105-1236). Cizur Menor: Aranzadi. Disponible en base datos Aranzadi (BIB 2014\137).

Yzquierdo Tolsada, M. (2016). «¿Por fin menores civilmente responsables? Reflexiones a propósito de las reformas de 2015». *Foro. Revista de Ciencias Jurídicas y Sociales, Nueva* Época, *19*(2), 31-56.

Yzquierdo Tolsada, M. (2017). *Responsabilidad civil extracontractual. Parte general. Delimitación y especies. Elementos. Efectos o consecuencias*. Madrid: Dykinson.

Yzquierdo Tolsada, M. (2019). «Comentario de la sentencia del Tribunal Supremo de 5 de junio de 2019 (321/2019): la acción directa contra el asegurador de la Administración no permite una petición por cuantía superior a la fijada en el procedimiento administrativo firme». *Comentarios a las sentencias de unificación de doctrina (Civil y Mercantil)*, 11, 339-346.

Zeiler, K. (2016). «The Future of Empirical Legal Scholarship: Where Might We Go From Here?» *Journal of Legal Education*, *66*(1), 78-99.

Made in United States
Orlando, FL
04 November 2026

90200407R00199